Gabriel Tarde

Essais et mélanges sociologiques

essai

ISBN : 978-1522921844

10 9 8 7 6 5 4 3 2 1

Gabriel Tarde

Essais et mélanges sociologiques

essai

Table de Matières

Chapitre I : Foules et sectes au point de vue criminel

Jusqu'à nos jours, pendant toute la durée de cette crise d'individualisme qui, depuis le dernier siècle, a sévi partout, en politique et en économie politique comme en morale et en droit, comme en religion même, le délit passait pour ce qu'il y avait de plus essentiellement individuel au monde ; et, parmi les criminalistes, la notion du délit indivis, pour ainsi dire, s'était perdue, comme aussi bien, parmi les théologiens eux-mêmes, l'idée du péché collectif, sinon tout à fait celle du péché héréditaire. Quand les attentats de conspirateurs, quand les exploits d'une bande de brigands forçaient à reconnaître l'existence de crimes commis collectivement, on se hâtait de résoudre cette nébuleuse criminelle en délits individuels distincts dont elle était réputée n'être que la somme. Mais à présent la réaction sociologique ou socialiste contre cette grande illusion *égocentrique* doit naturellement ramener l'attention sur le côté social des actes que l'individu s'attribue à tort. Aussi s'est-on occupé avec curiosité de la criminalité des sectes - au sujet de laquelle rien n'égale en profondeur les travaux de M. Taine sur la psychologie des jacobins - et, plus récemment de la criminalité des foules. Ce sont là deux espèces très différentes d'un même genre, le délit de *groupe* ; et il ne sera pas inutile ni inopportun de les étudier ensemble.

I

La difficulté n'est pas de trouver des crimes collectifs, mais de découvrir des crimes qui ne le soient pas, qui n'impliquent à aucun degré la complicité du milieu. C'est au point qu'on pourrait se demander s'il y a des crimes vraiment individuels, de même qu'on s'est demandé s'il y a des oeuvres de génie qui ne soient pas une oeuvre collective. Analysez l'état du malfaiteur le plus farouche et le plus solitaire, au moment de son action ; ou aussi bien l'état d'âme de l'inventeur le plus sauvage, à l'heure de sa découverte ; et retranchez-en tout ce qui, dans la formation de cet état fiévreux, revient à des influences d'éducation, de camaraderie, d'apprentissage, d'accidents biographiques ; qu'en restera-t-il ? Bien peu de chose ; quelque chose pourtant, et quelque chose

Gabriel Tarde

d'essentiel, qui n'a nul besoin de s'isoler pour être soi. Au contraire, ce je ne sais quoi, qui est tout le *je* individuel, a besoin de se mêler au dehors pour prendre conscience de lui-même et se fortifier ; il se nourrit de ce qui l'altère. C'est par de multiples actions de contact avec les personnes étrangères qu'il se déploie en se les appropriant, dans la mesure très variable où il lui est donné de se les approprier plutôt que de s'assimiler à quelqu'une d'entre elles. Du reste, même en s'asservissant, il demeure soi le plus souvent et sa servitude est sienne. Par où l'on voit que Rousseau tournait le dos à la réalité quand, pour réaliser le plus haut point possible d'autonomie individuelle, il jugeait nécessaire un régime de solitude prolongée depuis la première enfance, - de solitude incomplète d'ailleurs, de solitude à deux, du Maître et du Disciple, tout à fait hynoptisante pour ce dernier. Son Émile est la personnification même et la réfutation par l'absurde de l'individualisme propre à son temps. Si la solitude est féconde, et même seule vraiment féconde, c'est qu'elle alterne avec une vie intense de relations, d'expériences et de lectures, dont elle est la méditation.

Malgré tout, il est permis d'appeler individuels les crimes, comme en général les actes quelconques, exécutés par une seule personne en vertu d'influences vagues, lointaines et confuses d'autrui, d'un autrui indéfini et indéterminé ; et on peut réserver l'épithète de collectifs aux actes produits par la collaboration immédiate et directe d'un nombre limité et précis de co-exécutants.

Certainement, il y a, en ce sens, des oeuvres de génie individuelles ; ou plutôt, en ce sens, il n'y a rien que d'individuel en fait de génie. Car, chose remarquable, tandis que, moralement, les collectivités sont susceptibles des deux excès contraires, de l'extrême criminalité ou même parfois de l'extrême héroïsme, il n'en est pas de même intellectuellement ; et, s'il leur appartient de descendre à des profondeurs de folie ou d'imbécillité inconnues à l'individu pris à part, il leur est interdit de s'élever au déploiement suprême de l'intelligence et de l'imagination créatrice. Elles peuvent, dans l'ordre moral, choir très bas ou monter très haut ; dans l'ordre intellectuel, elles ne peuvent que tomber très bas. S'il y a des forfaits collectifs, dont l'individu seul serait incapable, assassinats et pillages par bandes armées, incendies révolutionnaires, septembrisades, Saint-Barthélemy, épidémies de vénalités, etc., il y a aussi des héroïsmes collectifs où l'individu s'élève au-dessus de lui-même, charges de cuirassiers légendaires, révoltes patriotiques, épidémies de martyre, nuit du 4 août, etc. Mais, aux démences et aux idioties collectives, dont nous citerons des exemples, y a-t-il des actes de génie collectifs qu'on puisse opposer ?

Non. On ne peut répondre oui qu'en adoptant sans preuves l'hypothèse banale et gratuite suivant laquelle les langues et les religions, oeuvres géniales à coup sûr, auraient été la création spontanée et inconsciente des masses, et, qui plus est, non des masses organisées, mais des multitudes incohérentes. Ce n'est pas le lieu de discuter cette solution trop commode d'un problème capital. Laissons de côté ce qui s'est passé dans la pré-histoire. Depuis les temps historiques quelle est l'invention, la découverte, l'initiative vraie, qui soit due à cet être impersonnel, le public ? Dira-t-on : les révolutions ? Pas même. Ce que les révolutions ont eu de purement destructeur, le public peut le revendiquer, en partie du moins, mais qu'est-ce qu'elles ont fondé et réellement trouvé qui n'ait été conçu et prémédité avant et après elles par des hommes supérieurs, tels que Luther, Rousseau, Voltaire, Napoléon ? Qu'on me cite une armée, la mieux composée soit-elle, d'où ait jailli spontanément un plan de campagne admirable, voire passable ; qu'on me cite même un conseil de guerre, qui pour la conception, je ne dis pas pour la discussion, d'une manœuvre militaire, ait valu le cerveau du plus médiocre général en chef. A-t-on jamais vu un chef-d'œuvre de l'art, en peinture, en sculpture, en architecture aussi et en épopée, imaginé et exécuté par l'inspiration collective de dix, de cent poètes ou artistes ? On a rêvé cela de *l'Iliade, à* une certaine époque de mauvaise métaphysique : on en rit maintenant. Tout ce qui est génial est individuel, même en fait de crime. Ce n'est jamais une foule criminelle, ni une association de malfaiteurs, qui invente un nouveau procédé d'assassinat ou de vol ; c'est une suite d'assassins ou de voleurs de génie qui ont élevé l'art de tuer ou de piller le prochain à son point de perfectionnement actuel.

À quoi tient le contraste signalé ? Pourquoi le grand déploiement

Gabriel Tarde

de l'intelligence est-il refusé aux groupes sociaux, tandis que le grand et puissant déploiement de la volonté, de la vertu même, leur est accessible ? C'est que l'acte de vertu le plus héroïque est quelque chose de très simple en soi, et ne diffère de l'acte de moralité ordinaire que par le degré ; or, précisément, la puissance d'unisson qui est dans les rassemblements humains, où les émotions et les opinions se renforcent rapidement par leur contact multipliant, est, par excellence, outrancière. Mais l'œuvre de génie ou de talent est toujours compliquée, et diffère en nature, non en degré seulement, d'un acte d'intelligence vulgaire. Il ne s'agit plus, comme ici, de percevoir et de se souvenir pêle-mêle, conformément *à* un type connu, mais de faire avec des perceptions et des images connues des combinaisons nouvelles. Or, *à* première vue, il semble bien que dix, cent, mille têtes réunies soient plus aptes qu'une seule *à* embrasser tous les côtés d'une question complexe ; et c'est là une illusion aussi persistante, aussi séduisante que profonde. De tout temps les peuples naïvement imbus de ce préjugé, ont, dans leurs jours troublés, attendu d'assemblées religieuses ou politiques le soulagement de leurs maux. Au moyen âge les conciles ; dans l'ère moderne, les états généraux, les parlements : voilà les panacées réclamées par les multitudes malades la superstition du jury est née d'une erreur pareille, toujours trompée et toujours renaissante. En réalité, ce ne sont jamais de simples *réunions* de personnes, ce sont plutôt des corporations, telles que certains grands ordres religieux ou certaines enrégimentations civiles ou militaires, qui ont répondu, parfois, aux besoins des peuples ; encore doit-on observer que, sous leur forme corporative même, les collectivités se montrent impuissantes à créer du nouveau. Il en est ainsi quelle que soit l'habileté du mécanisme social où les individus sont engrenés et enrégimentés.

Car est-il possible qu'il égale en complication à la fois et en élasticité de structure l'organisme cérébral, cette incomparable armée de cellules nerveuses que chacun de nous porte dans sa tête ?

Aussi longtemps, donc, qu'un cerveau bien fait l'emportera en fonctionnement rapide et sûr, en absorption et élaboration

Chapitre I : Foules et sectes au point de vue criminel

prompte d'éléments multiples, en solidarité intime d'innombrables agents, sur le Parlement le mieux constitué, il sera tout à fait puéril, quoique vraisemblable a *priori* et excusable, de compter sur des émeutes ou sur des corps délibérants, plutôt que sur un homme, pour tirer un pays d'un pas difficile. En fait, toutes les fois qu'une nation traverse une de ces périodes où ce n'est pas seulement de grands entraînements de cœur, mais de grandes capacités d'esprit qu'elle a un besoin impérieux, la nécessité d'un gouvernement personnel s'impose, sous forme républicaine ou monarchique ou sous couleur parlementaire. On a protesté souvent contre cette nécessité, qui a fait l'effet d'une *survivance,* et dont on a vainement cherché la cause ; peut-être sa raison cachée est-elle implicitement donnée par les considérations précédentes.

Elles peuvent servir aussi à préciser en quoi consiste la responsabilité des meneurs relativement aux actes commis par les groupes qu'ils dirigent. Une assemblée ou une association, une foule ou une secte, n'a d'autre *idée* que celle qu'on lui souffle, et cette idée, cette indication plus ou moins intelligente, d'un but à poursuivre, d'un moyen à employer, a beau se propager du cerveau d'un seul dans le cerveau de tous, elle reste la même ; le souffleur est donc responsable de ses effets directs. Mais l'émotion jointe à cette idée et qui se propage avec elle, ne reste pas la même en se propageant, elle s'intensifie par une sorte de progression mathématique, et ce qui était désir modéré ou opinion hésitante chez l'auteur de cette propagation, chez le premier inspirateur d'un soupçon, par exemple, hasardé contre une catégorie de citoyens, devient promptement passion et conviction, haine et fanatisme, dans la masse fermentes cible où ce germe est tombé. L'intensité de l'émotion qui meut celle-ci et la porte aux derniers excès en bien ou en mal, est donc en grande partie son oeuvre propre, l'effet du mutuel échauffement de ces âmes en contact par leur mutuel reflet ; et il serait aussi injuste d'imputer à son directeur quelconque tous les crimes où cette surexcitation l'entraîne que de lui attribuer l'entier mérite des grandes oeuvres de délivrance patriotique, des grands actes de dévouement suscités par la même fièvre. Aux chefs d'une bande ou d'une émeute, donc, on peut demander compte toujours de l'astuce et de l'habileté dont elle a fait preuve dans l'exécution de ses massacres, de ses pillages, de ses incendies, mais non toujours de la violence et de l'étendue des maux causés par ses contagions criminelles. Il faut faire honneur au général seul de ses plans de campagne, mais non de la bravoure de ses soldats. Je ne dis pas que cette distinction suffise à simplifier tous les problèmes de responsabilité soulevés par notre sujet, mais je dis qu'il convient d'y avoir égard pour chercher à les résoudre.

II

Au point de vue intellectuel comme à d'autres points de vue, il y a des différences notables à établir entre les différentes formes de groupements sociaux. Ne comptons pas celles qui consistent en un simple rapprochement matériel. Des passants dans une rue populeuse, des voyageurs réunis, entassés même, sur un paquebot, dans un wagon, autour d'une table d'hôte, silencieux ou sans conversation générale entre eux, sont groupés physiquement, non socialement. J'en dirai autant des paysans agglomérés sur un champ de foire, aussi longtemps qu'ils se borneront à conclure des marchés entre eux, à poursuivre séparément leurs buts distincts quoique semblables, sans nulle coopération à une même action commune. Tout ce qu'on peut dire de ces gens-là. c'est qu'ils portent en eux la virtualité d'un groupement social, dans la mesure où des ressemblances de langue, de nationalité, de culte, de classe, d'éducation, toutes d'origine sociale, c'est-à-dire toutes causées par une diffusion imitative à partir d'un premier inventeur anonyme ou connu, les prédisposent à s'associer plus ou moins étroitement, si l'occasion l'exige. Qu'une explosion de dynamite ait lieu dans la rue, que le vaisseau menace de sombrer, le train de dérailler, qu'un incendie éclate dans l'hôtel, qu'une calomnie contre un prétendu accapareur se répande sur le champ de foire, aussitôt ces individus associables deviendront associés dans la poursuite d'une même fin, sous l'empire d'une même émotion.

Alors naîtra spontanément ce premier degré de l'association que nous appelons la foule. Par une série de degrés intermédiaires, on s'élève de cet agrégat rudimentaire, fugace et amorphe, à cette foule organisée, hiérarchisée, durable et régulière, qu'on peut appeler la corporation, au sens le plus large du mot. L'expression la plus intense de la corporation religieuse, c'est le monastère ; de la corporation laïque, c'est le régiment ou l'atelier. L'expression la plus vaste des deux, c'est l'Église ou l'État. Ou plutôt faisons remarquer que les Églises et les États, les religions et les nations, tendent toujours, dans leur période de croissance robuste, à réaliser le type corporatif, monastique ou régimentaire, sans jamais y parvenir tout à fait, fort heureusement ; leur vie historique se passe à osciller d'un type à l'autre, à donner l'idée tour à tour d'une grande foule, comme les États Barbares, ou d'une grande corporation, comme la France de saint Louis. Il en était de même de ce qu'on appelait les corporations sous l'ancien régime : elles étaient bien moins des corporations en temps ordinaire que des fédérations d'ateliers, petites corporations bien réelles celles-là, et, chacune à part, autoritairement régies par un patron. Mais, quand un danger commun faisait converger vers un même but, tel que le gain d'un procès, tous les ouvriers d'une même branche d'industrie, de même qu'en temps de guerre tous les citoyens d'une nation, le lien fédératif aussitôt se resserrait, et une personnalité gouvernante s'y faisait jour. Dans l'intervalle de ces collaborations unanimes, l'association se réduisait, entre les ateliers fédérés, à la poursuite d'un certain idéal esthétique ou économique, de même que, dans l'intervalle des guerres, la préoccupation d'un certain idéal patriotique est toute la vie nationale des citoyens. - Une nation moderne, sous l'action prolongée des idées égalitaires, tend à redevenir une grande foule complexe, plus ou moins dirigée par des meneurs nationaux ou locaux.

Mais le besoin d'ordre hiérarchique est tellement impérieux dans ces sociétés agrandies que, chose remarquable, à mesure qu'elles se démocratisent, elles sont forcées parfois de se militariser de plus en plus, de fortifier, de perfectionner, d'étendre cette corporation essentiellement hiérarchique et aristocratique, l'armée, - sans parler de l'administration, cette autre armée toujours croissante. La nation devient ainsi peu à peu une armée immense, et, par là, peut-être, elle se prépare, quand la période belliqueuse sera close, à revêtir sous forme pacifique, industrielle, scientifique, artistique, la forme corporative, à devenir un atelier.

Gabriel Tarde

Entre les deux pôles extrêmes que je viens d'indiquer, peuvent se placer certains groupes temporaires, mais recrutés suivant une règle fixe ou soumis à un règlement sommaire, tels que le jury, ou même certaines réunions habituelles de plaisir, un salon littéraire du XVIII• siècle, la cour de Versailles, un auditoire de théâtre, qui, malgré la légèreté de leur but ou de leur intérêt commun, acceptent une étiquette rigoureuse, une hiérarchie fixe de places différentes, ou enfin certaines réunions scientifiques ou littéraires, les académies, qui sont plutôt des collections de talents co-échangistes que des faisceaux de collaborateurs. Parmi les variétés de l'espèce-corporation, citons les conspirations et les sectes, si souvent criminelles. Les assemblées parlementaires méritent une place à part : ce sont bien plutôt des foules complexes et contradictoires, des foules doubles pour ainsi dire, -comme on dit des monstres doubles, - où une majorité tumultueuse est combattue par une ou plusieurs minorités coalisées et où, par suite et par bonheur, le mal de l'unanimité, ce grand danger des foules, est en partie neutralisé.

Mais, foule ou corporation, toutes les espèces d'association véritable ont ce caractère identique et permanent d'être produites, d'être conduites plus ou moins par un chef apparent ou caché ; caché assez souvent quand il s'agit des foules, toujours apparent et frappant les yeux dans le cas des corporations. Dès le moment où un amas d'hommes se met à vibrer d'un même frisson, s'anime et marche à son but, on peut affirmer qu'un inspirateur ou un meneur quelconque, ou un groupe de meneurs ou d'inspirateurs parmi lesquels un seul est le ferment actif, lui a insufflé son âme, soudainement grandissante, déformée, monstrueuse, et dont lui-même est parfois le premier surpris, le premier épouvanté. De même que tout atelier a son directeur, tout couvent son supérieur, tout régiment son général, toute assemblée son président ou plutôt toute fraction d'assemblée son *leader*, pareillement tout salon animé a son coryphée de conversation, toute émeute son chef, toute cour son roi ou son prince ou son principicule, toute claque son chef de claque. Si un auditoire de théâtre mérite jusqu'à un certain point d'être regardé comme formant une sorte d'association, c'est quand il applaudit, parce qu'il suit, en le répercutant, l'impulsion d'un applaudissement initial, et, quand il écoute, parce qu'il subit la suggestion de l'auteur, exprimée par la bouche de l'acteur qui parle. Partout, donc, visible ou non, règne ici la distinction du *meneur* et des *menés, si* importante en matière de responsabilité. Ce n'est pas à dire que les volontés de tous se soient annihilées devant celle d'un seul : celle-ci, - suggérée d'ailleurs, elle aussi, écho de voix extérieures ou intérieures dont elle n'est que la condensation originale, - a dû, pour s'imposer aux autres, leur faire des concessions, et les flatter pour les conduire. C'est le cas de l'orateur qui n'a garde de négliger les précautions oratoires, de l'auteur dramatique qui doit toujours se plier aux préjugés et aux goûts changeants de ses auditeurs, du *leader* qui doit ménager son parti, d'un Louis XIV même qui a des égards forcés pour ses courtisans.

Seulement, cela doit être entendu diversement, suivant qu'il s'agit des réunions spontanées ou des réunions organisées. Dans celles-ci, une volonté, pour être dominante, doit naître conforme, dans une certaine mesure, aux tendances, aux traditions des volontés dominées ; mais une fois née, elle s'exécute avec une fidélité d'autant plus parfaite que l'organisation du corps est plus savante. Dans les foules, une volonté impérative n'a pas à se conformer à des traditions qui n'y existent pas, elle peut même être obéie malgré son faible accord avec les tendances de la majorité, mais, conforme ou non, elle est toujours mal exécutée et s'altère en s'imposant. On peut affirmer que toutes les formes de l'association humaines se distinguent : 1• par la manière dont une pensée ou une volonté entre mille y devient dirigeante, par les conditions du concours de pensées et de volontés d'où elle sort victorieuse ; 2• par la plus ou moins grande facilité qui y est offerte à la propagation de la pensée, de la volonté dirigeante. Ce qu'on appelle l'émancipation démocratique tend à rendre accessible à tous le concours dont il s'agit, limité d'abord à certaines catégorie de personnes, graduellement étendues ; mais tous les perfectionnements de l'organisation sociale, sous forme démocratique ou aristocratique, ont pour effet de permettre à un dessein réfléchi, cohérent, individuel, d'entrer plus pur, moins altéré et plus profondément, par des voies plus sûres et plus courtes, dans le cerveau de tous les associés. Un chef d'émeute ne dispose jamais complètement de ses hommes, un général presque toujours ; la direction du premier, lente et tortueuse, se réfracte en mille déviations, celle du second va vite et tout droit.

III

On a cependant contesté et avec force [1], que pour les foules au moins, le rôle des meneurs eût l'universalité et l'importance que nous lui prêtons. Il y a en effet, des foules sans conducteur apparent. La famine sévit dans une région, de tous côtés des masses affamées s'y soulèvent, demandant du pain ; point de chef ici, ce semble, l'unanimité spontanée en tient lieu. Regardez-y de près pourtant. Tous ces soulèvements n'ont pas éclaté ensemble ; ils se sont suivis comme une traînée de poudre, à partir d'une première étincelle. Une première émeute a eu lieu quelque part, dans une localité plus souffrante ou plus effervescente que les autres, plus travaillée par des agitateurs connus ou occultes, qui ont donné le signal de la révolte. Puis, dans des localités voisines, l'élan a été imité, et les nouveaux agitateurs ont eu moins à faire, grâce à leurs prédécesseurs ; et ainsi, de proche en proche, s'est prolongée l'action de ceux-ci, par imitation de foule à foule, avec une force croissante qui affaiblit d'autant l'utilité des directeurs locaux, jusqu'à ce qu'enfin, surtout quand le cyclone populaire s'est élargi bien au delà des limites où il a eu sa raison d'être, de la région où le pain a manqué, nulle direction ne s'aperçoive. Chose étrange, - étrange du moins pour qui méconnaît la puissance de l'entraînement imitatif, - la spontanéité des soulèvements alors devient d'autant plus complète qu'elle est moins motivée. C'est ce qu'oublie d'observer un écrivain italien qui nous oppose à tort l'agitation du haut Milanais en 1889. Au cours de cette série de petites émeutes rurales, il a vu s'en produire plusieurs presque spontanément, ce qui l'étonne d'ailleurs, car il convient que la cause

---

1 Au Congrès d'Anthropologie criminelle de Bruxelles, en août 1892, un savant russe nous a fait cette objection, en invoquant des révoltes agraires de son pays, causées par la famine ; plus tard, un savant italien, le Dr Bianchi, que nous allons citer, nous a objecté des faits analogues. - En revanche, j'apprends que la thèse ici développée l'avait été bien antérieurement, en 1882 déjà, par un écrivain russe distingué, M. Mikhailowsky, dans le recueil intitulé *Oetchestwennia Zapiski*.

affichée de cette agitation ne suffisait point à la justifier : les griefs invoqués contre les propriétaires à propos des baux n'avaient rien de bien sérieux, et, si l'année avait été mauvaise, l'importation d'une nouvelle industrie avait compensé en partie le déficit des récoltes. Comment croire dans ces conditions, que ces paysans italiens se soient soulevés d'eux-mêmes, sans nulle excitation du dehors ou du dedans, ou plutôt du dehors et du dedans à la fois ? C'est au premier de ces mouvements qu'il eût fallu remonter pour se convaincre que le mécontentement populaire, local et partiel avant de s'être répandu et généralisé, n'est pas né tout seul, qu'il y a eu là, comme partout en cas d'incendie, des incendiaires, colportant de ferme en ferme, d'auberge en auberge, la calomnie, la colère, la haine. Ce sont eux qui ont donné à l'irritation sourde fomentée par eux cette formule précise : « Les propriétaires refusent de diminuer leurs baux ; pour les contraindre, il faut leur faire peur. » Le moyen est tout indiqué : s'attrouper, crier, chanter des refrains menaçants, casser des vitres, piller et incendier. Un agent de désordre n'a pas grand effort à faire, une fois la contagion en marche, pour décider deux ou trois cents paysans ou paysannes, en sortant des vêpres ou de la messe, par exemple, à ce genre de manifestation. Il n'a qu'à lancer une pierre, jeter un cri, entonner le début d'un chant ; aussitôt tout le monde suivra, et on dira ensuite que ce désordre a été tout spontané. Mais il a fallu nécessairement l'initiative de cet homme.

Envisagés d'un même coup d'œil, tous les rassemblements tumultueux qui procèdent d'une émeute initiale, et s'enchaînent intimement les uns aux autres, phénomène habituel des crises révolutionnaires, peuvent être considérés comme une seule et même foule. Il y a de la sorte des foules complexes, comme en physique des ondes complexes, enchaînement de groupes d'ondes. Si l'on se place à ce point de vue, on voit qu'il n'est point de foules sans meneurs, et l'on s'aperçoit, en outre, que si, de la première de ces foules *composantes* à la dernière, le rôle des meneurs *secondaires* va s'affaiblissant, celui des meneurs *primaires* va toujours croissant, agrandi à chaque nouveau tumulte né d'un tumulte précédent par contagion à distance. Les épidémies de grève en sont la preuve : la première qui éclate, celle pourtant où les griefs invoqués sont le plus sérieux et qui, par suite, devrait être la plus spontanée de toutes, laisse toujours voir se dessiner la personnalité des agitateurs ; les suivantes, quoique parfois sans rime ni raison - comme j'en ai vu s'ébaucher parmi des ouvriers meuliers du Périgord, qui voulaient simplement se mettre à la mode, - ont l'air d'explosions sans mèche ; on dirait qu'elles partent toutes seules comme les mauvais fusils. Je reconnais d'ailleurs qu'ici le nom de *meneurs* appliqué à de simples brouillons, qui ont, sans le vouloir expressément, avec une demi-inconscience, pressé la gâchette du fusil, est assez impropre. J'emprunte un nouvel exemple au Dr Bianchi : dans un village, à la sortie du mois de Marie, la population - déjà surexcitée, nous le savons, - aperçoit des agents de police, venus pour la surveiller ; leur vue l'exaspère ; des sifflements se font entendre, puis des cris, puis des chants séditieux, et voilà ces pauvres gens, enfants, vieillards, qui mutuellement s'exaltent. La foule est lancée, et se met, naturellement, à casser des vitres, à détruire tout ce qu'elle peut. On remarque en passant ce singulier goût des foules pour les vitres cassées, pour le bruit, pour la destruction puérile : c'est une de leurs ressemblances nombreuses avec les ivrognes, dont le plus grand plaisir, après celui de vider les bouteilles, est de les briser. - Dans cet exemple, le premier qui a sifflé, qui a crié, ne s'est probablement pas rendu compte des excès qu'il allait provoquer. Mais n'oublions pas qu'il s'agit là d'une agitation précédée de beaucoup d'autres qui ont eu leurs agitateurs plus conscients et plus volontaires.

Il arrive aussi, souvent, qu'une foule mise en mouvement par un noyau d'exaltés, les dépasse et les résorbe, et, devenuc acéphale, semble n'avoir pas de conducteur. La vérité est qu'elle n'en a plus, comme la pâte levée n'a plus de levain.

Enfin, - remarque essentielle, - le rôle de ces conducteurs est d'autant plus grand et distinct que la foule fonctionne avec plus d'ensemble, de suite et d'intelligence, qu'elle est plus près d'être une personne morale, une association organisée.

On voit donc que, dans tous les cas, malgré l'importance attachée à la nature de ses membres, l'association en définitive vaudra ce que vaudra son chef. Ce qui importe avant tout, c'est la nature de celui-ci ; un peu moins peut-être, il est vrai, pour les foules ; mais ici, en revanche, si un mauvais choix du chef peut ne pas produire des conséquences aussi désastreuses que dans une association corporative, les chances d'un bon choix sont beaucoup moins grandes. Les multitudes, et aussi bien les assemblées, même parlementaires, sont promptes à s'engouer d'un beau parleur, du premier venu qui leur est inconnu ; mais les corps de marchands, les *collegia* de l'antique Rome, les églises des premiers chrétiens, toutes les corporations quelconques, quand elles élisent leur *prieur,* leur *évêque,* leur syndic, ont depuis longtemps mis son caractère à l'épreuve ; ou, si elles le reçoivent tout fait, comme l'armée, c'est des mains d'une autorité intelligente et bien informée. Elles sont moins exposées aux « emballements », car elles ne vivent pas toujours à *l'état rassemblé,* mais le plus souvent à *l'état dispersé,* qui laisse à leurs membres, délivrés de la contrainte des contacts, la disposition de leur raison propre. - En outre, quand le chef d'un corps a été reconnu excellent, il a beau mourir, son action lui survit [1] ; le fondateur d'un ordre religieux, canonisé après sa mort, vit et agit toujours dans le cœur de ses disciples, et à son impulsion s'ajoute celle de tous les abbés et réformateurs qui lui succèdent, et dont le prestige, comme le sien, grandit et s'épure par l'éloignement dans le temps ; tandis que les bons meneurs de foules [2] - car il y en a de tels, - cessent d'agir dès qu'ils ont disparu, plus promptement oubliés que remplacés. Les foules n'obéissent qu'à des conducteurs vivants et présents, prestigieux corporellement, physiquement, jamais à des fantômes d'idéale perfection, à des mémoires immortalisées, - Comme je viens de l'indiquer en passant, les corporations, dans leur longue existence, souvent plusieurs fois séculaire, présentent une

---

1 Malheureusement, cela arrive aussi, quelquefois, quand le chef mérite moins cette survivance ; les partis politiques le prouvent. En France, les boulangistes ont survécu à Boulanger ; au Chili, les balmacédistes à Balmacéda.

2 Dans une conférence sur la *Conciliation industrielle et le rôle des meneurs* (Bruxelles, 1892), un ingénieur belge très compétent, M. Weiler, montre le rôle utile que les *bons meneurs,* à savoir, d'après lui, les « meneurs de la profession » et non les meneurs *de* profession, peuvent exercer dans les différends entre patrons et ouvriers. Il y fait voir aussi le faible désir qu'éprouvent les ouvriers, dans ces moments critiques, de voir survenir les « messieurs » politiciens. Pourquoi ? Parce qu'ils savent bien que, une fois arrivés, ceux-ci les subjugueront bon gré mal gré. C'est une fascination qu'ils redoutent, mais qu'ils ne subissent pas moins.

Gabriel Tarde

série de meneurs perpétuels, greffés en quelque sorte les uns sur les autres et se rectifiant les uns les autres ; encore une différence avec les foules, où il y a tout au plus un groupe de meneurs temporaires et simultanés, qui se reflètent en s'exagérant. Autant de différences, autant de causes d'infériorité pour les foules.

Il y en a d'autres. Ce ne sont pas seulement les pires meneurs qui risquent d'être choisis ou subis par les multitudes, ce sont encore les pires suggestions, parmi toutes celles qui émanent d'eux. Pourquoi ? Parce que, d'une part, les émotions ou les idées les plus contagieuses, sont naturellement, les plus intenses, comme ce sont les plus grosses cloches, non les mieux timbrées ni les plus justes, dont le son va le plus loin ; et que, d'autre part, les idées les plus intenses sont les plus étroites ou les plus fausses, celles qui frappent les sens, non l'esprit, et les émotions les plus intenses sont les plus égoïstes. Voilà pourquoi, dans une foule, il est plus facile de propager une image puérile qu'une abstraction vraie, une comparaison qu'une raison, la foi en un homme que la renonciation à un préjugé ; et pourquoi, le plaisir de dénigrer étant plus vif que le plaisir d'admirer, et le sentiment de la conservation plus fort que le sentiment du devoir, les huées s'y répandent plus facilement encore que les bravos, et les accès de panique y sont plus fréquents que les élans de bravoure.

IV

Aussi a-t-on eu raison de remarquer, à propos des foules [1], qu'en général elles sont inférieures en intelligence et en moralité à la moyenne de leurs membres. Ici, non seulement le composé social, comme toujours, est dissemblable à ses éléments dont il est le *produit ou* la *combinaison plus* que la somme, mais encore, d'habitude, il vaut moins. Mais cela n'est vrai que des foules ou des rassemblements qui s'en rapprochent. Au contraire, là où règne *l'esprit de corps* plutôt que *l'esprit de foule, il* arrive souvent que le composé, où se perpétue le génie d'un grand organisateur, est supérieur à ses éléments actuels. Suivant qu'une troupe d'acteurs est une corporation ou une foule, c'est-à-dire qu'elle est plus ou moins

1 Voir notamment à ce sujet le très intéressant écrit de M. Sighele, sur *a folla delinquente.*

exercée et organisée, ils jouent tous ensemble mieux ou moins bien que séparément quand ils disent des monologues. Dans un corps très discipliné, comme la gendarmerie, d'excellentes règles pour la recherche des malfaiteurs, pour l'audition des témoins, pour la rédaction des procès-verbaux, - toujours très bien faits, au style près, - se transmettent traditionnellement et soutiennent l'esprit de l'individu appuyé sur une raison supérieure. Si l'on a pu dire avec vérité, d'après un proverbe latin, que les *sénateurs sont de bonnes gens, et le Sénat une mauvaise bête, j'ai eu* cent fois l'occasion de remarquer que les gendarmes, quoi qu'ils soient le plus souvent intelligents, le sont moins que la gendarmerie. Un général me dit avoir fait la même remarque en inspectant ses jeunes soldats. Questionnés séparément sur la manœuvre militaire, il les trouvait tous assez faibles ; mais, une fois rassemblés, il était surpris de les voir manœuvrer avec ensemble et entrain, avec un air d'intelligence collective très supérieure à celle dont ils avaient fait preuve individuellement. De même, le régiment est souvent plus brave, plus généreux, plus moral que le soldat. Sans doute, les corporations, - régiments, ordres religieux, sectes, - vont plus loin que les foules, soit dans le mal, soit dans le bien ; des foules les plus bienfaisantes aux foules les plus criminelles il y a moins loin que des plus grands exploits de nos armées aux pires excès du jacobinisme, ou des sœurs de Saint-Vincent de Paul aux camorristes et aux anarchistes ; et M. Taine, qui nous a peint avec tant de vigueur à la fois les foules criminelles et les sectes criminelles, les jacqueries et les exactions jacobines pendant la Révolution, a montré combien celles-ci ont été plus funestes que celles-là. Mais, tandis que les foules font plus souvent du mal que du bien, les corporations font plus souvent du bien que du mal. Ce n'est pas que, parmi ces dernières aussi, la contagiosité des sensations et des sentiments ne tende à être en rapport avec leur intensité, et que les plus égoïstes ne tendent à y être les plus intenses ; mais cette tendance y est le plus souvent entravée par une sélection et une éducation spéciales, par un noviciat qui se prolonge pendant plusieurs années.

Quand, par hasard, une multitude en action paraît être meilleure, elle aussi, plus héroïque, plus magnanime, que la moyenne de ceux qui la composent, ou bien cela tient à des circonstances. Extraordinaires, - par exemple, l'enthousiasme généreux de l'Assemblée nationale pendant la nuit du 4 août, - ou bien (comme dans le même exemple peut-être ?) cette magnanimité n'est qu'apparente et dissimule, aux yeux même des intéressés, l'empire profond d'une terreur cachée. Il y a souvent, chez les foules, l'héroïsme de la peur. D'autres fois, l'action bienfaisante d'une foule n'est que le dernier vestige d'une ancienne corporation. N'est-ce pas le cas des dévoûments spontanés qui se produisent parfois dans les foules urbaines accourue pour éteindre un grand incendie ? Je dis parfois pour elles, non pour le corps des pompiers, où ces traits admirables sont habituels et journaliers. La multitude qui les entoure, à leur exemple peut-être, piquée d'émulation, se dévoue aussi, rarement, affronte un danger pour sauver une vie. Mais, si l'on observe que ces rassemblements sont chose traditionnelle, qu'ils ont leur règle et leur usage, qu'on s'y divise les tâches, qu'à droite on fait circuler les seaux pleins, à gauche les seaux vides, que les actions s'y combinent avec un art coutumier bien plutôt que spontané, on sera porté à voir dans ces manifestations de pitié et d'assistance fraternelle un reste survivant de la vie corporative propre aux « communes » du moyen âge.

Est-il nécessaire maintenant d'insister pour démontrer que les hommes en gros, dans les foules, valent moins que les hommes en détail ? Oui, puisqu'on l'a contesté. Nous serons bref d'ailleurs. A coup sûr, aucun des paysans d'Hautefaye qui ont tué à petit feu M. de Moneys, aucun des émeutiers parisiens qui ont fait noyer l'agent Vicenzini, n'eût été capable isolément, je ne dis pas d'accomplir, mais de vouloir cet abominable assassinat. La plupart des septembriseurs étaient loin d'être de malhonnêtes gens. Une multitude lancée, même composée en majorité de personnes intelligentes, a toujours quelque chose de puéril et de bestial à la fois : de puéril par sa mobilité d'humeur, par son brusque passage de la colère à l'éclat de rire, de bestial par sa brutalité. Elle est lâche aussi, même composée d'individus de moyen courage. Si l'adversaire qui lui tient tête, un ingénieur, par exemple, vient à être renversé par un croc-en-jambe, son affaire est faite. Piétiner son ennemi à terre est un plaisir qu'elle ne se refuse jamais. - Un exemple de ses caprices. M. Taine nous a cité une bande

Chapitre I : Foules et sectes au point de vue criminel

révolutionnaire qui, prête à massacrer un prétendu accapareur, s'attendrit tout à coup, s'enthousiasme pour lui « et le force à boire et à danser avec elle autour de l'arbre de la Liberté où un moment auparavant, ils allaient le pendre ». Des traits pareils ont été observés a l'époque de la commune. Dans la dernière semaine, des prisonniers sont conduits à Versailles où la foule les entoure. Parmi eux se trouve, dit M. Ludovic Halévy, « une femme jeune, assez belle, les mains liées derrière le dos, enveloppée dans un caban d'officier doublé de drap rouge, les cheveux épars. La foule crie : La colonnelle ! la colonnelle ! Tête haute, la femme répond à ces clameurs par un sourire de défi. Alors, de toutes parts, c'est un grand cri : A mort ! à mort !... Un vieux monsieur s'écrie : Pas de cruauté, c'est une femme après tout ! La colère de la foule, en une seconde, se retourne contre le vieux monsieur. On l'entoure : c'est un communard ! c'est un incendiaire ! Il est très menacé, mais une voix perçante s'élève, une voix drôlette et gaie de gamin de Paris : Faut pas lui faire du mal, c'est sa demoiselle à ce monsieur ! Alors, brusquement, grand éclat de rire autour du vieux monsieur. Il est sauvé... La foule avait passé presque dans le même instant, de la plus sérieuse colère à la plus franche gaîté. »

Tout est à noter dans cet observation, autant le début que la fin. On peut être certain, puisqu'il s'agit de Français, que, à la vue de cette jolie amazone bravant ses meurtriers, chacun d'eux, pris à part, n'eût exprimé que de l'admiration pour elle. Rassemblés, ils n'ont éprouvé que de la fureur contre elle ; ils n'ont paru sensibles qu'au froissement de leur amour-propre collectif, exagération de leurs amours-propres particuliers élevés à une très haute puissance, par ce défi courageux. « L'amour-propre irrité chez le peuple, dit Mme de Staël dans ses *Considérations sur la Révolution française,* ne ressemble point à nos nuances fugitives : c'est le besoin de donner la mort. » Très juste ; mais en réalité, ce n'est pas chez les hommes du peuple isolés que les blessures de l'amour-propre ou ses égratignures s'élèvent à cette acuité d'exaspération homicide ; c'est dans les masses populaires. Et ce n'est pas seulement dans celles-ci, c'est dans tout rassemblement d'hommes instruits et bien élevés. Une assemblée, même la plus parlementaire du monde, insultée par un orateur, donne parfois ce spectacle d'une meurtrière fureur

Gabriel Tarde

de susceptibilité.

A quel point les foules, et, en général, les collectivités non organisées, non disciplinées, sont plus mobiles, plus oublieuses, plus crédules, plus cruelles que la plupart de leurs éléments, on a toujours de la peine à se l'imaginer, mais les preuves pullulent. A-t-on seulement songé à remarquer celle-ci ? En octobre 1892, les explosions de dynamite terrorisent Paris ; il semblait qu'il n'y eût rien de plus urgent que de se défendre contre cette menace perpétuelle, et, en effet, quel danger ! Mais, après qu'on a eu culbuté un ministère à cette occasion et voté une nouvelle loi sur la presse, spécifique dérisoire contre ce fléau, l'affaire du Panama éclate. Dès lors, je veux dire dès le premier jour, quand nul ne pouvait prévoir encore la gravité des révélations prochaines, l'alarme de la veille est oubliée, quoique le péril reste le même, et la curiosité, la malignité publiques, surexcitées, bien avant l'indignation publique, ont complètement dissipé la terreur. Ainsi est fait *l'esprit collectif :* les images s'y succèdent incohérentes, superposées ou juxtaposées sans lien, comme dans le cerveau de l'homme endormi ou hypnotisé, et chacune à son tour y envahit le champ total de l'attention. Cependant la plupart des esprits individuels qui le composent, qui concourent à former cette grande foule appelée l'Opinion, sont capables de suite et d'ordre dans l'agencement de leurs idées.

Autre exemple : « En mai 1892 [1], dit M. Delbœuf un malheureux Allemand, tout fraîchement débarqué à Liège, se laisse guider par la foule sur le théâtre d'une explosion de dynamite. À un certain moment, quelqu'un dans cette foule, en le voyant courir plus vite que les autres, le prend pour le coupable, le dit à ses voisins, et cette même foule se met en devoir de l'écharper. Cependant comment était-elle composée ? En somme, de l'élite de la société réunie autour d'un concert. Et l'on a pu entendre des voix de messieurs réclamant un revolver pour tuer à tout hasard un malheureux dont ils ignoraient la nationalité, le nom et le crime ! Dans l'affaire de Courtray, où un futur député s'exerçait à jouer un rôle analogue à celui de Basly et consorts dans les grèves, voyez la bêtise de la

1 *Journal de Liège,* du 12 octobre 1892). Article de M. Delbœuf, sur notre rapport au Congrès d'anthropologie criminelle de Bruxelles relatif aux *Crimes des foules.*

Chapitre I : Foules et sectes au point de vue criminel

foule : elle cherche à écharper les experts. » - Dans un ordre d'idées moins tragique, voici un auditoire de café-concert ; des Parisiens et des Parisiennes de goût raffiné s'y rassemblent. Pris séparément, ils sont dégustateurs de fine musique, de littérature pimentée, mais savoureuse. Réunis, ils ne font leurs délices que de stupides chansons. Mlle Yvette Guilbert a essayé de leur faire accepter des compositions dignes de son talent spécial ; elle y a échoué. Puisqu'il vient d'être question du Panama, on a pu constater avec quelle lenteur et quelle faible habileté cette sorte de juge d'instruction collectif appelé la Commission d'enquête a accompli ses opérations, malgré la réelle capacité de ses membres ; il est vraisemblable que chacun d'eux, investi seul des mêmes pouvoirs, et agissant isolément, eût fait de meilleure besogne. En tout cas, il est manifeste que le jury est encore moins intelligent que les jurés [1].

Encore un exemple, que j'emprunte aux mémoires de Gisquet, préfet de police, sous Louis-Philippe. En avril 1892, à Paris, au paroxysme de l'épidémie cholérique, « des bruits répandus et *propagés dans tout Paris avec la rapidité de l'éclair,* attribuèrent *au poison* les effets de l'épidémie, et firent croire aux masses, toujours impressionnables dans de pareils moments, que des hommes empoisonnaient les aliments, l'eau des fontaines, le vin et autres boissons... En peu d'instants, des rassemblements immenses se formèrent sur les quais, sur la place de Grève, etc., et jamais peut-être on ne vit à Paris une si effroyable réunion d'individus, *exaspérés par cette idée d'empoisonnement et recherchant les auteurs de ces crimes imaginaires.* » *C'était* tout simplement un délire collectif de la persécution. « Toute personne munie de bouteilles, de fioles, de paquets de petit volume, leur paraissait *suspecte ; un simple flacon pouvait devenir une pièce de conviction* aux yeux de cette multitude en délire. » Gisquet a parcouru lui-même « ces masses profondes, couvertes de haillons » et, dit-il, « rien ne peut rendre <u>tout ce que leur</u> aspect avait de hideux, l'impression de terreur

1 M. de Vogüé, avec sa pénétration ordinaire, disait un jour, à propos de l'un de nos ministères : « Ces ministres, dont je me plaisais à constater plus haut la valeur individuelle, ces hommes qui, pour la plupart, montrent dans leurs départements respectifs d'éminentes qualités d'administration, il semble qu'une paralysie foudroyante les frappe quand ils se trouvent réunis autour de la table du Conseil ou au pied de la tribune, devant une résolution collective à prendre ». A combien de ministères, et de parlements, et de Congrès, cette remarque est applicable !

Gabriel Tarde

que causaient les murmures sourds qui se faisaient entendre. »
Ces affolés sont devenus facilement des massacreurs. « Un jeune
homme, employé au ministère de l'intérieur, fut massacré, rue
Saint-Denis, sur le seul soupçon d'avoir voulu jeter du poison dans
les brocs d'un marchand de vin... » Quatre massacres eurent lieu
dans ces conditions... Scènes analogues à Vaugirard et au faubourg
Saint-Antoine. Ici « deux imprudents fuyaient, poursuivis par des
milliers de forcenés qui *les accusaient d'avoir donné à des enfants
une tartine empoisonnée* ». Les deux hommes se cachent à la hâte
dans un corps de garde ; mais le poste est dans un instant cerné,
menacé, et rien n'aurait pu empêcher en ce moment le massacre de
ces individus, si le commissaire de police et un ancien officier de
paix n'avaient eu l'heureuse idée de se partager la tartine aux yeux
de la foule. « Cette *présence d'esprit* fit *aussitôt succéder l'hilarité
à la fureur.* » Ces affolements sont de tous les temps : foules de
toute race et de tout climat, foules romaines accusant les chrétiens
de l'incendie de Rome ou d'une défaite de légion et les jetant aux
bêtes, foules du moyen âge accueillant contre les albigeois, contre
les juifs, contre un hérétique quelconque les soupçons les plus
absurdes, auxquels leur propagation tient lieu de démonstration,
foules allemandes de Munzer sous la Réforme, foules françaises de
Jourdan sous la Terreur, c'est toujours le même spectacle. Toutes,
« terroristes par peur », comme Mme Roland disait de Robespierre.

Sur l'inconséquence des foules, on me signale ce qui se passe en
Orient, dans certains pays infectés par la lèpre. Là, dit le docteur
Zambaco-Pacha, « dans la plupart des villages, dès qu'on a
soupçonné la lèpre, ou qu'on a accusé à tort quelqu'un de l'avoir, le
peuple, sans s'adresser à l'autorité ou tout au moins à un médecin,
se constitue illico en jury, et lynche celui qu'il déclare lépreux en le
pendant à l'arbre le plus proche ou en le pourchassant à coups de
pierres [1] ». Mais cette même populace fréquente les chapelles des
léproseries, « baise les images aux endroits mêmes où les lépreux
ont posé leurs lèvres et communie dans les mêmes calices ».

Si mobiles, si inconséquentes, si dépourvues de traditions
proprement dites, que soient les foules, elles n'en sont pas moins
routinières, et en cela aussi elles s'opposent aux corporations qui,

1 Voyage chez les lépreux, par le Dr Zambaco-Pacha (Paris, Masson, 1891) .

Chapitre I : Foules et sectes au point de vue criminel

dans toute leur période ascendante, sont à la fois traditionnalistes et progressistes, progressistes parce que traditionnalistes. Il y a quelques années, j'ai eu un spécimen assez singulier de cette routine caractéristique des hommes rassemblés au hasard. C'était dans les salles d'inhalation du Mont-Dore, dans l'ancien établissement. Là, trois ou quatre cents hommes sont entassés dans un espace étroit, au milieu des 40• qui s'échappent du centre de la pièce. On s'ennuie, et, pour se distraire, au lieu de causer comme dans la salle des dames, on cherche à s'agiter ; et l'on se met à tourner processionnellement, en gilet de flanelle, autour de la chaudière centrale. Mais, chose remarquable, tout le monde tourne toujours du même côté, dans le sens des aiguilles d'une montre, si j'ai bonne mémoire, jamais en sens inverse. Du moins, cela s'est passé ainsi pendant tout le mois où j'ai subi cette insipide médication. Quelquefois j'ai essayé, au début de la séance, d'opérer un remous, un renversement de cette giration monotone ; je n'ai pu y parvenir. Tous les tourneurs, ou la plupart d'entre eux, se souvenaient d'avoir tourné la veille d'une certaine manière, et, inconsciemment, en vertu de cet instinct d'imitation qui nous suit partout, qui est avec l'instinct de sympathie et de sociabilité en rapport réciproque de cause et d'effet, chacun tendait à suivre fidèlement l'impulsion reçue. Par ce trait, entre parenthèses, on peut mesurer la force sociale du besoin d'imiter. Car, si un acte aussi insignifiant, aussi peu propre à émouvoir l'esprit ou le coeur, que celui du premier baigneur qui a eu l'idée de tourner dans ce sens, a été suggestif à ce point et a développé une tendance collective aussi enracinée, quelle doit être la puissance contagieuse des passions soulevées dans les masses par un chef qui leur souffle des idées de meurtre, de pillage et d'incendie, ou leur promet monts et merveilles ! Le docteur Aubry, qui, dans son intéressant ouvrage sur la *Contagion du meurtre,* a fort bien étudié les phénomènes de ce dernier ordre, me cite une petite observation faite par lui pendant ses études et qui vient à l'appui de la réflexion précédente. « Dans les amphithéâtres de dis-section, m'écrit-il, on travaille beaucoup, mais le travail est de telle nature qu'il n'empêche pas de causer ni de chanter. Un jour, mes camarades et moi, nous fûmes frappés d'un fait psychologique que nous baptisâmes le *réflexe musical.* Voici en quoi il consistait. Au moment où le silence était aussi complet que possible, si l'un de nous chantait quelques mesures d'un air connu, puis s'arrêtait brusquement, presque aussitôt après, dans un autre coin quelconque de la salle, un étudiant continuait, en travaillant, l'air commencé. Nous avons fréquemment reproduit cette expérience et toujours avec succès. Souvent nous avons questionné notre continuateur, qui était tantôt l'un, tantôt l'autre de nos camarades, et nous avons compris par ses réponses qu'il ne s'était pas aperçu d'avoir suivi une impulsion, continué une chose commencée. N'y a-t-il pas dans cette suggestion, quelquefois inconsciente, quelque chose qui jette un peu de lumière sur ces idées apparues, on ne sait ni pourquoi ni comment, dans les foules, venues on ne sait d'où et répandues avec une rapidité vertigineuse [1] ? »

Revenons. Le public de théâtre donne lieu à des remarques analogues. S'il est le plus capricieux des publics, il en est aussi le plus moutonnier, il est aussi difficile de prévoir ses caprices que de réformer ses habitudes. D'abord, ses manières d'exprimer l'approbation ou le blâme sont toujours les mêmes dans un même pays : applaudissements et sifflets, chez nous. Puis, ce qu'il est habitué à voir sur la scène, il faut qu'on le lui montre toujours, quelque artificiel que cela puisse être ; et ce qu'il est habitué à n'y pas voir, il est dangereux de le lui montrer. Encore est-il à noter qu'un auditoire de théâtre est une foule assise, c'est-à-dire n'est foule qu'à demi. La vraie foule, celle où l'électrisation par le contact atteint son plus haut point de rapidité et d'énergie, est composée de gens debout et, ajoutons, en marche. Mais cette différence n'a pas toujours existé. En 1780 encore, - j'en trouve la preuve dans un article du *Mercure de France* du 10 juin 1780, - le parterre se tenait debout dans les principaux théâtres, et l'on commençait à peine à parler de le faire asseoir. Il y a lieu de penser que le parterre, en s'asseyant, s'est assagi ; et il en a été de même de l'auditoire politique et judiciaire chez les peuples qui, après avoir eu d'abord des parlements forains composés de guerriers ou de vieillards debout sous les armes, ont

1 Le Dr. Bajenow, aliéniste russe, rapporte un trait qui confirme et amplifie singulièrement l'observation du Dr. Aubry. Il y a une dizaine d'années, sur une scène de Moscou, Sarah Bernhardt jouait la Dame aux Camélias. Au 5ᵉ acte, au moment le plus dramatique, quand tout le public était suspendu à ses lèvres et qu'on eût entendu une mouche voler, Marguerite Gauthier, se mourant de phtisie, s'est mise à tousser. Aussitôt une épidémie de toux a gagné l'auditoire, et, pendant quelques minutes, on n'a pu entendre les paroles de la grande actrice.

Chapitre I : Foules et sectes au point de vue criminel

fini par avoir des assemblées closes dans des palais et assises sur des fauteuils ou des chaises curules. Il est probable aussi que ce changement d'attitude a donné à chaque auditeur un peu plus de force pour résister à l'entraînement de ses voisins, un peu plus d'indépendance individuelle. S'asseoir, c'est commencer à s'isoler en soi. Le parterre est devenu, ce semble, moins *misonéiste* depuis qu'il s'est assis ; c'est seulement à partir de cette époque que la scène française a commencé à s'émanciper. Pourtant, même parmi des spectateurs assis, subsistent les agents de suggestion mutuelle les plus efficaces, surtout la vue. Si les spectateurs ne se voyaient pas entre eux, s'ils assistaient à une représentation, comme les détenus des prisons cellulaires entendent la messe, dans de petites boites grillées d'où il leur serait impossible de se voir les uns les autres, il n'est point douteux que chacun d'eux, subissant l'action de la pièce et des acteurs pure de tout mélange avec l'action du public, jouirait bien plus pleinement de la libre disposition de son goût propre, et que, dans ces salles étranges, on serait beaucoup moins unanime soit à applaudir, soit à siffler. Dans un théâtre, dans un banquet, dans une manifestation populaire quelconque, il est rare que, même en désapprouvant *in petto* les applaudissements, les toasts, les vivats, on ose ne pas applaudir aussi, ne pas lever son verre, garder un silence obstiné au milieu de cris enthousiastes. A Lourdes, dans la foule processionnelle et orante des croyants, il y a des sceptiques qui, demain, au souvenir de tout ce qu'ils voient faire aujourd'hui, de ces bras en croix, de ces cris de foi poussés par une voix quelconque et aussitôt répétés par toutes les bouches, de ces baisements de terre et de ces prosternations en masse sur l'ordre d'un moine, feront des plaisanteries sur tout cela. Mais aujourd'hui ils ne rient point, ils ne protestent point, et, eux aussi, ils baisent la terre ou font semblant et, s'ils ne tiennent pas les bras en croix, en ébauchent le geste... Est-ce peur ? Non ; ces foules pieuses n'ont rien de féroce. Mais on ne veut pas *scandaliser.* Et cette crainte du scandale, qu'est-ce, au fond, si ce n'est l'importance extraordinaire attribuée par le plus dissident

et le plus indépendant des hommes au blâme collectif d'un public composé d'individus dont chaque jugement particulier ne compte pour rien à ses yeux ? D'ailleurs, cela ne suffit pas à expliquer toujours la condescendance habituelle et remarquable de l'incrédule à l'égard des multitudes ferventes où il est noyé. Il faut, je crois, admettre aussi qu'au moment où un frisson d'enthousiasme mystique passe sur elles, il en prend sa petite part et se trouve avoir le cœur traversé d'une foi fugitive. Et, cela admis et démontré pour les foules pieuses, nous devons faire usage de cette remarque pour expliquer ce qui se passe dans les foules criminelles, où souvent un courant de férocité momentanée traverse et dénature un cœur normal.

C'est une banalité, et aussi une exagération, de vanter le « courage civil » aux dépens du courage militaire, qui passe pour être moins rare. Mais ce qu'il y a de vrai dans cette idée banale s'explique par la considération qui précède. Car le courage civil consiste à lutter contre un entraînement populaire, à refouler un courant, à émettre devant une assemblée, devant un conseil, une opinion dissidente, isolée, en opposition avec celle de la majorité, tandis que le courage militaire consiste, en général, à se distinguer dans un combat en subissant au plus haut degré l'impulsion ambiante, en allant plus loin que les autres dans le sens même où l'on est poussé par eux. Quand, par exception, le courage militaire exige lui-même qu'on résiste à un entraînement, quand il s'agit, pour un colonel, de s'opposer à une panique, ou, à l'inverse, de retenir l'élan inconsidéré des troupes, une telle audace est chose plus rare encore, et, avouons-le, plus admirable qu'un discours d'opposition dans une Chambre de députés.

En somme, par son caprice routinier, sa docilité révoltée, sa crédulité, son nervosisme, ses brusques sautes de vent psychologiques de la fureur à la tendresse, de l'exaspération à l'éclat de rire, la foule est femme, même quand elle est composée, comme il arrive presque toujours, d'éléments masculins. Fort heureusement pour les femmes, leur genre de vie, qui les renferme dans leur maison, les condamne à un isolement relatif. En tout pays, à toute époque, les réunions d'hommes sont plus fréquentes, plus habituelles, plus nombreuses que les réunions de femmes. A cela tient peut-être en partie l'écart si grand entre la criminalité des deux sexes, au profit du plus faible. La moindre criminalité des campagnes comparées aux villes est un fait qui peut se rattacher à

30

la même cause. Le campagnard vit à l'état de dispersion habituelle. Quand, par hasard, les femmes pratiquent la vie de rassemblement quotidien, - je ne dis pas la vie corporative, sous forme monastique ou autre, - leur dépravation atteint ou dépasse celle de l'homme. Et, pareillement, quand le paysan, les années où la vie est à très bon marché, cultive l'auberge autant que l'ouvrier le café, il devient facilement plus immoral que l'ouvrier et plus redoutable. Karl Marx, dans le Capital (chap, xxv), fait un tableau pittoresque des bandes d'ouvriers agricoles qui, recrutées par un chef « vagabond, noceur, ivrogne, mais entreprenant et doué de savoir-faire » , promènent leurs bras dans divers comtés d'Angleterre. « Les vices de ce système, dit-il, sont l'excès de travail imposé aux enfants et aux jeunes gens... et la démoralisation de la troupe ambulante. La paye se fait à l'auberge au milieu de libations copieuses. Titubant, s'appuyant de droite et de gauche sur le bras robuste de quelque virago, le digne chef marche en tête de la colonne, tandis qu'à la queue la jeune troupe folâtre et entonne des chansons moqueuses ou obscènes. Les villages ouverts, souche et réservoir de ces bandes, deviennent des Sodomes et des Gomorrhes... »

V

Jusqu'ici nous nous sommes plus spécialement occupés des foules ; attachons-nous maintenant davantage aux corporations. Mais d'abord indiquons le rapport que celles-ci ont avec celles-là, et la raison que nous avons eue de les réunir en une même étude. Cette raison est bien simple ; d'une part, une foule tend à se reproduire à la première occasion, à se reproduire à intervalles de moins en moins irréguliers, et, en s'épurant chaque fois, à s'organiser corporativement en une sorte de secte ou de parti ; un club commence par être ouvert et public, puis, peu à peu, il se clôt et se resserre ; d'autre part, les meneurs d'une foule sont le plus souvent non des individus isolés, mais des *sectaires*. Les sectes sont les ferments des foules. Tout ce qu'une foule accomplit de sérieux, de grave, en bien comme en mal, lui est inspiré par une corporation. Quand une multitude accourue pour éteindre un incendie déploie une intelligente activité, c'est qu'elle est dirigée par un détachement de la corporation des pompiers. Quand un

Gabriel Tarde

attroupement de grévistes frappe précisément où il faut frapper, détruit ce qu'il faut détruire, - par exemple les outils des ouvriers restés à l'usine, - pour atteindre son but, c'est qu'il y a derrière elle, sous elle, un syndicat, une union, une association quelconque [1]. Les foules manifestantes, processions, enterrements à allure triomphale, sont soulevées par des confréries ou des cercles politiques. Les Croisades, ces immenses foules guerrières, ont jailli des ordres monastiques, à la voix d'un Pierre l'Ermite ou d'un saint Bernard. Les levées en masse de 1892 ont été suscitées par des clubs, encadrées et disciplinées par les débris des anciens corps militaires. Les septembrisades, les jacqueries de la Révolution, ces bandes incendiaires ou féroces, sont des éruptions du jacobinisme ; partout, à leur tête, on voit un délégué de la *section* voisine. Là est le danger des sectes : réduites à leurs propres forces, elles ne seraient presque jamais très malfaisantes ; mais il suffit d'un faible levain de méchanceté pour faire lever une pâte énorme de sottise. Il arrive fréquemment qu'une secte et une foule, séparées l'une de l'autre, seraient incapables de tout crime, mais que leur combinaison devient facilement criminelle.

Les sectes, d'ailleurs, peuvent se passer des foules pour agir ; c'est le cas de celles qui ont le crime pour but principal ou pour moyen habituel, telles que la maffia sicilienne, la camorra napolitaine, l'anarchisme européen. Comme il a été dit plus haut, les corporations vont plus loin que les foules dans le mal comme dans le bien. Les noms que je viens de citer confirment éloquemment

---

1 Parfois on le conteste, mais à tort, parce que le fait ne peut toujours être judiciairement démontré. Dans son ouvrage, très documenté d'ailleurs et très intéressant, sur *les Associations professionnelles en Belgique* (Bruxelles, 1891), M. Vanderwelde, l'un des chefs du socialisme belge, blâme un arrêt de la Cour d'assises du Hainaut de juillet 1886, qui a condamné plusieurs membres de l'Union verrière de Charleroi pour provocation aux troubles causés par la grève des ouvriers verriers, en mars de cette même année. Il n'y avait contre eux, nous dit-il, que « d'insuffisantes présomptions ». Mais, quelques lignes plus haut, il vient de nous dire que, longtemps avant la grève, « l'Union verrière se préparait à la lutte : une lutte terrible, une lutte à mort, écrivait son président aux sociétés d'Angleterre et des États-Unis ». Or, *sur ces entrefaites* éclatent les émeutes de mars 1886 , le 25, des milliers de mineurs remontent leurs outils, le lendemain, cette masse énorme se répand sur le pays, arrête les machines, pille les verreries... anéantit l'établissement Baudoux » , en un mot exécute tout le programme de l'Union. Ce sont là des présomptions graves, sinon suffisantes.

cette vérité. Rien de plus bienfaisant que la Hanse au moyen âge ; rien de plus malfaisant, de nos jours, que la secte anarchique. Ici et là, même force d'expansion, salutaire ou terrible. Née en 1241, la Hanse était devenue, en peu d'années, avec une rapidité de propagation inouïe à cette époque, « la suprême expression de la vie collective, la concentration de toutes les gildes marchandes de l'Europe »[1]. Au XlVe siècle, elle forme une fédération qui comprend plus de quatre-vingts villes et étend ses factoreries de Londres à Novogorod. Elle n'est cependant « fondée que sur le libre consentement des gildes et des villes, elle ne connaît d'autre moyen de discipline que l'exclusion, et si grande est la force corporative que la Hanse exerce néanmoins un ascendant sur toute l'Europe », dans l'intérêt majeur du commerce européen. L'anarchisme s'est propagé aussi rapidement. Vers 1880, le prince Kropotkine, son inventeur, fondait à Genève le *Révolté, puis* en 1881, à Lyon, le *Droit social,* feuilles presque sans lecteurs. « En 1882, dit M. l'avocat général Bérard[2], quelques adeptes à Lausanne ou à Genève, deux ou trois individus isolés à Paris, un ou deux groupes à Lyon avec ramification à Saint-Étienne, à Villefranche-sur-Saône et à Vienne, en tout une soixantaine, une centaine, si vous voulez, de personnes ; c'était alors toute la légion anarchiste ». Dix ans plus tard, le 28 mars 1892, une réunion purement anarchiste a lieu à Paris, approuvant expressément Ravachol et ses complices. Il y avait 3.000 personnes, et de nombreux télégrammes avaient été envoyés de la France et de l'étranger pour s'unir de cœur à l'assemblée. « Les anarchistes sont nombreux, très nombreux, dans la classe ouvrière » , dit le chimiste M. Girard, qui a souvent affaire à eux. D'après M. Jehan Préval[3], l'anarchisme n'est pas un simple ramassis de brigands, mais « un parti en voie de s'organiser, avec un but bien défini et avec l'espoir, assurément fondé, d'entraîner, à sa suite, au fur et à mesure des succès obtenus, la plus grande masse du prolétariat urbain ». Les anarchistes sont appelés par le même écrivain « les chevau-légers du socialisme ». - La propagation du nihilisme en Russie n'a pas

1 J'emprunte ces lignes à M. Prins, criminaliste belge très distingué qui, dans son livre très instructif, sur la *Démocratie et le Régime parlementaire* (2e édition), s'étend longuement sur le régime corporatif, si florissant jadis et subsistant encore dans certaines provinces de son pays.

2 *Les Hommes et les Théories de l'anarchie,* par Bérard (Archives de l'anthropologie criminelle n° 42).

3 *Anarchie et Nihilisme,* par Jehan Préval (2ᵉ édition, 1892, Savine, éditeur).

Gabriel Tarde

été moins rapide. Les grands procès qui l'ont frappé en 1876 et 1877 en sont une preuve [1]. » Du reste, le nihilisme et l'anarchisme n'ont de commun que l'emploi des explosifs. L'anarchisme, délire prolétaire, a rêvé de détruire toute une classe sociale ; le nihilisme, conspiration des classes élevées de Russie, n'a jamais visé que quelques têtes. De là cette puissance extrêmement supérieure de terrorisation qui caractérise le premier ; menace constante et menace pour tous.

Entre les meilleures corporations et les plus criminelles, y a une autre similitude ; les unes comme les autres sont des formes de cette fameuse « lutte pour la vie » dont on a tant abusé ; formule commode qui doit les trois quarts de son succès, comme bien des gens, à sa souplesse seule. En effet, considérons les plus fécondes corporations du moyen âge : « Que l'on prenne, dit M. Prins, les plus anciennes et les plus simples, les gildes d'Abbolsburg, d'Exter ou de Cambridge, fondées au XIe siècle en Angleterre : celles du Mans ou de Cambrai fondées en 1070 et 1076 ; celle d'Amicitia dans la ville d'Aire, en Flandre, dont le comte Philippe confirma les statuts, en 1188 ; ou que l'on étudie les plus puissantes corporations au temps de leur splendeur, les foulons de Gand, les épiciers de Londres, les pelletiers d'Augsbourg, au XIVe siècle ; c'est toujours l'application d'un même principe ; des hommes incertains de l'avenir et menacés dans leurs intérêts cherchent le remède dans la solidarité. Leur histoire est d'ailleurs très simple, c'est la lutte des petits contre les grands. » On en dirait autant des Universités de jadis, grandes corporations intellectuelles, et même des corporations artistiques de la même époque, par exemple de celle des peintres constituée à Gand en 1337 sous le patronage de saint Lue. Mais l'anarchisme, lui aussi, n'est que cela : une lutte contre la Société supérieure. Seulement, il faut convenir que sa manière de lutter est toute différente. Pourquoi l'est-elle ? Pourquoi cette même cause, l'ardent désir d'un sort meilleur, a-t-elle poussé les uns à se solidariser dans le travail, les autres à se concerter pour le meurtre ?

Cette question, c'est le problème même des « facteurs du crime » si agité parmi les criminalistes contemporains ; mais c'est ce

1 *Le Socialisme allemand et le Nihilisme russe,* par Bourdeau (1892).

Chapitre I : Foules et sectes au point de vue criminel

problème transporté des individus aux groupes, et posé pour les délits collectifs après ne l'avoir été que pour les délits individuels. En se déplaçant de la sorte, il s'éclaire et s'élargit, et offre un moyen de contrôler certaines solutions hâtives auxquelles ces derniers ont donné lieu. Ce n'est pas le moment de nous étendre sur ce contrôle. Par cette comparaison on s'apercevrait aisément que l'influence du climat, de la saison, de la race, des causes physiologiques, est ici certaine, mais qu'elle a été fort exagérée. On verrait que la part des causes physiques va décroissant dans les groupes à mesure qu'en s'organisant ils vont ressemblant davantage à un organisme individuel, que, par suite, elle est plus grande dans la formation, dans l'orientation honnête ou délictueuse des foules que dans celle des associations disciplinées. L'été, dans le Midi, pendant le jour, quand il fait beau, il est infiniment plus facile de provoquer des désordres dans la rue que l'hiver, au Nord, la nuit, et sous une pluie battante ; tandis que, dans les périodes de crise politique, il est presque aussi facile d'ourdir une conspiration l'hiver que l'été, au Nord qu'au Midi, la nuit que le jour ou le jour que la nuit, par un temps pluvieux que par un soleil splendide. On verrait au contraire que le « facteur anthropologique » ou, pour parler plus simplement, la composition du groupe, a une importance plus grande dans les associations que dans les rassemblements formés sous l'empire d'un sentiment vif et passager. Une foule, même composée d'une majorité d'honnêtes gens, peut se laisser facilement entraîner à des sortes de crimes passionnels, à des accès d'aliénation homicide momentanée, pendant qu'une secte, animée d'un sentiment fort et tenace, ne commet que des crimes réfléchis et calculés, toujours conformes à son caractère collectif et fortement empreints du cachet de sa race.

Mais ce ne sont là que des conditions secondaires. La question est de savoir quelles sont les causes qui les mettent en oeuvre et à profit. Non seulement il n'y a pas de climat ni de saison qui prédestinent au vice ou bien à la vertu, puisque, sous la même latitude et aux mêmes mois, on voit éclore toutes sortes de forfaits à côté de toutes sortes de sublimités ou de délicatesses morales, mais il n'y a pas même de race qui soit vicieuse ou vertueuse par nature. Chaque race produit à la fois des individus qui *semblent* voués par une espèce de prédestination organique, les uns aux divers genres de crimes, les autres aux divers genres de courage et de bonté. Seulement la proportion des uns et des autres, à un moment donné, diffère d'une race à une autre race, ou, bien plutôt, d'un peuple à un autre peuple. Mais cette différence n'est pas constante, elle varie jusqu'à se renverser quand les vicissitudes de l'histoire font changer la religion, les lois, les institutions nationales, et baisser ou monter le niveau de la richesse et de la civilisation. L'Écosse, après avoir été pendant des siècles le pays de l'Europe le plus fertile en meurtres, d'après la statistique, est aujourd'hui le pays de l'Europe le moins meurtrier à population égale. Le nombre proportionnel des Écossais qu'on aurait cru pouvoir qualifier d'homicides-nés a diminué des neuf dixièmes environ en moins d'un siècle. Et si telle est la variabilité numérique de la Criminalité dite innée, combien plus variable encore doit être la criminalité acquise ? Comment s'expliquent ces variations ? Pourquoi un plus ou moins grand nombre de criminels *naissent-ils ou deviennent-ils* tels, et dans tel ou tel genre ? C'est là le noeud du problème.

VI

Parmi les associations criminelles, nous pouvons distinguer aussi, si bon nous semble, celles qui sont des criminelles nées, et même cette expression à ce sujet rencontrera sans nul doute bien moins de contradicteurs que dans son acception habituelle ; car assurément on voit des sectes naître tout exprès pour le brigandage, la rapine, l'assassinat, très-différentes en cela de beaucoup d'autres qui, après avoir eu des fins plus nobles, se sont perverties ; la maffia et la camorra, par exemple, ont commencé par être des conspirations patriotiques contre un gouvernement étranger. - Mais cette distinction, qui a paru si capitale et a suscité tant de polémiques à propos de la criminalité individuelle, n'a pas la moindre portée dans son application à la criminalité collective. Criminelle de naissance ou criminelle de croissance, une secte qui fait le mal est pareillement haïssable, et les plus dangereuses sont souvent celles qui en grandissant ont dévié de leur principe initial. Si nous cherchons à remonter aux causes qui ont fait naître pour le crime les unes ou qui ont fait tomber les autres, nous trouverons que ce sont les mêmes, à savoir des causes d'ordre psychologique et social. Elles agissent dans les deux cas, de deux manières différentes et complémentaires : 1) en suggérant à quelqu'un l'idée du crime à commettre ; 2) en propageant cette idée, ainsi que le dessein et la force de l'exécuter. Quand il s'agit d'un crime individuel, la conception et la résolution, l'idée et l'exécution, sont toujours distinctes et successives, mais se produisent dans un seul et même individu ; c'est la principale différence avec le crime collectif, où divers individus se partagent les tâches, où les meneurs et les inspirateurs vrais ne sont jamais les exécuteurs. Différence analogue à celle qui sépare la petite industrie de la grande ; dans la première, le même artisan est, en même temps, entrepreneur et ouvrier, il est son propre patron ; dans le second, patrons et ouvriers font deux, comme on ne le sait que trop.

Or, qu'est-ce qui suggère l'idée du crime ? et je pourrais aussi bien dire l'idée de génie ? Les principes et les besoins, les maximes avouées ou inavouées et les passions cultivées plus ou moins ouvertement qui règnent dans la société ambiante, je ne dis pas toujours dans la grande société, mais dans la société étroite, et d'autant plus dense où l'on est jeté par le sort. Une idée de crime, pas plus qu'une invention géniale, ne jaillit du sol, par génération spontanée. Un crime, - et cela est surtout vrai des crimes collectifs, - se présente toujours comme une déduction hardie, mais guère moins conséquente que hardie, le plus souvent, de prémisses posées par les vices traditionnels ou l'immoralité nouvelle, par les préjugés ou le scepticisme d'alentour, comme une excroissance logique en quelque sorte, -et non pas seulement psychologique, - sortie de certains relâchements de conduite, de certains écarts habituels de parole ou de plume, de certaines tâches complaisances pour le succès, l'or, le pouvoir, de certaines négations sceptiques et inconsidérées, par système ou par genre, qui ont cours même parmi les plus honnêtes gens d'une époque et d'un pays. Dans un milieu féodal régi par le point d'honneur, l'assassinat par vengeance ; dans un milieu modernisé, envahi par la cupidité voluptueuse, le vol, l'escroquerie, l'homicide cupide, sont les délits dominants. Ajoutons que la forme et les caractères propres du délit sont spécifiés par l'état des connaissances théoriques ou techniques répandues dans ce milieu. Tel qui eût conçu, avant les derniers progrès de la chimie, un empoisonnement par un poison minéral, songera maintenant à empoisonner à l'aide d'un toxique végétal ; tel qui, hier, eût imaginé laborieusement une machine infernale dans le genre de Fieschi, étudiera aujourd'hui une nouvelle cartouche de dynamite à fabriquer, plus maniable et plus pratique, une cartouche de poche. Et cette spécification de procédés est loin d'être indifférente ; car, en enrichissant l'outillage du crime comme celui de l'industrie, le développement des sciences prête au crime une puissance monstrueusement croissante de destruction et rend l'idée et le dessein du crime accessibles à des cœurs plus lâches, plus nombreux, à un cercle toujours agrandi de consciences molles que le maniement, très dangereux, de la machine infernale de Fieschi ou de Cadoudal ou du couteau de Ravaillac eût épouvantés et qui ne tremblent pas à la pensée de déposer dans un escalier une marmite à renversement.

Une invention, en général, - car l'idée première d'un crime n'est qu'une espèce relativement très facile d'invention, - est une oeuvre logique au premier chef ; et voilà pourquoi on a souvent dit avec exagération, mais non sans une part de vérité, que le mérite de l'inventeur se bornait à cueillir un fruit prêt à tomber. La formule newtonienne est déduite logiquement des trois lois de Képler, elles-mêmes implicitement contenues dans le résultat d'observations astronomiques accumulées depuis Tycho-Brahé et les astronomes chaldéens. La locomotive découlait de la machine à vapeur de Watt et du char antique et de nos besoins accrus de locomotion ; le télégraphe électrique découlait d'une découverte d'Ampère et de nos besoins multipliés de communication. L'inventeur, scientifique, militaire, industriel, criminel, est un logicien à outrance. Ce n'est pas à dire qu'il soit donné à tout le monde de déduire ainsi et que les prémisses élaborées par tous se soient concentrées d'elles-mêmes dans un cerveau sans nulle participation efficace de celui-ci ; il a été leur carrefour, à raison de sa passion caractéristique, cupidité ou curiosité, égoïsme ou dévouement à la vérité, qui a cherché et trouvé les moyens propres à atteindre ses fins. Et pour opérer cette convergence, pour formuler cette conséquence, audacieusement, en bondissant par-dessus les timidités d'esprit ou les répugnances

Chapitre I : Foules et sectes au point de vue criminel

morales qui retiennent dans un état habituel d'inconséquence inconsciente, soit fâcheuse, soit salutaire, les autres hommes, il a fallu une organisation exceptionnelle, un corps formé par une monade dirigeante des plus fortement trempées, des plus closes en soi et persévérantes en leur être. N'importe, sans l'ensemencement social, il est certain que cette terre féconde du caractère individuel n'eût rien fait germer.

Donc, les hommes de génie d'une société lui appartiennent, mais ses criminels aussi ; si elle s'honore à juste titre des uns, elle doit rougir et se repentir des autres ; car elle doit s'imputer à elle-même ceux-ci, quoiqu'elle ait le droit de leur imputer à eux-mêmes leurs actes. Cet assassin tue pour voler parce qu'il entend célébrer partout et par-dessus tout les mérites de l'argent ; ce satyre a entendu dire que le plaisir est le but de la vie ; ce dynamiteur ne fait qu'accomplir ce que conseillent tous les jours des feuilles anarchistes, et celles-ci, qu'ont-elles fait, si ce n'est de tirer les corollaires rigoureux de ces axiomes : la propriété, c'est le vol ; le capital c'est l'ennemi ? Tous entendent rire de la morale, ils sont immoraux pour n'être pas inconséquents. Les classes supérieures, que le crime atteint, ne s'aperçoivent pas que ce sont elles qui en ont émis le principe, quand elles n'en ont pas donné l'exemple.

Jusqu'à des dates assez récentes, on a pu à la rigueur soutenir ce paradoxe que, si la manie montante du délit attestée depuis trois quarts de siècle par nos statistiques était en elle-même un mal réel, elle n'avait nullement la valeur d'un symptôme ; que la perversité des coquins pouvait monter et même s'étendre constamment, sans qu'il fût le moins du monde prouvé par là que l'honnêteté des honnêtes gens allât s'abaissant. Loin de là, il se pouvait fort bien que la moralisation des masses cultivées ou incultes fît de réels progrès pendant que le crime en faisait de son côté. Ces choses ont été dites, et imprimées, par des optimistes on ne peut plus sincères, particulièrement imprégnés de cette infatuation collective qui est propre à notre temps. Mais, depuis les explosions de dynamite et l'affaire du Panama, je ne pense pas que ce langage soit encore de mise. Il y a quelque chose de trop significatif dans la coïncidence de cette épouvante et de ce scandale, l'une révélant les désespérances

Gabriel Tarde

et les haines d'en bas, l'autre, la démoralisation et les égoïsmes d'en haut. Et le tout coïncide trop bien avec les courbes ascendantes de la statistique criminelle. Devant ce spectacle, on serait tenté de comparer notre état social à un vaisseau de guerre avarié dont va sauter la poudrière si l'on ne songeait à cette portion restée forte et saine de nos nations européennes, leurs armées. Et l'on bénirait presque, alors, la nécessité de l'universel armement si elle n'avait malheureusement sa part dans les conditions sociales, d'où est née, ou plutôt ressuscitée sous son effroyable avatar contemporain, « l'idée » anarchique. On ne tourne pas impunément l'esprit d'invention, comme nous l'avons fait depuis plus de vingt ans, vers la découverte de nouveaux explosifs militaires, d'engins formidables tels que les torpilles et les obus de mélinite. A force d'exalter comme de vrais bienfaiteurs de l'humanité les inventeurs de ces monstruosités, on a habitué l'imagination humaine aux horreurs de leurs effets ; et après avoir inventé ces choses contre l'ennemi du dehors, rien n'a paru plus naturel que de s'en servir contre l'ennemi ou le rival du dedans, contre l'étranger intérieur...

VII

Passons à notre seconde question : l'idée criminelle une fois conçue, pourquoi et comment se répand-elle et s'exécute-t-elle ? Pourquoi et comment trouve-t-elle à s'incarner aujourd'hui en une secte plus ou moins vaste, plus ou moins forte et redoutable, qui la réalise, tandis qu'hier elle n'aurait pas recruté dix adhérents, ou *vice versa* ? Ici surtout les influences toutes sociales l'emportent sur les prédispositions naturelles. Sans doute, celles ci sont requises dans une certaine mesure vague, par exemple un penchant prononcé au délire haineux, à la crédulité soupçonneuse ; mais ces aptitudes avortent s'il ne s'y joint, ce qui est essentiel, une préparation des âmes par des conversations ou des lectures, par la fréquentation de clubs, de cafés, qui ont jeté sur elles, en une longue contagion d'imitation lente, la semence d'idées antérieures propres à faire bien accueillir la nouvelle venue. Une idée se choisit ainsi ses hommes parmi ceux que d'autres idées lui ont faits. Car une idée ne se choisit pas seulement, mais se fait toujours ses hommes, comme une âme, - ou, si vous aimez mieux, comme un ovule fécondé, - se fait son corps. Et c'est ce que va faire aussi celle-ci : elle enfonce, elle étend peu à peu ses racines dans le terrain qui lui a été préparé. Du premier qui l'a conçue, elle passe, par impressionnabilité imitative encore, dans un seul catéchumène d'abord, puis dans deux, dans trois, dans dix, dans cent, dans mille.

La première phase de cette embryogénie est l'association à deux ; c'est là le fait élémentaire qu'il convient de bien étudier, car toutes les phases suivantes n'en sont que la répétition. Un jeune savant italien d'avenir, M. Sighele, a consacré un volume à démontrer que, dans toute association à deux, conjugale, amoureuse, amicale, criminelle, il y a toujours un associé qui suggestionne l'autre et le frappe à son empreinte. Et il est bon que cette démonstration ait été faite, si superflue qu'elle puisse paraître. Cela est très certain ; gare au ménage où il n'y a ni meneur ni mené : le divorce n'y est pas loin. Dans tous les couples, quels qu'ils soient, se retrouve, plus ou moins apparente ou effacée, la distinction du *suggestionneur* et du *suggestionné,* dont on a tant abusé du reste. Mais, à mesure que l'assosiation s'accroît par l'adjonction de néophytes successifs, cette distinction ne cesse pas de se produire : ce pluriel, au fond, n'est jamais qu'un grand duel, et, si nombreuse que soit une corporation ou une foule, elle est une sorte de couple aussi, où tantôt chacun est suggestionné par l'ensemble de tous les autres, suggestionneur collectif, y compris le meneur dominant, tantôt le groupe entier par celui-ci. Dans ce dernier cas, la suggestion est restée unilatérale ; dans le premier, elle est devenue en grande partie réciproque ; mais le fait en lui-même n'a pas changé. Il est remarquable que l'un des plus frappants exemples de cette vertu autoritaire inhérente à certains hommes qui s'imposent pour modèle, nous soit fourni par la secte anarchique, fondée cependant, en théorie, sur la suppression radicale du principe d'autorité. S'il y a une société qui dût se passer de chef et de meneur, c'est bien celle-là. Mais il se trouve que, nulle part, ce rôle n'a été joué d'une manière plus brillante ni plus inexplicable que par le prince Kropotkine d'abord à Genève, puis par ses lieutenants ou sous-lieutenants Cyvoct à Lyon, Ravachol à Paris, Moineaux à Liège, et autres ailleurs. Et qu'est-ce, en somme, que la *propagande par le fait,* préconisée par elle avec trop de succès, si ce n'est la fascination par l'exemple ?

Gabriel Tarde

Il y a plusieurs manières d'être meneur, d'être suggestif, *impressionnant.* En premier lieu, on peut l'être autour de soi ou à dis-tance, distinction importante. Car tel modèle agit à distance qui, de près, serait sans nulle action ou agirait autrement, ce qui n'a jamais lieu en fait d'hypnotisation véritable... par où l'on voit, entre parenthèses, que l'assimilation du phénomène qui nous occupe aux phénomènes hypnotiques ne doit pas être exagérée. Rousseau, par exemple, lu et relu, a fasciné Robespierre. Rousseau, dirait volontiers M. Sighele, a été *l'incube* et Robespierre le *succube.* *Mais il* est infiniment probable que, s'ils s'étaient personnellement connus, le charme entre eux n'eût pas été long à se rompre. Il en est de même du rapport qui s'établit entre les journalistes et leurs lecteurs, entre un poète, un artiste, et ses admirateurs qui ne le connaissent pas, entre un Karl Marx sibyllin et des milliers de socialistes ou d'anarchistes qui l'ont épelé. L'œuvre est souvent bien plus fascinatrice que l'ouvrier. En second lieu, de loin ou de près, c'est le degré exceptionnel tantôt de la volonté, l'intelligence restant médiocre, tantôt de l'intelligence ou seulement et surtout de la conviction, malgré la faiblesse relative du caractère, tantôt d'un robuste orgueil ou d'une vigoureuse foi en soi-même, dont on s'est fait l'apôtre, tantôt d'une imagination créatrice, qui donne à un homme de l'ascendant sur d'autres hommes. Il ne faut pas confondre ces diverses manières de mener ; et, suivant celle d'entre elles qui prédomine, l'action exercée par le même homme peut être excellente ou funeste. Ces quatre sortes principales d'influences, une volonté de fer, un coup d'oeil d'aigle et une foi forte, une imagination puissante, un intraitable orgueil, sont souvent unies chez les primitifs ; et de là sans doute la profondeur de leur idolâtrie pour certains chefs. Mais, au cours de la civilisation, elles se séparent et, sauf certaines exceptions remarquables, - par exemple Napoléon, - divergent de plus en plus, l'intelligence notamment s'affinant aux dépens du caractère qui fléchit ou de la force de croire qui s'émousse. L'avantage est de tendre à mutualiser l'action suggestive, primitivement unilatérale. - En outre, ce n'est pas aux mêmes supériorités que l'efficacité dominante appartient dans l'action de près et dans l'action à distance. Dans celle-ci, c'est la supériorité intellectuelle ou imaginative qui est surtout opérante ; dans celle-là, c'est surtout la force de la décision, même brutale, de la conviction, même fanatique, de l'orgueil, même fou, qui est contagieuse. La civilisation a pour effet, heureusement, d'accroître sans cesse la proportion des actions à distance sur les autres, par l'extension incessante du champ territorial et du nombre des renommées, due à la diffusion du livre et du journal ; et ce n'est pas le moindre service qu'elle nous rend, et qu'elle nous doit en compensation de tant de maux. Mais dans le cas des foules, c'est l'action de près qui se déploie avec toute son intensité, trouble et impure ; dans le cas des corporations, beaucoup moins et beaucoup mieux, si ce n'est quand il s'agit de ces associations criminelles sans passé et sans avenir que l'empire malfaisant d'un homme suscite et qui meurent après lui.

VIII

Pour revenir à la secte anarchique, si elle est toute récente et sans passé, ce n'est que sous sa forme actuelle, car, d'un simple coup d'oeil jeté sur ses formes antérieures, on s'aperçoit qu'elle est très antique. Le rêve apocalyptique de l'universelle destruction pour le plus grand bien de l'univers n'est point nouveau sous le soleil. Tous les prophètes hébreux ont vécu de cette vision. Après la prise de Jérusalem et la démolition du temple, l'an 70 de notre ère, l'Empire romain vit éclore nombre d'apocalypses variées, juives ou chrétiennes, toutes semblables en ceci, qu'elles prédisaient la ruine complète et soudaine de l'ordre établi, dans le ciel et sur la terre, comme nécessaire prélude à une triomphante résurrection. Rien de plus ordinaire, aux époques de cataclysmes, - une éruption du Vésuve ou un grand tremblement de terre, - que cette conception de la fin du monde et du Jugement dernier, quelque démenti qu'elle oppose au prétendu *misonéisme* des peuples anciens. Ainsi, les anarchistes actuels ne font que reprendre à leur compte le cauchemar des millénaires. Seulement, c'est à raison des péchés du monde, de la non-observation de la Loi, que les fanatiques de Jérusalem voulaient l'extermination générale, et ils étaient convaincus, d'après les Livres infaillibles, qu'elle serait suivie d'une ère de prospérité promise par Dieu même. Ils précisaient les détails de ce règne du Messie. Mais nos anarchistes, quand on leur demande ce qu'ils mettront à la place de la société démolie et rasée, ou ne répondent rien, ou, poussés à bout, parlent vaguement de la « bonne loi naturelle » à restaurer [1]. Il ne nous montrent point les Livres saints où se lirait l'annonce certaine de leur Messie a eux et de son règne ineffable. Puis, ce n'est point à cause du mal moral, mais uniquement du mal économique et matériel dont souffre le monde, qu'ils ont résolu son épouvantable anéantissement.

Par une parenté plus directe, les anarchistes se rattachent aussi aux régicides de ce siècle et des siècles antérieurs, malgré la différence apparente des mobiles, d'ordre politique ici, d'ordre social là. À coup sûr, si les auteurs des machines infernales dirigées contre le Premier Consul, Louis-Philippe, Napoléon III, avaient connu la dynamite, c'est cette substance qu'ils auraient choisie pour leurs attentats, comme l'ont fait les adversaires politiques du président de Vénézuéla, qui, le 2 avril 1872, pendant la guerre civile de cet État, ont dynamité son palais, et, par miracle, ne l'ont pas atteint. Du reste, grâce au suffrage universel, le régicide n'est plus qu'une survivance. Depuis que la souveraineté, jadis concentrée sur une seule tête, s'est morcelée entre des millions de petits souverains, de grands ou petits « bourgeois », ce n'est plus un seul homme ou une seule famille, ce sont des millions d'hommes qu'il faut frapper ou épouvanter, pour supprimer l'obstacle majeur à la félicité future. Le *régicide* a dû, par suite, se transformer en *plébicide* [2], c'est-à-dire en anarchisme, et les Fieschi ou les Orsini en Ravachol [3].

1 Voir dans le journal le *Matin,* des 11, 12 et 13 novembre 1892, divers articles, et notamment un article de M. Hugues Le Roux, intitulé : « Un déjeuner chez les dynamiteurs. » L'interlocuteur de M. Le Roux lui a exposé son programme : ils veulent forcer la bourgeoisie, par la dynamite, à « faire son examen de conscience » et terroriser pour régner. « Croyez-le, la crainte du jugement dernier a engendré plus de saints que le pur amour. » M. Le Roux lui ayant demandé ce qu'ils construiront après avoir fait table rase de tout, l'anarchiste a balbutié qu'ils obéiraient à la *bonne loi naturelle.* Tel est *l'idéal* pour lequel Emile Henry et Vaillant ont lancé leurs bombes et Caserio frappé son coup de couteau. Et l'origine première de ce délire sanguinaire, c'est l'idyllique chimère de Rousseau sur *l'état de nature :* de Rousseau, l'inspirateur de Robespierre.

2 Ceci était écrit bien longtemps avant l'assassinat du Président Carnot, crime exceptionnel et en quelque sorte atavistique, par ses procédés autant que par sa nature.

3 En 1831, le préfet de police Gisquet (voir ses *Mémoires*) est instruit « qu'une bande d'individus se proposait d'incendier les tours de Notre-Dame et de faire de cet événement le signal d'un soulèvement de Paris ». A coup sûr, c'étaient là des précurseurs directs de nos anarchistes. Le complot fut près de réussir ; on arrêta les

Chapitre I : Foules et sectes au point de vue criminel

Ce sont là des crimes de sectes. Il y a aussi des crimes de foules qui ont avec eux plus d'un trait commun. Tels sont les incendies épidémiques de monastères pendant la Réforme, de châteaux pendant la Révolution. Par ces bandes incendiaires déchaînées au grand jour, comme par nos dynamiteurs dispersés dans l'ombre, éclatait une haine féroce contre des classes encore régnantes, puis, l'habitude prise, une rage maniaque et vaniteuse de destruction. Ces bandes aussi avaient derrière elles des sophistes pour dogmatiser leurs forfaits, comme derrière tout despote, d'après Michelet, il y a un juriste pour justifier ses exactions. Et ces incendies, comme ces explosions étaient un crime propre, ne salissant point les doigts, épargnant à l'assassin la vue du sang de ses victimes, l'audition de leurs cris déchirants. Il n'y en a pas qui concilie mieux avec la cruauté la plus sauvage la sensibilité nerveuse la plus raffinée.

Cette comparaison montre à quel point une secte criminelle peut être même plus redoutable qu'une foule criminelle. En revanche, il est visible aussi que la répression a bien plus de prise sur la première que sur la seconde. - Ce qui fait le danger d'une secte, c'est ce qui fait sa force, c'est-à-dire la continuité du progrès dans sa voie. Et la preuve que l'anarchisme est bien une secte, c'est sa puissance effrayante à se perfectionner dans la préparation et le maniement de ses engins de meurtre. Ses systèmes de mèches et d'allumage ont commencé par être défectueux, ils n'ont pas tardé à être remplacés par d'autres plus parfaits, par la bombe à renversement, qui a été un infernal trait de génie. « Ils étudient avec ardeur maintenant, dit M. Girard, la confection d'une petite boulette de la grosseur d'une noix, qui, jetée le soir à vingt-cinq pas sur un groupe d'individus, tuera certainement l'ennemi visé... et les cinq ou six innocents qui l'entourent. »

Un autre danger des sectes, c'est qu'elles ne se recrutent pas seulement, comme font les foules, parmi des gens plus ou moins semblables entre eux par les instincts naturels ou l'éducation, mais qu'elles appellent et emploient diverses catégories de personnes très différentes entre elles. Qui se ressemble s'assemble, mais qui se complète s'associe, et pour se compléter il faut différer. Qui se ressemble s'assemble est surtout vrai des sectes. Il y a non pas un conjurés au moment où déjà une tour commençait à brûler.

Gabriel Tarde

seul type, mais plusieurs types jacobins, nihilistes, anarchistes. A propos des anarchistes lyonnais de 1882, M. Bérard a été frappé de leur composition des plus variées : « des mystiques rêveurs, des naïfs ignorants, des malfaiteurs de droit commun... sur le même banc, des ouvriers qui avaient lu beaucoup sans bien comprendre ce qu'ils lisaient, faisant le plus étrange amalgame de toutes les doctrines ; de véritables bêtes fauves, dont Ravachol a été le plus bel échantillon ; enfin, les dominant tous, le fils de la plus autocratique des aristocraties, Kropotkine, lequel, de très bonne foi, croyait que la condition des paysans de France pouvait être assimilée à celle des serfs de Russie... » Sans parler de véritables fous qui se mêlaient au groupe. - Voilà pour les praticiens du crime sectaire ; quant à ces théoriciens qui s'en distinguent très nettement et, parfois très sincèrement, les répudient, ils ne sont pas moins multiples et divers ; il y a loin du génie hargneux et hautain qui forge contre le capital de spécieux théorèmes, au tribun, comme Lassalle, qui les lance en brûlots, au journaliste qui les vulgarise et les applique et les frappe en menue monnaie fausse. Pourtant le concours de tous ces talents dissemblables et leur rencontre avec les mystiques, les naïfs et les malfaiteurs, dont il vient d'être parlé, et qui ont eux-mêmes concouru ensemble, ce double concours et cette rencontre ont été nécessaires pour qu'une bombe de dynamite ait éclaté [1].

Physiquement, ils sont aussi hétérogènes que moralement. Quelques-uns sont des déclassés physiologiques et anatomiques, pour ainsi dire ; nombre d'anarchistes de Lyon paraissent avoir été dans ce cas. En cela ils ne ressemblaient guère à leurs confrères de Liège. Mais aussi faut-il observer que les nombreux attentats commis par ces derniers, dans cette ville, du mois de mars au 1er mai 1892, n'ont eu d'autres suites que des destructions matérielles (notamment dans l'église Saint-Martin, celle de merveilleux vitraux) ; on a eu même des raisons de croire qu'ils n'avaient jamais cherché à tuer ou blesser personne. Quoi qu'il en soit, deux anarchistes distingués, qui ont vu et examiné longtemps en prison

---

1 Le rapport entre les inspirateurs de la presse et les exécuteurs s'est montré avec évidence à Lyon. En octobre 1882, deux attentats ont eu lieu à Lyon ; l'un, dans un café qui, quelques jours auparavant, avait été *désigné* dans un journal anarchique : il y a eu un mort et plusieurs blessés ; l'autre, près du bureau de recrutement, qui venait d'être pareillement désigné par cette même feuille.

Chapitre I : Foules et sectes au point de vue criminel

ces seize anarchistes liégeois, M. Thiry, professeur de droit pénal à Liège, et M. Prins, inspecteur général des prisons de Belgique, m'ont affirmé, avec un parfait accord, n'avoir point noté chez eux la moindre anomalie physique. L'un et l'autre ont été frappés par « leur air de grande honnêteté ». Tous ces hommes ont paru à M. Thiry irréprochables « au point de vue du travail, de la famille et des moeurs ». L'un d'eux est d'un mysticisme extraordinaire. Plusieurs, la plupart même, « sont fort intelligents ». Ce qui ne les empêche pas d'être d'une grande naïveté, d'après M. Prins. « Ils voulaient, lui ont-ils dit, attirer l'attention du public sur le sort malheureux du peuple en frappant un grand coup. La Commune de Paris avait attiré l'attention sur le sort des ouvriers ; il fallait continuer. » Tous, sauf leur chef, Moineaux, se sont, en captivité, repentis de leurs égarements : ce seul fait dénote l'empire que celui-ci avait sur eux. D'ailleurs, « il est évident, m'écrit encore M. Prins, qu'ils se sont exaltés mutuellement en causant ensemble », ce qui explique leur conversion après leur isolement cellulaire. « J'ai été frappé, ajoute le même observateur, de la physionomie avenante, ouverte, intelligente et sympathique d'un jeune homme, ouvrier armurier. Il m'a raconté qu'il passait, en dehors des heures de travail, tout son temps à lire. Il avait lu, m'a-t-il dit, Montesquieu, Proudhon, Kropotkine, etc. Dans Montesquieu, il avait trouvé la justification du droit à l'insurrection ; dans Proudhon, il avait lu que la propriété c'est le vol. La *Conquête de Paris,* du prince Kropotkine l'avait ému. Vous ne pouvez vous imaginer Monsieur, m'a-t-il dit, comme c'est beau ! Combien des cerveaux pareils doivent être suggestibles !

Le portrait que nous fait M. Hugues Le Roux, dans *le Matin,* des anarchistes parisiens chez lesquels il a déjeuné s'accorde parfaitement avec les observations de MM. Prins et Thiry. « Je regardais, dit-il, mes hôtes avec curiosité. Ils n'avaient point sur la figure ces terribles asymétries, ces férocités d'alcoolisme qui font si attristantes les photographies de M. Bertillon. C'étaient des gens du peuple d'une culture au-dessous de la moyenne, tous des travailleurs. » Ils exposent leurs théories très semblables à celles que deux autres « compagnons » qui se sont rendus aux bureaux du *Matin (11* novembre 1892) y ont développées. Ces derniers venaient recueillir des souscriptions pour des *soupes-conférences.*

Gabriel Tarde

Le pain du corps et le pain de l'esprit à la fois. Le *panem et circenses* était peut-être moins dangereux.

Toutes ces idées qu'il s'agit de répandre par ces « conférences » , nous les connaissons, nous savons leur origine. C'est avec de fausses idées, des déclamations, des théories souvent abstruses, qu'on crée des sectes ; c'est avec des sensations, de fausses sensations parfois, des mensonges pour les yeux, et non pour l'esprit, qu'on soulève les foules. Quand aux funérailles de César, Antoine veut soulever le peuple de Rome, que fait-il [1] ? Après un pathétique discours, il fait tout à coup dresser et découvrir le cadavre qui jusque-là était resté étendu et voilé ; le cadavre nu et couvert de vingt-trois blessures. « Le peuple croit que César lui-même se lève de sa couche funèbre pour lui demander vengeance. Ils courent à la curie où il a été frappé, ils l'incendient ; ils cherchent les meurtriers, et trompés par le nom, ils mettent en pièce un tribun du nom de Cinna qu'ils prennent pour Cinna le préteur [2]... » Au lieu de ces sensations hallucinatoires, mettez des sophismes théologiques, métaphysiques, économiques, suivant les temps et les lieux, une secte va naître, - hussites, anabaptistes, jacobins, nihilistes, anarchistes, - plus incendiaire, plus homicide, plus terrible, et beaucoup plus durable, que l'émeute romaine obéissant au cadavre de César.

De Karl Marx à Kropotkine, de Kropotkine à Ravachol, la distance est grande ; mais les trois s'enchaînent, - j'en ai regret pour le premier, qui est un économiste hors ligne. De l'indignation, trop souvent justifiée, contre un ordre social jugé injuste et mauvais, on passe fatalement à la colère qui maudit les bénéficiaires de cette injustice, et à la haine qui les tue ; n'y a-t-il pas des gens qui naissent avec le besoin irrésistible de haïr quelque chose ou quelqu'un ? Leur haine un jour ou l'autre se fait son objet, qu'elle incarne vite en une tête à frapper par la plume ou par le fer, par la diffamation ou par l'assassinat. Les violents de la presse la désignent aux meurtriers de la rue. Ravachol est le type de l'anarchiste pratiquant, du sicaire désintéressé. Il appartient à la catégorie de ces récidivistes de

1 *V. Duruy, Histoire des Romains, t. III, p. 430 et suiv.*
2 Au début de la Révolution de 1848, le cadavre d'un insurgé, promené la nuit à travers les rues de Paris, a été l'un des principaux agents du soulèvement populaire.

Chapitre I : Foules et sectes au point de vue criminel

droit commun que toute secte criminelle compte dans ses rangs. « Beaucoup d'anarchistes, dit Bérard, ont été condamnés pour vol : Bordat, Ravachol, François, l'auteur de l'explosion Véry. » Encore est-il juste d'observer que, même dans les vols et les homicides ordinaires commis par eux, se révèle une trempe rare de volonté ou un mobile à part. Quelle lugubre énergie dans la violation de sépulture avouée par Ravachol ! Si, dans l'assassinat de l'Ermite, il a tué pour voler, peut-être est-il plus vrai de dire qu'il a volé pour tuer, pour fournir aux bons compagnons l'argent nécessaire à l'exécution de leurs sanglants desseins. Ravachol a été en ce sens un logicien sinistre : ce vieil ermite est un capitaliste, tout capitaliste est un voleur qui affame et tue l'ouvrier, tuons-le, reprenons notre bien [1] en prenant son or, employons cet or à exterminer les bourreaux du peuple et à détruire tout ce qu'ils ont construit, cathédrales, palais, musées, bibliothèques, mines, usines, chemins de fer, incarnations ou déguisements multiformes du hideux Capital.

Ce caractère de monstrueuse logique est bien plus marqué encore en Ravachol qu'en Fieschi, à qui il ressemble d'ailleurs par plus d'un trait : il y a eu progrès de l'un à l'autre à cet égard comme au point de vue des engins mis en oeuvre. Même orgueil théâtral, insensé chez les deux [2] ; même force d'âme. Fieschi, lui aussi, était récidiviste, jadis il avait volé des bestiaux en Corse, sa patrie, et contrefait le sceau de la mairie : peccadilles au demeurant, paraît-il, chez ces insulaires. Mais, dans ce tisserand corse, si la logique est moindre, si, dans cette nature abrupte, tout est moins terriblement cohérent et convergent au but, il y a, en revanche, plus de cette sombre et atroce beauté qui est le rayon à la Rembrandt de ces grands coupables. Il a tout avoué, « afin de ne pas passer pour un menteur » [3]. Il rougirait de mentir, cet ancien faussaire ! Courage et cruauté sont la face et le revers habituels d'une même médaille antique ; comme tant de vieux Romains, il était brave et cruel par bravoure. Ce mépris de la vie d'autrui, qui fait sacrifier sans

---

1 C'est le mot de l'anarchiste Zévaco, devant la Cour d'assises de Paris, en octobre, 1892 : « les bourgeois nous tuent par la faim ; volons, tuons, dynamitons ; tous les moyens sont bons pour nous débarrasser de cette pourriture. »
2 « Si je racontais ce que j'ai fait, disait Ravachol à Caumartin, on verrait mon portrait dans tous les journaux. »
3 Voir les Mémoires de Gisquet, t. IV.

Gabriel Tarde

sourciller une vingtaine d'indifférents pour atteindre un seul homme, se comprend un peu mieux, s'il ne s'excuse pas, quand il est lié au mépris de la mort. Cet assassin n'était point lâche.

Il nous a laissé de son état d'âme au moment de son attentat une peinture trop vivante pour n'être pas vraie ; du reste, il avait, par orgueil, le culte de la véracité aussi bien que le culte de la gratitude. Il est là, dans une chambre, derrière ses vingt-quatre canons ajustés, à l'instant où le roi va passer. Il s'est juré d'accomplir sa fatale résolution, il l'a promis à Pépin et à Morey, il l'accomplira coûte que coûte... Cependant il aperçoit dans la foule M. Ladvocat « son bienfaiteur ». A cette vue il change l'ajustement de ses fusils, car il lui est impossible d'attenter à cette vie, sacrée pour lui. Mais, M Ladvocat disparaît, le roi apparaît, escorté d'un régiment. Nouvelles hésitations : tuer tant de généraux, d'officiers « qui ont gagné leurs grades sur le champ de bataille, en combattant pour le pays, sous les ordres du grand Napoléon, le grand Corse » ! Le cœur va lui manquer, quand il lui vient à l'esprit, dit-il, qu'il a donné sa parole à Pépin et à Morey, et il se dit : « Il vaut mieux mourir - et même tuer - que de survivre à la honte d'avoir promis, puis de passer pour lâche [1]... » Et il presse la détente. Peut-on dire que de tels hommes, Fieschi et Ravachol même, étaient inévitablement prédestinés au crime ? L'attentat du premier n'a pas été, non plus, une chose simple. Il a fallu, pour le produire, que l'astuce froide et taciturne de Morey, les ressources financières et intellectuelles un peu supérieures de Pépin, se soient combinées avec l'opiniâtre énergie de Fieschi ; et il a fallu aussi que le fanatisme des trois fût excité, chauffé chaque jour par les violences de quelques journalistes, encouragés eux-même par la malignité ou la badauderie de milliers de lecteurs. Supprimez l'un de ces cinq « facteurs » - le public, les journaux, la conception, l'argent, l'audace, -l'épouvantable explosion n'eût pas eu lieu. A chaque bombe qui éclate donc, - et à chaque scandale financier, parlementaire ou autre, qui émeut l'opinion, - nous pouvons tous faire, plus ou moins, notre meâ culpâ : nous avons tous notre petite part dans les causes mêmes de notre alarme. C'est

1 Il se préoccupait beaucoup de ce qu'on dirait de lui en Corse. Cette préoccupation dominante de la petite société et cet oubli de la grande sont caractéristiques. Ravachol, non plus, ne s'inquiétait que de l'impression produite par ses crimes dans le groupe de ses « compagnons ».

Chapitre I : Foules et sectes au point de vue criminel

un peu notre faute à tous si certaines organisations puissantes ont, comme ont dit, mal tourné. Sans doute, il ne s'ensuit pas qu'on doive acquitter ces malfaiteurs. Les contagions que nous subissons nous révèlent à autrui, et à nous-mêmes parfois, encore plus qu'elle ne nous entraînent ; elle ne nous absolvent pas. Quand la foule féroce s'acharne au martyr, quelques spectateurs sont fascinés et entraînés par elle, mais d'autres le sont par lui. Dirons-nous que ces derniers, héros par imitation, ne méritent, à raison de cet entraînement, aucune louange ? Ce serait précisément aussi juste que d'épargner toute flétrissure aux premiers, parce qu'ils n'ont eu qu'une férocité de reflet. - Mais laissons, pour le moment, ces délicats problèmes de responsabilité. Par les considérations et les documents qui précèdent, nous nous sommes seulement proposé d'étudier un peu la psychologie, la pathologie comparées des foules et des associations criminelles, mais non leur thérapeutique pénale.

Chapitre II : Les crimes des foules [1]

Août 1892

I

Dans les nouvelles comme dans les anciennes écoles, les criminalistes se sont exclusivement occupés du crime individuel, pas assez du crime collectif ; et ils se sont ainsi privés des lumières que l'étude de ce dernier pouvait projeter sur l'explication vraie de celui-là. Ce n'est pas qu'on n'ait étudié parfois ces petites bandes de malfaiteurs composées de trois membres le plus souvent, et, par suite, appelées tierces, dont M. Joly parle dans l'un de ses ouvrages, ni même des bandes plus nombreuses. Mais, ici ou là, on n'a presque jamais vu dans la criminalité dite collective qu'un simple total de criminalités individuelles. C'est un point de vue admissible jusqu'à un certain point, quand les individus n'ont agi qu'à l'état dispersé malgré le lien de l'association qui les unit ; c'est un point

---

1 Cette étude peut être considérée en partie comme l'ébauche de l'étude précédente, qui a paru après ; mais elle en est aussi, en partie, le complément. - Elle est la reproduction d'un rapport fait au Congrès d'anthropologie criminelle de Bruxelles, en août 1892. On peut voir, dans le *Bulletin du Congrès*, la discussion à laquelle il a donné lieu, et dont nous reproduirons des passages plus loin.

Gabriel Tarde

de vue manifestement faux quand ils ont agi en commun et en masse, sous l'impulsion d'entraînements auxquels tous participent et où se dégagent des forces, des virtualités ; qui, à l'état d'isolement, resteraient engourdies. Ce dernier cas est le seul qui doive nous intéresser ici. Nous n'aurons égard aux sectes criminelles que pour faire mieux comprendre, par voie de comparaison, les foules ou les bandes criminelles, dont elles sont, si souvent, le ferment caché. A quel signe reconnaître qu'une agglomération de personnes, au lieu d'être un simple rassemblement, est elle-même une sorte de grande personne confuse aux milles visages ? A ce signe, entre autres, qu'elle a son amour-propre collectif, distinct de l'amour-propre de ses membres. En Algérie, la tribu a son honneur à elle, sa « horma » bien différente de la « horma » des Arabes qui la composent ; et rien ne prouve mieux sa réalité vivante ; Si les foules, organismes spontanés, momentanés et inférieurs, ont rarement leur honneur propre, les sectes, même criminelles, ont le leur assurément ; et les unes comme les autres ont toujours, dans le feu de l'action commune, leur orgueil et leur vanité propres, très exaltés par le sentiment de leur toute-puissance, tant que la troupe armée n'apparaît pas. Le moindre geste irrespectueux, la moindre marque de contradiction les exaspère ; d'un bout à l'autre de l'histoire, leur insolence et leur intolérance n'ont d'égales que celles d'un despote africain. Ce caractère est surtout marqué chez les foules qui ont le meurtre, le pillage ou l'incendie pour âme, comme chez le malfaiteur ; elles se sont de tout temps signalées par l'exhibition de galons ou d'oripeaux ridicules, de même que les compagnies commerciales organisées pour l'exploitation frauduleuse du public se font remarquer par un luxe extraordinaire de réclames, où il ne faut pas voir seulement un appât trompeur, mais un étalage vaniteux.

Comment se forme une foule ? Par la vertu de quel miracle tant de gens, dispersés naguère, indifférents les uns aux autres, se sont-ils solidarisés, agrégés en chaîne magnétique, poussent-ils les mêmes cris, courent-ils ensemble, agissent-ils de concert ? Par la vertu de la sympathie, source de l'imitation, et principe vital des corps sociaux. Une poignée de meneurs réveille cette puissance endormie, la dirige vers un point déterminé ; mais, pour que cette impulsion initiale soit suivie et que l'embryon de la foule aille vite grossissant, il faut qu'un travail antérieur, et tout semblable au fond, se soit opéré dans les cerveaux. Une contagion lente d'esprit à esprit, une imitation tranquille et silencieuse, a toujours précédé ces contagions rapides, ces imitations bruyantes et entraînantes qui caractérisent les mouvements populaires. C'est la propagande des idées de Luther au commencement du XVIe siècle, des idées de Rousseau au XVIIIe, qui seule a rendu possible le soulèvement des paysans de Thuringe par Munzer en 1525, les bandes de Tilly et de Wallenstein pendant la guerre de Cent Ans, les bandes de Jourdan à Avignon et dans le Comtat Venaissin pendant la Révolution française.

Une foi commune, une passion commune, un but commun : telle est, grâce à la double contagion dont il s'agit, l'énergie vitale de cet étrange être animé qu'on nomme une foule. C'est par la nature de ce but, de cette idée, de cette passion, encore plus que par les différences de race et de climat, que les foules se distinguent. Nous retrouvons ici la distinction du criminel de tempérament, ou plutôt de caractère, et du criminel d'occasion, que l'observation du crime individuel a dès longtemps suggérée.

Mais, en même temps qu'elle se reproduit ici, elle s'éclaircit et s'explique. Il y a, sans nul doute, des foules, des sectes mêmes, nées tout exprès pour le crime, comme on dit qu'il y a des criminels-nés ; et, par là, nous apprenons ce que signifie au juste cette dernière expression, à savoir une orientation habituelle, volontaire à l'origine, vers une fin mauvaise, de forces qui étaient en elles-mêmes susceptibles d'une autre direction. Du reste, s'il y a lieu d'établir une démarcation plus ou moins nette entre les foules ou les sectes qui commettent le crime accidentellement, mais qui se sont formées sous l'empire de mobiles étrangers au crime, parfois même généreux, et celles qui, comme les *Chauffeurs vers 1800*, ou la *Mala Vita*, sont organisées en vue du meurtre et du vol directement, il n'en est pas moins vrai que les foules et les sectes criminelles d'occasion sont les plus dangereuses et les plus désastreuses. C'est qu'elles sont les plus contagieuses et troublent profondément les consciences spectatrices par ce mélange intime de grandeur et d'horreur, de beauté et de cruauté qui les constitue.

M. Sighele, dans sa folla *delinquente*, écrit neuf et fécond, a justement fait remarquer que, en dépit d'une idée incidente de Spencer, le composé social diffère bien souvent de ses éléments individuels et n'en est pas seulement la somme [1]. J'ajoute qu'il en est quelquefois le *produit*, quand ses éléments sont homogènes, d'autres fois la *combinaison*, quand ils sont dissemblables. Dans le premier cas, les sentiments tout pareils dont il sont animés s'élèvent subitement en chacun d'eux à une intensité qui tient à leur mutuelle multiplication en quelque sorte. Par là, on comprend pourquoi, quand le hasard ou une mutuelle affinité fait que des malfaiteurs se trouvent rassemblés et engagés dans une action d'ensemble, leur criminalité collective est très supérieure à la moyenne de leurs criminalités particulières. Par la même raison, l'égoïsme collectif est plus intense mille fois et plus impérieux que les égoïsmes privés synthétisés en lui. Dans le second cas, il se forme une résultante originale des tendances divergentes et même contradictoires que présentent les individus réunis, et qui se fusionnent au feu de leur fièvre. Mais, avant tout, une observation générale est à noter. Quel que soit le but, même noble et légitime, qui soulève une foule, sa formation est toujours, par un côté important, une véritable rétrogradation sur l'échelle de l'évolution sociale. Car, autant se resserre ainsi et s'intensifie le lien social, autant il se rétrécit. Tous ces hommes entre lesquels circule, comme le sang à travers les cellules d'un même corps, le sentiment exalté de leur solidarité, le courant de leur mutuelle surexcitation, deviennent aussitôt étrangers à toute l'humanité qui ne fait point partie de leur groupe, inaccessibles à la pitié pour les souffrances des autres hommes, naguère leurs frères et leurs concitoyens, maintenant des inconnus ou des ennemis, bons à massacrer, à brûler, à piller. C'est le retour à l'état moral de l'individu engagé dans les liens de la famille primitive. Ce qui ne veut pas dire, d'ailleurs, qu'il s'agisse là d'atavisme le moins du monde, si ce n'est par métaphore.

---

1 Dans ses très intéressants *Souvenirs,* Tocqueville écrit, avec sa pénétration ordinaire, à propos de son passage au Ministère : « Il faut avoir vécu longtemps au milieu des partis et dans le tourbillon même où ils se meuvent pour comprendre à quel point *les hommes s'y poussent mutuellement hors de leur propres desseins, et* comme la destinée de ce monde marche *par l'effet mais souvent au rebours des volontés qui la produisent.* »

Telle est la raison pour laquelle la générosité ou l'élévation du but religieux, politique, patriotique, poursuivi par les individus qui s'agrègent en foule ou s'organisent en secte, n'empêche pas le prompt abaissement de leur moralité et la basse atrocité de leur conduite dès qu'ils se mettent à agir collectivement. Les paysans allemands du XVIe siècle se soulèvent et s'arment au nom de la charité et de la fraternité évangélique, mais, à peine sont-ils entrés en campagne, « je vois bien à présent, dit avec mélancolie un de leurs généraux, que la plupart d'entre eux ne songent qu'au vol et au pillage [1]. » Ces « hordes fraternelles », après avoir incendié, pillé châteaux et abbayes, et assassiné leurs habitants, contraignent les bons bourgeois, leurs alliés de cœur, à les imiter, en les menaçant eux-mêmes de mort, de dévastation et d'incendie. Quand les ciompi, les citoyens non classés de la démocratie florentine, au XIVe siècle, s'insurgèrent pour obtenir, comme de juste, leur place au soleil, il se ruèrent d'abord sur les palais abandonnés des magnats, puis, ivres de destruction, mutuellement entraînés, ils finirent par tout brûler et ravager indistinctement, maisons d'amis ou maisons d'adversaires [2].

II

Si, comparée à une nation civilisée, la foule apparaît comme un organisme social rétrograde, son caractère de rétrogradation est bien plus manifeste encore quand on la compare à l'individu : cela est vrai a *fortiori*. En effet, les plus hautes formes d'association qui soient connues sont toujours très inférieures organiquement aux êtres vivants dont elles se composent. Le polypier est une sorte de plante, tandis que le polype est un animal ; si curieuse que soit l'organisation de l'essaim d'abeilles ou de la fourmilière, un essaim ou une fourmilière est quelque chose d'incomparablement moins compliqué, moins merveilleux, que l'abeille et la fourmi. Il en est

1 Voir Jean Jannsen, *l'Allemagne*, p. 538. Sur les atrocités commises par l'armée évangélique à Weinsberg (1525) lire le même auteur, p. 530 et s.
2 Au fond, une armée elle-même, aussi perfectionnée qu'on la suppose, a une tendance à traiter ainsi tout ce qui lui est extérieur, même le compatriote civil. Précisément parce qu'elle est animée d'un profond esprit de solidarité que le perfectionnement de son organisation attise, elle se sent profondément séparée, du moins en campagne, du reste de la nation ; et il faut l'énergie de la discipline, alors, pour retenir les soldats sur la pente du pillage ...

Gabriel Tarde

de même de l'humanité. Nos constitutions politiques sont des mécanismes grossiers auprès de nos organismes ; et jamais cet esprit collectif qu'on appelle un parlement ou un congrès n'égale en fonctionnement rapide et sûr, en profondeur et amplitude de délibération, en génialité d'intuition ou de décision, l'esprit du plus médiocre de ses membres. Solon disait des Athéniens : « Chacun, pris en particulier, est adroit comme un renard ; mais, réunis, ils ont l'esprit obtus. » (Droysen). De là le proverbe : *senatores boni viri, senatus autem mala bestia...* Un autre proverbe, il est vrai, - car cette prétendue sagesse des nations abonde en contradictions, bien plus que la sagesse de n'importe quel individu, et cela même vient à l'appui de notre idée, - un autre proverbe dit que « personne n'a plus d'esprit que Voltaire, si ce n'est tout le monde ». Mais je tiens cet adage pour une contre-vérité, accréditée par les courtisans du peuple souverain [1].

Ainsi, le composé social, même le plus parfait, présente un type d'organisation en général plus bas que celui de ses éléments. Mais combien cela est surtout vrai de la foule, cet agrégat social des plus infimes ! La foule, parmi les populations les plus civilisées, est toujours une sauvagesse ou une faunesse, moins que cela, une bête impulsive et maniaque, jouet de ses instincts et de ses habitudes machinales, parfois un animal d'ordre inférieur, un invertébré, un ver monstrueux où la sensibilité est diffuse et qui s'agite encore en mouvements désordonnés après la section de sa tête, confusément distincte du corps. Car la « bête humaine » varie d'après chaque espèce de multitude, et il y a là toute une faune humaine, pour ainsi dire, à étudier.

La foule n'est jamais un être « frontal », à peine est-elle « occipitale », elle est plutôt « spinale », comme le dit le docteur Fournial, d'après le Dr Laccassagne. Cependant elle se compose d'être en majorité « frontaux » ou « occipitaux ». Le Dr Fournial observe aussi, avec beaucoup de justesse, qu'une foule, composée

---

1 Dans le compte-rendu d'un ouvrage anglais sur *la psychologie du prestidigitateur* (Revue philos., décembre 1893) je lis qu'une des règles suggérées par l'expérience au prestidigitateur est celle-ci : « Chercher toujours un public aussi considérable que possible ; il *est plus facile de tromper cent personnes qu'une seule.* » Les politiciens le savent bien.

Chapitre II : Les crimes des foules

d'adultes, a ordinairement quelque chose d'enfantin, de puéril dans ses actes, dans ses colères, par exemple, et ses méchancetés gratuites. Elle détruit souvent pour le plaisir de détruire. Au XVIe siècle, comme sous la Révolution française, comme en tous temps et en tous lieux, on la voit fréquemment, même formée de voleurs ou conduite par eux, préférer l'incendie au pillage et le meurtre inutile au vol [1].

1 Qu'on se rappelle les commencements d'émeutes déjà sanglantes, qui ont effrayé Paris en juin 1893. L'origine en a été frivole : un monôme d'étudiants promenant une feuille de vigne et criant : « Conspuez.... ! » Ce qui n'empêche pas, soit dit en passant, que lorsque les troubles sont devenus graves, les esprits sérieux ont prétendu leur découvrir des causes profondes et ont traité de superficiels les gens sensés qui révoquaient en doute l'existence de ces profondeurs. - Quoi qu'il en soit, dans la première bagarre, un jeune homme est tué par une main inconnue, qui, disait-on, pouvait être celle d'un agent de police. Alors, pour venger cette mort, quoi de plus absurde et de plus stupide que les moyens conçus et mis à exécution par des rassemblements hétérogènes d'étudiants et de bandits quelconques ? Quel rapport imaginable y avait-il entre ce tragique événement et les incendies de kiosques et d'omnibus qui en ont été la suite ? Peut-être, pas un de ceux qui ont fait partie de ces foules incendiaires, pas un, même des meneurs surexcités par elles autant qu'elles par eux, n'eût été capable, pris à part, je ne dis pas d'exécuter, mais d'imaginer même cette absurdité. - On a pu voir, dans ces journées, combien il est vrai que les hommes eu gros valent moins qu'en détail, du moins lorsqu'ils ne sont pas serrés par les liens d'une discipline savante. C'est sans doute à cause de son organisation supérieure à celle du corps des sergents de ville, que l'armée en ces tristes occasions, a montré seule tant de modération et de sang-froid. Les rassemblements précipités de sergents de ville sont, eux aussi, et par force, des espèces de foules, des contre-foules, pour ainsi dire : voilà pourquoi ils sont quelquefois sujets à des emportements - trop sévèrement jugés du reste.

Les armées indisciplinées - qui peuvent être héroïques néanmoins - sont parfois de vraies foules aussi. Un bel exemple d'indiscipline d'armée révolutionnaire nous est conté par le général Thibault. Au milieu d'un combat « alors que le feu de nos tirailleurs et de ceux de l'ennemi était le plus vif, et que les deux lignes échangeaient le plus de boulets, un lièvre partit entre les jambes d'un soldat. (Il faut dire qu'ils mouraient de faim.) A l'instant l'ennemi est oublié, et plus de 200 hommes se précipitent sur le lièvre, le poursuivent, et, à coups de fusils, de baïonnettes et de crosses, au risque de s'entre-blesser ou de s'entre-tuer, et malgré ce que les officiers purent faire ou dire, cette bizarre chasse continua, au milieu des cris, des éclats de rire et de la stupéfaction des Autrichiens, et cela jusqu'à ce que le lièvre fût dans le sac de l'un des poursuivants. » - L'extrême opposé, le miracle de la discipline consommée, nous est offert par un passage des mémoires du général Marbot. Une colonne russe avait à traverser une forêt, la nuit, sans être reconnue, en passant très près de nos éclaireurs, qui, vraisemblablement, au moindre bruit, feraient des décharges de mousqueterie. Il fut recommandé aux cosaques, s'ils étaient atteints par les balles, de tomber sans pousser un cri ni un soupir, chose essentielle au succès de

Gabriel Tarde

En général, la criminalité collective est violente, jamais astucieuse ; en quoi elle est aussi, parmi nos peuples contemporains, une régression. Une secte, il est vrai, est susceptible de criminalité perfide et froidement préméditée. Mais elle n'en est pas moins inférieure en moralité à la plupart de ses membres (quand elle ne leur est pas très supérieure) ; et l'on peut citer des sociétés, des nations même, réputées par leur perfidie, qui se recrutent parmi des individus francs et sincères. L'Anglais a plus de franchise, à coup sûr, de loyauté et de générosité que l'Angleterre.

Une secte composée de libéraux est portée à l'intolérance et au despotisme. Une foule encore plus. L'une et l'autre, en tous cas, sont beaucoup plus despotiques, plus intolérantes, que ne l'est la majorité de leurs membres. Pourquoi ? Parce que les opinions, en se rapprochant et s'entre-fortifiant, se font conviction et foi, et les convictions fanatisme ; ce qui était simple désir chez l'individu devient passion dans la masse. La foule, comme les primitifs, ne connaît pas le doute ni l'hésitation, ni les demi-vouloirs, ni les demi-croyances ; elle est essentiellement dogmatique et passionnée. Mais, en revanche, elle est portée aussi à se contredire, comme les femmes et les enfants, avec le plus complet sans-gêne et l'inconscience la plus absolue ; et du Capitole à la roche tarpéienne, avec elle surtout, il n'y a qu'un pas. Philippe de Ségur [1] raconte le fait d'une bande d'enragés qui, sur la fin de 1792, poursuivaient un gros fermier des environs de Paris soupçonné d'être accapareur. Quelqu'un ayant pris sa défense avec quelque chaleur, « les massacreurs passèrent subitement d'une horrible rage à un enthousiasme d'humanité non moins exagéré. Ils forcèrent de boire et de danser avec eux, autour de l'arbre de la Liberté, le malheureux qu'un instant auparavant ils allaient pendre

---

l'opération. Ainsi fut fait ; quelques cosaques, blessés à mort, tombèrent, mais pas un d'eux ne poussa une plainte, et la colonne fut sauvée. Ici on voit l'intérêt le plus fort, celui de la conservation individuelle, absolument dompté par le vœu du salut collectif, tandis que plus haut on a vu le réveil du désir rural de la chasse l'emporter - héroïquement aussi, et, ajoutons-le, momentanément - sur le souci de la victoire. - En somme, la discipline militaire, qu'est-ce ? C'est, dans un régiment, l'équivalent du développement des lobes antérieurs du cerveau, force d'inhibition essentiellement. Cela signifie accord logique obtenu par la subordination des tendances inférieures à la tendance dominante.

1 Cité par Taine, Révolution, II, p, 145.

aux branches. » En face de l'individu isolé qui s'oppose à elle, la multitude ne supporte ni résistance, ni contradiction ; il faut, sous peine de mort, qu'il crie avec elle vive ou à bas, qu'il marche où elle marche, qu'il fasse ce qu'elle fait. Mais, en face de la force armée, elle prend peur, et, au premier coup de feu, se disperse, car chacun de ceux qui la composent perd aussitôt cet orgueilleux sentiment de toute-puissance momentanée, de couronne éphémère, qui tout à l'heure l'enivrait. Par ces brusques alternatives de despotisme et de lâcheté, par ces explosions successives de sentiments contraires, la foule montre sa déséquilibration innée. Un rassemblement de gens assez sains d'esprit devient, en effet, un seul et unique fou. Et cette folie de la foule, délire des persécutions, mégalomanie, manie aiguë, a pour cause ordinaire, comme celle de l'individu, la prodigieuse tuméfaction de l'orgueil et de l'égoïsme. Autre cause encore : l'alcoolisme. Il est à remarquer que, terribles ou gaies, féroces ou enthousiastes, les foules ont une tendance constante à l'ivrognerie, même quand elles sont formées de gens relativement sobres. Leur soif est inextinguible. En pillant des maisons, leur première besogne est d'enfoncer les caves et les tonneaux.

Les foules ont cependant leurs admirateurs sincères et leurs apologistes passionnés. On admirera, par exemple, l'unanimité qui les caractérise et où l'on verra, sous leur désordre apparent, l'ordre suprême. Partout, en effet, où l'on aperçoit un grand mouvement d'ensemble, un puissant entraînement humain, on est porté à s'émerveiller, comme devant une tempête. L'erreur de cet émerveillement provient de ce qu'on oublie la cause toute simple de ces phénomènes majestueux, l'imitation, ce qui incline à leur prêter quelque source mystérieuse. Et le fait admiré, ici, est d'autant moins admirable qu'il se rattache à la forme la plus élémentaire et la moins élevée de l'imitation. Pourquoi, en effet, la foule n'a-t-elle qu'une manière de pratiquer l'accord interne, à savoir l'unisson, l'unanimité ? Pourquoi lui est-il impossible de connaître l'harmonie de convictions ou de tendances différentes en train de se satisfaire par mutuelle assistance, de s'équilibrer par mutuelle tolérance ? Pourquoi n'y a-t-il jamais pour elle de milieu entre l'unisson et la cacophonie, entre l'unanimité qui lui est habituelle et l'anarchie qui s'y produit, exceptionnellement, quand des groupes dissidents y surgissent et s'y font une guerre civile ? Parce que l'unanimité est toujours le fruit de l'imitation unilatérale, de l'action exercée par quelques meneurs sans nulle réciprocité, tandis que l'harmonie plus complexe d'une nation civilisée est produite par un échange d'influences diverses entre inventeurs et imitateurs. Et c'est seulement quand l'unanimité s'est établie de la sorte dans une multitude, que, par leur mutuel reflet, les sentiments unanimes s'accroissent en intensité dans le cœur de chacun de ceux à qui ils ont été suggérés. Si l'on s'extasie devant l'unanimité des foules, autant vaut-il s'extasier devant cette tendance qu'elles ont toutes, comme l'a fort bien remarqué le Dr Fournial, à faire le même geste, à pousser le même cri, à entonner le même refrain.

Autre considération. De tous nos mobiles d'action, celui qui s'élève au plus haut paroxysme d'excitation parmi les hommes entassés, c'est un mobile d'ordre inférieur, l'amour-propre. Et de toutes les formes d'amour propre, c'est la plus basse, le désir de briller dans notre entourage immédiat, la préoccupation exclusive des jugements portés sur nous par un petit groupe qui nous touche ; autrement dit, le besoin d'être payé de nos efforts au comptant, en menue monnaie sonnante de bravos, non à crédit et par l'éloge sans bruit d'une élite de lecteurs, de spectateurs éloignés de nous et disséminés sur la terre, parfois de la postérité. Même solitaires, il est vrai, nous nous efforçons toujours de complaire à l'opinion d'autrui, mais l'autrui qui nous préoccupe s'étend plus loin alors et se fractionne en groupes contradictoires qui se font souvent échec dans nos délibérations. Pour résister aux suggestions du groupe le plus voisin, nous nous appuyons sur celles d'un groupe plus vaste ; au jugement défavorable que notre résistance nous vaudra de la part de nos amis dont nous refusons de suivre les exemples, nous opposons le jugement défavorable que porterait « tout le monde » si nous les écoutions. Entre ces deux jugements contraires, qui l'un et l'autre sont simplement imaginés, non directement perçus, la lutte est à armes égales, et c'est fréquemment le meilleur qui l'emporte. Mais quand à des applaudissements ou à des injures recueillis de nos propres *oreilles, que nous* attirera, nous le savons, notre lâcheté ou notre courage devant les injonctions d'une foule, nous n'avons à opposer que l'idée abstraite d'un blâme ou d'un éloge, destiné à être formulé loin de nous, à ne jamais frapper notre ouïe ni notre vue, il arrive, presque fatalement, si l'on n'est très « philosophe », qu'on succombera à la tentation, qu'on préférera le jugement de cent grévistes ou de cent clubistes à celui d'un million, de dix millions d'honnêtes gens assis au coin de leur feu. C'est pourtant l'inverse qui serait raisonnable, car l'arrêt des gens qui, après réflexion, à tête reposée, nous jugeront favorablement ou sévèrement, devrait compter à nos yeux beaucoup plus que le verdict irréfléchi d'un troupeau d'hommes entraînés ils ne savent où ni pourquoi. Mais il est dans la nature de la sensibilité humaine, comme de toute sensibilité animale, d'être plus impressionnable aux excitations actuelles et proches qu'à la prévision des excitations lointaines et futures. Aussi les artistes, les spécialistes quelconques qui travaillent pour le public *rassemblé*, par exemple les auteurs dramatiques, les acteurs, les orateurs, les musiciens, sont-ils, ce me semble, bien plus préoccupés de l'effet, plus serviles à l'égard de leur auditoire, plus portés à sacrifier leur goût propre au goût de celui-ci, que ne le sont en général les savants, les philosophes, les romanciers, les poètes, les peintres même, qui travaillent pour le *public dispersé.* L'écrivain contemporain a souvent bravé son public, le dramaturge presque jamais, et toujours timidement. Notre théâtre et notre musique, malgré Wagner, ne sont-ils pas beaucoup plus routiniers que notre littérature ?

Cette exaltation de l'amour-propre par la vertu des rassemblements leur est si essentielle qu'elle se manifeste même dans les sociétés animales. « La même fourmi, dit le Dr Forel, qui se fera tuer dix fois quand elle est environnée par ses compagnes, se montrera extrêmement timide et évitera le moindre péril quand elle sera seule à vingt mètres de son nid. » Espinas dit aussi, à propos des combats entre fourmilières, que l'animosité des combattants est proportionnelle à leur nombre ; et cette remarque est applicable aux armées humaines jusqu'à un certain point, c'est-à-dire jusqu'au point où, à force de grandir en nombre, elle cessent de former un agrégat senti comme tel par chacun des soldats. Ici la surexcitation de l'amour-propre et du courage a du bon ; mais c'est une exception, qui n'est pas unique du reste. Les oiseaux migrateurs qui ont de

Gabriel Tarde

grandes mers à traverser voyagent en bandes. Peut-être faut-il attribuer au mutuel encouragement, à l'émulation réciproque et à l'aiguillonnement qu'ils se procurent ainsi, par leur simple rapprochement, l'extraordinaire dépense de forces que suppose leur traversée aérienne. Isolés, ils ne pourraient certainement pas exécuter de tels trajets. Le plaisir que les animaux intelligents trouvent à rester ensemble doit consister en grande partie à sentir l'accroissement de force, de hardiesse, de courage, que leur donne le simple fait de leur réunion. Et il en est de même des hommes. Beaucoup d'oiseaux, tels que les corneilles et les passereaux, beaucoup d'animaux en général, se réunissent sans but aucun, sans nulle utilité. C'est donc pour le plaisir de se réunir, comme nous. Et quelle peut être la source de ce plaisir, si ce n'est le sentiment d'exubérance, de force, que je viens d'indiquer ? - Tout cela est difficile à contester, mais il n'en est pas moins vrai que, dans le cas d'un rassemblement tumultueux, ce ne sont pas les meilleures énergies du coeur et de l'esprit qui reçoivent la plus forte exaltation.

Ainsi, il est bien certain que, moralement et intellectuellement, les hommes *en gros* valent moins *qu'en détail*[1]. Quelle est la cause de ce phénomène remarquable ? On peut se l'expliquer, indépendamment des explications partielles déjà fournies, en recherchant : 1• quels sont les faits psychologiques les plus contagieux par nature ; 2• quels sont les hommes les plus naturellement influents.

En premier lieu, demandons-nous quels sont les sentiments que le fait de les éprouver en commun, de les voir éprouver par d'autres autour de soi, avive le plus en nous ? Ce ne sont ni les plaisirs, ni les douleurs en ce qu'ils ont de caractéristique, c'est-à-dire de *sensationnel* ; ce sont les désirs, amours ou haines. Ce sont aussi les convictions affirmatives ou négatives, les jugements de confiance ou de méfiance, d'éloge ou de blâme. Par suite, rien de plus contagieux que l'audace, qui est un désir énergique uni à une conviction forte ; rien de plus contagieux non plus que l'orgueil, parce qu'il est à la fois un vif désir de domination et une foi profonde en notre propre supériorité. Quoi de plus épidémique aussi que l'espérance et la crainte, comme l'attestent les paniques et

1 Cela n'est vrai que sous la réserve des distinctions faites, entre les foules et les corporations, entre la moralité aussi et l'intelligence, dans l'étude précédente.

Chapitre II : Les crimes des foules

les « emballements » de Bourse, la crédulité *en masse* des agioteurs les plus avisés individuellement ? Voilà pourquoi, aussi bien, lorsque, comme il arrive d'ordinaire dans les bandes d'insurgés, les malheureux se mêlent aux malfaiteurs, ceux-ci donnent le ton et non ceux-là, la misère des premiers étant une souffrance, chose non communicable comme telle par le simple contact, tandis que la perversité des seconds est un faisceau de tendances, chose éminemment susceptible de se propager en s'exprimant par la physionomie et la parole. D'autre part, l'observation des multitudes semble montrer que, après quelques oscillations, la haine chez elles finit, en somme, par l'emporter en contagiosité sur l'amour, la diffamation sur la louange, les huées sur les bravos ; ajoutons les négations sur les affirmations [1]. Ce n'est pas qu'en général une insurrection ne débute par quelques beaux élans d'enthousiasme pour un homme ou une idée ; mais la propagation de cette admiration et de cette foi s'était opérée antérieurement par cette contagion lente et tranquille dont il a été question ci-dessus et, qui, elle, ne favorise pas le mal aux dépens du bien. À peine, d'ailleurs, les premières manifestations enthousiastes d'admiration et de crédulité ont-elles eu lieu, que des émeutes leur succèdent, où la propagande rapide des négations et des dénigrements, des incrédulités et des animosités, se fait jour. Par cette contagiosité supérieure des croyances négatives, notamment, on peut comprendre l'athéisme collectif dont faisaient preuve les grandes Compagnies du Moyen-Age, pendant la guerre de Cent ans [2]. En masse, ces routiers sont impies, ils affectent de boire dans les calices volés et souillés. Individuellement, la plupart sont dévots et superstitieux.

Le malheur est que de tous les actes humains, l'un des plus fascinateurs est le meurtre. Michelet, Taine, Maxime du Camp ont peint la force d'entraînement et de vertige exercée par le spectacle des massacres sur d'honnêtes gens devenus bandits par épidémie homicide. La vue du meurtre est plus contagieuse assurément que la vue de l'accouplement sexuel. L'aventure du

---

1 Peut-être même la peur est-elle plus contagieuse que la bravoure. Le fait est que, dans toute bataille, il y a une panique irrésistible, la déroute finale de l'une des deux armées, et qu'il n'y a pas toujours une *furia francesa*.
2 Voir *l'Hist. de du Guesclin*, par Siméon Luce, etc.

Gabriel Tarde

Théâtre -Réaliste, qui a provoqué un si grand scandale devant un public des plus licencieux, en est la preuve évidente, si on la compare à l'engouement des spectateurs de tous les temps et de tous les pays pour les jeux meurtriers du Cirque et les combats de taureaux. - « Rien de contagieux comme le meurtre » dit M. Zeller à propos des *Révolutions en Italie* ; tout historien en a dit autant. - Et pourtant le rut est contagieux, comme le prouvent les scènes orgiaques des Mystères antiques, les nymphomanies épidémiques analogues à celles de Loudun, les orgies fréquentes des malfaiteurs et des pédérastes (voir Carlier à ce sujet), les viols publics commis successivement sur les mêmes victimes par des bandes de brigands, notamment par les Grandes Compagnies du Moyen-Age, etc. Ces dernières avaient inauguré un genre nouveau ; le viol par représailles. Bien souvent aussi, la lubricité et le carnage s'exaltent de concert et mutuellement s'excitent. Mais en somme, le, spectacle de l'homicide est plus fascinateur que celui de l'amour en acte. Et cela est d'autant plus remarquable que l'idée de celui-ci, au contraire, est bien plus attractif que l'idée de celui-là.

Cette remarque peut être généralisée ; entre deux choses inégalement contagieuses, celle dont la perception directe l'est le plus, est souvent celle dont l'idée l'est le moins. Or, notre esprit est bien meilleur juge du mérite relatif des choses que ne le sont nos sens. Mais les foules jugent et sentent avec leurs sens plus qu'avec leur esprit. De là leurs actes fréquents de pitié ou d'admiration à faux, leurs engouements ou leurs animosités à contresens. Racontez à des hommes du peuple la mort lâche de Mme Dubarry, comparée à la stoïque attitude de Mme Roland ou de Marie-Antoinette devant la guillotine, ils admireront bien plus ces dernières qu'ils ne s'apitoieront sur la première. Mais mettez-leur les deux spectacles sous les yeux ; faites-leur entendre les cris déchirants de l'ancienne maîtresse de Louis XV suppliant le bourreau de lui faire grâce, s'agenouillant devant lui, taudis que la reine et la fière girondine marcheront tête haute, calmes et muettes ; vous pouvez être sûrs qu'ils seront moins accessibles à l'admiration de ce fier courage qu'à la pitié pour cette supplication défaillante. Et l'on sait, en effet, que la foule, après avoir assisté impassible aux plus héroïques exécutions, fut émue par la Dubarry au point de se soulever

Chapitre II : Les crimes des foules

presque pour l'arracher aux mains du bourreau. La sensibilité des masses est ainsi faite, le pathétique grossier des mélodrames les émeut plus que la plus belle tragédie.

Ce n'est pas qu'il n'y ait beaucoup d'âmes assez fortement trempées pour résister à cette ivresse du sang dont je viens de parler, comme il y avait à Rome des personnes réfractaires à l'attrait fatal du Cirque. Mais, et c'est là la seconde cause de la dégradation morale ou intellectuelle des individus par leur agrégation en foule, la puissance contagieuse des hommes, dans une multitude, est loin de se proportionner à leur degré de supériorité morale ou intellectuelle. Dans une assemblée, et à plus forte raison dans un rassemblement, ce n'est pas d'ordinaire l'élite, c'est plutôt la lie, qui entraîne le *vulgum pecus*. On ne sait pourquoi, au juste, un homme est influent et prestigieux, de même qu'on ne sait pourquoi un homme a le don d'hypnotiser. De très merveilleux hypnotiseurs ne sont que des esprits médiocres, pendant que des médecins du plus haut mérite échouent dans toutes leurs tentatives d'hypnotisation. Combien de fois un homme supérieur, de talent et de cœur, s'est-il laissé dominer par des médiocrités autoritaires qui s'emparent indiscrètement de lui, et qu'il laisse faire, qui lui disent de marcher à leur suite et qu'il suit ! Elles l'intimident. Il tient extraordinairement à leur jugement, et, par conséquent, ne saurait rien faire contre leur gré. Et parfois, sous ces complaisances, il n'y a nulle sympathie. Dans les cours des collèges, ce sont rarement les meilleurs élèves, les flambeaux de leur classe, qui ont le plus d'influence et de popularité. Des cancres d'une paresse crasse, d'un robuste orgueil et d'un intraitable caractère, ont bien plus de succès. Il semble qu'ici l'énergie de la volonté joue un bien plus grand rôle que la capacité et la vigueur même de l'intelligence. Mais il s'y joint aussi, probablement, quelque action physique, inanalysable, exercée par des particularités des traits, de la physionomie, de la constitution corporelle. Il se peut qu'elle se rattache, par un invisible lien, inexplicable, à la sexualité. Et, de fait, quand les femmes interviennent dans les foules, dans les sectes mêmes, et qu'elles concourent à l'entraînement opéré par les meneurs, les effets de cette alliance sont invincibles. On le voit bien par les grandes journées révolutionnaires. - Quoiqu'il en

Gabriel Tarde

soit, c'est uniquement ou c'est principalement dans les foules, là où les hommes se coudoient au sens propre du mot, que cet élément physique du prestige individuel intervient avec une prépondérance néfaste pour détourner le cours de l'imitation de ses voies logiques et l'orienter vers le pire exemple au détriment du meilleur ou du plus utile.

III

Ce fait général étant établi et expliqué, que le composé social, du moins quand il consiste en une foule, est moralement inférieur à son élément moyen [1], il s'agit d'expliquer aussi les diversités que présentent ces agrégats humains, et notamment les foules criminelles. Ces agrégats ne se ressemblent guère, en effet : que l'on compare une fête de la fédération en 1790 à une jacquerie de la même époque, une réunion de quakers à un club de jacobins, une émeute américaine pour le massacre des prisonniers lynchés à une de ces nombreuses émeutes que l'ancien régime a vu éclore pour la délivrance de certains prisonniers, et dont la prise de la Bastille n'est que la suite éclatante. A quoi tiennent ces différences ? Est-ce principalement à l'action du climat ou de la race, des facteurs physiques ou biologiques, ou n'est-ce pas plutôt au moment historique, à un confluent d'influences sociales ? Il est plus facile de répondre clairement à cette importante question qu'à un problème analogue qui se pose à propos des actes et surtout des crimes individuels. Plus l'organisation d'un être, en effet, est élevée, et plus

---

1 Je signale, sans y insister, la portée inattendue dont cette loi est susceptible si on l'étend au delà de l'humanité. On sait que les organismes ont été considérés avec raison comme des sociétés de cellules, et l'on a pu voir dans les cellules elles-mêmes des sociétés de molécules, etc... Or, supposons que notre principe s'applique à ces sociétés biologiques ou chimiques, que, là aussi, le composé ne soit pas supérieur à ses éléments, qu'il leur soit inférieur ou tout au plus les égale, nous voyons l'Univers tout entier nous apparaître sous un nouvel aspect, et c'est aux perfectionnements du microscope, et non du télescope, que nous aurons à demander la révélation des plus admirables merveilles du monde. Peut-être, en effet, est-ce en vertu d'un pur préjugé, injustifiable, que le moi *de l'atome* a toujours été réputé plus simple, plus pauvre, plus bas que le moi animal ou humain, l'eut-être se dépense-t-il, invisiblement, au fond caché des êtres vivants, dans leurs intimités élémentaires, beaucoup plus d'intelligence et d'art qu'il ne s'en exprime à leur surface... Mais arrêtons-nous sur la pente de ces conjectures ; si peu solides qu'elles soient, d'ailleurs, elles le sont toujours autant que les jugements tout faits, irraisonnés, auxquels je les oppose.

Chapitre II : Les crimes des foules

il s'assimile les influences de tous genres qui agissent sur lui et qui se présentent combinées, confondues, aux yeux de l'observateur ; plus, au contraire, son organisation est abaissée, et plus il est aisé de démêler leur part d'action distincte. Le rôle de la lumière, de la chaleur, de l'électricité, de l'altitude, de la latitude, de l'humidité, se laisse bien plus aisément étudier, détailler, mesurer, chez les plantes et les animaux inférieurs, immédiatement influencés, sans résistance ni emmagasinement interne, par chacun de ces agents, que chez les mammifères. Or, une foule, une secte aussi, sont toujours beaucoup moins centralisées qu'une personne humaine, et, comme les êtres vivants inférieurs, dépensent leurs forces à mesure qu'elles leur arrivent du dehors, ce qui permet de voir à l'œuvre et à part chacune de celles-ci. Il est donc particulièrement instructif de considérer la criminalité collective à ce point de vue.

Que nous apprend-elle ? Elle nous apprend d'abord à ne pas douter de l'efficacité des causes physiques et physiologiques. Les émeutes, dans nos climats, n'ont presque jamais lieu la nuit ; rarement l'hiver ; le temps qu'il fait, pluie ou soleil, chaleur ou froid, importe toujours à leur succès ou à leur direction ; il suffit parfois d'une averse pour les disperser. Doit-on accorder à M. Gouzer que les lunaisons ont une influence appréciable sur elles, que la pleine lune les favorise ? C'est possible ; cela ne me paraît pas démontré. Mais chaque race nationale leur imprime sa couleur propre, qui distingue si nettement une grève anglaise d'une grève française, une élection agitée à New-York, d'un scrutin sanglant dans une capitale de l'Amérique espagnole. C'est que l'influence de la race dans l'acte de l'individu peut être neutralisée, et l'est le plus habituellement, par celle de la variation individuelle qui recouvre de sa broderie passagère ce canevas perpétuel ; dans une réunion d'hommes du même pays, ces variations se compensent. - Mais, eu second lieu, ce que nous enseigne non moins clairement l'exemple des actions collectives, c'est la maîtrise des causes sociales, c'est leur autorité décisive qui se subordonne les causes précédentes, les utilise et les asservit à ses fins. Comme nous l'avons dit plus haut, l'âme d'une foule, c'est le but particulier qui la soulève. Sans ce but, la saison, la pluie ou le soleil, le climat, la race, auraient eu beau concourir, la foule ne se serait point formée ; c'est ce but qui est sa force déterminante et caractéristique ; et c'est seulement après lui que les modificateurs physiques peuvent agir. Il n'est rien de plus entraînant à coup sûr, parmi ces derniers, si tant est qu'on doive l'y comprendre, que l'action de la musique fortement cadencée. Si antique est son efficacité, et si pareille toujours, que, d'après nos érudits [1], l'un des fragments conservés des airs de Tyrtée présente les plus frappantes analogies de rythme avec la *Marseillaise*. La *Marseillaise* pourtant n'a jamais pu électriser que des réunions d'hommes déjà remuées par une même passion. Mais cette passion, ce but, c'est à un enchaînement séculaire d'événements historiques, c'est à une filiation et à une propagande prolongée d'idées, c'est à une vulgarisation de besoins plus ou moins factices, qu'est due sa présence dans tant de cœurs à la fois, ce qui a rendu possible son renforcement brusque en chacun d'eux par leur rapprochement et leur contagion réciproque.

Ajoutez, plus spécialement, le souvenir, présent à toutes les mémoires, d'insurrections précédentes, récentes, sur lesquelles les émeutiers se modèlent inconsciemment. Voilà ce qui donne aux émeutes successives d'une même époque, de la guerre de Cent ans, du XVIe siècle, de la Fronde, de la Révolution française, quelle que soit la saison ou la province, une même allure, une même nature, en tous lieux reconnaissable. Ce sont là les boutons, tout pareils au fond, d'une même fièvre éruptive, d'une épidémie morale, tantôt salutaire, tantôt désastreuse, qui consiste dans la conversion de tout un peuple, de tout un continent, à une nouvelle religion, à un nouveau dogme politique, et qui imprime à toutes les chapelles d'un même culte, à tous les clubs d'un même parti, sur l'étendue d'un vaste territoire, au nord, au sud, en pays celtique, slave ou germain d'origine, un caractère d'identité fondamentale, malgré leur diversité superficielle [2].

Sans nul doute, la conduite de la foule se meut entre des limites que lui assigne sa composition anthropologique ; et il est certain que jamais une multitude composée de très honnêtes gens, même en proie aux suggestions momentanées de quelques entraîneurs

1 Voir *Dictionnaire des antiquités* de Daremberg et Saglio, *Verbo Embatérion*.
2 J'ai déjà traité ce point dans mes *Etudes pénales et sociales*, (Storck, édit.), p. 302 et suiv. à propos de la folla *délinquente* de M. Sighele.

Chapitre II : Les crimes des foules

féroces, ne consentira à commettre un assassinat cupide, je ne dis pas vindicatif [1]. Mais est-ce à dire que, si une foule tue, pille, brûle, c'est parce que ses membres portent en eux la virtualité physiologique du meurtre, du vol et de l'incendie ? Cela rappelle un peu trop la *virtus dormitiva* de l'opium. La cause d'un fait, ce ne peut être la possibilité de ce fait, mais bien la circonstance qui transforme cette possibilité en réalité, et cela est surtout vrai quand il s'agit de virtualités criminelles qui ne se révèlent qu'en se réalisant. Or, appelons, si l'on veut, très honnêtes les personnes organisées de telle façon que l'éventualité de circonstances propres à les faire défaillir dans le crime est inimaginable, pratiquement impossible. Entre cette quasi-impossibilité du crime pour ces privilégies, et sa quasi-nécessité pour les déshérités moraux que nous appellerons criminels par nature, il y a mille degrés de transition incarnés dans l'immense majorité des hommes, qui tomberont ou se retiendront sur la pente du délit, suivant le hasard des circonstances. Et, parmi ces circonstances, l'une des plus capitales est précisément leur englobement dans une foule ou dans une secte qui les suggestionne. On voit alors des gens, réputés honnêtes la veille, commettre de vraies atrocités dont le lendemain ils rougiront ou demanderont la justification à des sophismes où sombrera leur esprit faussé. On voit aussi tels coquins, isolément portés au vol, mais non à l'homicide, commettre ensemble des meurtres atroces. S'ils sont devenus assassins, c'est la formation d'un rassemblement insurrectionnel qui en est cause ; or, nous savons qu'il s'est formé en vertu d'influences d'ordre social. C'est donc à celles-ci qu'il faut attribuer la réalisation de leur virtualité criminelle, ce qui, du reste, au point de vue de nos idées sur la responsabilité, ne suffit pas à les innocenter tout à fait, puisque, après tout, l'acte nécessité par eux était conforme, sinon à leur manière d'être habituelle, du moins au fond de leur nature, ou ne lui était pas contraire. Car ce n'est jamais un homme vraiment moral qui se laissera subjuguer par l'attrait du « divin massacre » comme disait Munzer. A la vue d'une de ces odieuses scènes qui ont tant de fois ensanglanté nos rues,

---

1 Au XIVe siècle, les Ribauds d'Angleterre « détruisent bien palais et prisons, tuent bien évêques et seigneurs, portent bien leurs têtes au bout de leurs piques » tout comme les Jacques de France ; mais, dit Perrens, à la différence de ces derniers, « quoique ne possédant rien, ils s'abstiennent de tout pillage. » Ce sont d'honnêtes assassins.

Gabriel Tarde

il n'éprouvera qu'une répugnance et une horreur insurmontables, il se refusera même absolument à admirer la beauté artistique de leur pittoresque. Si, en sa qualité d'historien, d'artiste ou de poète, il se complaît à les peindre, ce sera à la condition de ne jamais les avoir vues de ses propres yeux. Entre la soumission servile à l'entraînement du crime collectif et la répulsion indignée devant ce spectacle, il n'y a pas de milieu.

La conduite d'une foule dépend en grande partie de l'origine sociale de ses membres, de leur profession, de leur classe ou de leur caste, de leurs habitudes de vivre à la ville et à la campagne, dans un milieu condensé ou disséminé. Les foules urbaines sont celles où la contagiosité s'élève au plus haut degré de rapidité, d'intensité, de puissance. M. Taine nous explique à merveille l'excitabilité extrême des attroupements qui spontanément se formaient au Palais-Royal un peu avant la prise de la Bastille. Ce public, tel qu'il nous le peint, est composé en somme de gens habitués a vivre en public, piliers de cafés, abonnés de théâtres, étudiants, tous passant leur vie à subir ou à transmettre des influences, des suggestions vives, et par suite devenus extraordinairement suggestibles, en même temps que leur détachement de la famille et de la tradition, de la suggestion atavistique, leur donne l'illusion de l'indépendance la plus complète. Ils ont l'air libre, à raison même de leur impressionnalité prodigieuse qui les rend capricieux et instables. Ce sont des multitudes ainsi constituées, nerveuses et féminines de tempérament, et où les femmes, en réalité, figurent avec éclat, qui font les révolutions en tout pays civilisé. Elles sont sujettes à de brusques revirements, qui sont beaucoup plus rares chez les foules rurales. Un mot spirituel et gouailleur de marquis qu'on va hisser à la lanterne, une attitude crâne, je ne dis pas stoïque, peuvent changer en applaudissements et en rire admiratif les clameurs féroces d'une populace de grande ville, non d'une émeute de paysans. Les foules rurales sont beaucoup plus malaisées à susciter, mais, une fois en mouvement, elles ne s'arrêtent plus, foncent sur leur but avec l'intrépidité du taureau lancé. Leur composition est bien plus homogène et bien plus simple : tout le monde s'y connaît, on y est parents et voisins les uns des autres, et le faisceau humain, fait en partie de liens antérieurs d'homme à homme, y est beaucoup moins

Chapitre II : Les crimes des foules

factice et plus fort. Aussi leur effet est-il écrasant. Les femmes s'y rencontrent rarement ; elles ont pourtant joué un certain rôle dans la guerre hussite du XVe siècle et dans la révolution allemande du XVIe ; mais ce ne sont jamais des femmes de mauvaise vie, ce sont plutôt des viragos, telle que la Hoffmann, mégère héroïque et féroce à côté de laquelle nos tricoteuses de guillotines sont des poupées. Derrière elle, en 1529, marchait une troupe d'insurgés en jupons portant armes et cuirasses et suivant l'armée « évangélique ». Elle « ne respirait qu'incendie, pillage et meurtre », dit Jannsen. Elle était sorcière et prononçait sur ces fanatiques des sortilèges qui devaient les rendre invulnérables. Rurales ou urbaines, du reste, les foules sont également sujettes à la folie des grandeurs ou des persécutions, et à des hallucinations mentales qui transforment à leurs yeux, par exemple, un dessinateur inoffensif en un espion occupé à tracer des plans pour l'ennemi [1]. Mais chez les foules urbaines, la prétendue « folie morale » est plus fréquente et plus profonde. C'est là, autrement dit, qu'il faut chercher les spécimens les plus parfaits de criminalité collective.

Une variété importante de la foule criminelle c'est la *horde*, qui se divise en deux sous-variétés bien tranchées : la horde terrestre, par exemple les grandes compagnies du XIVe siècle, et la horde maritime, par exemple les pirates mauresques de la Méditerranée jusqu'au dernier siècle. Les grandes compagnies sont l'échantillon historique le plus net de la horde criminelle par tempérament et par profession. Ce caractère professionnel, et en même temps international, de leur criminalité est tellement marqué, que, comme on l'a dit [2], le traité de Brétigny a été pour elles ce que la grève ou le chômage forcé est pour les ouvriers de nos grandes industries modernes. Elles se recrutaient dans toutes les classes et dans toutes les nations. Par leur atrocité, leur vanité, leur

---

1 Elles sont sujettes aussi à de véritables hallucinations des sens. En voici un exemple tiré du *Journal des Goncourt. Au* commencement de la guerre de 1870, E. de Goncourt entend dire qu'une dépêche, affichée à la Bourse, annonce la défaite des armées prussiennes et la prise de 25000 prisonniers. Il va à la Bourse où une foule énorme est entassée, il demande où est cette dépêche ; on *la lui désigne du doigt, et elle lui est désignée ainsi par des personnes qui disent l'avoir lue.* Il cherche à la lire à son tour, et, bien entendu, nulle part il ne la trouve.
2 Voir Du *Guesclin* par Siméon Luce.

Gabriel Tarde

cupidité, elles ressemblent traits pour traits à nos malfaiteurs [1]. Un de leurs divertissements est de briser les dents des paysans à coups de cailloux et de leur couper les poings. Ils rançonnent impitoyablement, pour assouvir leur soif de luxe, imitée de la noblesse efféminée de cette époque. Mais c'est surtout le luxe de la toilette qui est poussé chez eux à un degré extravagant, comme chez nos voleurs. « Ils affectent ceintures d'argent, chapeaux de bièvres, atours de damoiselles. » On échappe de leurs mains en leur offrant « quatre plumes d'autruches » dont les brigands se font des panaches [2].

Il serait curieux de rechercher pourquoi, longtemps après que le brigandage continental a été refoulé, ou a suscité partout une indignation véhémente, le brigandage maritime a bénéficié d'une faveur si singulière, qui lui a permis longtemps de survivre à son frère terrestre, auquel il semblerait presque inconvenant de l'assimiler. Quelles sont les causes de cette indulgence pour des faits qui, s'ils s'accomplissaient sur terre et sur mer, paraîtraient odieux à tous ? Qu'une bande armée en temps de guerre s'empare d'une maison, la pille et emporte tous ses meubles, tout le monde crie à la sauvagerie. Mais que, lorsque deux vaisseaux marchands appartenant à deux nations belligérantes viennent à se rencontrer,

1 Vers le milieu du XIVe siècle, pendant les horreurs de la guerre de Cent ans, le brigandage et le militarisme, deux fléaux qui n'en faisaient qu'un, ravageaient la France. « Les Navarrais de Philippe de Longueville, dit Perrens (*La démocratie au moyen âge,* t. 1), les brigands James Pipes et autres chefs dévastaient ce que les Anglais avaient épargné... Navarrais, Anglais et brigands inspiraient de telles craintes que les malheureux vilains abandonnaient leurs maisons et leurs champs, passaient la nuit dans des îles ou dans des bateaux amarrés au milieu des fleuves, plaçaient un des leurs au sommet du clocher de l'église afin qu'il sonnât le tocsin et qu'on pût s'enfuir dans les entrailles de la terre, dans ces souterrains qu'on voyait encore, au siècle dernier, le long de la Somme, de Péronne à l'embouchure. » - A l'époque de la lutte entre Armagnacs et Bourguignons, on avait, dit le même auteur, « le permanent spectacle des Armagnacs violant les femmes, égorgeant les hommes, enfumant les paysans dans des souterrains, mutilant les bourgeois et les marchands de Paris sur les routes et les renvoyant les yeux crevés, le nez ou les oreilles coupés. »

2 En fait de bandes criminelles, mais voleuses et non homicides, on peut citer les *grandes Compagnies commerciales* du XVIe siècle, qui s'organisaient pour monopoliser le commerce des denrées coloniales et les vendre à des prix exorbitants. Si l'on n'y prend garde, c'est sous cette forme que tend à se reproduire sur une grande échelle la criminalité collective. Méfions-nous des syndicats. Entre les *chevaliers brigands* et les *marchands fripons,* Luther disait ne pas savoir quels étaient les plus criminels.

Chapitre II : Les crimes des foules

l'un capture l'autre et se l'adjuge comme une proie, cela est si peu réputé vol et pillage que les États-Unis ont refusé, en 1854, de s'associer à la Déclaration de Paris, sur l'abolition des droits de course. Entre un corsaire, il est vrai, et un pirate, il y a une différence, mais combien de degrés intermédiaires ! Et comme de la course à la piraterie et de la piraterie à la course on passe facilement ! Encore une fois, comment expliquer que ce qui est crime sur terre soit licite sur mer ? Je crois qu'au fond la raison de cette contradiction apparente doit être cherchée dans l'étroite solidarité qui unit les membres d'un même équipage et les sépare si radicalement de tout le reste du monde. Un vaisseau est un monde à part, clos et muré comme la famille ou la cité antique, exposé comme elles à des périls incessants, resserré comme elles et hostile aussi à l'étranger, qui prend aisément la couleur d'un ennemi. De là cette admirable unanimité qui, sur les navires disciplinés, brille à l'heure du combat et éclate en traits d'héroïsme. Mais de là aussi, dans les équipages librement formés, mal recrutés, une barbarie d'égoïsme collectif, de férocité et de fureur destructives, qui dépasse tout ce qu'on peut concevoir. On acquiert là le sentiment d'une fraternité intense dans les limites de la coque qui vous porte, on y perd le sentiment de toute parenté avec l'humanité étrangère. À la même cause se rattachent les atrocités commises par les civilisés eux-mêmes dans leur colonies. Sur ce brigandage collectif, je renvoie le lecteur à la Politica coloniale de Colajanni.

IV

Nous avons tâché d'analyser la criminalité collective ; mais que dirons-nous de la responsabilité collective ? C'est le plus ardu des problèmes, et il n'en est pas dont la solution soit plus urgente. Une théorie pénale ne peut se flatter d'avoir répondu aux besoins de notre temps, et de tous les temps, si elle ne s'applique à la fois à l'imputabilité indivise et à l'imputabilité individuelle et si elle ne permet d'envisager les deux sous un même point de vue. On n'a paru se préoccuper jusqu'ici que du côté politique de ce problème général, et, sous cet aspect particulier même, on ne l'a point résolu. On a cherché en vain à établir une distinction nette entre les insurrections légitimes qui ont droit aux applaudissements de

Gabriel Tarde

l'histoire et les simples révoltes qui méritent une répression plus ou moins sévère ; et, quand on s'est accordé par hasard à reconnaître dans certains soulèvements le caractère d'une révolte injustifiable, on n'a su dire quel châtiment leur convenait. Aussi les a-t-on traités tour à tour par le massacre en bloc ou l'amnistie sans distinction. Il en était de même dans le passé. Les grandes compagnies du XIVe siècle étaient amnistiées de temps en temps jusqu'à du Guesclin qui les extermina ; et elles escomptaient d'avance cette faveur prévue. L'assurance ou la presque assurance de l'impunité a toujours caractérisé le crime collectif et contribué grandement à ses progrès ; car, plus il est collectif, plus il est sûr d'être impuni. Ces doutes, ces hésitations séculaires de la conscience morale et juridique, au sujet de l'imputabilité des actes commis indivisément par des masses d'hommes, n'étonneront pas ceux qui savent la part énorme de la suggestion imitative du milieu social dans la formation des idées et des habitudes morales. La seule définition nette et claire, - je ne dis pas la seule définition possible ni la meilleure, - de l'honnêteté ou de la malhonnêteté, c'est que l'honnête homme est un conformiste et le malhonnête homme un dissident à l'égard de la coutume et de l'opinion dans un temps et un pays donnés. Tel, que sa dissidence aujourd'hui fait qualifier scélérat, pourra passer pour un apôtre et un héros demain ou après-demain ; mais c'est là le secret de l'avenir. En attendant, il suffit qu'il blesse la conscience ambiante pour qu'il soit frappé par son verdict. Mais, s'il en est ainsi, et si, dans le passage d'un milieu à un autre, d'un groupe à un groupe social, un même acte cesse d'être crime et devient exploit, ou *vice versâ*, comment juger un pillage, un incendie, un meurtre même, exécuté torrentiellement pour ainsi dire par une multitude où chacun est poussé par l'exemple de tous, persuadé et dominé par l'opinion de tous, et, dans cette immersion tourbillonnante au sein d'une petite société tyrannique, est soustrait momentanément à l'action de la grande société, devenue étrangère ? Ne peut-on pas dire que le fait de chacun est justifié par la participation de tous, que toute collectivité tend à se faire sa loi propre, sa morale à elle, et que, par suite, l'idée d'une culpabilité collective implique contradiction ? Que pourrait bien être un crime national, un crime commis par toute une nation à la fois ? Cela ne signifie rien ou cela signifie seulement qu'une nation, cédant à un entraînement nouveau, a

Chapitre II : Les crimes des foules

transgressé la coutume ancestrale, qu'elle est criminelle aux yeux des ancêtres mais digne d'éloges aux yeux des contemporains. Or, pourquoi ce qui est vrai d'une grande nation ne le serait-il pas d'une tribu, d'un clan ; et aussi bien d'un secte ou d'une foule ? Le crime *follesque ou sectaire* est problématique, ce semble, au même titre, que le crime national. - Cette considération n'est pas sans gravité ; on en sentira mieux toute la force si l'on songe au lien imitatif qui unit entre eux non seulement les membres d'une même secte ou d'une même foule, mais les foules et les sectes successives nées à l'exemple des unes les autres. On verra alors s'amoindrir considérablement l'écart entre la grande et la petite société, contraires l'une à l'autre. La petite, rattachée à ses soeurs, apparaîtra agrandie et moins méprisable, d'autant plus redoutable. Au XIVe siècle on imite en France les insurrections anglaises, et, des deux côtés du détroit, on s'insurge parce qu'on s'est déjà insurgé : l'exemple est parti des rangs de la bourgeoisie parisienne, il se répand peu à peu dans les villes de province et gagne les couches rurales. Même loi pendant les troubles du XVIe siècle, pendant la Fronde, pendant la Révolution française. Un mois après le 14 juillet 1790, époque où le jacobinisme a réellement pris de l'importance à Paris, il y avait 60 sociétés analogues, ayant même but, même plan, mêmes procédés ; « trois mois plus tard, dit M. Taine, 122 ; en mars 1791, 229 ; en août 1791 près de 400 » ; en fin septembre 1791, 1000 ; en juin 1792, 1200 ; et, quelques mois après, 26000, d'après Roederer. Il en résulte que chaque membre du plus infime de ces clubs comme du plus mince des attroupements révolutionnaires, se sentait porté par un courant humain numériquement très supérieur à sa faible importance.

Mais au fond qu'est-ce que cela prouve ? Cela montre à nos yeux l'insuffisance de toute notion du bien et du mal fondée sur l'opinion ou la volonté d'un groupe limité de la société humaine, sur l'intérêt d'un parti, d'une classe, d'une cité, d'une nation même. Il faut s'élever plus haut, il faut, poussant à bout la tendance naturelle qui nous porte à l'élargissement incessant de notre horizon social et de notre prévoyance, l'étendre jusqu'aux dernières limites de l'humanité dans le temps, surtout dans l'avenir, et dans l'espace. Pénétrés du sentiment intense de notre solidarité fraternelle

Gabriel Tarde

avec les vivants, surtout avec les vivants futurs, et aussi avec les morts, avec le plus abaissé des sauvages et avec le plus reculé de nos descendants sinon de nos aïeux, nous repousserons comme immorale toute règle de conduite qui, ne tenant nul compte des *idées morales du* passé ni surtout des conséquences éloignées de nos actes, tend à nous affranchir de tout devoir envers des groupes d'hommes différents du nôtre, ou envers les générations à naître ; nous réprimerons comme criminelle toute action qui, au profit d'un programme étroit, incarné dans quelques conspirateurs, fût-ce même dans des milliers et des millions de sectaires, jette l'alarme et la terreur dans la grande communauté humaine ou européenne, et n'en a nul souci. N'en doutons pas, il y a eu, il y a encore, en Afrique, en Polynésie, des tribus criminelles ; l'antiquité classique a connu des nations criminelles, des nations de proie ; et nous avons aussi nos sectes et nos foules criminelles, dont la criminalité dépasse en profondeur tout ce que les plus beaux échantillons du crime individuel nous font concevoir.

M. Ferri fait remarquer dans son dernier ouvrage que le propre des criminels les moins dangereux, c'est-à-dire par passion ou par occasion, est d'agir isolément, tandis que les criminels les plus redoutables, les criminels d'habitude ou de tempérament, ont d'ordinaire des complices. Donc, ajoute-t-il, la complicité doit être réputée, à elle seule, une circonstance aggravante. C'est très juste ; malheureusement, cette considération est inapplicable en majeure partie au cas des foules où, au contraire, c'est la passion qui suscite les crimes, et où l'occasion qui rend criminels la plupart des co-auteurs est précisément le fait de leur rassemblement. Mais elle s'applique fort bien au noyau central des foules, à cette poignée de malfaiteurs qui le plus souvent les conduisent au délit et qui se sont rassemblés parce qu'ils se ressemblaient.

Aussi l'essentiel ici est-il de distinguer nettement les meneurs et les menés. La distinction en théorie paraît difficile à tracer ; en pratique, elle est aisée. C'est sur les premiers que doit naturellement s'appesantir la peine. Mais est-ce à dire que les seconds doivent être déclarés irresponsables ? Non. A coup sûr, il se peut qu'ils n'aient pas librement agi, qu'une force irrésistible les ait subjugués ; mais elle n'a été irrésistible que parce que leur nature les portait à suivre sans résistance. La cause de leur action est en eux pour une certaine part, aussi bien que, pour une part égale ou supérieure, en autrui. Sans doute si l'on s'obstinait à vouloir fonder la responsabilité sur le libre arbitre, l'insuffisance de cette théorie scolastique éclaterait ici. Car qui a jamais osé parler du libre arbitre d'une foule, voire même d'une secte ? L'autonomie de ces êtres moraux n'est qu'une fatalité interne. Les chefs eux-mêmes n'y font preuve d'aucune liberté, et leur commandement n'est souvent qu'une obéissance dissimulée à des nécessités de situation, qu'ils ont, il est vrai, créées eux-mêmes. La responsabilité collective ne saurait donc se proportionner à une liberté collective qui n'existe pas. Mais en revanche, elle peut, elle doit se mesurer au degré de cohésion, de finalité, d'unanimité, ou, en d'autres termes, de conscience et d'identité collectives, dont une secte ou une foule a fait preuve dans ses opérations. Ce n'est point, du reste, par la logique, nous le savons, que brillent les foules délinquantes, folles si souvent.

Je rencontre ici une formule qui, par son élégance d'apparence mathématique, a paru sourire à plusieurs auteurs [1]. Elle a une demi-vérité et mérite discussion. On a dit que la responsabilité collective était en raison inverse de la responsabilité individuelle [2]. Mais, d'abord, on a entendu par là que, plus la foule ou la secte, le groupe social quelconque, devient responsable, plus l'individu devient irresponsable. M. Sighele le dit en propres termes. Qu'est-ce pourtant que cette entité, la foule, la secte, la société, sinon un agrégat d'individus ? Et que peut signifier, au fond, la responsabilité du groupe, sinon celle de tous ses éléments indifféremment, par le seul fait qu'ils en ont fait partie ? En somme, la distinction des deux responsabilités qui, nous dit-on, se font bascule l'une à l'autre, ou ne veut rien dire, ou veut dire simplement que chaque individu est responsable à la fois de deux manières différentes,

1 M. Sighele, dans sa Folla *délinquente*, l'énonce incidemment ; M. Paulhan, dans un autre sens, bien plus profond à notre avis, la développe en deux articles de la *Revue philosophique* de 1892.

2 On pourrait dire aussi bien, en un certain sens, que la criminalité individuelle est en raison inverse de la criminalité collective. Celle-ci sert quelquefois d'exutoire à celle-là ; et ainsi peut s'expliquer en partie, - et pour une faible part, je crois, - la baisse remarquable des délits et des crimes (individuels), à toutes les années marquées par des révolutions ou des guerres.

Gabriel Tarde

responsable des actions d'autrui comme des siennes en vertu des liens de solidarité qui l'ont uni à tous ses consorts, et responsable de ses actions propres [1]. Rien ne s'oppose, en principe, à ce que l'individu soit frappé pour l'acte de ceux dont il est solidaire. Le ciment social, c'est le sentiment énergique de la solidarité, qui repose sur une fiction aussi nécessaire que hardie : celle d'affirmer qu'un tort fait à l'un de nous, vol, incendie, blessure, est fait à tous les autres, et, par suite, qu'une faute commise par les autres est faite par nous-mêmes. Cette fiction, qui fait toute la force d'une armée disciplinée, d'une société civilisée, est d'autant plus près d'être une vérité que l'intensité de la vie collective est plus haute. Partant, plus la foule ou la secte criminelle a révélé d'esprit de corps, de logique et d'harmonie, plus elle a été une, originale, identique à elle-même, et plus il est permis de repousser la prétention de ses membres, qui, après avoir été solidaires dans le crime, voudraient ne pas l'être dans la peine. Ils doivent être réputés avoir tous participé plus ou moins au crime que quelques-uns ont exécuté.

Mais, bien entendu, le caractère en partie fictif d'une telle participation aux forfaits d'autrui ne doit jamais être oublié ; et la responsabilité collective dont il s'agit doit, en outre, être conçue comme un tout dont une fraction seulement pèse sur la tête de chacun des participants. Sous l'ancien régime il semblait au contraire, - et souvent aussi notre temps a paru croire - qu'il en était de cette criminalité indivise comme de l'hypothèque qui, d'après les juristes, grève toute entière la moindre parcelle du bien hypothéqué - *est tota in toto et tota in quâlibet parte*. C'est apparemment en vertu de cette manière de voir que lorsque,

---

1 La formule est susceptible, il est vrai, d'un autre sens. On peut dire que le groupe social est responsable de *ces mêmes actes*. Mais alors c'est un truisme. Il est bien clair que la société a sa part de collaboration dans tous nos actes, et qu'ils nous appartiennent d'autant moins qu'ils lui appartiennent davantage. Si évident que soit ce fait, d'ailleurs, il vaut la peine d'être énoncé. Le phénomène si remarquable de l'adoucissement des peines avec la civilisation ne s'explique-t-il pas, en grande partie, par le sentiment croissant de la responsabilité du milieu social, et d'un milieu social toujours plus vaste, dans le crime exécuté par un seul ? A force de grandir, le groupe complice est devenu toute la société, et dès lors, impunissable. Par suite, l'impunité assurée et constante de cet instigateur souverain a interdit de frapper sévèrement son instrument individuel, qui a sa part de souveraineté toutefois, mais sa bien minime part.

Chapitre II : Les crimes des foules

sur mille insurgés, on en arrêtait trois ou quatre, on leur faisait porter tout le faix de l'indignation publique. Évidemment, cette conception barbare doit être écartée. Sans cela la formule relative au rapport inverse des deux responsabilités collectives et individuelles perdrait toute portée. Qu'importerait, en effet, à l'individu d'être jugé moins responsable de ses propres actes si, en même temps, il était jugé plus responsable, puisqu'il le serait à lui tout seul, des actes du groupe. Cela reviendrait au même pour lui. Il faut entendre la formule ainsi : plus le groupe dont il fait partie est coupable dans son ensemble, culpabilité dont il a seulement sa petite part, et moins il est coupable en particulier.

Mais, même rectifiée de la sorte, la formule est-elle juste ? Elle ne l'est, dans une certaine mesure vague, qu'à l'égard des menés ; elle ne l'est pas à l'égard des meneurs, à qui s'appliquerait plutôt une formule précisément inverse. Je dis qu'elle s'applique aux menés ; car l'individualité de ceux-ci s'affaiblit, s'anéantit d'autant plus que l'organisation de la foule ou de la secte, du torrent ou du tourbillon humain, qui les emporte, se fortifie, se centralise, s'individualise davantage. Cette force entraînante des groupes organisés peut aller dans certains cas, rares toutefois, jusqu'à dénaturer l'individu radicalement. Elle est supérieure, en effet, au pouvoir de la suggestion hypnotique, à laquelle on l'a comparée. Je ne puis adopter le raisonnement de M. Sighele : si, dit-il, la suggestion hypnotique elle-même n'arrive pas à transformer un honnête homme en assassin, à plus forte raison la suggestion à l'état de veille, telle qu'elle s'exerce dans les multitudes en mouvement, ne saurait-elle avoir cette puissance. Les fait prouvent cependant que l'action démoralisante d'une émeute, et même d'une conspiration, excède incomparablement celle d'un Donato. Il y a ici une minime part de suggestion, mais une très grande part de contrainte, par peur, par lâcheté. C'est le cas ou jamais de faire bénéficier des circonstances atténuantes les malheureux entraînés.

Quant aux meneurs, c'est eux qui ont déchaîné cette force malfaisante, ce terrible boa populaire qui a pour anneaux des hommes asservis et subjugués. C'est de leur âme qu'ils l'ont animé, c'est à leur image et à leur ressemblance qu'ils l'ont fait naître. Leur culpabilité particulière sera donc en raison directe plutôt qu'en raison inverse de la culpabilité totale. Il devra leur être demandé un compte d'autant plus sévère de leurs actes directs que les actes inspirés par eux ont été plus graves.

On voit que, malgré tout, cette distinction des deux responsabilités n'est pas sans intérêt pratique, si subtile et si factice qu'elle puisse paraître. De tout temps elle a été faite instinctivement à divers points de vue. Si, dans ce rassemblement fortuit de passions, de volontés différentes, souvent incohérentes, qui constituent la personne individuelle, on pouvait, aussi facilement que dans cet autre rassemblement accidentel, appelé foule, distinguer ses éléments consécutifs et les séparer, il conviendrait comme dans ce dernier cas, de considérer à part la responsabilité du cerveau pris dans son ensemble et celles de ses diverses fonctions, de ses divers centres nerveux. C'est ce qu'a indiqué M. Paulhan. Mais est-il exact de dire avec lui que, dans ce cas aussi, il y a rapport inverse entre deux responsabilités comparées ? Cela serait s'il était vrai que l'harmonie totale s'achète au prix des harmonies partielles, et le gouvernement central au prix des autonomies municipales, pour ainsi parler. Mais n'est-ce pas le contraire qui est la vérité ?

Longtemps, l'importance de la responsabilité collective a paru aller en décroissant, et le progrès des idées pénales a semblé consister essentiellement dans l'individualisation de la faute et de la peine. Mais, en réalité, ce n'était là qu'une apparence produite par la substitution d'une forme nouvelle à la forme ancienne de la responsabilité collective. À sa forme héréditaire et familiale se substitue sa forme volontaire et vraiment sociale. Il fut un temps où les parents formaient un club de conspirateurs-nés, hostiles et suspects aux autres clubs. On pouvait sans trop d'erreur imputer à tous les crimes d'un seul. Tous y avaient concouru plus ou moins. Maintenant, ce faisceau s'étant brisé, il s'en forme d'autres avec ses débris ; et, de plus en plus, par l'extension de l'association libre on en viendra à légiférer la solidarité des associés de tout ordre dans le délit et la répression.

La difficulté sera de trouver l'espèce de répression, et encore mieux de prévention, qui convient ici. En fait de moyens préventifs, la meilleure police sera insuffisante si on ne se résout à poursuivre les plus criants abus de la presse, les excitations imprimées au crime et au délit [1]. En fait de moyens répressifs, tout sera inutile tant que le Jury existera. Sa faiblesse est telle en ces matières, sa pusillanimité à absoudre tout ce qui se présente sous la couleur politique la plus empruntée, sont si déplorables qu'on est souvent obligé de soustraire ces crimes collectifs à sa compétence et de recourir à des cours martiales. On tombe ainsi d'un excès dans l'autre ; et rien ne montre mieux la nécessité d'une magistrature exclusivement criminelle, spécialement exercée et recrutée parmi des hommes qui joignent à la compétence voulue les qualités de caractère non moins exigées. - Quant à savoir s'il faut une peine, la question ne se pose même pas. La prétendue impuissance de la peine serait une singulière thèse à soutenir quand des bandes anarchiques ont commencé la série de leurs exploits. Nul ne s'avise alors de contester l'utilité d'une bonne police et d'une ferme justice. Mais quels sont les principes qui devront diriger les juges ? Ne confondons pas ici deux choses bien distinctes : les mesures à prendre pour arrêter le cours des forfaits collectifs en voie d'exécution, et celles qui doivent suivre leur consommation pour en empêcher le retour. Dans le premier cas, la société qui fait sabrer un attroupement par des gendarmes ou des soldats est comme un homme qui ramasse ses forces contre un assassin, le terrasse et le tue. Cet homme n'est pas un justicier. Elle, pareillement, se défend comme elle peut et n'a pas à mesurer ses coups, qu'elle rend avec usure. Les balles atteignent au hasard le meneur ou le mené, le plus coupable ou le moins coupable, même le simple curieux égaré dans une manifestation. A ce cas on peut jusqu'à un certain point assimiler celui où des attentats distincts les uns des autres, et séparés par un certain intervalle de temps, mais enchaînés ensemble par leur commune émanation d'une même pensée infernale, forment une série terrifiante en train de se dérouler et qu'il s'agit d'endiguer énergiquement, devant les progrès de la terreur publique. - Il n'en est plus de même quand tout le monde sent que la série est épuisée, et qu'on voit comparaître en cour d'assises les auteurs de ces monstruosités, ou quelqu'un d'entre eux détaché de ses frères.

1 Ne pas oublier que ceci a été écrit en 1892, sous l'empire de la loi de 1881 sur la Presse.

Gabriel Tarde

Il n'est plus nécessaire à présent de rendre coup pour coup, de se venger pour se défendre, de frapper à tort et à travers ; et, si le public crie vengeance, il faut le laisser crier. Seulement la peine doit être exemplaire encore et avant tout ; ne dites pas que cet homme est punissable dans la mesure où il est redoutable, car il peut n'être plus personnellement à redouter, mais dans la mesure où son impunité serait périlleuse. Toutefois, pour que le châtiment de cet homme soit propre à servir d'exemple aux autres et à lui-même, il faut que les actes qui lui sont personnellement imputés ou sa participation solidaire aux actes de ses complices aient eu lieu dans les conditions voulues pour la responsabilité morale telle qu'on doit la concevoir en un sens tout positif. Je les ai indiquées ailleurs et je n'ai pas y revenir. Il faut, autrement dit, que cet homme ait été coupable ; car, je l'espère, on ne prétendra pas, devant certains forfaits, que l'idée de culpabilité n'a plus de sens. Si, par exemple, c'est quelque accès de folie, un délire de persécution caractérisé ou même une idée fixe, un système absurde, expression parfois d'un héroïsme déraillé, qui l'a jeté dans les rangs d'une secte meurtrière, il mérite pitié, et son impunité ou sa demi-impunité ne sera point un encouragement à l'imiter. Mais, que son avocat ne vienne pas assimiler à cette action entraînante de la folie l'entraînement, non moins invincible parfois, exercé sur lui par la bande où il s'est lancé. Il s'y est lancé volontairement, comme volontairement on s'alcoolise. Sa responsabilité reste donc engagée, sinon entière ; et dès lors, précisément parce que sa punition sera réputée juste, elle sera utile.

Chapitre III : Les crimes de haine

Il y a quelques années, le remplacement graduel du crime violent par le crime astucieux, et, en fait de crimes violents, de l'homicide vindicatif par l'homicide cupide, paraissait une des lois les mieux établies de l'évolution sociale au cours de la civilisation. Mais voici que, renversant ces incomplètes quoique utiles formules, une criminalité nouvelle se fait jour, qui, sans nul atavisme à coup sûr, semble nous ramener aux plus beaux jours des vendettas primitives. Ce n'est pas assez dire ; la vendetta se bornait à rendre responsables de la faute d'un homme tous ses parents ou ses descendants ; l'anarchisme étend à une classe tout entière, à une immense fraction non délimitée de la nation, sous le nom exécré de bourgeoisie, cette antique solidarité pénale. C'est de la vendetta élevée à la plus haute puissance qui se soit encore vue sous le soleil ; car les représailles militaires elles-mêmes, qui consistent à se venger sur n'importe quel prisonnier appartenant à un corps d'armée ennemi, à raison d'une violation des lois de la guerre par un soldat quelconque de ce corps d'armée, sont une extension moins démesurée, et assurément plus explicable, de ce très vieux dogme du péché collectif, transmissible solidairement d'homme à homme. Il est curieux de voir en cela l'anarchisme, ce grand insulteur du militarisme, et qui doit peut-être à sa lutte contre ce fléau la plus grande part de son succès parmi d'honnêtes gens abusés, imiter le militarisme et le dépasser de cent coudées, pousser à outrance ce que celui-ci a de plus odieux.

Si monstrueuse que soit cette explosion de sauvagerie savante au milieu de nos plus belles cités, il ne faut ni s'en étonner ni s'en effrayer ; il faut la combattre et d'abord la comprendre. L'anarchisme est né de notre anarchie morale. Dès 1839, dans sa Philosophie positive, Auguste Comte semble l'avoir vu ou prévu. Il y montre, en divers endroits, les liens étroits de l'esprit révolutionnaire, d'où procède notre société bâtarde, en voie d'interminable et impuissante gestation, et de l'esprit ultra-individualiste qui, fils de Rousseau, préconise l'état de nature. « Faut-il s'étonner, dit-il, que, partant de ce principe, l'école révolutionnaire ait été conduite à concevoir toute réformation politique comme essentiellement destinée à rétablir le plus complètement possible cet inqualifiable état primitif ? Or, n'est-ce point là, en réalité, organiser systématiquement la rétrogradation universelle ? » Et ailleurs : « La doctrine révolutionnaire, plus qu'une autre, en tant que déterminant d'actives convictions, profondes quoique partielles, peut développer dans les âmes élevées des sentiments généreux » mais « il n'est pas, malheureusement, moins certain que, chez le vulgaire, elle tend à exercer, de diverses manières, une influence antisociale très prononcée. Ainsi, la politique révolutionnaire tire, sans doute, sa principale force morale de l'essor très légitime, quoique souvent exagéré, quelle a la propriété d'imprimer à l'activité individuelle ; néanmoins, même indépendamment d'un ,indisciplinable orgueil ainsi soulevé, on ne peut se dissimuler que sa redoutable énergie ne repose aussi, en partie, sur sa tendance spéciale au développement spontané et continu de ces sentiments de haine et même d'envie contre toute supériorité sociale, dont l'irruption, libre ou contenue, constitue une sorte d'état de rage chronique, très commun de nos jours, même en d'excellents naturels [1]. »

Dans ces passages, comme dans tant d'autres, l'éminent penseur s'est montré observateur sagace. Le temps s'est chargé, hélas ! de lui donner raison.

On savait bien que le progrès de notre civilisation industrielle et matérielle faisait grandir partout, sans cesse, sous le nom adouci d'individualisme, l'égoïsme. Mais on ne voyait pas, on fermait les yeux pour ne pas voir une autre progression, plus profonde et plus dangereuse encore que la première, celle de la haine et de l'envie furieuse dans certains milieux. Que l'égoïsme ait grandi, dans les classes supérieures ou autres, cela n'est pas douteux, et l'effet produit par les attentats des dynamiteurs en est une nouvelle preuve. L'égoïsme individuel d'abord : on se désintéresse de plus en plus du sort de son voisin. C'est le résultat sentimental, entre autres causes, de la vie urbaine substituée de plus en plus à la vie rurale. Un tel a été tué ou blessé par une bombe : tant pis pour lui. On se rassure soi-même in petto d'après le calcul des probabilités. Ce n'est après tout qu'une chance de mort ajoutée à tant d'autres, accidents de chemin de fer ou de voiture, incendies, microbes. L'égoïsme collectif aussi ; à cet égard celui des Anglais est admirable. Un journal britannique, racontant l'explosion du café Terminus, écrivait ce mot typique :

---

1 Comte accuse aussi l'opposition des diverses écoles politiques, conservatrices ou novatrices. « Si, intellectuellement envisagées, elles concourent ensemble à l'anarchie, il n'en est pas moins incontestable que, considérées moralement, elles poussent ensemble à la discorde. Les uns, dans l'intérêt exclusif de leur propre conservation politique, au lieu de comprimer, chez les classes dirigeantes, une tendance à l'égoïsme et à la séparation, s'efforcent de lui donner un essor monstrueux ; en même temps, les autres entreprennent de précipiter aveuglément les masses contre leurs chefs naturels, sans l'indispensable coopération desquels elles ne sauraient nullement accomplir les améliorations fondamentales. »

Chapitre III : Les crimes de haine

« Dieu merci ! aucune personne de nationalité anglaise n'a été atteinte ! » Ces protecteurs et fauteurs de l'anarchisme chez eux ne le supportent que comme article d'exportation. Jusqu'à l'accident du parc de Greenwich, les bons compagnons ont pu paisiblement, dans l'île hospitalière, glorifier en public l'héroïsme de Vaillant, exhorter ses imitateurs à l'assassinat et préparer des bombes ou des marmites à destination étrangère. La police anglaise ne voyait, n'entendait rien. Mais un jour, sur le sol sacré de la Grande-Bretagne, un engin maladroit, qui d'ailleurs ne lui était pas destiné, éclata dans le ventre de son auteur - comme, plus tard, celui de la Madeleine. Aussitôt l'Angleterre tout entière de s'épouvanter, de tonner contre l'anarchie, de réclamer l'extermination générale de la secte. Ce beau feu a duré le temps de se convaincre qu'il y avait eu maladresse et nullement violation intentionnelle de l'hospitalité britannique. Les Siciliens appellent « manutengolismo » la demi-complicité de ces honnêtes gens qui, comme prime d'assurance contre les spoliations des brigands de leurs montagnes, leur prêtent asile à l'occasion. L'Angleterre pratique trop souvent à son profit, et au détriment des autres peuples, un véritable manutengolismo national.

S'il est prouvé que, individuel ou collectif, l'égoïsme progresse dans toutes les classes en dépit de leur sociabilité croissante mais toute superficielle, il ne l'est pas moins que, individuelle ou collective, la haine monte, monte très vite, déborde déjà dans la horde grandissante des déclassés de toute origine. Pendant que les crimes d'amour continuent à se multiplier pour le plus grand attendrissement des jurés et des lecteurs de petits journaux, les crimes de haine se mettent à pulluler aussi, et, chose étrange, bénéficient souvent de la même indulgence, ou peu s'en faut, auprès du jury. Ce sont toujours des crimes passionnels après tout... Quiconque, ayant un grief contre quelqu'un, - jalousie, offense, diffamation, etc., -décharge son revolver sur lui pour assouvir sa vengeance, est à peu près sûr d'un acquittement. Autant, pour les crimes les plus monstrueux, les jurés se font scrupule de condamner à mort, autant ils trouvent naturel que, pour une piqûre d'amour-propre, le premier venu condamne à mort son voisin et l'exécute lui-même. Voilà pour la haine individuelle, qui, naturellement, dans ces conditions, ne se gêne pas pour éclater, et, moins comprimée, se développe. Mais c'est la haine collective surtout, la haine de masse, anonyme et impersonnelle, la haine d'inconnus innombrables, d'autant plus exécrés que plus inconnus, qui donne à présent le spectacle d'une formidable éruption. Les manifestations en sont nombreuses, sinon variées. Le mal secondaire de ces abominables forfaits, c'est qu'au bruit qu'ils font toutes les têtes se retournent et que tous les cerveaux faibles en sont dangereusement secoués. Cette secousse pousse les uns à en faire autant ; les autres, et non les moins faibles, non les moins aveugles, et de beaucoup les plus nombreux, à admirer ce qui leur fait peur, à subir le prestige contagieux de leur propre épouvante, à se dire : « C'est beau, tout de même, cette horreur ! Et puis, il n'y a pas à dire, quels griefs énormes suppose une haine si atroce ! »

Eh bien, rien de plus faux que ce raisonnement de pleutres. Parler ainsi ou penser ainsi, c'est méconnaître la puissance des contagions populaires, produites souvent par les causes les plus disproportionnées et les plus dissemblables à leurs effets. La vraie cause, au fond, la cause commune du progrès des haines et du progrès des égoïsmes, il faut la chercher dans la croissance des besoins combinée avec le déclin des aspirations, dans la diffusion imitative des appétits artificiels et compliqués qui se font concurrence, parallèlement à la disparition imitative d'une même foi, d'un même idéal, nœud de toute association. Il n'est pas absolument nécessaire que cette foi et cet idéal aient un objet posthume et céleste ; et c'est une banalité de dire que l'ouvrier veut sa part des biens terrestres parce qu'il ne croit plus aux joies célestes ou ne s'en soucie plus. Les Romains et les Grecs de l'antiquité se souciaient peu de leurs Champs-Élysées et n'y croyaient guère ; ils n'en ont pas moins fait de grandes choses, à grands frais de dévouement, d'abnégation, de sacrifice, de discipline, parce que le fantôme hallucinateur de la cité, de la gloire, de la liberté les obsédait. Mais à l'âme moderne, que l'immense espérance chrétienne a traversée, que le prosélytisme chrétien a faite cosmopolite et humanitaire, le patriotisme ne saurait suffire. De là l'insuffisance de l'idéal actuel ; car, le patriotisme excepté, il ne s'offre aucun point de ralliement supérieur aux cœurs et aux volontés. Vienne une bouffée d'internationalisme qui, réaction forcée, ébranle l'idée de patrie, et il ne reste plus que l'émiettement des individus ennemis les uns des autres. Aussi n'y a-t-il pas à s'étonner si, à défaut de toute aspiration haute et collective, la complication des besoins produit : 1) chez les satisfaits ou ceux qui espèrent l'être bientôt, l'égoïsme ; 2) chez les mécontents ou les désespérés, la haine.

Veut-on la preuve manifeste que l'explication vraie des fureurs anarchistes grandissantes n'est point la prétendue oppression croissante de l'ouvrier par la tyrannie bourgeoise ou capitaliste ? Les événements d'Aigues-Mortes nous la fournissent, ainsi que tous les faits de grèves plus ou moins récents. Ici et là, on voit des ouvriers se haïr entre eux autant et plus qu'ils ne haïssent leurs patrons. Qu'on se rappelle la force armée si souvent obligée d'intervenir entre ouvriers syndiqués et ouvriers non syndiqués, entre grévistes et non-grévistes, ou bien entre ouvriers de nationalités différentes qui stimulent et dissimulent leur concurrence économique sous l'apparence d'une rivalité patriotique.

Cette affaire d'Aigues-Mortes, maintenant oubliée quoi qu'elle ait failli occasionner un conflit sérieux, grâce au jury, entre l'Italie et la France, mérite d'arrêter notre attention. La vertu propre des groupements humains, différant essentiellement suivant leur nature, s'y révèle à nous sous trois formes différentes : la foule, assemblage incohérent de passions qui s'entre-surexcitent, se servant de justification les unes aux autres , et aboutissant ensemble au carnage lâche et féroce dont la plupart des individus qui composaient cette tourbe eussent été incapables séparément ; la gendarmerie, corps solide et discipliné, lié par des principes fixes, par des règlements précis, par le sentiment du devoir professionnel, et faisant preuve d'un héroïsme collectif supérieur certainement à celui de ses membres isolés ; enfin, le jury, rassemblement accidentel de médiocrités d'esprit qui se fusionnent collectivement en une inintelligence profonde. Les faits sont connus ; je les résume sommairement. Le 16 août dernier, une petite altercation s'engagea entre des ouvriers italiens et français qui travaillaient aux salines d'Aigues-Mortes. C'est un travail bien rémunéré : il peut rapporter 12 francs par jour à un ouvrier laborieux. Depuis longtemps, au moment du lavage du sel, on y accueille des escouades d'Italiens, que nos compatriotes voient de mauvais oeil, mais qu'ils tolèrent, en somme, malgré de fréquentes discussions. Cette fois la discussion avait laissé une rancune sourde au cœur des transalpins. Ils se forment en bande, et, armés de couteaux, de pelles, de bâtons, se jettent sur les Français, dont huit sont blessés. Les Français fuient à Aigues-Mortes, soulèvent la ville. Une nouvelle y parvient qui achève d'exaspérer les esprits : trois Italiens ont été arrêtés par la gendarmerie, notamment Giordano, le meneur principal, mais le juge de paix les a fait relâcher. La population d'Aigues-Mortes se promet de faire une belle réception le soir aux ouvriers italiens quand ils viendront, comme d'habitude, pour y coucher. Ceux-ci, prévoyant quelque peu cet accueil, rentrent subrepticement, par petits groupes, à la nuit close. On leur fait la chasse. La gendarmerie, qui naguère les combattait, les défend maintenant avec courage, de concert avec les douaniers. Ces malheureux se réfugient dans une boulangerie, où, toute la nuit, traqués comme le lièvre entre deux sillons, ils courent le risque d'être écharpés par la populace. Ils ne sont plus menaçants, certes, à présent, il n'y a rien à craindre d'eux. N'importe, la fureur contre eux va croissant, elle s'alimente d'elle-même à défaut des motifs disparus. Le matin du 17, manifestation dans les rues, tambour, drapeau noir, tout le cérémonial révolutionnaire, en apparence spontané, en réalité conventionnel et traditionnel. On réclame à cris sauvages les Italiens réfugiés dans la boulangerie. Mais, avant l'aube, ils avaient été prudemment conduits à la gare. Cependant on apprend en ville qu'une bande de trois cents Français s'est organisée au dehors et marche vers les salines où des Italiens travaillent encore. Aussitôt vingt-cinq gendarmes, avec leur capitaine, partent pour empêcher la boucherie redoutée ; ils arrivent peu avant la bande, encadrent les Italiens, veulent les ramener à Aigues-Mortes, où quelque apaisement semble s'être produit. La bande assaillante survient alors, elle enfonce plusieurs fois les rangs de la gendarmerie ; des Italiens blessés tombent, et cette foule se jette sur eux pour les achever. Il y a huit morts et cinquante blessés. Aux portes d'Aigues-Mortes, nouvelle agression par une nouvelle bande. On sauve les Italiens fugitifs dans la tour de Constance ; quelques-uns sont assommés dans les rues. Enfin la troupe arrive et rétablit l'ordre.

Chapitre III : Les crimes de haine

La mauvaise foi des nations égale celle des partis. Quand ces événements déplorables ont été connus au delà des Alpes, toute la presse de la péninsule a affecté de n'y voir qu'une preuve éclatante de l'exécration de la France contre l'Italie. Elle n'avait pourtant qu'à regarder chez elle pour s'apercevoir facilement que ces scènes de violence rentraient dans la grande catégorie des conflits entre ouvriers pour la dispute du travail et du gain ; luttes souvent très vives et quelquefois sanglantes, même quand la rivalité patriotique n'y met pas le comble à la jalousie de métier. M. Colajanni, le célèbre député sicilien, qui n'a jamais partagé la gallophobie de ses compatriotes, leur rappelle, dans une brochure intéressante [1], les innombrables rixes meurtrières qui, entre ouvriers de la même nationalité, voire même de la nationalité italienne, se sont élevées dans ces dernières années.

« Il y a quelques années, à Catane, les moissonneurs du pays reçurent à coup de faux les moissonneurs de la province de Messine, qui offraient leurs bras à plus bas prix ; les moissonneurs de Vérone traitèrent de la même manière fraternelle ceux de Mantoue... »

Dix-sept accusés, au résultat de l'instruction, ont été traduits en cour d'assises. Les débats se sont déroulés devant le jury d'Angoulême, assez éloigné, pensait-on, du théâtre des faits incriminés pour les apprécier avec impartialité. Parmi les accusés se trouvait Giodarno : c'était le seul Italien ; Giodarno, récidiviste, déjà condamné à un an de prison pour vol par les assises du Rhône ; Giodarno, l'instigateur primitif, qui a été vu par un gendarme lançant un coup de fourche contre un Français. Et on l'a acquitté ! Et on a acquitté pareillement les seize autres, y compris Constant, de qui un brigadier de gendarmerie a dit : « Je l'ai vu marchant en tête, armé d'un fusil. Plus tard, je l'ai revu, tirant deux coups de fusil, à 3 ou 4 mètres de distance, dans un fossé où se trouvaient plusieurs Italiens blessés. Quand nous avons retiré les blessés, nous avons trouvé deux morts parmi eux... » Plusieurs autres accusés avaient été vus frappant, et frappant lâchement. N'importe, tous acquittés ! - Quoique avec le jury il faille s'attendre à tout, ce verdict assurément était inattendu. Il a failli mettre le

1 Una questione ardente (Rome 1893)

Gabriel Tarde

feu aux poudres au delà des monts. Supposez qu'il eût été rendu à un moment moins fâcheux pour les finances italiennes, à une de ces heures de prospérité relative où le nerf de la guerre abonde et invite à guerroyer, il est vraisemblable que les fusils seraient partis tout seuls. Cela, par la faute de douze jurés. Puissance et ténacité incroyable des préjugés ! Celui-ci a beau se survivre, vidé de tout le contenu d'illusion qui l'a suscité il y a un siècle ; il a beau accumuler les preuves journalières du danger qu'il recèle, personne ne parle de lui donner le coup de grâce. Que dirait-on, ou que ne dirait-on pas de la magistrature, si jamais il lui arrivait de provoquer par une aussi criante ineptie un conflit international ?

Plus incohérente encore s'est montrée l'attitude du jury dans les affaires d'anarchistes. Un de ses verdicts, celui qu'il a rendu contre Vaillant, l'auteur de l'attentat du Palais-Bourbon, a pourtant répondu à l'attente publique. Mais, ici même, ce qu'il y a de radicalement vicieux dans cette institution n'a pas manqué d'apparaître. Quand Vaillant a eu fait son recours en grâce, quel est l'argument que la presse a émis et répété avec le plus d'insistance en faveur du rejet ? Un argument scandaleux à mon avis, et qui, quoique personne n'ait paru prendre garde à l'énormité de la chose, est la critique la plus sanglante de cette « garde nationale judiciaire ». On a dit que le président de la République ne pouvait gracier le condamné, parce que c'eût été décourager le jury pour une autre fois ! Qu'est-ce qu'un tribunal, je vous prie, qui a besoin d'encouragement, et d'encouragements de cette sorte, et dont on ne peut pas répondre qu'il fera son devoir à l'avenir si le Président de la République use comme il l'entend d'un droit qui lui appartient ? Inutile d'ajouter qu'il y avait sans doute d'autres motifs, et de meilleurs, de rejeter le recours en grâce.

Mais, si le verdict contre Vaillant a été sévère, pourquoi Léauthier a-t-il bénéficié des circonstances atténuantes ? Il me semble, au contraire, que des deux crimes, le plus grave moralement est le dernier. Vaillant peut prétendre à être de la ligne politique des Orsini et des Fieschi ; avec cette différence seulement, à son avantage en un sens, qu'il a visé non un homme mais un corps, une personne morale, une abstraction -faite de réalités en chair

Chapitre III : Les crimes de haine

et en os, il est vrai - la Chambre des députés. Son crime était donc, je l'accorde, d'une nature plus dangereuse en soi, puisqu'il pouvait atteindre tous les individus d'un groupe nombreux, mais en même temps il supposait moins de criminalité subjective pour ainsi dire, moins de méchanceté naturelle, qu'un homicide de droit commun, dont le coupable a su, a vu, a dévisagé qui il frappait et n'a pas reculé devant l'horreur physique de ce spectacle. Peut-être Vaillant, capable de lancer sa bombe dans l'hémicycle de la Chambre, ne l'eût-il pas été de percer d'un coup de poignard l'abbé Lemire ou tout autre député blessé par son engin. Léauthier, lui, par le mode d'exécution de son forfait, se rapproche bien plus de l'assassin ordinaire. Pour donner froidement, sans colère, un coup de couteau à quelqu'un, il faut bien plus de cruauté native, d'insociabilité essentielle, que pour déposer une marmite au bas d'un escalier. Sur vingt déposants de marmites ou lanceurs de bombes, pervertis par des sophismes sanguinaires, il y en a un tout au plus qui aurait la férocité de poignarder par principe le premier bourgeois venu. La criminalité subjective, je le répète, la culpabilité à proprement parler, de Léauthier, était donc beaucoup plus grave que celle de Vaillant, si la criminalité objective de celui-ci était supérieure, ou plutôt l'eût été sans l'heureux hasard qui a rendu non mortelles les blessures de nos représentants. C'est ainsi, soit dit en passant, qu'un journaliste qui, dans un article, donne à tout le monde indistinctement le conseil de tuer et de voler le bourgeois est à la fois plus dangereux et moins coupable que celui qui donne le même conseil verbalement à un seul individu endoctriné en lui désignant sa victime. Et tel, qui a écrit l'article le plus violent, eût été incapable de prendre à part un sicaire quelconque pour lui conseiller de frapper quelqu'un. La suggestion du crime par la presse est à la suggestion ancienne par la parole, précisément ce que la dynamite est au poignard. Ici et là il y a pour ainsi dire rapport inverse entre les deux éléments du problème de la responsabilité pénale, entre le degré de gravité de l'acte et le degré de perversité de son auteur. De là surtout la difficulté ardue de ce problème, tel qu'il se pose actuellement.

Pour revenir à Léauthier, voilà un homme qui entre dans un restaurant avec l'intention d'y tuer un bourgeois quelconque ; il se fait servir un déjeuner exquis, mais le bourgeois qu'il vise ce jour-là est de forte stature, il sort sans avoir frappé. Le lendemain, avec la même idée fixe, il entre dans un bouillon Duval ; il déjeune bien, longtemps, - toujours sans payer, - et, avant de sortir, ayant avisé un monsieur décoré, il se précipite sur lui, lui plonge son tranchet dans la poitrine, et s'enfuit... Où trouver des circonstances atténuantes là-dedans ? A-t-il eu tant à se plaindre de la société ce cordonnier marseillais de 20 ans, qui se dit sans travail, mais qui, en fait, refuse de travailler ? Y a-t-il eu du courage au moins dans son action ? Pas le moindre [1]. - Il faut dire que, nonobstant le respect dû à la justice, ce singulier verdict a été hué par le public.

Ce n'est point par une répression pareille qu'on viendra à bout de l'anarchie, qu'on arrêtera la série funèbre de ces contagieuses explosions, devenues si fréquentes qu'on s'y accoutume ; et c'est là peut-être le plus grand danger de l'heure présente. Sans une vigoureuse et durable colère de l'opinion, la police est impuissante. Mais qui s'inquiète aujourd'hui de l'attentat du café Terminus, - où il y a eu une personne morte depuis à la suite de ses blessures, - de la bombe de la rue Saint-Jacques et du faubourg Saint-Martin, de celle de la Madeleine ? Qui s'occupe de l'explosion du restaurant Foyot, si ce n'est pour la tourner en drôlerie, à cause de l'aventure de la principale victime, ce jeune poète qui sacrifiait si cavalièrement de « vagues humanités » au beau geste de Vaillant ? Et qui s'avise de remarquer que le public, en trouvant cela drôle, et ce versificateur en admirant ce beau geste, ont fait preuve précisément de la même insanité ? - Or, pendant que la société, si violemment attaquée par cette secte, oublie si vite les coups qu'elle reçoit, les anarchistes, eux, quand par hasard elle les châtie, montrent une extraordinaire ténacité de ressentiment féroce contre les magistrats, les agents de police, les témoins quelconques qui ont concouru à l'œuvre de la justice. On se rappelle la tragique histoire du restaurant Véry et de la rue des Bons-Enfants. La bombe de la rue Saint-Jacques et celle du faubourg Saint-Martin, le même jour, visaient deux commissaires de police principalement, MM. Drestch et Bélonino, et ce double guet-apens avait été savamment préparé. Pourquoi contre eux ?

---

1 Il y a eu bien plus de courage, sans nulle comparaison possible, dans l'attentat de Caserio, qui, lui, était certain, en poignardant le président Carnot au milieu d'une foule immense, de ne pouvoir échapper au châtiment de son crime.

Chapitre III : Les crimes de haine

Parce que l'un d'eux avait arrêté Ravachol, et que l'autre avait sur la conscience quelques arrestations de compagnons à Saint-Denis.

Quand une société a la mémoire si courte et que ses ennemis l'ont si tenace, quand elle est si peu rancunière et qu'ils sont si vindicatifs, comment voulez-vous que l'action de la défense sociale, paralysée par tant d'inertie, lutte victorieusement contre une agression anti-sociale, alimentée par tant de passions ? Évidemment la lutte n'est pas égale ; car ce ne sont pas les nouveaux explosifs seuls qui ont mis l'avantage du côté de l'attaque, de la minorité criminelle, c'est l'énergie de la haine comparée à la mollesse et à l'impuissance de l'égoïsme, ou mieux encore aux attendrissements ridicules d'un sentimentalisme théâtral qui verse des pleurs sur la fille, la mère ou la maîtresse d'un malfaiteur, sans songer le moins du monde aux filles, aux mères, aux maîtresses et aux femmes des victimes. Les anarchistes nous haïssent et nous les plaignons ; ils nous jugent en bloc sans nous détailler, dédaigneusement ; nous les étudions curieusement à grands frais de psychologie oiseuse. Pour un autre motif encore - nous l'avons indiqué déjà - entre les anarchistes et nous le combat est inégal. En même temps qu'elle est plus solide et plus forte que la nôtre, leur vengeance est tout autrement ample et compréhensive. Nous avons dépassé, nous, depuis des siècles, le stade historique de la vendetta, des représailles exercées sur les parents des coupables, et, certes, nous n'y voulons pas revenir ; eux, ils ressuscitent en l'amplifiant ce préjugé sanglant du passé. En vertu de ce principe préhistorique exhumé de l'âge des cavernes, ils condamnent à mort des milliers de « bourgeois », c'est-à-dire, en majorité d'ouvriers et de paysans parvenus, pour expier les péchés de quelques patrons d'usine ou de quelques banquiers israélites ou autres. Voyez Léauthier par exemple, comme il professe et pratique cette théorie de la solidarité pénale. Il ne connaît pas du tout M. Gregorewitch, il ne sait rien de lui. Mais « la société, dit-il, est coupable envers moi. J'ai donc prémédité de me venger en frappant le premier bourgeois venu que je rencontrerais. » [1]

---

1 Tel était aussi le seul mobile de l'anarchiste Nat, qui, en août 1894, a été condamné à 20 ans de travaux forcés par la Cour d'assises des Bouches-du-Rhône. Le crime de Nat semble calqué sur celui de Léanthier, mais il en est la copie assez pâle et l'auteur a montré un certain repentir à l'audience. Le 19 mai 1894, Nat, furieux de ce qu'on lui avait refusé à la mairie des secours demandés par lui, jura de se venger sur le

Et nous, qu'opposons-nous à cette résurrection démesurément agrandie de la vendetta atavistique ? Nous persistons à appliquer notre dogme clément, chrétien, moderne de la personnalité des fautes ; nous punissons les anarchistes en détail, individuellement, relâchant ceux qui, tout en adhérant à la secte, n'ont encore commis ni attentat ni apologie publique des attentats. L'idée d'incriminer et d'envoyer à l'échafaud les anarchistes encore non pratiquants, mais inspirateurs des assassins, au lendemain d'une explosion dont l'auteur n'est pas découvert, ne vient par bonheur à personne. Personne ne remarque ce que cette conduite a d'inconsciemment généreux et aussi, au point de vue anarchiste, d'anormal, puisqu'elle est ce qu'il y a de plus contraire à ces « bonnes lois naturelles » que les bons compagnons nous vantent. Rien de plus naturel au monde que de rendre coup pour coup, de se venger. Et rien de plus nécessaire non plus partout où la société existe à l'état de nature. Si, dans une région océanienne, parmi des tribus où règne la vendetta, il s'en trouvait une qui fît exception, qui appliquât l'idée de la responsabilité individuelle des forfaits, elle ne tarderait pas à être écrasée dans le combat de la vie.

Est-ce à dire qu'il faille rétrograder aux âges de barbarie ? Non, assurément. Mais il est bon, d'abord, de tirer des faits actuels la leçon de criminologie qu'ils recèlent. Il faut que le danger social des progrès de l'anarchisme serve à nous éclairer sur l'insuffisance manifeste des théories classiques du crime et du châtiment et sur la nécessité de les élargir. N'est-il pas clair, en effet, que, par nos institutions pénales, - en tant qu'elles se conforment à ces théories, car elles ne s'y conforment pas toujours, et de temps en temps on se voit forcé de les suspendre ou de les violer, - notre société contemporaine est, dans certains cas, plus mal défendue que ne le sont les tribus barbares et sauvages même ? Le devoir sacré et héréditaire de venger le sang était une terrible épée de Damoclès suspendue sur les têtes criminelles, un puissant épouvantail propre

---

premier bourgeois venu. D'un coup de tiers-point, il frappe à l'oreille gauche un fabricant d'huiles de Marseille, qu'il ne connaissait nullement, contre qui il n'avait pas le moindre grief personnel. Bien que l'arme eût été enfoncée jusqu'au manche, la blessure a été promptement guérie. - Dans une lettre écrite au maire la veille, il s'exprimait ainsi : « Il faut que la bourgeoisie se mette à genoux devant les meurt-de-faim. Je veux la peau d'un bourgeois... » etc.

Chapitre III : Les crimes de haine

à retenir sur la pente du crime. Supposez pour un moment qu'il n'existe en France ni magistrature, ni police, ni gendarmerie, mais que, dans les cœurs contemporains, par miracle, vienne à revivre l'antique loi de la vengeance corse, éternelle et collective. Supposez que, nul policier n'intervenant après l'explosion d'une bombe, la famille tout entière des victimes se ligue, pour les venger soit sur l'auteur du meurtre ou de la blessure, soit sur son fils ou sa fille, son père ou sa mère, ou ses amis, ou ses compagnons. Croyez-vous que Vaillant, dans ce cas, ayant dû s'attendre à voir tous les fils, cousins et arrière-cousins de députés aiguiser leur stylet ou armer leur revolver contre lui, ou contre sa fille Sidonie, ou contre ses camarades de l'anarchie, aurait lancé son engin au Palais-Bourbon ? On peut répondre hardiment : non.

Évidemment, cet état de choses ne peut durer. Il accuse gravement notre organisation sociale au point de vue de la répression et de la prévention des crimes. On va toujours adoucissant les peines ; ce serait très bien, si, en même temps qu'elles deviennent plus douces, elles devenaient plus sûres, s'il y avait compensation entre la crainte amoindrie qu'elles inspirent et la certitude plus grande qu'on aurait d'en être frappé en cas de faute. Mais ce résultat ne saurait être atteint que par le renforcement de la police et par la substitution d'une magistrature ferme et intelligente - j'entends absolument indépendante du pouvoir et présentant toutes les garanties possibles d'impartialité courageuse - à la capricieuse justice du jury. Or, la police, loin de se fortifier, s'est affaiblie, et, pour ne parler que du nombre de ses agents, il est clair que leur faible augmentation numérique depuis le commencement du siècle n'est pas en rapport avec celle de la population des grandes villes, surtout des très grandes villes. S'il suffit, par hypothèse, de 30 agents pour maintenir dans l'ordre une ville de 100.000 âmes, n'allez pas croire que, pour une ville d'un million d'âmes, il suffise de 300 agents. Non ; pour que la sécurité reste égale, il en faudra bien davantage. Pourquoi ? Parce que les éléments mauvais, précédemment dispersés, qui se rassemblent dans un grand centre, ne s'y additionnent pas seulement, ils s'y multiplient les uns par les autres, pour ainsi dire.

Gabriel Tarde

Ce n'est pas le lieu de développer ces considérations. Je tiens à constater simplement que, loin de devenir de plus en plus sûres à mesure qu'elles deviennent de plus en plus douces, les peines, durant notre siècle, se présentent aux malfaiteurs comme une menace à laquelle il est de plus en plus aisé d'échapper. La preuve en est dans la progression rapide des crimes et des délits impoursuivis, comme nous le verrons bientôt. Après le mal du crime grandissant, il n'en est pas de plus grave que celui de son impunité croissante. Dans les sociétés anciennes, il semblait même que le second fût jugé plus redoutable encore et plus lamentable que le premier. Crime et châtiment formaient une association d'idées nécessaire, et dont la dissociation était réputée une anomalie sacrilège, un scandale affreux. Pour éviter cette abomination, on ne reculait devant rien, pas même devant l'atrocité de la torture, qui apparaît comme un peu moins absurde, si on l'explique de cette façon. La même explication s'applique à cette étrangeté qui a déconcerté tant d'historiens du droit criminel : les poursuites criminelles du moyen âge contre les animaux coupables de meurtre. La liaison d'idées entre le délit et la peine était si forte, le sentiment qui la cimentait était si impérieux, qu'à l'apparence même d'un crime on croyait devoir répondre par l'appareil des formes judiciaires. - Aussi Horace pouvait-il écrire : « Rarôantece-dentum scelestum Deseruit Poena. » Rarô : on pourrait dire maintenant : Sœpissimè. Combien nous sommes loin de ce sentiment énergique et excessif, mais au fond salutaire, qui animait nos aïeux !

Le degré, le taux de l'impunité est d'ailleurs très variable d'après la nature des divers crimes. Il y a des crimes, tels que l'incendie volontaire, qu'il est presque toujours impossible de punir. A la campagne, incendier la grange de son ennemi, quand on sait qu'elle n'est pas assurée, est le moyen de vengeance le plus souvent et le plus impunément employé. Tout le monde dans le voisinage soupçonne et se dit tout bas le nom de l'incendiaire ; mais la preuve ? On la cherche en vain. Aussi ce crime se multiplierait-il encore plus rapidement si, par bonheur, la généralisation des assurances contre l'incendie ne travaillait avec efficacité à le prévenir. - Eh bien, comme les incendies volontaires, les crimes anarchistes se signalent, entre autres caractères distinctifs, par

Chapitre III : Les crimes de haine

la difficulté exceptionnelle de découvrir les coupables et d'élever à la hauteur d'une preuve complète le faisceau des présomptions laborieusement relevées contre eux. Je laisse de côté l'attentat de Caserio, qui, par son procédé, le poignard, et par la qualité de la personne uniquement visée, n'a rien de proprement anarchiste - quoique, chose à noter comme échantillon de l'inconséquence du public, il ait eu seul le don d'émouvoir les masses au sujet du danger de l'anarchisme. Caserio, au fond, est un régicide de la vieille école, il ne déparerait pas la curieuse et remarquable collection du Dr Régis : même fanatisme, même obsession de l'idée fixe, même immolation de soi-même à un désastreux et homicide idéal. S'il n'y avait que des anarchistes de cette espèce, le péril de l'anarchisme serait singulièrement circonscrit. Tout autrement dangereuse est - ou plutôt serait - la bombe habituelle, si, progressant encore dans la voie des perfectionnements qu'elle a déjà reçus, redoublant ses coups, précipitant ses explosions les unes sur les autres, elle en arrivait à répandre sur tous, comme elle y prétend, la terreur d'une invisible main, foudroyante et insaisissable. Je m'empresse d'ajouter que, jusqu'ici, cet effet de terrorisation générale est très loin d'avoir été atteint ; mais cela tient à une série d'insuccès de la dynamite. Qu'après cette série il s'en déroule une autre, extraordinairement destructive et meurtrière, la panique se produira, aussi aveugle et exagérée que l'a été la sécurité antérieure, - la panique d'une nation, phénomène plus irrésistible encore et plus rare, par bonheur, que la panique d'une armée. Or, la peur, non moins que la faim, non moins que la haine, est mauvaise conseillère.

Je ne crois pas, à vrai dire, que les choses en viennent là. Mais il faut tout prévoir. Et je me demande alors, dans cette perplexité, ce qu'on ferait, à quelles mesures de salut public on aurait recours. Je me demande si c'est dans les traités de Faustin Hélie ou d'Ortolan que l'opinion publique, exaspérée par l'énormité des forfaits jointe à leur impunité, irait chercher des conseils sur la légitimité des moyens de répression à mettre en oeuvre. On verrait, je pense, ce qu'on devrait voir déjà, qu'on se trouve en présence de crimes tout à fait à part, caractérisés par les traits suivants. Le criminel ordinaire peut nier avoir commis le fait dont on l'accuse, mais il reconnaît que, s'il l'avait commis, il aurait eu tort. Ici, l'accusé

Gabriel Tarde

avoue le plus souvent et se vante de son action. Le criminel ordinaire ou tue pour voler ou, s'il tue par vengeance, vise une personne particulière. Ici, l'homicide n'est jamais cupide, pas même le vol : ils sont l'un et l'autre vindicatifs, mais la vengeance qu'ils poursuivent est collective et impersonnelle. C'est le meurtre et le vol par principe. A mesure que l'anarchisme avance et que la bande grossie s'organise en secte, ses exploits, sans cesser d'être des crimes, prennent une couleur, chaque jour plus accentuée, de véritables faits de guerre. Car il y a des guerres criminelles, et à combien de crimes les guerres, soit civiles, soit extérieures, servent de prétexte ou d'exutoire ! Une poignée de sectaires, en possession des terribles explosifs découverts par la grande société ambiante, ont déclaré la guerre à celle-ci, leur mère haïe, leur bienfaitrice outragée et méconnue. Elle a commencé par ne pas comprendre, elle s'est défendue mollement, elle a en pitié du petit nombre de ses agresseurs, ou de leur jeune âge, ou de leur folie et de cet « alcoolisme mental [1] » que leur vaut le poison des théories haineuses. Mais miséricorde se perd à la fin ; le travail producteur ne saurait être indéfiniment troublé ou arrêté par cette orgie de destruction. Est-ce que 38 millions d'hommes, bonnement, attendront la suite des assassinats et, résignés, se laisseront terroriser aujourd'hui, maîtriser demain, mener à la boucherie par quelques hallucinés sanguinaires ? Non, fatalement - et je le déplore, mais la nature humaine le veut, la loi de réaction égale à l'action le commande - fatalement, inévitablement, la société serait conduite, dans l'hypothèse où je me place, à des moyens de répression dont la loi nouvelle, toute alarmante qu'elle a paru l'être, n'est elle-même qu'un prélude ; elle riposterait à des forfaits exceptionnels par des mesures d'exception, à des faits de guerre antisociale par des représailles quasi-militaires, à une vendetta généralisée, universalisée, par une explosion de vindicte publique dans le sens antique du mot, qui frapperait presque indistinctement les fauteurs, les inspirateurs, les complices moraux des assassins, comme les assassins eux-mêmes. On oublie trop, par ce temps de civilisation émolliente, tout ce qu'a laissé de racines encore vivantes, et prêtes à repousser, dans le cœur humain, l'extirpation du vieux sentiment, si éminemment répressif, d'où est née la vendetta. Nous avons, lentement, à grand

---

1 L'expression est de l'un de nos inspecteurs de police les plus éclairés, qui connaît à fond ce personnel.

Chapitre III : Les crimes de haine

effort religieux, arraché des consciences cette vigoureuse énergie défensive ; mais sommes-nous sûrs de l'avoir remplacée en entier et à jamais ?

Fort heureusement, il est bien probable que, avant d'avoir eu le temps d'entraîner la société honnête dans la voie de sa rétrogradation morale et juridique, l'anarchisme pratiquant aura vécu. Et ce n'est pas l'attentat de Caserio qui est de nature à modifier mes idées sur ce point. Loin de là, j'y verrais plutôt -malgré l'horreur de cette émouvante et retentissante tragédie au cours d'une fête, en ce magnifique décor, si bien fait pour décupler l'effet, dans le monde entier, de ce théâtral assassinat -j'y verrais plutôt le symptôme d'une transformation qui est en train de faire perdre à l'anarchisme pratiquant les traits les plus saillants de son originalité distinctive, par laquelle il a épouvanté les uns et subjugué les autres. Son virus dilué s'atténuera. En s'étendant, en s'élargissant, en recrutant des adhérents ou des demi-fauteurs, parmi toutes les variétés du détraquement ou du déclassement contemporain, parmi les névropathes de toutes les professions, depuis le journaliste maniaque de haine jusqu'à l'esthète impuissant, l'anarchisme est destiné à prendre chaque jour une acception plus vague et plus lâche, à revêtir une couleur de moins en moins apocalyptique, de plus en plus utopique, à être le symptôme sérieux d'un mal chronique et profond, d'un trouble social qui l'a précédé et qui lui survivra, plutôt qu'un mal très aigu et très redoutable par lui-même. Il est vraiment trop incohérent pour durer toujours. Entre autres contradictions manifestes, et bien peu remarquées pourtant, où se complaisent ses adeptes, n'est-il pas singulier que, prétendant pousser à outrance la doctrine de l'individualisme absolu, ils admettent, comme nous venons de le voir, ce qui en est la négation même, la solidarité de toute une classe d'individus dans les prétendus crimes de quelques-uns ? Et n'est-il pas curieux de voir, sous des dehors élégants parfois, souvent beaux parleurs et raffinés dans leurs goûts ultra-civilisés, ces panégyristes de l'état de nature ?

Il ne faut donc pas s'effrayer outre mesure de ce choléra d'insanités. Il faut tout prendre au sérieux, disait un homme

Gabriel Tarde

d'État, mais rien au tragique. On est trop porté maintenant à croire éternel tout succès qui devient universel. La rapidité avec laquelle, grâce à la densité nerveuse de nos populations, si suggestibles, et à la multiplicité de nos communications, une mode quelconque arrive bientôt à s'universaliser, fait illusion sur la profondeur, souvent très faible, du flot qui la porte. Il n'est pas de nouveauté, qui, se signalant quelque part à l'attention dans une des deux ou trois grandes capitales de l'Europe, ne parvienne plus ou moins vite à se répandre jusqu'au bout du monde. Et à mesure qu'elle s'avance, les spectateurs s'émerveillent, les ambitieux cherchent à l'utiliser, les gobeurs s'agenouillent ; tout le monde croit, tout le monde dit qu'une grande révolution morale et sociale s'accomplit... Attendez donc ; rappelez-vous le déluge boulangiste en politique, le débordement naturaliste en littérature, l'expansion du lombrosianisme en criminologie... Lisez, dans un article de M. de Vogüé, le flux et le reflux si instructif du nihilisme russe, hier formidable, aujourd'hui anéanti, après une répression terrible, il est vrai, mais surtout persévérante et non capricieuse. Derrière toutes ces vagues qui déferlent, regardez : une autre petite vague se dresse là-bas, une autre nouveauté, je ne sais laquelle, qui sera bientôt l'objet d'un nouvel engouement. Il n'y a qu'une chose qui ne change pas, c'est le besoin de changer.

Ce qui ne passera pas non plus de sitôt, c'est ce mal constitutionnel qui nous travaille, par notre faute à tous, et que l'anarchie révèle aux plus aveugles. En rechercher les causes, cela nous entraînerait trop loin. Quant aux remèdes, qui les dira ?

Ce qu'on peut dire, c'est qu'une société où, sous prétexte de liberté de penser ou d'écrire, il est permis, il n'est pas déshonorant du moins, de professer l'assassinat et le vol, et où il se trouve de très honnêtes gens qui, de très bonne foi, se refusent à incriminer ces prédications, une société où se propage une horde qui, recrutée aux dépens des familles apparemment, mais consacrée à la destruction de la famille, trouve des approbateurs et des panégyristes éloquents, est vouée inévitablement, si elle ne se « ressaisit », à une dissolution prochaine. Pour se reposer le cœur, il est bon, après avoir lu dans les journaux les exploits des dynamiteurs et les haineuses plaidoiries de leurs défenseurs de la presse, de lire ou de relire les tableaux délicieux, tracés par le doux Le Play, des familles de toutes races où, parmi les « peuples prospères », règne à demeure la « paix sociale ». Ces familles, ces tribus, où il découvre ce bien si rare, elles sont presque toutes barbares ou à peine demi-civilisées, elles jouissent des « productions spontanées du sol », poissons de l'Océan, gibier des forêts, pâturages des steppes. C'est chez les pasteurs nomades de l'Asie, chez les Arabes des déserts, chez les pêcheurs des côtes septentrionales, qu'il a vu fleurir le bonheur humain. Les pays qui l'ont le plus frappé dans ses voyages et qui lui ont inspiré ses théories sont précisément, ce me semble, ceux qui ont suggéré à Élisée Reclus des idées si opposées aux siennes.

Et, certes, ils sont excusables ceux qui, comme lui, comme les théoriciens de l'anarchie pareillement, par dégoût de notre corruption, s'en détournent et se remettent à rêver d'un paradis terrestre et sauvage, sans culture et sans clôture, d'une belle friche indivise et immense. Lui aussi, il tourne le dos à cette civilisation intense et compliquée qui semble nous perdre. Il observe amoureusement les derniers vestiges de l'âge d'or, il les oppose aux mœurs de son temps comme Tacite mettait sous les yeux des Romains dégénérés le tableau embelli des Germains. Mais, s'il a voilé bien des côtés sombres de son idylle, s'il a laissé dans l'ombre la haine entre tribus voisines, la guerre souvent, résultat inévitable de ce morcellement, de cette absence d'autorité centrale, de cette véritable anarchie, il a bien vu, lui, à quelles conditions s'établit et se maintient, dans l'intérieur de chacune d'elles, l'union fraternelle. Il n'a pas cru qu'il pût suffire d'émanciper le moi sans nul lien réciproque de commandement et d'obéissance, sans nulle relation domestique stable et respectée, pour faire épanouir la paix et terrasser l'hydre du militarisme.

On peut lui contester que le « décalogue éternel » soit pratiqué universellement par les peuples « heureux et prospères », et surtout que la félicité des populations parvenues à un certain degré de densité et de lumière n'exige rien de plus. Évidemment, ses vues manquent de largeur. Mais ce qu'on doit lui accorder, et ce qu'au fond il entend par son décalogue, c'est qu'il y a, sous la variabilité des règles de droit, des coutumes et des mœurs, un fonds de maximes nécessaires et permanentes, - ce qu'Auguste Comte invoque à chaque pas sous le nom de morale universelle. Je pourrais me méfier ici de l'esprit ultra-conservateur de Le Play, si je ne voyais qu'il se rencontre en ceci avec le grand fondateur du positivisme et avec Buckle lui-même, aussi peu misonéiste pourtant que possible. Ce dernier ne consacre-t-il pas une partie de son ouvrage sur la civilisation à accentuer le contraste entre le caractère de perfectibilité indéfinie propre aux sciences naturelles et la quasi-immutabilité de la morale ? Ne dit-il pas aussi qu'en morale - du moins quand il s'agit de ce fonds profond dont je viens de parler - les innovations ne peuvent être que des erreurs, et les erreurs que des catastrophes ? - C'est pourquoi, loin de revendiquer à cet égard la liberté pleine et entière de penser, les penseurs vraiment grands et vraiment libres se sont spontanément tracé à eux-mêmes des bornes qu'ils se sont interdit de franchir. Comme Descartes, ils se sont imposé, en attendant l'entière édification et le couronnement suprême de la science, une morale provisoire, c'est-à-dire coutumière et traditionnelle. C'est dire l'importance morale de la tradition à leurs yeux et la stabilité de ce provisoire, car cette vérité définitive, qui donnerait seule le droit peut-être de sacrifier à un plan de reconstruction absolument assurée et merveilleuse des droits acquis et des vies humaines, luira-t-elle jamais ?

Si elle luit jamais, ce ne sera pas à des esprits faussés par la haine satanique et l'orgueil fou ; ce sera à des âmes clémentes et douces, qui feront revivre en ce monde troublé l'antique parole de salut : Aimez-vous les uns les autres. On dit à tort : J'ai foi à des témoins qui se font tuer. Ce serait justifier tous les fanatismes. Mais on aurait raison de dire : Je n'ai pas foi à des sauveurs qui tuent, à des apôtres qui haïssent, qui ont toujours la menace à la bouche et la mort à la main. De ce déchaînement de haine et d'envie, et de cette éruption d'orgueil, que peut-on attendre, en vérité, si ce n'est la guerre civile, c'est-à-dire un enfer de calamités auprès desquelles toutes les iniquités et toutes les misères de notre état social, si réelles qu'elles soient, feront l'effet de l'Eden perdu ?

Chapitre III : Les crimes de haine

Chapitre IV : La sociologie criminelle et le droit pénal [1]

La Sociologie criminelle, pourrait-on dire avec assez de justesse, est au Droit pénal ce que la physiologie pathologique est à la médecine. La Sociologie en général, pourrait-on ajouter, est au Droit ce que la physiologie est à l'Hygiène, entendue dans le sens le plus large du mot, comme l'art de vivre sainement, dont l'art de guérir n'est qu'une partie. La législation, en effet, soit civile, soit criminelle, est avant tout un art, et sur quoi un art peut-il s'appuyer pour croître, si ce n'est sur une science ? Ce n'est pas qu'on n'ait longtemps vu la médecine se préoccuper fort peu de l'étude des organes et des fonctions, des découvertes du microscope dans le monde des cellules ou dans celui des microbes, et demander ses recettes à un amalgame de superstitions et de préjugés, comme on a vu jadis le législateur criminel n'avoir pas le moindre souci des lois qui président à l'organisation et au fonctionnement des sociétés, des données de la statistique appliquées aux mœurs, aux vices et aux crimes, et n'avoir égard qu'à des maximes traditionnelles acceptées de confiance. Mais la médecine n'est devenu un art rationnel que le jour où elle a commencé à se fonder sur l'expérience scientifique, et le Droit pénal n'a été vraiment digne du nom de Droit qu'à partir du moment où il a fait de la Sociologie criminelle sans le savoir.

Une question plus difficile et plus discutable que celle des rapports du Droit pénal avec la Sociologie *criminelle*, serait celle des rapports du Droit pénal avec la Sociologie pure et simple, ou à l'inverse, celle des rapports du Droit civil avec la Sociologie criminelle. À cette dernière question se rattachent toutes les réformes juridiques de nature civile, politique ou administrative, que la connaissance des causes du crime indique comme les meilleurs canaux dérivatifs de l'activité délictueuse (Sostituvi penali d'E. Ferri). Quand on préconise certaines assurances ouvrières ou certaines autres institutions socialistes pour mettre fin aux explosions meurtrières de dynamite ou aux monstrueux scandales financiers dont la presse retentit dans plusieurs grands pays européens à la fois, on fait l'application de cette idée - avec plus ou moins de bonheur, d'ailleurs - à des préoccupations de l'heure présente. Quant aux

1 Rapport présenté à l'Union internationale de Droit pénal en réponse à une question posée.

Gabriel Tarde

rapports du Droit pénal avec la Sociologie non criminelle, c'est un terrain beaucoup plus inexploré et non moins fertile. Il s'agit des lumières que la connaissance intime de la vie normale des sociétés, des forces qui s'y déploient, des besoins et des idées qui s'y pressent ou s'y heurtent, peut fournir au criminaliste. Quels sont les actes humains qu'il doit inscrire sur la liste des délits ou des crimes, et à quel rang ; ou quels sont ceux qu'il en doit rayer ou déplacer ?

Évidemment il ne peut répondre à cela sans avoir étudié par des méthodes précises, par la statistique industrielle et commerciale notamment, par d'autres documents aussi où se marque au juste la hausse ou la baisse de telle croyance, de telle ou telle observance religieuse, les changements survenus dans les principes directeurs et les fins motrices de la conduite honnête. C'est la direction, c'est la proportion des courants divers de l'activité laborieuse qui désigne au législateur, en chaque pays et à chaque époque, les actes antisociaux au premier chef ou ceux qui ont déjà cessé de l'être.

Mais d'abord qu'est-ce que la Sociologie ? Puisque, après tout, les faits sociaux ne sont qu'une rallonge des faits vitaux, il est loisible de la définir une biologie supérieure. C'est un peu vague, malheureusement, un peu banal et il ne sort pas grand-chose de cette définition, si on la presse. La Sociologie me paraît être plutôt, avec plus de précision à coup sûr, une psychologie collective [1].

Les organismes humains ne s'associent entre eux que par un organe, le cerveau, et par certaines fonctions seulement de cet organe, les fonctions mentales supérieures. Tout le reste, bras, jambes, torse, n'est associé que médiatement et accessoirement. Les esprits seuls, en se rapprochant, sont susceptibles d'engendrer cette mutuelle aimantation qui les transforme et les assimile

---

1 Des anthropologistes veulent que la Sociologie ne soit qu'une branche de leur science, *l'Anthropologie sociologique,* puisque l'étude de la sociabilité humaine n'est qu'une partie de l'étude de l'homme. Les sociologistes, s'il leur prenait aussi la fantaisie d'être entreprenants, pourraient prétendre, avec la même apparence de raison, que l'anthropologie est une simple dépendance de la Sociologie, la *Sociologie anthropologique,* car l'homme n'est pas le seul animal sociable, et il serait aisé de montrer que certaines lois de la Sociologie humaine (je pense en particulier, qu'on me le pardonne, aux... lois de l'imitation...) sont communes aux sociétés animales. Au demeurant, débat stérile.

Chapitre IV : La sociologie criminelle et le droit pénal

intérieurement les uns aux autres. Chacun de ces esprits, il est vrai, reçoit de son corps les forces, les impulsions caractéristiques, où il puise sa mise sociale, son apport particulier dans ce grand trésor de petites ou grandes initiatives, plus ou moins imitées et suivies, que chaque âge épure ou grossit, coordonne ou organise, et dissout ou recompose. La Sociologie doit donc prêter grande attention aux fonctions corporelles, mais uniquement au point de vue de leur action sur les fonctions spirituelles en ce que celles-ci ont de communicable aux autres esprits, c'est-à-dire en ce qui a trait à l'intensité et à la direction de ces deux grandes forces internes, la force de croire et la force de vouloir. Car rien n'est plus transmissible à autrui que ces deux énergies psychologiques, et, si une partie de nos sensations et de nos émotions l'est aussi, c'est à la faveur de la conviction ou de la volonté qui s'y incarne et s'y exprime. La Sociologie a donc pour domaine essentiel tous les faits de communication entre esprits et tous leurs effets. Elle doit étudier l'action de contact ou à distance, - et à des distances croissantes ou décroissantes suivant les temps, - que chaque esprit exerce sur d'autres par ses affirmations ou ses négations, par ses ordres ou ses défenses, ou mieux, sans rien affirmer ni commander expressément, par ses exemples qui ont toujours quelque chose d'affirmatif ou d'impératif, et, comme tel, de suggestif. Elle doit suivre les courants de convictions et les courants de volontés collectives, qui résultent de là ; noter la hausse ou la baisse, le grossissement ou l'amincissement de ces courants ; montrer les concours ou les conflits de ces divers courants de croyance ou de ces divers courants de désir, quand ils se rencontrent, et dégager les lois logiques d'interférence ou de combinaison qui président à ces chocs ou à ces accouplements ; enfin faire voir comment et pourquoi ces forces concourantes ou concurrentes parviennent à s'organiser en un double système plus ou moins cohérent, plus ou moins stable, de propositions explicites ou implicites qui se confirment ou ne se contredisent pas trop, et de desseins avoués ou inavoués qui s'entr'aident ou ne se contrarient pas trop. Ces deux systèmes s'entrelacent et collaborent pour la formation de n'importe quelle oeuvre collective, mais ils n'en sont pas moins distincts, et c'est tantôt l'un tantôt l'autre qui donne le ton. Le système des jugements est prédominant dans l'élaboration des langues, des religions, des philosophies ; le système des desseins, dans celle des gouvernements, des industries, des arts. Le Droit a cela de particulier que la combinaison des deux systèmes s'y opère par l'entière subordination apparente de l'un à l'autre, de la hiérarchie des intérêts à la hiérarchie des principes, la solidarité utilitaire des premiers s'y présentant sous la forme d'un enchaînement logique des seconds, tandis qu'en réalité, au fond, ce sont ceux-ci qui y sont subordonnés à ceux-là, mais aussi, et c'est important, consacrés par ceux-là. Le Droit, en somme, est engendré par la réflexion mutuelle et intime de ces deux systèmes l'un sur l'autre, il est l'expression et l'élaboration logique d'une préoccupation téléologique : c'est là son originalité et l'explication de sa vertu propre.

S'il en est ainsi, nous comprenons sans peine les transformations du Droit : elles dérivent des transformations de la valeur. [1] Chaque fois que, par la diffusion et la force grandissantes d'un besoin, d'un intérêt, ou par son resserrement et son atténuation, l'équilibre des valeurs est dérangé, comme on en a la preuve par la variation proportionnelle des prix ; chaque fois qu'ainsi un des innombrables canaux inégaux entre lesquels se répartit et se ramifie le fleuve du Désir national, grossit ou s'amincit, il devient nécessaire de remanier la législation, sorte de carte originale de ce bassin. Quand la richesse mobilière est née et que, avec elle, ont grandi le désir de l'acquérir ainsi que la croyance en l'importance de son acquisition, le Droit mobilier se fait jour, se développe aux dépens du Droit immobilier, et, autant la loi avait auparavant entouré d'entraves l'aliénation des biens, autant maintenant elle la favorise, avec excès même souvent. Quand le besoin de s'instruire et la foi en la vertu de l'instruction ont monté jusqu'à un certain niveau, l'instruction obligatoire est édictée ou n'est pas loin de l'être. Quand le besoin de pensée libre est plus général et plus intense que celui de pensée unanime, la liberté de penser devient dogme juridique.

Les transformations du Droit criminel, en particulier, s'expliquent de la sorte. Elles se modèlent sur les transformations du délit, qui,

---

1 Je me permets de renvoyer à mes *Transformations du Droit* (Alcan, 1893) où, pages 136-143, j'ai esquissé les preuves de la pensée que je me borne à indiquer ici. - Bien entendu, la notion de valeur est comprise ici dans son sens le plus large et le plus général.

Chapitre IV : La sociologie criminelle et le droit pénal

elles aussi, se règlent sur celles de la valeur. Là est le lien, aussi étroit que possible, entre la Sociologie criminelle et le Droit pénal. Parmi toutes ces formes d'activité où se canalise le fleuve éparpillé du Désir et de la Croyance collectifs, il en est dont le caractère propre est de nuire à tous les autres, et de leur nuire sciemment et volontairement, en violant les droits qui les consacrent. Tout acte qui implique un jugement contradictoire à d'autres jugements, même très nombreux, et une volonté contraire à d'autres volontés, même très nombreuses, n'est point un délit. Il est des contradictions et des contrariétés de ce genre parfaitement honnêtes ; et même le progrès en est fait. Un métallurgiste qui inaugure un nouveau et un meilleur procédé pour fabriquer l'acier contredit et contrarie tous les autres métallurgistes ; un lampiste inventeur d'une lampe perfectionnée, un boulanger inventeur d'un perfectionnement dans la cuisson du pain, nuisent à tous les autres lampistes ou à tous les autres boulangers. Mais, si les concurrents sont lésés par ces innovations, les consommateurs seront favorisés ; il y aura plus que compensation. D'ailleurs, même si cette compensation n'avait pas lieu, si, comme il arrive souvent dans toutes les carrières, la vogue du nouveau-né, préjudiciable aux anciens, ne se justifiait par aucun mérite réel et ne rendait service à personne, cette concurrence, pour être fâcheuse en somme, n'aurait néanmoins rien de délictueux. Mais, si les intérêts lésés sont protégés par un monopole légal, si les opinions contredites sont des dogmes proclamés religion d'État, et si ce monopole industriel ou religieux est un droit appuyé sur l'adhésion intellectuelle et morale du public, non sur la seule autorité arbitraire du législateur, toute lésion effective et volontaire de ces intérêts, toute négation extérieure et consciente de ces dogmes sera réputée délit, le plus souvent aux yeux mêmes de son auteur. Réputée à tort peut-être ; par exemple nous n'admettons plus les délits d'opinion ; mais si c'est une fausse application, ce n'en est pas moins une application de cette définition vraie : le délit est un acte qui est présumé nuire à tout le monde. Autant vaut dire que c'est un acte qui viole un droit ; car le respect du droit, même privé, est un intérêt public, plus ou moins considérable, et est la seule chose d'intérêt public.

La définition est insuffisante pourtant. Tous les jours les plaideurs qui succombent dans des litiges civils sont démontrés avoir violé le droit de leurs adversaires, et ne sont point réputés malfaiteurs. Mais c'est qu'il s'agit d'un droit dont le respect est un intérêt public trop faible pour que ses blessures soient ressenties et émeuvent l'opinion, ou bien, s'il s'agit d'un droit important, c'est qu'il a été violé inconsciemment et involontairement, c'est-à-dire d'une manière telle que l'impunité de cette violation n'est pas propre à alarmer le public.

Car nous l'avons dit, il n'y a de contagieux dans les actes humains que ce qu'ils ont d'affirmatif et de volontaire. C'est par ce caractère qu'un homme, en agissant, suggestionne autrui et même s'auto-suggestionne. A l'origine de toute habitude, comme à l'origine de toute mode ou de toute coutume, il y a un acte de volonté et un acte de foi. Nul préjudice accidentel ne tend à devenir habituel ni à se reproduire par imitation. On comprend donc que les actes sciemment et volontairement nuisibles à tous ou alarmants pour tous, avec juste raison ou même par erreur, se soient signalés de tout temps à l'attention, à la réprobation humaine, et que dans le clavier des émotions humaines, une touche spéciale, le sentiment de l'indignation, leur soit affectée, par la même raison que notre sensibilité nous offre certains signes spéciaux, les sensations sonores ou visuelles par exemple, pour marquer nettement et mettre hors de pair, en un relief accusé, certaines espèces d'ondulations physiques particulièrement importantes à notre égard. Notre sentiment moral, à ce point de vue, joue ce même rôle de *moniteur* qui appartient à nos sensations ; celles-ci ne sont guère plus utiles à la conservation organique que celui-là au salut social.

Ajoutons vite qu'il ne suffit pas à un acte nuisible d'être volontaire et conscient pour faire naître le danger d'une habitude criminelle et d'une épidémie criminelle. Si cet acte est une aberration passagère du sujet, et répugne à son caractère fondamental, permanent, identique à soi, sauf cette altération d'un moment ; si, d'autre part, cet acte a lieu dans une société dissemblable à l'agent, et, par suite, réfractaire à son influence, - car on s'assimile d'autant plus qu'on se ressemble davantage et d'autant moins qu'on se ressemble moins, -

dans ces deux hypothèses, il y a peu à redouter la reproduction de ce mauvais exemple. Voilà pourquoi, en partie, je me suis attaché ailleurs à fonder expressément la responsabilité morale, comme je crois qu'on l'a toujours fait sans y penser, sur ces deux conditions complémentaires : l'identité personnelle et la similitude sociale.

Ce sont là, en effet, les conditions personnelles qui, lorsqu'elles se rencontrent chez l'agent, rendent les actes punis*sables,* c'est-à-dire obligent à les frapper de châtiments où s'exprime, en caractères diversement colorés, suivant la diversité des usages, mais bien visibles et connus, l'indignation publique. Ces peines ont pour objet de garantir l'agent contre ses propres entraînements, et d'élever une digue contre l'imitation de son modèle. - Ici intervient utilement et nécessairement l'anthropologie, en même temps que la sociologie. Empêcher les innéités inquiétantes, qui se révèlent dès le bas âge, de se dessiner en habitudes vicieuses, les habitudes vicieuses d'aboutir au crime, le crime d'engendrer l'habitude criminelle, l'habitude criminelle de se propager contagieusement : voilà le but de la Pénalité, y compris les pénalités domestiques et les châtiments scolaires, qui, au point de vue social, s'y rattachent. Comment ce but peut-il être atteint si ce n'est par un législateur ou un juge qui connaisse à fond, d'une part, les variétés de la psychologie individuelle, les anomalies étudiées par nos aliénistes ou nos anthropologistes, d'autre part les ressources que présente la société pour l'aider à redresser ou à utiliser ces forces divergentes ? Si légitime que soit l'aspiration de la science sociale à se faire son royaume à elle, il ne faut pas qu'elle songe, sous peine de suicide, à se retrancher des sciences vivantes, où elle plonge ses racines et puise toute sa force, même celle qu'elle emploie à les repousser parfois. La sociologie, détachée de la biologie, dont elle est la fleur terminale, n'est qu'une fleur coupée, un cadavre décoratif, qui va se desséchant dans les abstractions froides. Cela est surtout vrai de la sociologie criminelle. Si la sociologie pure et simple, sans épithète, doit s'occuper de la réfraction que chaque race ou chaque variété normale de l'espèce humaine fait subir au rayonnement imitatif ; si elle doit étudier la psychologie du génie, les conditions cérébrales autant que sociales de l'invention, point de départ de l'imitation ; pareillement, la sociologie criminelle a le devoir de pénétrer dans la psychologie physiologique et pathologique du criminel, d'examiner ses rapports avec celle de l'aliéné, de discuter les thèses contradictoires en partie du crime-atavisme, du crime-folie, du crime-maladie, et d'extraire de toutes ces recherches quelques résultats nets qu'elle puisse offrir au législateur. Là est le point délicat.

En attendant, puisqu'il s'agit, disions-nous, de rester vivants, et puisque nous avons comparé le Droit pénal à la médecine, gardons-nous, sous prétexte de science et de naturalisme, d'offenser sans une nécessité impérieuse le sentiment moral. Car la moralité est chose plus profonde que plusieurs ne semblent le penser : elle est la traduction sociale d'un texte vital, d'une réalité substantielle, bien antérieure à nos sociétés. Et elle est la vie même de celles-ci, leur *vis médicatrix* à coup sûr. Que peut le plus éminent médecin, même aidé du meilleur pharmacien, si ce n'est de seconder ce praticien caché qui agit en nous et sans lequel nous ne saurions guérir du plus léger rhume ? Ainsi seraient inefficaces toutes les panacées pénitentiaires sans la coopération de ces sentiments épurateurs, éliminateurs, fortifiants, que la vue du crime et du criminel suscite dans un public sain. Les diriger, soit ; mais craignons de les amortir. Il faut, quand on est législateur, même pour les réformer, s'y conformer. Tout est perdu si le milieu social, après avoir été le complice vague du criminel, ne devient pas ensuite, par la plus salutaire des contradictions, l'auxiliaire puissant du justicier.

Nous venons de dire à quelles conditions *personnelles* est sou-mise la responsabilité criminelle, j'entends la responsabilité morale à la fois et pénale. Mais pour qu'il y ait responsabilité criminelle, il faut d'abord qu'il y ait crime ; il faut donc que l'acte, indépendamment de la personne de l'agent, ait présenté aux yeux du législateur les conditions *réelles* requises pour mériter d'être interdit sous menace de flétrissure. Qu'est-ce que le crime ? On a essayé beaucoup de définitions, les unes dogmatiques, les autres utilitaires, d'autres sentimentales, toutes défectueuses. L'une des plus spécieuses est celle de *Garofalo*, d'après laquelle est crime tout acte qui blesse fortement le sentiment moyen de pitié et de probité dans un temps et un pays donné. Elle a été réfutée ; je me bornerai à faire observer qu'il s'agit pour le législateur non de souscrire aveuglément et passivement aux sentiments d'un peuple et d'un âge, sol bien mouvant pour une bâtisse juridique, mais de les utiliser en les redressant, de les contrôler en les respectant. Les sentiments ne sont que des produits d'une chimie mentale où se combine en nous, avec quelques sensations ou quelques images spéciales, des croyances et des désirs, des jugements et des volitions. C'est à ces éléments qu'il faut remonter pour apprécier le mérite de combinaisons. Et c'est ce que font, à leur insu, ceux qui définissent dogmatiquement ou utilitairement le délit. Ceux-ci, les utilitaires, qualifient crime tout acte très contraire à la volonté générale ; ceux-là, les dogmatistes tout acte émanant d'une pensée nettement contradictoire aux principes cardinaux de la pensée publique. Les uns et les autres se placent à un point de vue exclusif et insuffisant ; il faut les unir pour les compléter les uns par les autres. Deux savants, qui se sont évertués ici à exprimer en termes tout mécaniques une notion toute sociale, ont dit que le caractère distinctif de l'acte criminel est de produire dans l'univers un déficit définitif de la somme totale des forces instables. Pareillement, quoiqu'à l'extrême opposé de leur point de vue, nous dirons que le crime est un acte qui produit par lui-même un léger déficit, mais qui, s'il *était imité* sans entrave (car son premier caractère essentiel, nous le répétons, est d'être imitable, et le défaut capital de toutes les définitions essayées est de l'avoir omis) produirait dans le monde social un déficit énorme de la somme de désir, de la sécurité et de la prospérité, dont la société dispose. Chacun de nous porte avec lui partout un bagage invisible de connaissances et d'espérances - deux formes de la croyance, - qui constituent son petit trésor de foi : il est persuadé qu'il vivra, que ses enfants vivront, que son argent est bien placé, que ses débiteurs ne feront pas faillite, il sait tout ce qu'on lui a appris à l'école, à l'église ou ailleurs : toutes *certitudes* d'autant plus inconscientes que plus profondes. Et la somme de tous ces petits trésors individuels, c'est le grand trésor national de foi, appelé de noms divers, Opinion publique, Conscience publique, Crédit public. Tout délit est un amoindrissement direct ou indirect de ce bien immense. C'est là son danger. Il ne faudrait pas beaucoup d'affaires du Panama, des banques d'émission ou des fonds guelfes, pour porter une atteinte mortelle au crédit public, ni beaucoup

Gabriel Tarde

d'explosions de dynamite pour nous ramener à l'insécurité sociale des âges barbares. Un autre péril, mais peut-être moindre, c'est que le crime tend aussi à attiédir ou à éteindre ce grand foyer national de chaleur motrice, de désir, de passion, qui se compose de tous nos petits désirs, de toutes nos petites passion particulières en tant qu'elles s'entr'aident ou qu'elles convergent à un même idéal. - Il appartient au législateur de juger quels sont les actes qui ont le double effet de diminuer la sécurité et la prospérité publiques ; c'est ce que je disais tout à l'heure en rattachant la théorie du droit pénal à la théorie des valeurs : valeur, en effet, signifie à la fois *jugement* et *besoin ; un* objet vaut d'autant plus qu'il est plus fortement et plus généralement jugé propre à satisfaire un besoin plus intense et plus répandu. Par suite, dire que le législateur, en délibérant chaque article de son chapitre des obligations, a fait une prisée de valeurs inégales en conflit ; c'est dire qu'il a sacrifié non seulement un intérêt à un autre intérêt mais encore une opinion à une autre opinion. En rédigeant les articles du Code pénal, il n'a pas fait autre chose ; seulement ici l'inégalité des valeurs comparées est immense ; l'intérêt et le jugement de tout le monde sont mis en balance avec l'intérêt et quelquefois avec le jugement d'un seul. La loi ne prend pas la peine de dire qu'elle a sacrifié le poids infinitésimal au poids infini ; mais elle punit l'individu qui a fait le sacrifice précisément inverse. - Remarquons que les croyances et les désirs, les principes et les intérêts du pays, sont souvent en opposition ; de là la difficulté de l'art de légiférer, car le législateur doit ménager à la fois les intérêts et les principes, se conformer le plus possible à ceux-ci comme à ceux-là, mais, quand il le faut, sacrifier les uns aux autres, tantôt plus, tantôt moins, dans une mesure variable, indiquée par le but qu'il poursuit.

Il suit de là que la question de savoir s'il est possible de rédiger un Code pénal éternellement et universellement juste doit être résolue par la négative. La foi nationale, la passion nationale vont changeant d'objets, et, par suite, d'adversaires. Ce qui n'empêche pas qu'il n'existe un certain fonds permanent de morale et, par suite, d'immoralité universelles, de criminalité universelle, qui consiste, notamment, à tuer ou voler quelqu'un faisant partie du même groupe social, dont le cercle, d'ailleurs, varie et s'étend sans

Chapitre IV : La sociologie criminelle et le droit pénal

cesse.

Une autre conséquence, c'est que le Droit pénal ne saurait s'empêcher d'être une échelle de délits et de crimes, ni, dans une certaine mesure, d'être un tarif de peines. Qu'il se fonde sur l'utilité et la volonté ou sur la croyance générales, il doit juger les actes humains d'autant plus criminels qu'ils sont un obstacle à la satisfaction de besoins plus forts et plus nombreux, ou qu'il s'attaquent à des croyances plus enracinées et plus vulgarisées. Il y aura donc des degrés de criminalité, et aussi de pénalité, parce qu'il y a des degrés de désir et des degrés de croyance. Toutefois, la peine devra toujours être en partie indéterminée, pour permettre au juge, dans les limites d'un minimum et d'un maximum très distincts, d'avoir égard aux considérations tirées de l'examen biographique. psychologique, anthropologique du coupable. - La nature de la peine aussi devra varier d'après les temps et les lieux, c'est-à-dire d'après l'état de l'industrie, des arts, des moeurs, d'après l'état social en un mot. La privation du droit de vote suppose la conquête politique du droit de vote ; l'amende suppose un certain progrès industriel qui a rendu possible la diffusion de la richesse mobilière. Le simple blâme judiciaire va s'aggravant avec la possibilité et la facilité d'une publicité plus étendue et plus prompte. L'emprisonnement va s'aggravant avec la passion croissante de locomotion et de liberté.

Les règles légales relatives à la complicité doivent se tenir au courant des changements sociaux dus à une civilisation progressive. La variété et le nombre des complicités possibles s'accroissent avec ce progrès. Au début des sociétés, il y a deux ou trois manières d'être complice, et le nombre des complices est strictement limité par les bornes étroites du groupe social le plus proche. Mais de nos jours, voyez combien de personnes disséminées sur tout le continent européen, ou même au delà, ont profité sciemment des escroqueries commises dans nos grandes affaires financières, et de combien de manières différentes. Voyez aussi jusqu'où s'étend la multiplicité variée de complices, à des degrés infinis, que les anarchistes pratiquants comptent en dehors de leur groupe étroit, depuis l'anarchiste théoricien qui arme leur bras et justifie d'avance leurs forfaits jusqu'au journaliste qui les excuse ou au littérateur qui les poétise... La vieille théorie des associations de malfaiteurs est à refaire, comme la vieille théorie des contrats. Il se noue à présent, journellement, des liens de droit volontaires, chose impossible et monstrueuse aux yeux d'un juriste d'ancienne école, entre des personnes qui n'ont jamais contracté ensemble, qui ne se sont jamais parlé ni écrit, dont une seule a promis et dont l'autre n'a pas expressément accepté sa promesse, réputée obligatoire pourtant à l'égal d'un contrat : entre un industriel, par exemple, qui s'engage à certaines choses dans son prospectus et un consommateur quelconque qui, se dressant du milieu de ce public impersonnel et indéfini auquel ce papier imprimé s'est adressé, le prend au mot ; pareillement, entre le banquier qui a émis un titre au porteur et le porteur quelconque qui le lui présente. Les progrès de la presse et des communications, en ouvrant ainsi aux actes privés un débouché de publicité croissante et prodigieuse, ont prêté aux engagements individuels une portée juridique inattendue, dont Gaïus et Ulpien, à coup sûr, seraient scandalisés. Et, comme à la vie civile et normale, ces mêmes progrès ont fait à la vie criminelle des conditions nouvelles, imprévues des criminalistes anciens. Il peut exister maintenant, entre gens qui ne se connaissent pas, de très réelles complicités ; et c'est une tâche éminemment ardue de décider où doivent commencer désormais, où doivent s'arrêter celles qui méritent d'être incriminées. Car assurément elles ne sauraient l'être toutes.

Il y a une *minorité criminelle,* en quelque sorte, très distincte de la minorité civile, et plus abaissée. Chez nous, c'est l'âge au-dessous de seize ans. Pour la fixation de cet âge *minimun* de la responsabilité criminelle présumée, la loi doit se référer à l'état social encore. La précocité des perversités criminelles va croissant avec la civilisation ; donc l'âge de la moralité criminelle doit aller en s'abaissant. Le nouveau Code pénal italien échelonne la responsabilité sur divers âges, mais, quoiqu'il abonde ici en distinctions, on peut dire qu'en somme il abaisse l'âge de la présomption de responsabilité, car il la fixe à quatorze ans et non à seize. - Il est curieux de noter qu'à l'inverse de la minorité criminelle, la minorité civile va s'élevant avec le progrès social. Dans les âges barbares, on était majeur civilement, parmi nos ancêtres, à quatorze ans, comme on l'est chez nous à vingt et un ans. On atteignait alors l'âge du contrat *avant* d'avoir atteint l'âge du crime ; c'est le contraire à présent. Cette inversion se justifie-t-elle ? Je n'en voit pas bien la raison.

En ce qui concerne l'incrimination, est-il nécessaire de rappeler ses variations historiques, les crimes de blasphème, d'hérésie, de sorcellerie, de suicide, rayés de nos Codes, - la violation de sépulture, grand crime jadis, à présent simple délit, - le délit de coalition, le délit de grève, transformé en droit à la grève, - la mendicité, oeuvre sainte au moyen âge, maintenant passible de poursuites, etc. ?[1] N'est-il pas manifeste que, si certains crimes cessent de l'être, si de nouveaux crimes les remplacent, si la gravité proportionnelle des actes délictueux ou criminels varie énormément, cela tient au changement survenu dans l'importance proportionnelle de divers besoins et de divers principes ? Et sera-t-il possible d'expliquer autrement que par la sociologie certains nouveaux crimes tels que les attentats à la dynamite ou les escroqueries supérieures de nos grands financiers, qui, par leur but et leurs procédés, tiennent essentiellement à notre état social ?

Un seul mot de plus pour montrer le rôle capital que joue en Droit pénal l'extension graduelle et incessante de que j'appelle le *domaine social* (indépendamment des frontières politiques d'États) par l'inévitable effet du rayonnement des exemples et du nivellement social qui s'ensuit. Si le meurtre vindicatif de la femme par le mari trompé est blâmé chaque jour davantage par l'opinion et tend à n'être plus excusé par la loi, et si, au contraire, le meurtre vindicatif du mari ou de l'amant par la femme délaissée indigne de moins en moins, est-ce que cela ne prouve pas simplement que les deux sexes à cet égard et à certains autres s'assimilent et se nivellent ? Je le crois. Ce qu'on ne contestera pas, c'est que la cause indiquée rend seule compte de la tendance, générale aujourd'hui, au développement du Droit pénal *international*, au développement en particulier de l'extradition et à l'élargissement de l'idée de récidive. Le nouveau Code italien a marqué ici un notable progrès sur le nôtre, parce que la civilisation a beaucoup

1 On pourrait certainement en France se dispenser de prévoir nommément le *crime de castration* (art. 316).

Gabriel Tarde

progressé dans l'intervalle des deux. Sans entrer dans le détail des réformes qu'il inaugure, il est permis de conclure, avec M. Louis Paoli [1], que « le scandale, auquel on assiste dans notre législation (française), de l'impunité d'un méfait commis par un étranger qui a fui le lieu du crime, est définitivement conjuré par l'Italie. » Pourquoi ce scandale a-t-il dû être conjuré, si ce n'est parce qu'il avait grandi d'année en année ? et pourquoi aurait-il grandi si ce n'est parce qu'un crime contre un Européen d'une nationalité autre que la nôtre suscitait en nous une indignation toujours croissante, plus près d'égaler l'indignation suscitée par un crime contre un de nos compatriotes ? Le besoin se fait sentir aussi d'une notion de la récidive qui s'étende aux délits successifs commis en différents États.

Je ne puis avoir la prétention d'épuiser mon sujet, et il me suffit de ces quelques exemples à l'appui des considérations générales qui les ont précédés. Une dernière considération, cependant, se présente d'elle-même. Le seul fait qu'il se dessine dans une société un courant d'idées tel que celui de l'anthropologie ou de la Sociologie criminelle doit avertir le législateur, même le plus opposé à ces idées, qu'il y a lieu pour lui d'en tenir compte, et notamment de réformer son Code pénal dans le sens d'une part plus large faite à la préoccupation de la psychologie du criminel. Et, de fait, ce souci toujours croissant d'analyses psychologiques, si surprenant en apparence dans une société qui se dit de plus en plus positive et utilitaire, doit se communiquer au législateur et au juge, s'ils veulent se mettre au ton de leur temps. Ce n'est donc pas sans raison, par exemple, que, dans l'article 51 du Code pénal italien, nous voyons la *douleur aiguë*, aussi bien que la colère, comprise parmi les causes d'atténuation de la responsabilité. La douleur ! Combien elle va s'avivant, et combien son importance va grandissant, autant que son intensité, à mesure que le cerveau humain se complique et s'affine ! Combien la sympathie pour la douleur, aussi, et la pitié pour celui qui souffre, se développent et s'étendent ! Tout n'est pas factice dans la religion actuelle de la souffrance humaine, dans la passion littéraire de tant de romanciers et de leurs innombrables lecteurs pour les formes infinies de la misère humaine. C'est aussi

1 *Le Code pénal d'Italie et son système pénal, par Louis Paoli (Paris,* Durand et Pedone-Lauriel, 1892).

Chapitre IV : La sociologie criminelle et le droit pénal

une des caractéristiques de notre âge de chercher en tout malfaiteur un malheureux et de rechercher jusqu'à quel point il est *coupable*. Par suite, l'école d'anthropologie criminelle a eu beau, à ses débuts, prêcher la sévérité, le souci exclusif de l'intérêt général, le dédain des questions de responsabilité morale, il a suffi qu'elle fût une école de psychologues et qu'elle répondit aux besoins psychologiques du public, pour que le résultat dernier de ses progrès ait été, non de supprimer, mais de poser plus passionnément que jamais le problème de la culpabilité, de la responsabilité morale. Car il s'agit de porter un jugement sur un acte considéré dans ses causes psychologiques, et cela qu'est-ce, si ce n'est un jugement moral ?

Chapitre V : Pro doma mea
(Réponse à M. Ferri)

Je sais un peu embarrassé pour louer comme il convient la *Sociologie criminelle* de M. Enrico Ferri, car l'une des choses notables de ce volume, où il y en a beaucoup, c'est la dureté de la critique en règle à laquelle il soumet ma théorie de la responsabilité pénale. Si l'adage *qui bene amat bene castigat,* est aussi vrai en français ou en italien qu'en latin, l'auteur vient de me donner là une bien vigoureuse marque d'amitié. Quand je dis vigoureuse, ce n'est pourtant pas que je trouve ses arguments écrasants. A vrai dire, il m'étonnent un peu par un défaut tout contraire. En tout cas, c'est une critique franche et sincère, comme je les aime, et, très sincèrement aussi, j'en remercie l'auteur. Mais il me paraît opportun d'y répondre.

Commençons par bien poser le problème. J'ai souvent reproché, je reproche encore, et plus énergiquement que jamais, à l'école naturaliste, à M. Ferri et à ses disciples, d'avoir, sans nécessité aucune, froissé la conscience morale du public, compromis sérieusement la cause de la rénovation du Droit Pénal, et, en même temps, fait trop beau jeu aux partisans du libre arbitre, en se croyant obligés de rayer les idées de responsabilité, d'imputabilité, de démérite, de culpabilité, de devoir, de droit, parce qu'ils ramenaient les actes humains sous la loi générale des faits naturels.

C'était concéder que, hors du libre arbitre, il n'y a point de morale, dans le sens où l'humanité, qui cependant n'entend rien à la notion scolastique du libre arbitre, de « la réelle ambiguïté des futurs contingents », a toujours compris ce mot. On peut lire à la fin du dernier ouvrage d'Herbert Spencer, *Justice,* - titre significatif - une lettre d'un ecclésiastique anglais, le révérend Davies, qui conteste à l'illustre philosophe positiviste, sous prétexte qu'il est déterministe, le droit de parler de Devoir et de Justice. M. Ferri s'exprime exactement comme le révérend Davies quand il m'accuse de me contredire (voir p. 382) notamment parce que, n'admettant pas le libre arbitre, « je retiens cependant le vieux concept de la responsabilité morale. » Aussi pourrais-je, pour toute réponse, le renvoyer à celle par laquelle Spencer réfute les objections de ce clergyman qui est, lui aussi, son ami, pour compléter la ressemblance. A mes yeux, pareillement, rien de moins justifiable que la vieille, très vieille association d'idées, que le vieux, très vieux préjugé, dont le savant député italien se fait l'écho ; et je me suis efforcé de montrer ailleurs que le véritable fondement de la culpabilité, -inaperçu de tous, mais constamment, universellement et inconsciemment employé - était non la liberté du vouloir mais l'identité de la personne voulante, identité plus ou moins ferme et durable, combinée avec l'existence d'un lien social plus ou moins étroit, c'est-à-dire, au fond et en moyenne, d'une similitude plus on moins grande, sous les rapports d'origine sociale, effets et aliment de la sympathie, de la solidarité sociale, entre le criminel et sa victime [1]. Mais cette théorie, accueillie avec faveur par les uns, critiquée avec bienveillance par la plupart, avec sévérité par un petit nombre de *misonéistes* acharnés (les premiers du reste à conspuer partout le *misonéisme* chez autrui), n'a pas encore eu d'adversaire aussi intraitable que M. Ferri. Une dizaine de pages sont toutes pleines des prétendues contradictions qu'il y relève, des conséquences inacceptables qu'il croit y découvrir.

Répondre à tout cela n'aura rien, je le crains, de bien amusant pour le lecteur. Prenons le taureau par les cornes. Et d'abord, comme il n'est rien de si fastidieux que de répéter les mêmes choses en

---

1 Je dis que ces deux conditions, identité et similitude, doivent concourir, et que, lorsque l'une d'elles descend à l'état zéro, la responsabilité morale s'annule. M. Ferri a tort de me reprocher d'avoir laissé ce point dans le doute, il a mal lu.

Chapitre V : Pro doma mea

d'autres termes, on me pardonnera de reproduire une partie d'une lettre parue dans la *Revue scientifique* du 21 mars 1891, lettre à laquelle il n'a été rien répondu et qui est une réponse anticipée à mon ami et critique italien.

« Je ne puis accorder, y disais-je, que ma théorie soit le moins du monde en opposition avec le principe de la défense sociale donnée pour fondement à la pénalité. Loin *de le contredire, elle l'explique, et seule le rend applicable.* La société doit se défendre contre toute agression, comme l'individu doit réagir, par un acte réflexe plus ou moins compliqué, contre toute excitation ; mais, de même que d'après la nature de l'excitation diffère celle de l'acte réflexe, la société doit se défendre contre un crime et un criminel véritable, autrement que contre un fou et un acte de folie homicide [1]. Il y a là une différence essentielle qui tient à la nature des choses, et à laquelle il sera toujours nécessaire d'avoir égard, alors même que la foi au déterminisme des actions humaines sera universalisée avec toutes ses conséquences. La pénalité, c'est la défense sociale en tant que dirigée contre les actes, contre les agents, non pas simplement destructeurs et préjudiciables, mais sentis et jugés immoraux. Le caractère particulier, indélébile, de cette réaction, en n'importe quelle société imaginable, fût-elle imbue de déterminisme jusqu'à la moelle, - comme le prouve l'exemple de tant de sectes stoïciennes, musulmanes, puritaines, jansénistes, à la fois morales et fatalistes, au plus haut degré, - c'est d'être flétrissante. Il importe donc au plus haut point de savoir à quelles conditions, dans quels cas, il y a lieu de laisser libre cours à la répression pénale » c'est-à-dire de diriger judiciairement contre un homme cette flétrissure de l'opinion qui s'attache et s'attachera toujours, comme un stigmate, aux condamnations pénales. « C'est à ce besoin que ma théorie s'efforce de répondre.

« On m'arrête et l'on me dit ; Que parlez-vous de moralité, d'immoralité, de morale ! De quel droit, niant le libre arbitre,

---

1 M. Ferri, en finissant, semble reconnaître ce point ; car il admet que la société « en réagissant contre tout acte anti-social doit tenir compte des conditions psychologiques de l'agent pour adapter à l'offense et à l'offenseur les moyens défensifs. » Je demande si c'est adapter à l'offense et à l'offenseur les moyens défensifs que d'envoyer en Cour d'assises des fous homicides pêle-mêle avec les Pranzini et les Anastay.

Gabriel Tarde

employez-vous ces mots ? Soyez donc plus logique et moins éclectique ! Je réponds : De quel droit affirmez-vous que, le libre arbitre ôté, la morale croule, et partez-vous de là pour me taxer d'inconséquence ? Comment ne voyez-vous pas que ce faux principe, cette association et cette confusion d'idées vous viennent tout droit de vos adversaires, qu'en y abondant vous faites leur jeu, et avant de leur faire une si énorme concession, il vaudrait bien la peine d'examiner un peu si elle est fondée ? Elle ne l'est pas, et je le prouve en dépouillant l'idée de culpablité de tout ce qu'elle a revêtu de mystique, au cours de son histoire très instructive, et la réduisant à ce qu'elle a de positif et d'essentiel. L'éclectisme consiste à marier des idées hétérogènes ; le contraire de l'éclectisme, c'est ce que je tâche de faire, dégager une notion nécessaire des notions étrangères et compromettantes avec lesquelles on l'a confondue. Je ne m'abuse pas du reste sur la difficulté de rompre une liaison d'idées séculairement et dogmatiquement consacrée. » Toutefois « l'idée de culpabilité est beaucoup plus vieille et plus universelle que l'idée du libre arbitre. » Celle-ci est un concept scolastique, celle-là est le résumé de certaines émotions caractéristiques.

« Il existe en nous des sentiments originaux (composés soit, mais originaux comme notre individualité même) des sentiments qu'on appelle la gratitude ou l'indignation, l'admiration ou le mépris, l'amour ou la haine, et des jugements d'éloge ou de blâme, qui condensent ces sentiments. Ces sentiments et ces jugements sont le fruit d'une longue évolution historique, mais surtout le développement naturel de germes posés au cœur des sauvages les plus primitifs dans leurs relations domestiques, ou plutôt, comme Darwin et Comte l'ont montré, dans le cœur de tous les animaux sociables, sociables précisément parce qu'ils étaient doués de cette manière de sentir. Ces sentiments et ces jugements sont donc indestructibles tout comme les sensations et les perceptions lumineuses, sonores, tactiles ; et, comme celles-ci servent à nous guider dans nos rapports avec les choses, ils servent à nous éclairer dans nos rapports avec nos semblables, avec nos co-associés (sentis et reconnus tels), dont le cercle primitivement très étroit grandit sans cesse au cours du progrès civilisateur. Or, la moralité ou l'immoralité des actes humains, le mérite ou la culpabilité des hommes, ne sont pas autre chose au fond (dans le sens social du mot) que la propriété qu'ils ont de susciter, dans un milieu et à un moment donné, l'approbation ou le blâme, et les émotions concentrées en ces mots, à des degrés d'ailleurs très divers d'intensité. La moralité et l'immoralité humaines sont simplement (au point de vue positiviste) la possibilité de ces émotions, comme la couleur des objets est simplement la possibilité de nos impressions lumineuses. La couleur des objets, malgré la conception symbolique que nous en avons ainsi, n'en est pas moins quelque chose de très réel, qui méritait certainement d'être *marqué* par une sensation *ad* hoc ; et j'en dirai de même de la moralité ou de l'immoralité des actions. Ce sont là des qualités très réelles, en ce sens que nous exprimons de la sorte une distinction juste, qui mérite d'avoir son signe particulier dans notre sensibilité sociale. Il y aura donc toujours, quoi qu'on fasse, et si déterministe qu'on soit, des actes jugés et sentis moraux ou immoraux, puisque l'éducation scientifique peut bien avoir la vertu de modifier la direction de nos sentiments, mais non la prétention de les détruire. Et d'ailleurs, à quoi bon ? et pourquoi l'indignation, par exemple, serait-elle plus ou moins irrationnelle que le rouge ou le bleu ? La preuve que ces dernières sensations ont leur raison d'être, c'est qu'il y a des cas où nous reconnaissons avoir été le jouet d'illusions d'optique, qui nous ont montré du rouge là où il y avait du vert ; et de même, nous savons qu'il y a des illusions d'éthique pour ainsi dire, par suite desquelles tant de gens s'indignent à faux, méprisent, s'apitoyent, blâment à tort. L'optique et l'éthique ont précisément pour but de nous apprendre à rectifier ces erreurs [1].

Or, ma prétention a été de prouver que, pour donner aux sentiments et aux jugements publics de blâme, d'indignation, de pitié méprisante, absolument inséparables de toute condamnation

---

[1] J'ajoutais : « Mais en est-ce une que de tourner contre un homme méchant par nature, fourbe et cruel de naissance, notre force éliminatrice de sainte colère ou de méprisante pitié ? Le repousserons-nous avec moins d'indignation et de mépris parce que nous saurons qu'il a fait le mal par besoin, et que sa perversité est la combinaison de facteurs physiques, physiologiques et sociaux, qui se sont rencontrés ? Nullement, pas plus que notre reconnaissance pour un bienfaiteur ne diminuera à la pensée qu'il a été poussé irrésistiblement par sa nature charitable à nous faire du bien. » Cette dernière comparaison montre que M. Ferri, dans un passage, a compris le contraire de ma pensée.

Gabriel Tarde

pénale, la direction la plus *utile socialement,* et en même temps la plus conforme au penchant inné, héréditaire, de la conscience civilisée, il convient de les diriger exclusivement contre les actes émanés de la *personne même* de l'agent, et commis au préjudice de l'un de ses *compatriotes sociaux* (de ses semblables au sens social du mot), reconnus tels à son époque et dans son pays. La première condition est remplie quand ces actes sont, d'une part, conscients et volontaires, ce qui ne veut pas dire libres le moins du monde, et, d'autre part, conformes au caractère propre de cet agent, révélé ou développé par les circonstances, identique à lui-même dans une certaine mesure à travers la variété de ses manifestations. Contester cette identité relative, cette permanence momentanée de la personne, c'est nier l'évidence ; l'admettre, mais en l'assimilant dédaigneusement à la persis-tance d'une rivière qui garde le même nom malgré le renouvellement continuel de ses eaux, c'est confondre un être, le plus réel des êtres, avec une entité verbale. Rien de plus « anti-scientifique », je pense, qu'une telle confusion. Je ne puis comprendre non plus que la réalité de la similitude sociale, ou l'importance de cette similitude, soit contestée [1], en dépit de toutes les différences individuelles dont nul plus que moi n'apprécie ni ne met en relief la portée. N'est-il pas visible que, à mesure que les hommes entrent en contact et se mettent à se ressembler sous le rapport du langage, des croyances religieuses ou autres, des institutions, des arts, des mœurs, ils forment une société plus étroite et plus fraternelle ? Et n'est-il pas malheureusement démontré - par l'histoire de toutes les colonies, même contemporaines, et, à plus forte raison, par celles du XVIe siècle - que, partout ct toujours, l'homme séparé de nous par le langage, par la religion, par tous les côtés ethniques, comme l'est l'indigène d'une île nouvellement découverte, est traité par nous comme un simple gibier ? Ma théorie, certes, n'innocente pas les massacres et les pillages commis de la sorte ; mais elle explique pourquoi ils sont ou ils ont été innocentés, et elle fait voir aussi que, en réalité, ces horreurs sont loin de révéler chez leurs auteurs la profondeur de perversité qu'elles accuseraient si elles frappaient des compatriotes [2]. Certainement, un anthropophage australien

---

1 Elle ne l'est pas par les nouveaux sociologues, non plus que l'importance de sa cause sociale, l'imitation.

2 L'histoire et l'archéologie - il est vrai que M. Ferri les abhorre et on ne s'en aperçoit

Chapitre V : Pro doma mea

qui, débarqué à Paris, se mettrait à manger un petit Parisien -
pour emprunter à M. Manouvrier sa comparaison - serait moins
coupable, beaucoup moins coupable, que ne l'a été Pranzini
d'égorger une femme parisienne avec laquelle il venait de coucher.
Est-ce à dire qu'il faille laisser cet honnête cannibale achever son
festin ? Non, il faut l'abattre tranquillement comme un chien
enragé, pour apaiser *l'alarme publique* que M. Manouvrier prend
ici mal à propos pour de *l'indignation.* On ne s'indignerait pas,
soyez-en certain, mais on s'alarmerait fort, si un boa échappé d'une
ménagerie dévorait un enfant. Voyons, est-ce qu'on aurait l'idée,
sans rire, de traduire en cour d'assises ce sauvage, côte à côte avec
nos assassins distingués ?

N'allez pas me dire que, par le fait même de son crime, un de ces
derniers criminels eux-mêmes a révélé sa *dissemblance* profonde
avec son milieu, et que, par suite, pour lui aussi, l'une des deux
conditions dont j'exige la réunion *plus ou moins* complète pour
décider qu'il y a responsabilité morale et *pénale,* fait absolument
défaut. Hélas ! que ne puis-je croire, comme M. Ferri, « que
l'homme vraiment normal ne commet pas de crime. » ! Mais,
je l'avoue, tous les meurtriers que j'ai connus et dont j'ai instruit
l'affaire m'ont paru être tout pareils à leur entourage, imbus jusqu'à
la moelle des préjugés, des vanités, des idées, des besoins de leur
groupe social ; et je n'ai rien reconnu d'exceptionnel en eux que
leur égoïsme plus âpre, différence de degré seulement, et différence
d'ordre tout psychologique, nullement d'ordre social.

Il est assurément plus simple et plus commode de supprimer un
problème embarrassant que de le résoudre. Nier la responsabilité
morale, c'est beaucoup plus radical et plus net, j'en conviens, que de
démêler ses éléments compliqués et de procéder à leur appréciation
délicate. Mais est-ce plus *pratique ?* Non, ce problème éternellement
et universellement posé ne saurait être traité par le mépris comme
les querelles byzantines sur *l'omoousios* et *l'omoiousios.* Et il
faudra toujours en venir à lui donner, *pratiquement,* une solution
plus ou moins dissimulée, que, *théoriquement,* on aura déclarée

que trop - nous font voir que le principal progrès de la civilisation a consisté à reculer
sans cesse la frontière morale dans l'enceinte de laquelle les vies et les propriétés sont
sacrées, mais au delà de laquelle s'ouvre une sorte de territoire de chasse.

Gabriel Tarde

impossible ou imaginaire. La mienne est complexe, c'est vrai, mais elle doit l'être pour être complète. Je sais bien qu'il est malaisé, dans beaucoup de cas, de dire si la personnalité de l'agent a été, ou n'a pas été, et jusqu'à quel point elle a été altérée par l'ivresse ou un accès d'épilepsie ou de folie. Mais est-il bien plus facile de décider à quel âge commence la responsabilité pénale du mineur que de décider à quel point d'altération maladive du caractère commence l'irresponsabilité du fou, de l'épileptique, de l'alcoolique... ? Il faudrait donc, si l'on voulait aller jusqu'au bout des principes de M. Ferri, supprimer toutes ces distinctions à la fois et édicter que, dès le plus bas âge, les enfants pourront être poursuivis criminellement, malgré la réprobation qui accueille partout, parmi les doctes comme parmi les ignorants, les poursuites criminelles, les flétrissures pénales, dirigées contre les enfants ?

La personnalité, - chose très complexe, encore plus que ma théorie, - va, se formant, c'est-à-dire s'harmonisant et s'identifiant de plus en plus, - de l'enfance à la jeunesse et à l'âge mûr. Mais, si elle se forme peu à peu, peu à peu aussi elle est susceptible de se déformer sous l'empire de troubles cérébraux. Je dis qu'alors une nouvelle personnalité, morbide et anormale, *tend à se* greffer sur l'ancienne, et à se substituer *à* celle-ci. Mais ce n'est qu'une tendance, rarement réalisée. Aussi le phénomène du *dédoublement de la personnalité,* dans le sens où l'entendent les aliénistes, est-il peu fréquent, et je n'ai pas dit qu'il fût habituel. Ce qui est habituel, en revanche, c'est l'altération du caractère, qui est (voir Maudsley à cet égard) l'un des premiers symptômes de la folie naissante. Or, cette altération peut être considérée comme une nouvelle personnalité *en herbe,* par la même raison qu'à mes yeux une variété individuelle un peu notable dans une espèce vivante est une nouvelle espèce *en projet.* Car, supposez cette variété fixée par l'hérédité, elle finira par refondre, en vertu des lois de la corrélation de croissance, l'organisme tout entier, et un nouvel équilibre stable pourra sortir de là. C'est précisément ce que parvient à faire quelquefois , bien rarement, l'hérédité des germes de folie : faire de l'ordre avec du désordre, c'est le secret de l'âme en nous. Tel désordre cérébral, qui a commencé par une folie véritable, s'atténue peu *à* peu ou s'acclimate en se transmettant aux héritiers, devient génie, ou talent, ou tout simplement une de ces « extravagances innées, persistantes, logiques » qu'on appelle en général des « originalités ». Voilà pourquoi je me refuse à voir dans les simples *originaux* des irresponsables [1].

Je n'insisterai pas sur un argument de M. Ferri. Pour prouver qu'il n'y a pas lieu de prendre en considération le caractère *volontaire ou involontaire* d'une action, il me rappelle que l'homicide même involontaire est regardé comme un délit. - Oui, mais, M. Ferri le sait bien, comme un délit qui n'a jamais déshonoré personne et qui se trouve inscrit abusivement dans le Code pénal, pour des motifs plus ou moins valables. - En un autre endroit, mon savant contradicteur énumère tous les cas où une *sanction sociale* frappe ceux qui, même de très bonne foi, ont commis un acte préjudiciable à autrui (choc maladroit, faillite honnête, ruineuse toutefois et *discréditante,* etc.). Mais n'est-ce pas précisément parce qu'il existe *des sanctions sociales autres que la sanction pénale* pour frapper les préjudices ou les infractions à la loi involontaires, non méchants, non coupables, qu'il faut réserver aux infractions coupables la sanction pénale ? M. Ferri me dit encore : On récompense bien les talents des artistes ou des orateurs, quoiqu'il n'y ait aucun mérite moral à cela. Je réponds : il serait injuste de récompenser par la louange morale un talent artistique ou oratoire ; il suffit de l'admirer autrement. C'est précisément parce que nous admirons

1 Aussi M. Ferri n'est-il pas fondé à alléguer (p. 387) que, d'après ma théorie, le fou *héréditaire* doit être responsable. Qu'importe que la folie soit héréditaire ou non, pourvu qu'elle soit vraiment un trouble survenu au cours de la vie, une déviation du cours de l'évolution individuelle ? Les maladies héréditaires sont-elles moins des maladies pour cela ? Et, lorsqu'elles éclatent chez le descendant à un âge correspondant à celui de leur apparition chez l'ascendant (ou plutôt un peu antérieur, comme l'a remarqué Darwin), devra-t-on dire qu'elles ne sont pas des perturbations organiques, qu'elles constituent la santé pour l'individu, sous prétexte qu'il en portait le germe en naissant ? J'ai dit, il est vrai, et je maintiens, que si, dès sa naissance, le sujet présente une de ces singularités persistantes où revit, très atténuée et en quelque sorte *normalisée,* une anomalie morbide d'un progéniteur, ce n'est plus là, une cause d'irresponsabilité. Tel est le cas, souvent, de cette fameuse *folie morale* que l'on dit consister essentiellement, uniquement, dans certaines prédispositions innées au vice et au délit, et que, par suite, il n'est pas bien malaisé d'identifier avec la *criminalité native,* puisqu'elle est la même chose sous un autre nom. En quoi donc mon assertion à cet égard peut-elle surprendre et scandaliser Ferri, qui regarde comme une « conception géniale de Lombroso l'identification du fou moral et du criminel-né ? »

Gabriel Tarde

les talents que nous devons réserver notre estime pour les vertus. Le génie et l'héroïsme ont droit à des récompenses sociales très différentes l'une de l'autre ; la maladresse et la méchanceté ont droit, de même, à des châtiments très dissemblables.

Telle est, en somme, ma réponse à mon ami Ferri [1]. Maintenant, est-il nécessaire de le suivre pied à pied dans sa critique de détail ? Non ; il n'est pas inutile cependant de parcourir rapidement quelques-uns de ses arguments. Il reproche à ma théorie un grave défaut ; le plus grave à ses yeux après celui d'être « syllogistique », épithète dont il abuse un peu, tout en *argumentant* beaucoup. Il lui reproche d'être « éclectique ». Elle l'est, paraît-il, pour deux raisons (p. 382) : d'abord, nous le savons, parce que « d'une part elle exclut le libre arbitre et d'autre part maintient le vieux concept de la responsabilité morale », en second lieu, parce qu'elle fait reposer la pénalité « d'une part, avec les théories classiques, sur l'élément individuel (identité personnelle), d'autre part, avec les théories positivistes, sur l'élément social (similitude sociale). »

D'où il suit : 1) que, d'après mon savant adversaire, il est contradictoire d'admettre à la fois un élément individuel et un élément social ici, - comme si l'on pouvait jamais séparer ces deux termes indissolubles ! - 2) que, d'après lui pareillement, l'identité personnelle est une notion sans nulle réalité objective et positive ! Plus loin, il est plus explicite encore : « Nul homme, fou ou non, n'est jamais identique à lui-même. L'idée d'une personnalité tout d'une pièce, qui reste identique à soi-même chez l'homme normal, et se dédouble ou s'aliène chez l'homme fou, est absolument antiscientifique ». Mais où donc ai-je parlé d'une identité absolue et indéfiniment durable ? Il n'y a rien de tel dans le torrent des phénomènes. Quant à l'identité relative et passagère de la personne, la nier, c'est tout nier, puisqu'il n'est pas de proposition ni de perception qui n'implique l'affirmation de la réalité persistante du moi, et qu'à ce postulat fondamental est suspendue la foi réaliste au monde extérieur, dont M. Ferri paraît si pénétré.

Trop pénétré. S'il avait un peu plus vécu dans la familiarité de ces « métaphysiciens » (lisez tout simplement philosophes) qu'il

---

1 Et non seulement à lui, mais à tous mes autres critiques en bloc.

accable à chaque instant de son dédain, peut-être leurs spéculations, non toutes « fantastiques » quoique syllogistiques, lui auraient-elle inoculé, comme à Stuart Mill et à Spencer même, comme à Cournot, comme à Renan, comme à Taine, comme à Littré, comme à Fouillée, à Guyau, et autres éminents « positivistes », ce vaccin d'utile scepticisme, « d'idéalisme larvé », qui seul garantit contre le fléau aveuglant du dogmatisme soi-disant « scientifique ». Peut-être lui auraient-elles appris à se demander ce qui reste de la matière, l'esprit ôté, et si ce reste, masse, mouvement, force, espace, temps, est autre chose qu'un reflet de l'esprit, de l'esprit lâché pour son ombre par ceux qui se persuadent construire l'univers avec des abstractions vides, vraiment fantastiques celles-là, avec ces extraits ou ces possibilités de nos sensations appelés matières et mouvements, avec ces objectivations de nos efforts et de nos désirs appelées forces... Autant vaudrait bâtir une maison avec des lavis d'architectes, ou un pont avec des équations algébriques d'ingénieurs, pour tous matériaux [1]. - Grande et profonde lacune, et qui fait comprendre pourquoi M. Ferri ne saurait admettre le *déterminisme psychique* entendu à la façon de Fouillée, et ne paraît concevoir qu'un déterminisme physico-chimique, mécanique en fin de compte. De là aussi son inintelligence, véritablement prodigieuse chez un si lucide esprit, de ce que nous appelons *la volonté.*

Il prend la peine d'écrire des pages entières où l'on remarque des phrases telles que celle-ci, destinée à dessiller les yeux des *métaphysiciens* : « La volonté n'est que l'abstraction synthétique de tous les actes volitifs que nous avons accomplis, mais il n'existe pas de volonté, comme entité, qui émette de temps à autre des commandements... » Il y a beau temps que, dans le monde des philosophes, il n'est plus question des *facultés de l'âme*, imaginées par les Écossais ! - Au demeurant, ce n'est là qu'enfoncer une porte ouverte. Mais dire, ailleurs, que *la volonté n'est rien, parce qu'elle*

1 Tout ce qui est psychologie pure semble étranger à M. Ferri. Par exemple (p. 685), il s'ébahit de me voir qualifier *extérieure* la contrainte exercée sur la *personne* par les lésions cérébrales qui la font agir par impulsion folle, et de me voir opposer cette impulsion à la contrainte *interne* qui découle de son caractère normal. C'est, dit-il, par amour d'une « symétrie syllogistique » que j'ai fait cette distinction. - Où donc y a-t-il ombre de *syllogisme* là-dedans ? Et qu'est-ce qu'il y a de si abusivement symétrique dans ce *distinguo* élémentaire ?

Gabriel Tarde

n'est qu'un cas de la loi universelle de la transformation des forces (p. 267), c'est plus grave ; car c'est oublier que le seul contenu positif, saisissable, de l'idée de force, c'est précisément l'effort *volontaire.* Une *force en* soi, qu'est-ce que cela peut bien être ? Je sais ce que c'est que plaisirs, douleurs, affirmations, négations, désirs, répulsions : je *sais* cela parce que je suis cela ; mais *forces, quid ?* Comprenons donc enfin que tout déterminisme physique, au fond, s'il n'est conçu comme un déterminisme psychique, est inintelligible absolument.

Je ne puis concevoir pourquoi, de ce que la volonté est simplement la transformation dernière de l'action réflexe, Ferri conclut *qu'elle n'a rien à voir* dans l'imputabilité des actes humains. Qu'il n'y ait pas plus d'indétermination dans la production de la volonté la plus délibérée et la plus haute que dans l'acte réflexe le plus automatique, je l'admets ; mais ce que je vois très bien en même temps, c'est que, dans l'acte réflexe le plus simple, même dans la contraction de l'être monocellulaire qui résiste à un contact ou saisit une proie, - ou du moins à l'origine de cet acte réflexe, habitude organique née elle-même, comme toute habitude, d'une initiative plus ou moins consciente, plus ou moins volontaire, dans le sens rudimentaire du mot, - il y a la manifestation d'un être animé, d'un être qui jouit et souffre, qui tâtonne, se souvient, pressent, qui, par conséquent, se distingue nettement de l'univers environnant, s'oppose à lui comme le moi au non-moi, et sent celui-ci durer parce qu'il se sent lui-même persister un certain temps, confusément, sous la variabilité de ses impressions. - Or, cela me suffit, je n'ai que faire du libre arbitre. Sait-on pour quelle raison l'idée de responsabilité jusqu'ici est toujours restée soudée à celle de liberté, et soudée si fort que, dans l'esprit de M. Ferri, les *idées de volonté et de liberté ne font qu'un,* celle-là disparaissant avec celle-ci dans le gouffre du déterminisme ? Je crois maintenant apercevoir que cela tient à ce que le devoir a toujours été conçu par les religions comme le commandement d'un maître, et le délit, par suite, comme une désobéissance. Il est certain que désobéir, quand on n'a pu obéir, ne saurait être sans contradiction regardé comme un crime punissable aux yeux du maître qui a commandé et qui, en outre, est supposé avoir créé son sujet prédestiné de toute éternité à cette désobéissance nécessaire. Mais, si on substitue à cette notion

Chapitre V : Pro doma mea

du Devoir une autre conception [1], positive et certaine, celle du Devoir-finalité, fondé sur la volonté même de l'individu, sur sa volonté suggérée, sourde, inconsciente, écho du monde ambiant, mais écho concentré et devenu voix, et avec laquelle peut entrer en conflit une volonté claire et actuelle du même homme, on verra la question changer de face. Ce combat de deux impulsions contraires n'apparaîtra plus comme une contradiction ; et, si fatal que soit le dénouement de cette lutte, il ne sera point surprenant que, dans le cas où la volonté jugée supérieure serait vaincue par la volonté jugée inférieure, et jugée ainsi par l'individu lui-même, celui-ci tombe frappé sous le coup de son propre jugement. Je n'entre pas dans le détail des conséquences et des difficultés possibles. Je tiens seulement à faire remarquer que ce point de vue permet de rompre l'association traditionnelle d'idées d'où part mon contradicteur.

- « Je ne sais pas comment M. Tarde, dit M. Ferri, a pu écrire que la société ne saurait condamner un homme pour un préjudice, pour un homicide même, *commis involontairement...* Et cependant chaque jour la société punit justement un homicide involontairement commis. » Justement ? C'est là la question, et j'ai déjà répondu à cet argument. M. Ferri y a, du reste, répondu lui-même en un autre endroit (p. 230) où il blâme la peine d'emprisonnement « inutilement donnée aux coupables d'homicide involontaire. » Ces peines d'une nature toute spéciale, *extra-pénales,* toujours dérisoires, jamais déshonorantes, souvent blâmées par l'opinion, que prononcent à contrecœur les tribunaux correctionnels quand un cocher imprudent ou un chef de gare distrait ont occasionné un accident mortel, sont de simples moyens *mnémotechniques* en quelque sorte, comme le soufflet qu'on donne aux enfants oublieux pour les forcer à avoir plus de mémoire une autre fois. – N'importe, laissons M. Ferri triompher de ce fait ; mais il ajoute : « Or, il est clair que, une fois exclu le libre arbitre, est pareillement *involontaire et irrésistible, c'est-à-dire déterminé,* l'homicide commis par un fou, *de même que l'homicide commis par un assassin* ou par un mari trahi. »

---

1 J'ai essayé de l'esquisser çà et là, et notamment dans ma Philosophie pénale, p. 23 et suivantes. Mais M. Ferri a dû éviter de lire ce morceau, où il est question de syllogisme.

Gabriel Tarde

Et moi, je dirai à mon tour que « je ne sais pas comment M. Ferri a pu écrire une telle phrase », d'où il résulte que, suivant lui, l'acte d'un assassin qui tue pour voler, délibérément, est involontaire, *parce qu'il est* irrésistible et déterminé - comme si la volonté n'était pas un des procédés capitaux, le plus original et le plus ingénieux, du déterminisme universel !

Le blâme et l'indignation, nous dit-il, cesseront peu à peu, avec le progrès des bons principes empruntés à la *nuova scuola*, de s'attacher au crime, par la même raison qu'ils ont déjà cessé de s'attacher à la folie ; ce sera le complément d'une évolution des sentiments et des mœurs commencée à la fin du siècle dernier. « Il n'y a pas un siècle, les fous étaient châtiés et punis comme criminels et le sentiment public les méprisait. » Mais pourquoi ? Il nous le dit lui-même : « ... car on imputait à leur *mauvaise volonté* ce qui n'était que l'effet pathologique de leur organisme. » Dès qu'on a eu la preuve, par suite, que leur mauvaise, volonté n'était pour rien dans leur folie, regardée si longtemps comme une possession diabolique, on a plaint les fous au lieu de les maudire. Et qu'est-ce que cela veut dire ? Cela veut dire que la mauvaise volonté a toujours paru appeler l'indignation et le mépris, que, par conséquent, le singulier progrès désiré et prédit par notre auteur ne serait nullement la suite du véritable progrès auquel il prétend le rattacher, mais bien une sorte d'attaque d'apoplexie collective, imprévue et soudaine, qui viendrait frapper de paralysie le sens moral de l'humanité.

Certainement, il ne suffit pas qu'un acte soit volontaire pour qu'il soit punissable ; et on peut s'étonner que M. Ferri (p. 370) se soit amusé à combattre cette absurdité, que personne, à ma connaissance, n'a émise. A coup sûr, il faut que la volonté soit mauvaise pour que l'acte émané d'elle soit puni ; comme il faut qu'elle soit bonne, inspirée par des sentiments sociaux, pour qu'il soit récompensé. Mais tout le monde est d'accord pour reconnaître que les actes volontaires ressortissent seuls, -directement ou indirectement par les habitudes nées d'eux, - à la juridiction des jugements moraux de blâme ou d'approbation. Pourquoi cela ? Il y en a deux raisons, l'une logique, l'autre téléologique. La première, la voici : c'est avec les personnes , dans le sens psychologique du mot, et non précisément avec les organismes où elles éclosent, dont elles sont la floraison supérieure, que nous sommes en rapport social, en rapport moral [1] ; or, la chaîne continue des actes volontaires, et aussi le tissu des habitudes qu'ils engendrent, est ce qui constitue essentiellement l'être personnel en nous ; c'est donc seulement à propos de nos exercices de volonté que nos relations morales entrent en jeu et ont droit de s'exprimer en jugements de même nature. - La raison téléologique, c'est-à-dire utilitaire, qui dérive nécessairement de la précédente et que Bentham avait aperçue déjà, la voici. Tous les actes humains, il est vrai, même involontaires, sont susceptibles d'être imités, même involontairement, et de se répandre ainsi par une contagion bienfaisante ou malfaisante ; mais l'imitation volontaire est la seule qu'il soit possible d'entraver ou de favoriser, par la perspective des châtiments ou des récompenses, des blâmes et des éloges ; par suite, c'est aux actes volontaires seuls que, utilitairement, le blâme et l'éloge doivent s'attacher. A ce fait évident que « n'est pas fou ni épileptique qui veut », M. Ferri croit répondre victorieusement par cette autre assertion, beaucoup moins incontestable, vraie cependant dans une certaine mesure : « n'est pas non plus criminel qui veut ». C'est vrai, quelquefois ; mais c'est inafférent à la question. Car, parmi les obstacles qui s'opposent à ce qu'on puisse toujours, même en le voulant bien, commettre certains crimes, figure, en bon rang, la crainte des châtiments ; mais cette crainte n'agit pas en général, ou n'agit pas sérieusement, sur l'esprit des fous, elle ne retient que les gens en possession de leur bon sens. Si l'on acquittait ces derniers quand ils volent ou tuent leur prochain, l'alarme serait grande, comme le remarque Bentham, parce qu'on y verrait justement un encouragement à l'imitation de ces forfaits par ceux que l'effroi de l'échafaud ou de la peine eût arrêtés ; il en existe, quoi que pense mon adversaire à cet égard. Au contraire, qu'importe qu'on laisse impuni un homicide commis par un fou, en tant que commis par un fou, ou un homicide involontaire, en tant *qu'involontaire ?* Le danger de l'imitation ne sera pas grand, puisque pour reproduire

---

1 M. Ferri ne paraît pouvoir admettre et comprendre que *l'identité physique,* nullement *l'identité personnelle,* et il suffit à ses yeux que l'inculpé soit reconnu *physiquement identique* à l'auteur de l'acte pour qu'il soit déclaré responsable pénalement !

Gabriel Tarde

par imitation ces actes, *comme tels,* et être dans le cas d'invoquer le bénéfice de ce précédent, il faudrait qu'on pût, à *volonté,* se mettre en état d'aliénation mentale... ou (pardon du néologisme) *d'involontaréité,* avant de les commettre. Ce sont là des distinctions très claires, et qui montrent la nécessité, au point de vue le plus rigoureusement utilitaire même, des jugements moraux.

C'est donc fermer les yeux à l'évidence, que de les méconnaître, aveuglement où le benthanisme, expression la plus lucide de l'utilitarisme, n'est jamais tombé ; et dire que la poursuite de la conservation sociale, donnée comme unique fondement à la peine, « est et doit être indépendante de tout élément de culpabilité morale chez le criminel », sans nul égard, même au caractère volontaire ou involontaire de son acte, ni à l'état de santé ou de maladie cérébrale sous l'empire duquel il l'a exécuté, c'est tout brouiller, prisons et hôpitaux, malheureux et malfaiteurs, c'est, sous prétexte de simplifier, tout bouleverser, et, sous prétexte de *conserver* la société, alarmer tout le monde en révoltant le sens commun. Après quoi, on osera reprocher à ma théorie de la responsabilité de n'être pas pratique, comme trop compliquée, et, lui opposant ce radicalisme niveleur qui, je l'avoue, est absolument dénué de complications, on vantera ce dernier, « idée nouvelle, dit M. Ferri, quoiqu'entrevue par quelques naturalistes, et peut-être la plus féconde de celles que j'ai avancées dans les premiers essais de l'école positiviste », idée par la vertu de laquelle « on pourra renouveler tout l'édifice juridique et social ». - Neuve, cette idée ! Mais elle est sœur jumelle du matérialisme le plus antique [1]. Féconde ? Oui, mais en conséquences qui la réfutent par l'absurde.

Il y a, certes, dans l'œuvre du maître italien, des choses pleines de fécondité ; il y a ses études de statistique, il y a sa compréhension sociologique des délits et des peines, sa large faculté de synthèse, d'assimilation, d'anastomoses nourricières et multiples entre sciences jusque-là séparées ; il y a son talent d'exposition et sa verve d'apostolat, son génie pratique aussi, latin de vigueur, italien de souplesse, français de clarté, et d'autres mérites, que nul plus que moi ne loue. Mais, pour faire tache, il y a ses idées en responsabilité, seule ombre au tableau ; et c'est de cela qu'il est fier !

1 Sans remonter bien haut, M. Dally, en 1863, niait la responsabilité morale.

Chapitre V : *Pro doma mea*

- Encore un mot. M. Ferri paraît ne pas comprendre la véritable portée de mon exigence relativement à la *similitude sociale.* Si j'avais parlé de *sympathie,* de solida*rité,* de *fraternité* sociale, peut-être aurais-je employé un langage en apparence plus clair, mais, en parlant de similitude, je m'attachais au fait objectif, *positif,* saisissable. Je prends un exemple contemporain et actuel qui fera bien saisir ma pensée. Un livre plein d'à-propos, et d'un vif intérêt, les *Manieurs d'argent,* par M. Deloume, nous révèle entre les mœurs financières de Rome dans les deux derniers siècles de la République et nos mœurs financières à nous de remarquables analogies, un peu exagérées quelquefois par l'auteur, mais réelles et frappantes. Il y a des différences pourtant, soit à notre avantage soit à notre désavantage. M. Deloume ne semble remarquer que celles qui nous sont avantageuses : il a raison de dire, notamment, qu'on ne voit plus de nos jours le corps de la magistrature tout entière et, qui plus est, le législateur lui-même, prendre sous sa protection les financiers les plus véreux, les « publicains », et couvrir d'une impunité à peu près assurée leurs exactions énormes, même produites au grand jour. On n'a jamais songé à faire, parmi nous, de loi tout exprès pour permettre aux Cornélius Herz et consorts, aux banquiers, sémites ou autres, d'exécuter à loisir leurs gigantesques escroqueries ; et, si nos hommes publics se laissent corrompre par eux, au moins avons-nous la consolation de penser que c'est illégalement. Mais, en revanche, - et c'est ici que la comparaison avec Rome ne nous est pas favorable, - c'est contre les provinciaux que les publicains exerçaient leurs déprédations, non contre les citoyens romains : ceux-ci, au contraire, en profitaient, puisqu'ils étaient les *actionnaires* en quelque sorte des grandes compagnies dirigées par ces grands voleurs. Or, le provincial, dans le dernier siècle de la République, n'était pas encore *romanisé* comme il l'a été plus tard sous l'Empire, époque à laquelle ont cessé les abus criants dont il s'agit. Il ne s'était pas encore, par imitation graduelle, assimilé la langue de Rome ; il n'avait pas copié ses statues, ses fresques, ses amphithéâtres, ses aqueducs, ses vices ; il n'avait pas fait de toutes les villes du bassin méditerranéen autant de Romes en miniature. Voilà pourquoi il était considéré comme un *étranger social* quoique incorporé politiquement à la République ; et voilà

Gabriel Tarde

pourquoi d'honnêtes gens, comme l'étaient les *chevaliers* romains, autant dire les publicains, et des chevaliers nourris de philosophie grecque, humanitaires de bouche, tels que Cicéron lui-même, Cicéron l'accusateur de Verrès, ne se faisaient nul scrupule de spolier le vaincu de la veille, gibier de chasse à l'usage de ces conquérants. Eh bien, je ne dis certes pas qu'ils aient eu le droit d'agir ainsi, mais je dis qu'en agissant ainsi ils étaient moins coupables, beaucoup moins coupables que ne l'auraient été d'autres fermiers de l'État plusieurs siècles plus lard, si, au temps d'Adrien ou de Marc-Aurèle par exemple, les mêmes cyniques spoliations avaient été commises. Je dis surtout que, à escroquerie égale, *cœteris pari-bus*, la culpabilité de nos financiers, de nos publicains contemporains, et de leurs complices, est encore supérieure, parce que l'immense épervier de leurs filouteries tombe non *sur* des étrangers sociaux, comme qui dirait les nègres africains, mais sur le public européen, qu'une longue et intime assimilation réciproque continuée pendant plus de mille ans a fondu en une sorte de grande famille internationale. Ai-je tort ou raison de penser ainsi ? Si j'ai tort, ma théorie est fausse ; si j'ai raison, elle est vraie.

Chapitre VI : Questions sociales

Voici trois gros ouvrages de sociologie, tous importants, qui ont paru à peu près en même temps. Ce sont : *La Lutte entre sociétés,* par M. Novicow ; *La division du travail social,* par M. Durkheim, et la traduction française de *La Lutte des races,* par M. Gumplowicz. Ce Russe, ce Polonais, ce Français, ne paraissent pas se connaître ou s'être mutuellement influencés ; ils ont suivi chacun et creusé chacun à part son ornière mentale, son sillon spécial dans l'immense friche du champ sociologique. Les concordances qu'ils peuvent présenter n'en sont que plus instructives, à travers leurs divergences, qui ne le sont guère moins. Et c'est un bon exemple des anastomoses spontanées qui se produisent entre des vaisseaux flexueux de pensées se déroulant indépendamment les uns des autres, inconsciemment s'abouchant, pour former le tissu d'une science nouvelle. Il sera curieux de savoir la réponse que vont faire ces trois savants à ces deux questions capitales : 1• qu'est-ce que le groupe social ? 2• quelle est la loi des transformations sociales ? La première n'offre qu'un intérêt théorique, mais elle se lie intimement à la seconde, qui a trait aux préoccupations les plus anxieuses du temps présent.

I

Qu'est-ce que le groupe social ? Quelle est la nature du lien qui cimente ses parties ? Aucun de nos trois auteurs, chose à noter, ne répond ici en s'appuyant sur la métaphore spencérienne de l'organisme social ; tous sont conduits, on me permettra de m'en réjouir personnellement [1], à une conception de la société qui, en rompant pour ainsi dire le cordon ombilical de la sociologie et inaugurant son autonomie à l'égard de la biologie sa mère, fait jouer à l'idée de similitude sociale, par suite à l'idée d'imitation, un rôle prépondérant. On dirait, cependant, à première vue, que l'idée de différence élémentaire a frappé davantage l'esprit pittoresque de M. Gumplowicz. S'il y a jamais eu cerveau affranchi du préjugé scientifique qui fait tout naître d'un homogène supposé initial ou fondamental, qui, à l'origine, et au fond de tout, dans ce bel univers multicolore, se plaît à imaginer une teinte immensément plate et unie, c'est bien le cerveau, quelque peu contrariant par nature, de ce vigoureux écrivain. C'est le polygéniste le plus décidé qui se soit vu depuis Agassiz. Il étend le polygénisme à tout : à la langue, à la religion, etc., aussi bien qu'à l'espèce humaine. « Partout, dit-il, aux commencements de l'histoire *connue*, nous rencontrons un très grand nombre de races humaines qui se regardent comme étrangères par le sang et qui, parlant chacune sa langue distincte, irréductible aux autres, professent chacune son culte à part. » Pour le sociologue, à ses yeux, l'existence « d'innombrables bandes humaines, hétérogènes, recouvrant la terre habitable », est un de « ces faits primordiaux dont aucune existence ne peut se passer » , tels que les atomes hétérogènes pour le chimiste ou les éparpillements des nébuleuses pour l'astronome. Mais, sans insister sur les lacunes d'une théorie qui, nous plaçant in *medias res*, postule ce qu'il serait intéressant et nullement interdit d'expliquer, cherchons quel est le ciment qui, d'après M. Gumplowicz, retient les individus liés dans chaque

1 Car j'ai traité cette question dans mes Lois de l'Imitation , chap. III .

Gabriel Tarde

bande considérée séparément. Il nous répondra, en cent endroits de son livre, que c'est la communauté de langage, de religion, de mœurs, en dépit de l'hétérogénéité physiologique des familles qui composent et ont composé de tout temps les États petits ou grands, nations, cités, clans ou peuplades. Une grande ressemblance sous tous les aspects d'ordre psychologique et social : telle est la force de cohésion du groupe, à laquelle, il est vrai, s'ajoute peu à peu, pour la fixer et la consolider, la ressemblance physiologique elle-même, quand, par le croisement prolongé, les races composantes se seront fusionnées en une race unique et nouvelle, qui entrera ultérieurement dans la composition d'une race future, et ainsi de suite indéfiniment. Mais ces races, entendues de la sorte, sont filles et non mères des phénomènes sociaux dont elles résument et consacrent les résultats ; et ces phénomènes sociaux se ramènent en définitive, à des actes d'assimilation.

M. Durkheim, à plusieurs points de vue, est l'antipode du sociologue précédent : il se représente l'humanité primitive comme formée de *segments* similaires entre eux. Mais, comme lui, et bien plus explicitement encore, il fonde, dans chacun de ces segments, qui sont les groupes sociaux primitifs, la solidarité sociale sur la similitude imitative des associés. Seulement, selon lui, à ce genre de solidarité par ressemblance se substituerait de plus en plus une solidarité plus intime et plus forte, par différenciation individuelle et division du travail. Nous aurons à apprécier la justesse de cette vue.

M. Novicow a beaucoup creusé le sujet des groupes sociaux en général, et surtout des groupes sociaux supérieurs, des nationalités. C'est lui qu'il convient d'interroger spécialement à cet égard. Il s'est demandé : qu'est-ce qu'une nation ? Où commence-t-elle et où finit-elle ? Quelles sont ses limites dans le temps et dans l'espace ? Sur ce dernier point, je le trouve vague ; il aurait pu remarquer d'abord, ce qu'il a négligé de faire, qu'il est tout autrement aisé de circonscrire une nation dans l'espace que dans le temps. Je sais où s'arrête, à un moment donné, la frontière de la France, et même, ce qui n'est pas la même chose, la frontière idéale de la nationalité française ; mais à quelle date précisément a pris naissance la nation française, je l'ignore. Plusieurs sociétés différentes se sont succédé sur le sol de l'ancienne Gaule depuis les Romains jusqu'à nos jours ; et pareillement sur le sol italien, hellénique, anglais, espagnol ; mais elles sont nées les unes des autres par accouchements successifs, partiels, sans nulle rupture ; et cette absence de discontinuité entre les sociétés mères et les sociétés filles suffirait à elle seule pour établir entre les soi-disant organismes sociaux et les organismes naturels une démarcation profonde. Mais laissons ce contraste pour l'instant. Quoiqu'il en soit, notre auteur définit la nation : un groupe d'individus semblables, non pas seulement, ni même nécessairement, par la langue, la religion, les usages, les arts, la littérature (de laquelle il s'exagérait un peu l'importance autrefois), mais encore plus par la manière de sentir et par la volonté commune d'être ou de demeurer politiquement unis.

Cette définition serait bien meilleure si M. Novicow l'avait complétée en ayant égard à la cause évidente d'où procèdent les similitudes qu'il indique. Peut-être eût-il, vu alors que, si, au point de vue de la circonscription du lien national, la communauté de langage, de culte, de mœurs, de culture littéraire, importe secondairement dans certains cas, et, dans d'autres cas, importe au plus haut degré, cela tient à la manière dont elle s'est opérée, toujours imitativement, mais tantôt par une contagion épidémique d'exemples étrangers, tantôt par leur descente en cascade élargie de couche en couche et leur transmission traditionnelle de génération en génération. Que la langue française, les idées, les écoles d'art françaises, se répandent dans la haute société russe, cela ne suffit pas à étendre jusqu'à la Néva la nationalité française ; cela seulement peut avoir l'inconvénient momentané, sinon de dénationaliser cette élite, au moins de détendre le lien national entre elle et le reste de la Russie ; mais si, suivant une conjecture et presque un souhait hasardés par M. Novicow, cet exemple des classes supérieures, propagé par les fonctionnaires de tout ordre, descendait peu à peu, s'infiltrait jusqu'à la cabane du dernier moujik, et ensuite se transmettait des pères aux fils pendant un ou deux siècles, une nouvelle nation russe surgirait plus forte et plus unie que jamais, grâce à cette substitution d'un même idiome à tant de patois locaux, d'un même ensemble d'idées, d'usages, de mœurs, de vêtements, à tant de diversités locales où se survit celle des multiples races annexées par la conquête du vaste Empire. Cette nouvelle Russie serait aussi bien, pourra-t-on dire, une nouvelle France, mais très distincte de l'ancienne. Car, en se réfractant dans cet autre milieu, les choses françaises auraient été russifiées par lui autant qu'elles l'auraient francisé. De là, pour qu'il y ait nationalité, la nécessité d'une aristocratie ou d'une capitale, ou à la fois de l'une et de l'autre, ou d'un faisceau de capitales sœurs, fabrique de modèles en tout genre ou contrefaçon originale de modèles étrangers, à l'usage de toutes les provinces et de toutes les classes, lentement assimilées et nationalisées. Paris, à ce point de vue, avec l'aide de ses rois et de ses grands, a fait la France, comme Athènes et Sparte ont fait la Grèce, comme Rome a fait la romanité, Moscou et Saint-Pétersbourg la Russie. Voilà pourquoi, par exemple, la langue littéraire, c'est-à-dire *aristocratique et urbaine,* la langue parlée par l'élite sociale, la langue parisienne en France, est bien plus essentielle que les dialectes ruraux à l'idée de nationalité. Et notez l'application que fait M. Novicow de cette observation générale : « Si, dit-il (p. 243), l'on admet, avec les publicistes allemands, que la langue littéraire est la caractéristique de la nationalité, alors les Alsaciens, qui parlent un dialecte alémanique, mais qui ont adopté le français comme langue littéraire, aussi bien que les Flamands et les Bretons, sont des Français et non des Allemands, » On ne saurait mieux dire.

On voit aussi par là que, s'il suffit de l'imitation pour établir un rapport social entre les hommes, le lien *national* exige une combinaison spéciale et intime de *l'hérédité* vivante avec l'imitation. Il y a une similitude dont M. Novicow n'a pas assez tenu compte, c'est celle des mêmes souvenirs, des mêmes destinées historiques. Un individu diffère d'un autre, fût-il son sosie, parce que chacun d'eux a des souvenirs propres ; ainsi diffèrent les nations. Et comme, pour que les mêmes images du passé subsistent malgré la continuelle mutation des cellules cérébrales, il faut que les nouvelles cellules soient engendrées par les précédentes, pareillement la perpétuité des traditions historiques sur un même territoire, en dépit du renouvellement de ses habitants, suppose la parenté des générations successives de ceux-ci. C'est surtout au point de vue du temps, plus que de l'espace, que cette relation physiologique est importante. En effet, une nationalité peut être, et, en fait, est toujours, une juxtaposition, dans l'espace, de races différentes, à la condition cependant que le faisceau de ces races soit resté uni, sinon croisé, pendant une longue et même suite de générations. La similitude dans les *manières de sentir, à* laquelle le savant russe attribue avec raison tant de vertu, requiert aussi ce lien génétique, et en outre le croisement des races diverses ; car les nuances du sentiment sont ce qu'il y a de plus physiologique en psychologie.

Tout cela est pour répondre à une notion trop superficielle du lien national que cet auteur semble se faire çà et là, quand, par exemple, poussant à bout l'individualisme tout spencérien dont il est imbu, il propose de laisser à chaque canton, à chaque ville, à chaque bourgade (pourquoi pas à chaque individu ?), la faculté de se détacher à son gré de son État et de choisir comme bon lui semblera sa patrie adoptive. Je dois faire observer aussi que toutes les nationalités existantes ou ayant existé, comme toutes les races, même réputées les plus pures, sont croisées et bâtardes. Il serait intéressant de rechercher à quelles conditions pourrait exister une nationalité parfaitement pure. Ne serait-ce pas un corps de peuple, formé isolément, à distance de tout autre, à partir d'un bourg devenu cité, et d'une cité inventive, ayant forgé elle-même toute ses institutions, puis multipliée en colonies essaimées autour d'elle, où elle se refléterait diversement dans le miroir d'une même race ?

II

En somme, sur la nature du lien social ou national nos trois auteurs sont d'accord en un point essentiel, et la coïncidence de leurs conceptions spontanées est assez remarquable ; mais, en revanche, ils sont loin de s'accorder sur l'idée qu'ils se font de l'évolution sociale. Ici se révèle, sous la divergence des doctrines, celle des humeurs et des tournures d'esprit. M. Gumplowicz, esprit pour ainsi dire mauvais coucheur, hirsute et heurté, qui se contredirait volontiers lui-même à l'occasion plutôt que ne pas contredire autrui, au fond penseur grave, droit et fort, prête aux

Gabriel Tarde

forces sociales les contrastes et les procédés violents qui lui sont familiers. M. Durkheim, rêveur tenace et tranquillement outrancier, logicien imperturbable, plus profond que juste, captieux au point de s'abuser lui-même et de se démontrer que ses constructions à priori sont des vérités d'observation, imagine aisément au dehors la continuité de déroulement logique et de développement paisible qu'il sent en lui même. Quant à M. Nowicow, on ne saurait être à la fois ni plus moderniste, ni plus d'un autre âge : c'est un grand seigneur de notre XVIIIe siècle français, mondain et savant, plein de foi dans la raison et de mépris pour les religions, épris de la vie de salon, curieux de tout, sensible à tout, optimiste, qui, après avoir dormi cent cinquante ans, s'est réveillé, a lu Spencer, a couru le monde, s'émerveille du présent, encore plus de l'avenir, et fait un livre pour se prouver que notre militarisme, scandale de notre belle civilisation lumineuse, va disparaître, que nos sociétés marchent vers un port assuré de paix, de raison et de plaisir. Etudions-les séparément.

Le « processus naturel social » , d'après M. Gumplovicz, qui dit vrai en cela, ne doit être assimilé à aucun des quatre autres « processus naturels ». Il n'est semblable ni à l'évolution sidérale de la nébuleuse, ni à l'équilibre mobile des systèmes planétaires, ni aux formations chimiques, ni au transformisme végétal, ni au transformisme animal. Il a cela seulement de commun avec eux tous, de consister dans le jeu d'une force *sui generis* développée par le choc mutuel d'éléments hétérogènes, chaos primordial, bric-à-brac originel. Ces éléments, ce sont ici les groupes ethniques. Cette force, c'est le désir éternellement et universellement éprouvé par tout groupe puissant « de faire servir à la satisfaction de ses besoins tout élément faible qui se trouve dans son rayon de puissance ou qui y pénètre ». Formule bien étroite et bien incomplète : est-il vrai que les désirs du fort soient les seuls moteurs de l'histoire, et que les désirs du faible ne comptent pas ? Est-ce que la tendance universelle et constante de celui-ci à se modeler sur son vainqueur, à s'élever ainsi de la subordination à l'égalité, ne joue aucun rôle social ? Est-ce que le vainqueur, de son côté, n'a pas des désirs de justice, de gloire, de beauté, autres que celui d'exploiter le vaincu ? N'importe, admettons que tout se réduise en histoire à la lutte pour la domination, et poursuivons. Engloutir, par voie de conquête, des races, des langues, des religions hétérogènes, puis les assimiler et les amalgamer en une race, une langue, une religion nouvelle, qui, à son tour, ou sera engloutie ou engloutira d'autres races, d'autres langues, d'autres religions, pour les digérer de la même manière : telle est le rythme uniforme du procès humain où les imbéciles croient voir un progrès. Ce recommencement perpétuel des mêmes phases, seulement sur un module sans cesse agrandi, c'est la diminution incessante du nombre des races, des langues [1], des religions, etc., différentes, pullulantes à l'origine, destinées à n'être plus que quatre ou cinq dans l'avenir ; c'est, autrement dit, l'unification graduelle du multiple, *l'assimilation de l'hétérogène,* tout juste l'inverse de cette prétendue *différenciation de l'homogène* qui serait, d'après Spencer, la loi supérieure de l'évolution.

Ne dites pas à ce sociologue original que les deux formules ont bien pu avoir leur raison d'être successive, que les innombrables hétérogénéités d'où il part ont bien dû être produites par quelque chose, par différenciation d'un homogène relatif, d'un moindre hétérogène, je dirais plutôt d'un *autre hétérogène,* et qu'ensuite le besoin a dû se faire sentir d'une opération contraire. Il vous répondrait que cela est impossible, car, dans ce cas, la loi du « processus naturel social » manquerait d'unité. Étrange raison de la part d'un esprit qui, comprenant si bien l'importance de *l'idée de différence radicale,* d'hétérogénéité, dans la coexistence des éléments, refuse de l'admettre dans la succession de leurs phases, et qui ne s'aperçoit pas de la contradiction impliquée dans ce refus. C'est l'opposé de M. Novicow, qui, lui, à l'instar de Spencer, postule l'homogène initial, mais croit fermement à la profondeur des transformations historiques, où, comme eût dit un philosophe grec, « tout change, même la loi de leur changement ». Ne dirait-on pas que l'esprit spéculatif, comme l'Univers même qu'il reflète, oscille entre deux besoins contradictoires ou complémentaires de

---

1 Les vues de M. Gumplowicz sur l'origine du langage sont dignes de remarque, et je les recommande au lecteur. Je ne sais si Platon a raison de dire que nul n'est philosophe s'il n'est géomètre ; mais certainement, pour être sociologue, il faut être quelque peu philologue. Car c'est dans la création des langues que l'homme social s'est révélé le plus à fond, avec tout ce qu'il y a en lui de routine et de caprice, de logique et d'inconséquence.

Gabriel Tarde

diversité et d'unité ?

L'organisation sociale de la tribu, de la cité, de la nation, où nous trouvons partout et toujours des maîtres et des esclaves, des seigneurs et des serfs, des exploiteurs et des exploités, la distinction des classes aussi bien que des castes, nous prouve clairement que tout groupe social a été formé par la conquête et l'annexion violente de groupes antérieurs. Cette composition par fusion forcée d'éléments discordants et hostiles est la conséquence nécessaire de ce fait, - auquel M. Gumplowicz n'a pas tort d'attribuer une grande portée, - que les membres d'un même groupe unifié ont entre eux des relations habituellement empreintes de justice et de bienveillance, mais qu'ils circonscrivent à leurs frontières le domaine de leur moralité, et que, par suite, c'est en dehors de ce « cercle syngénétique » qu'ils doivent chercher des forces humaines à dominer, des holocaustes humains à immoler aux dieux impérieux de leurs besoins. Le hardi écrivain n'est pas loin d'apercevoir une profonde sagesse providentielle dans les sentiments inhumains dont le ciel nous a pourvus à l'égard des étrangers. Sans cette inhumanité, suivant lui, il n'y aurait jamais eu de progrès humain dans la civilisation et la division du travail. - La division du travail, c'est justement le sujet du livre de M. Durkheim, et, à ses yeux, l'œuvre capitale de l'évolution sociale. M. Gumplowicz semble avoir voulu réfuter d'avance la théorie du savant professeur de Bordeaux. C'est une erreur naïve, dit-il, contrairement à celui-ci, de se représenter la division du travail comme s'étant opérée d'elle-même, par le besoin que les associés auraient éprouvé, dans leur intérêt commun, de se répartir les tâches. Comme si personne eût librement choisi les tâches ingrates et rebutantes, celles d'esclave, de serf, de domestique ! Même actuellement, peut-on dire sans se moquer que le choix des professions est libre ?

Il ne paraît pas non plus pénétré de respect pour l'idole du jour, le suffrage universel. La lutte des races pour la domination étant le fait majeur de l'histoire, il nous fait remarquer, en passant, qu'il est de l'essence de toute domination d'être exercée par une *minorité*, quelquefois avec, mais toujours contre une majorité. C'est malheureusement trop vrai. - Ce que je lui reproche, c'est de ne pas dire le résultat, bienfaisant en somme, où tend finalement l'exercice de cette domination. Puisqu'elle aboutit à l'unité de langue, de culte, d'idées, de mœurs, entre le vainqueur et le vaincu, et de deux races ne fait qu'une, elle force l'esprit de fraternité à s'étendre par-dessus la frontière des deux. D'où il résulte qu'une domination ne peut durer qu'en s'adoucissant et se mutualisant - qu'en se démocratisant, si l'on veut. - D'autre part, l'assimilation progressive des éléments hétérogènes ne nous achemine-t-elle pas inévitablement à la fin future des guerres et des exploitations de l'homme par l'homme ? Ainsi, même en réduisant la force motrice de l'histoire au principe égoïste et simpliste à l'excès dont il s'est servi, notre auteur nous conduit à la perspective d'un heureux dénouement du drame humain, parce que, au fond, il a fait sa part, inconsciemment, au principe de la contagion imitative où s'exprime et où se développe l'instinct social de sympathie. Mais il nous y conduit en détournant la tête : il raille les rêveurs de paix perpétuelle, n'accorde même point que la guerre ait rien perdu de son importance et de ses mérites d'autrefois, et termine par l'effrayant pronostic d'une catastrophe prochaine.

III

M. Durkheim nous épargne ces affreux tableaux. Avec lui, pas de guerres, de massacres, d'annexions brutales. Il semble à le lire que la rivière du progrès ait coulé sur un lit de mousse, sans écume ni saut périlleux, et que l'humanité, toujours tranquille, ait passé doucement, au cours des âges, d'un état de paix uniforme fondé sur la juxtaposition de clans ou de tribus similaires et inoffensives, à un état de paix multiforme et plus profonde encore, assuré par la réciprocité des services, entre catégories de travailleurs de plus en plus spécialisés et solidarisés en même temps. Le passage d'une sorte de régime paradisiaque à une sorte de régime phalanstérien : voilà toute la loi du changement social. Sans doute, on ne saurait imputer à un sociologue si distingué une conception à ce point chimérique ; mais elle se présente d'elle-même à sa lecture parce que, absorbé dans son sujet propre, dans sa grande préoccupation morale et économique, encore plus morale qu'économique, il n'a pas jugé à propos de compléter sa remarquable et profonde étude des

Gabriel Tarde

rapports intra-nationaux par celle des relations *inter-n*ationales. Visiblement, du reste, il est enclin à juger l'histoire en *neptunien*, non en *vulcanien*, *à y voir* partout des formations sédimentaires non des soulèvements ignés. Il ne fait point sa part à l'accidentel, à l'irrationnel, cette face grimaçante du fond des choses, pas même à l'accident du génie, qui est un de ces *premiers commencements dont* parle M. Renouvier, mais qu'il a le tort, je crois, de placer dans les décrets miraculeux du vouloir libre. Il s'occupe assez souvent de l'imitation, jamais de l'invention, quoique l'une émane de l'autre, celle-là de celle-ci.

Laissons-le se résumer lui-même. « La vie sociale a deux sources, nous dit-il, la similitude des consciences (ou, plus généralement, des personnes), et la division du travail social. L'individu est socialisé dans le premier cas, parce que, n'ayant pas d'individualité propre, il se confond, ainsi que ses sembla-bles, au sein d'un même type collectif ; dans le second, parce que, tout en ayant une physionomie et une activité personnelles qui le distinguent des autres, il dépend d'eux dans la mesure même où il s'en distingue, et par conséquent de la société qui résulte de leur union. » Le passage d'un régime à l'autre s'accompagne d'un changement profond, mais non, comme on a le tort de le craindre, d'un affaiblissement nécessaire de la Moralité et du Droit. Le premier régime implique un assujettissement à une morale commune, méticuleuse, autoritaire, religieuse, à un Droit pénal compliqué et volumineux, contrastant avec un Droit civil embryonnaire ; le second développe une morale professionnelle, large, volontairement acceptée, laïque, un Droit pénal restreint, débordé par un Droit contractuel sans cesse croissant. L'élaboration d'une Morale et d'un Droit est, en effet, non seulement le grand *desidera*tum de l'heure présente, mais le grand oeuvre de l'histoire. Comment, cependant, s'est accomplie cette transformation ? Comment les sociétés primitives, segmentées en clans similaires quoique fermés, sortes d'émaux cloisonnés, sont-elles devenues nos sociétés organisées en systèmes de professions divisées et subdivisées, solidarisées par leur dissemblance même ? Est-ce par l'action prolongée d'un calcul utilitaire mieux compris, d'une soif de bien-être plus ressentie ? Non ; l'auteur montre à merveille l'insuffisance de cette explication à priori. C'est, dit-il, par des forces sociales, nées de la mise en rapports des individus, et non tirées de leur cœur directement, que s'expliquent les choses sociales. Or, on observe que le volume et la densité des sociétés vont toujours en augmentant ; et parallèlement, on voit croître la division du travail. Donc, cet accroissement en volume et en densité est la vraie cause de ce dernier phénomène.

Telle est, dégagée de nombreux aperçus attachants par leur ingéniosité, par l'intelligence de la psychologie collective qui s'y révèlent à chaque page [1], l'idée mère de M. Durkheim. Elle repose sur une conception pure de son esprit qu'il a prise à tort pour une suggestion des faits. Elle ne présente, en tout cas, qu'une vérité bien partielle, bien relative, bien insuffisante comme fondement unique ou principal d'une théorie sociologique. D'abord, il est inexact que le type segmentaire soit exclusivement propre aux sociétés naissantes. Toute société est bâtie sur ce type. Seulement, les segments similaires vont s'agrandissant : au début, le clan ou la tribu ; de nos jours, la nation. L'Europe actuelle est une société segmentaire formée de la France, de l'Allemagne, de l'Italie, etc., véritable émail cloisonné aussi. Puis, n'est-il pas visible que la similitude des segments, petits ou grands, est et a toujours été un produit de l'imitation ? Avec cette distinction, toutefois, que l'imitation agit autrement à l'intérieur et à l'extérieur du groupe où est né le modèle imité : il s'opère ainsi de clan à clan, de tribu à tribu, de cité à cité, d'État à État, une continuelle *endosmose ou exosmose* d'exemples qui donne à de simples traductions originales la valeur de créations spontanées. - Enfin pourquoi les segments vont-ils s'agrandissant, pendant que leur nombre va diminuant ? Parce que les uns s'annexent violemment les autres, par ambition, par cupidité, par amour de la gloire, par fanatisme prosélytique ; ici je renvoie M. Durkheim à M. Gumplowicz, quoique la réponse de ce dernier laisse à désirer. S'il n'est pas vrai que les groupes sociaux sont profondément hétérogènes et essentiellement hostiles entre eux, il est certain qu'ils sont habituellement rivaux, souvent

---

1 J'ai regret à ne pouvoir citer (p. 109 et 110) une remarquable peinture des sentiments collectifs suscités par le crime, et les conséquences que l'auteur en déduit avec profondeur relativement aux caractères que la pénalité doit revêtir pour remplir son office social. Je recommande ces pages aux criminalistes, ainsi qu'une sévère mais excellente critique de Lombroso (p. 178 et suiv.).

Gabriel Tarde

en guerre, et toujours différents les uns des autres, malgré leur fonds commun de caractères semblables dans les limites d'une région donnée. Ces différences, autant que ces ressemblances, expliquent leurs rivalités et les antipathies fréquentes, causes de batailles, sans lesquelles leurs cloisons séparatives ne tomberaient jamais. A quoi reconnaît-on qu'elles sont tombées entre deux « segments » ? A ce qu'ils n'ont plus l'idée de guerroyer l'un contre l'autre. Quand les guerres de fief à fief ont pris fin au XVe siècle, la segmentation féodale a fait place à la segmentation nationale. Alors, par la multiplication des rapports entre individus jusque-là divisés, par leur sécurité et leur production grandissantes, la densité du groupe s'est accrue en même temps que son volume ; et, puisque ce sont là, d'après notre auteur, les causes génératrices de la division du travail, on voit que celle-ci dépend elle-même, en définitive, du hasard des guerres, des abus de la force, du meurtre et de la spoliation en grand. On peut donc s'étonner de la confiance qu'elle inspire à M. Durkheim et de la vertu qu'il lui prête de nous conduire nécessairement à une Morale et à une Justice plus haute ou plus humaine.

Heureusement, la division du travail a une autre cause encore, la principale, de laquelle dérivent aussi les deux causes que M. Durkheim indique, ou à défaut de laquelle celles-ci n'agissent pas, tandis que, même non suivie de celles-ci, elle est efficace. Des pays peuvent être vastes et très peuplés, « très volumineux et très denses », comme la Chine et l'Inde, sans que la grande industrie et la grande division du travail y débordent par-dessus les « segments » des familles closes et juxtaposées ; bien mieux, la population a beau y croître, s'y condenser assez rapidement, comme dans ces mêmes empires gigantesques, la rudimentaire division du travail n'y fait aucun progrès. Au contraire, des Etats européens, tel que la France, de médiocre étendue, où la population, faiblement dense, est stationnaire, se hérissent d'usines de plus en plus géantes, s'organisent en un système de professions de plus en plus étendu et complexe. Pourquoi ? Parce que ces dernières sociétés se montrent très inventives, et les précédentes très peu. Toujours une invention, qui suscite une nouvelle branche d'activité, est la poussée qui fait avancer d'un nouveau pas la division du travail, non pas seulement dans le sens économique, mais dans le sens artistique, juridique, scientifique, du mot. Aussi est-ce seulement dans le cas où l'accroissement d'une population est dû à son inventivité, au lieu d'être un simple effet de sa fécondité physiologique, qu'il marche de front avec le progrès de la division du travail. On peut me répondre, il est vrai, que l'inventivité d'un peuple a ses périodes de hausse et de baisse, et que ces vicissitudes doivent s'expliquer par celles de la fameuse lutte pour la vie qui devient plus âpre dans les sociétés à population pullulante. Or, il est certain que la lutte pour la vie pose les problèmes dont les inventions sont les solutions, et quand elle les pose très impérieusement, elle suscite souvent la force de les résoudre ; mais pas toujours, comme le prouve l'exemple de tant de régions asiatiques ou africaines. Elle n'y parvient que lorsqu'il s'agit de solutions très faciles ou assez faciles à deviner. A mesure que grandit la difficulté d'invention, la lutte pour la vie a beau redoubler d'âpreté, les problèmes qu'elle formule restent plus longtemps non résolus ou le sont plus mal ; et, dans la même proportion, *l'accidentalité* du génie joue un rôle grandissant. Elle a joué, par suite, un rôle considérable dans la conception de la locomotive et du télégraphe électrique, dont la propagation imitative a fait, en quelques années, tomber par miracle, comme les murs de Jéricho, les cloisons de tant de segments en des sociétés arriérées, jetées de la sorte, bon gré mal gré, dans la fournaise de la civilisation moderne.

Fille du génie, ainsi, et non pas seulement de la guerre - et même, dans ce dernier cas, fille du génie militaire avant tout, - la division du travail petit parfois prétendre à réaliser cette oeuvre de haute moralisation, de socialisation intense, que M. Durkheim attend d'elle. Et, de fait, elle l'accomplit ou semble l'accomplir dans quelques sociétés, pas dans toutes. Cherchons la raison de cette différence. Visiblement, la division du travail n'est ni *socialisante* ni moralisatrice là où, poussée à bout, au point d'effacer toute communion d'idées, de mœurs, de langue même, entre les classes professionnelles, elle les accentue en castes, profondément divisées. En cet état de pureté, de différenciation parfaite, sans nul alliage d'assimilation, elle est comparable à ces cas de mutuel parasitisme où deux espèces vivantes, un papillon et une fleur, un animal et un autre animal, se rendent l'une à l'autre des services signalés, ce qui crée entre eux une solidarité *organique,* je le veux bien, mais nullement sociale et morale. La division du travail ne contribue à socialiser et à moraliser qu'aux époques et dans les milieux où, comme aux beaux jours des corporations du moyen âge et dans certaines de nos démocraties modernes, en Europe, en Amérique, elle se tempère d'une forte dose de similitudes générales en fait de croyances ou de connaissances, de culte ou d'art, de mœurs ou de droits, et, loin de rétrécir le domaine de ce communisme supérieur, de cette indivision sacrée entre concitoyens égaux et semblables au fond, ou plutôt semblables en haut, se touchant par leurs sommets, tend au contraire à l'approfondir et à l'étendre.

C'est qu'en effet l'opposition établie par M. Durkheim entre les deux espèces de solidarité sociale qu'il admet, et dont l'une se substituerait nécessairement à l'autre, me semble illusoire. Il a très bien reconnu que la division du travail n'est pas le fait fondamental des sociétés, qu'elle suppose préalablement « la communauté des croyances et des sentiments. » Mais ce qu'il a négligé d'apercevoir, c'est qu'elle a pour conséquence habituelle de développer et de fortifier, sous de nouvelles formes, cette communauté intellectuelle et morale, en multipliant les objets de cette richesse commune et facilitant singulièrement leur diffusion. L'assimilation des individus par contagion imitative et leur différenciation par coopération laborieuse, - leur assimilation comme consommateurs de livres, de journaux, de vêtements, d'aliments, de plaisirs même et de satisfactions quelconques, et leur différenciation comme *producteurs,* - vont progressant parallèlement [1] et non pas l'une aux dépens de l'autre. Voyez l'armée, ce type accompli de l'union sociale abstraite et pure, sans rien de familial ni de psychologique, artificielle par conséquent : nulle part la différence des tâches n'est si grande, ni si grande non plus la similitude des esprits et des cœurs. Il en est, au degré près, de la société comme de

1 Ou plutôt il arrive d'ordinaire, contrairement à l'ordre de succession formulé par M. Durkheim, que la solidarité appelée par lui organique précède la solidarité qu'il appelle mécanique. Autrement dit, quand deux nations ou deux classes, restées jusque-là étrangères et dissemblables l'une à l'autre, commencent à se rendre de mutuels services, à échanger des marchandises, des besoins et des idées, elles ourdissent de la sorte entre elles des rapports qui les assimilent et les conduisent au patriotisme social.

l'armée. Pendant que le champ d'abord si étroit des échanges et des mutuels services ne cesse de s'agrandir, déborde les limites de l'enclos domestique, puis les remparts de la cité, puis maintenant les frontières des États et les rivages des océans, et de mille marchés clos ne fait qu'un unique marché ouvert, en même temps, et grâce à cette transformation même, le champ des mutuels exemples, ou des exemples unilatéraux, s'agrandit d'autant, et primitivement si resserré, plus tard élargi, couvre à présent le monde entier où de multiples petites civilisations obscures, sans rayonnement imitatif autour d'elles, sont en train de se fusionner en une seule civilisation universellement rayonnante. Or, est-il permis de dire que, comparée à la différenciation utilitaire dont elle s'accompagne, cette assimilation civilisatrice, à laquelle nous devons, autant qu'au troc international, les progrès du Droit international, notre acheminement vers une grande fédération des États civilisés, mutuellement assimilés, fussent-ils même inutiles les uns aux autres, est un lien social devenu sans importance ou dont l'importance s'est amoindrie ? [1]

Qu'on ne se méprenne point sur le fond de ma pensée. On pourrait croire qu'à mes yeux la différenciation est simplement le moyen terme entre l'assimilation initiale et l'assimilation finale. Prolongeons la série comme il convient, en deçà et au delà de ces trois termes, et nous verrons, à l'inverse, que la différence est l'alpha et l'oméga des phénomènes considérés dans leur ensemble, en tout ordre de faits physiques, vitaux ou sociaux, tandis que leur similitude, et, par suite, leur répétition, qu'elle se nomme ondulation, hérédité ou imitation, est un simple moyen terme. Et, de fait, il serait bien temps de poser enfin nettement, dans toute sa généralité, à propos du livre de M. Durkheim, une question importante en vérité, et même inquiétante, celle de savoir quel est le vrai rapport hiérarchique de ces deux rapports de similitude et de différence, d'unité et de diversité, que nous voyons partout liés et contrastant comme le *verso* et le *recto* de la Nature. Lequel est le

---

1 Si le lien social n'était point formé de similitudes plutôt que de services réciproques, les diverses provinces d'un même État ne devraient se sentir unies que dans la mesure de leurs rapports commerciaux. Mais on les voit, au contraire, fraterniser entre voisines, même sans nul commerce entre elles, et, malgré les relations commerciales les plus actives, se traiter en étrangères quand elles sont éloignées et dissemblables.

Gabriel Tarde

verso, et lequel est le recto ? Lequel est ou doit être subordonné à l'autre ? Ce qui importe, dans le firmament, est-ce l'accablante et majestueuse uniformité de ces gravitations répétées, de ces phases périodiques toujours les mêmes, de ces systèmes stellaires ordonnés sur des types identiques, ou bien le fondement et l'aboutissement de tout cela, les bizarres déchiquetures des nébuleuses primitives, le désordre de leurs emplacements, de leurs distances, de leurs volumes, et l'impression singulière, d'une singularité unique en soi, essentiellement fugitive et irretrouvable, que produirait à coup sûr l'aspect du ciel sur une rétine assez vaste pour en embrasser tous les détails simultanés, pour refléter la synthèse originale, à chaque instant renouvelée, de ces répétitions banales ? Dans le monde de la vie, ce qui importe, est-ce la routine héréditaire, continuée pendant des siècles de siècles, ou bien l'étincelante fantaisie qui jaillit incessamment de cette routine et d'où elle procède aussi bien, car de cette écume des variations individuelles l'espèce est née, l'espèce routinière, si féconde en nouvelles variations ? Si j'interroge là-dessus l'artiste et le savant, ils répondront en sens contraires ; l'artiste ne s'attache et n'attache de prix qu'à l'instantané de ses visions changeantes, le savant qu'aux objets impérissables de ses contemplations. Lequel a raison ? Il est urgent de répondre car la question nous touche de près. Elle s'applique à notre monde social, et là, l'œuvre dont il s'agit, c'est nous-même, notre visage propre, notre cœur humain à nous, notre nuance qui se joue un moment à la surface houleuse et monotone de la vie sociale. Que vaut cette bulle d'air auprès de ces vagues d'où elle sort, où elle va s'engloutir ? Et ses irisations nuancées suffisent-elles à lui mériter même l'honneur de cette comparaison ?

Assurément ; et c'est surtout ici que la diversité apparaît comme la source et comme la fin de l'unité ; c'est surtout ici que cette vérité éclate et qu'il est essentiel, théoriquement et pratiquement, de la reconnaître, ne serait-ce que pour refouler les empiétements d'un socialisme mal compris qui, sous prétexte de combattre l'individualisme, tendrait à tuer l'individu. Exister c'est différer. Des existences, et, par suite, des différences primordiales, c'est là l'inévitable postulat. Sur ces matériaux travaille l'effort assimilateur qui, de ces hétérogénéités brutes, se heurtant

comme des couleurs simples, extrait le suc de différences toutes
différentes, de variations complexes et fondues, tout intérieures.
Pour aller jusqu'au bout de cette élaboration, l'assimilation
intermédiaire elle-même a dû changer, comme la différenciation.
Dans les sociétés naissantes, l'imitation est principalement
unilatérale, un homme en bloc est imité par tous les autres ; et
la similitude *sociale* de ces hommes, d'ailleurs s'entre-heurtant par
leurs caractères et leurs tempéraments divers, consiste à porter
l'estampille d'un même type social, dont les éléments sont si
simples et si peu nombreux qu'ils peuvent aisément se fixer ainsi
en une combinaison unique. D'autre part, la différence sociale de
ces hommes est de même nature ; car, dès les plus embryonnaires
sociétés, il existe une division du travail unilatérale en quelque
sorte [1], non seulement sous forme économique, par la distinction
tranchée du maître et de l'esclave, et des esclaves de différentes
catégories, mais encore sous forme religieuse et linguistique.
Très anciennement les parleurs et les auditeurs [2], et à une époque
postérieure, le *scribe* et les *lecteurs* (songer à l'importance du
scribe égyptien) : voilà linguistiquement, la grande division du
travail, comme religieusement celle du sacrificateur et des fidèles,

1 Je veux dire par là que les services rendus par cette spécialisation sont unilatéraux.
2 Dans la période linguistique de l'humanité - je l'appelle ainsi parce qu'il est à
supposer que l'élaboration de la parole était alors la grande oeuvre humaine où se
concentrait toute la force inventive du génie humain, comme plus tard elle s'est
tournée vers l'élaboration d'une religion, d'une science, d'une industrie, d'un
art, - dans cette période vraiment primitive, où nous ne pouvons remonter que
par conjectures, il est infiniment vraisemblable que la faculté de parler n'a pu être
vulgarisée, généralisée, au point où nous la voyons. Il n'est aucune fonction sociale
qui n'ait commencé par être le monopole d'une élite ; et c'est peu à peu, par un
processus précisément inverse de celui que formule M. Durkheim, c'est-à-dire
par le passage de la division à l'uniformisation du travail, que tout le monde est
devenu à la fois, tour à tour, producteur et consommateur de la parole. Au début,
la masse ne sachant pas parler encore, pouvait déjà cependant comprendre la parole
d'autrui, prestigieuse et subjuguante, mais avec effort, avec un grand effort, qui a été
s'affaiblissant. C'est ainsi que nos enfants entendent le langage de leurs parents assez
long-temps avant de parvenir à le reproduire, et que, plus tard, ils savent lire avant
de savoir écrire. On doit se figurer les premières classes ou les premières familles
comme des assemblées muettes où un corps d'inspirés ont seuls le pouvoir et le droit
de se faire entendre. C'est là la première corporation sociale, le corps oratoire, qui,
à une époque postérieure, fort déchu de son prestige ancien mais conservant encore
un grand ascendant, est devenu le corps des aèdes, des poètes à la façon de Linus et
d'Orphée.

Gabriel Tarde

comme politiquement, celle du gouvernant et des gouvernés. Mais toutes ces distinctions vont s'atténuant, non se renforçant, au cours de la civilisation, parce que, ce qui était unilatéral devenant réciproque (en vertu d'une loi dont j'ai expliqué la cause ailleurs), une autre sorte de division du travail introduit des différences sociales d'un nouveau genre. Celles-ci apportent des similitudes toutes nouvelles, dues à l'action d'une imitation, principalement réciproque, par laquelle les hommes s'empruntent, non pas une combinaison fixe et toute faite d'exemples divers, mais tels ou tels exemples qu'ils combinent à leur gré, d'une manière d'autant plus variée que le nombre des modèles de détail à imiter s'est multiplié prodigieusement. En sorte que, plus ils s'imitent socialement ainsi, plus ils se différencient individuellement. Différenciation de luxe, celle-là, bien différente de la différenciation utile qui produit et requiert la division du travail. Mais celle-ci n'aura été que l'instrument inconscient et nécessaire de celle-là, qui est sa raison d'être. Toute l'évolution est suspendue à l'attrait de ce cachet unique qui spécialise tout être vivant, non pour le travail mais pour le plaisir, non pour l'utilité mais pour la beauté du monde. - L'artiste a donc raison, et le savant a tort. - J'en vois la preuve manifeste dans ce nivellement démocratique, dont la spécialisation professionnelle, chose étrange en apparence, hâte les progrès, et qui coïncide avec la tendance actuelle à la diminution graduelle des heures de travail, ainsi qu'à l'effacement des caractères jadis si tranchés, qui, par le costume, les moeurs, le genre de vie, distinguaient les diverses professions. En consacrant de la sorte une portion de notre temps et de notre pensée toujours moindre aux occupations qui nous spécialisent professionnellement et une proportion toujours plus grande à celles qui nous humanisent, qui, tout en nous assimilant, nous diversifient chacun dans notre sens individuel, nous mettons la division du travail à son véritable rang, nous affirmons sa subordination nécessaire à notre *socialisation* et à notre *individualisation* simultanément croissantes. Qu'on me pardonne ces deux barbarismes. [1]

---

1 Depuis que ces lignes sont écrites, M. Durkheim a publié, dans la *Revue philosophique,* une série d'articles sur la *Méthode en sociologie,* qui vont paraître en volume. Les tendances fâcheuses qui déjà se montrent dans sa *Division du travail social,* s'accentuent dans ce nouvel ouvrage. L'auteur y pousse au plus haut point son aptitude à prendre les conceptions de son esprit pour des constatations « objectives »,

IV

Avec M. Durkheim, nous venons de côtoyer le problème du socialisme, avec M. Novicow, nous allons entrer en plein dans une autre grave question de notre temps, celle du militarisme. À la vue de cette Europe si une et si désunie, où grandit avec l'adoucissement, avec l'amollissement des mœurs, le fléau des combats, et qui vit dans la perpétuelle angoisse de la paix armée en attendant des catastrophes fratricides, à ce spectacle paradoxal, il est impossible de ne pas se demander : Est-ce que vraiment ce cauchemar militaire durera toujours ? N'y aura-t-il pour l'homme jamais d'autre paix perpétuelle à espérer que la mort ? La guerre est-elle éternelle et nécessaire ? Oui, a répondu impitoyablement M. Gumplovicz ; mais la conclusion de M. Novicow est plus rassurante. Et cette conclusion, il la déduit de toute une théorie de l'évolution sociale si séduisante et si nourrie d'informations précises, il l'expose avec tant d'âme et d'amour de l'humanité, que le plus récalcitrant des sceptiques se laisse entraîner aux pentes de son rêve.

Non, dit-il, la guerre, le meurtre, n'est pas la seule chose humaine qui ne mourra point. La loi vraie, c'est la lutte. - on reconnaît ici le disciple de Darwin et de Spencer, - mais la guerre n'est qu'une des formes de la lutte, de la lutte animale même, et à plus forte raison de la lutte humaine, dont la forme finale est tellement adoucie et spiritualisée qu'elle prend partout le nom d'alliance. Les espèces vivantes qui luttent ensemble, tantôt guerroient pour se manger, d'autres fois pour s'asservir comme font les fourmis conquérantes des pucerons, tantôt, sans guerroyer, se livrent à une exploitation appelée parasitisme, qui est le plus souvent unilatérale, mais quelquefois réciproque. Ce dernier cas est peut-être le terme

---

et rien n'est plus éminemment subjectif que ce livre où il est sans cesse question *d'objectivité*. C'est une suite de déductions présentées comme des inductions de l'observation et de l'histoire. Il faut rendre cette justice à ce sociologue distingué qu'il ne recule devant aucune conséquence. Pour recommander sa méthode en faisant voir « sous quel jour tout nouveau » elle présente les sujets les plus rebattus, il n'hésite pas à dire qu'elle le conduit à considérer une criminalité élevée, voire même une criminalité progressive, telle que la nôtre, comme faisant « partie intégrante de la santé » du corps social. Nous aurons à examiner ailleurs ce singulier et d'ailleurs utile paradoxe.

Gabriel Tarde

dernier où tend la lutte séculaire entre l'homme et l'animalité. « Elle aboutira à une gigantesque alliance » dont notre domestication actuelle des plantes et des animaux n'est que le prélude. A coup sûr, la lutte entre hommes ne saurait avoir une moins favorable issue.

La lutte humaine diffère d'abord d'elle-même d'après la nature de ses fins. Il y a la lutte anthropophagique, entreprise pour manger les prisonniers de guerre ; la lutte économique, pour voler des aliments, pour s'emparer d'un marché commercial ; la lutte intellectuelle enfin, pour l'extension envahissante de nos idées, de nos oeuvres, de nos exemples. Cette dernière manière de lutter, la seule vraiment humaine, se divise en diverses variétés, toutes plus importantes que les batailles les plus renommées. Elle comprend : la lutte entre les cultes, par l'éclat de leurs cérémonies, par l'héroïsme de leurs missionnaires, etc. ; la lutte entre les écoles artistiques ; la lutte entre les langues. On ne prend pas garde à celle-ci, qui est capitale et dont les vicissitudes obscures contribuent à déplacer incessamment les frontières des nationalités. Le français et l'italien en Italie, le berbère et l'arabe en Algérie, le français et l'allemand en Suisse... combattent pied à pied par le livre, par l'école, par le discours. « En Europe, l'anglais empiète constamment sur le celtique en Irlande et dans le pays de Galles. *Le français fait reculer tous les idiomes qui touchent à ses frontières :* le celtique en Bretagne, les dialectes languedociens en Auvergne, dans le Dauphiné et la Guyenne, le flamand en Belgique et *l'allemand en Suisse...* Dans le Tyrol méridional *l'italien empiète aujourd'hui sur les dialectes germaniques ;* le magyar recule devant le roumain ; au Canada, la frontière linguistique entre les Anglais et les Français se déplace *au profil de ces derniers. » Il* semble, en vérité, que ces races et ces langues néo-latines, réputées si finies, ont quelque peu de sève encore ! - Plus importante encore est la lutte entre les nationalités, qui cherchent incessamment à s'assimiler l'étranger, à convertir l'infidèle autour d'elles. Le résultat de ces conversions continuelles méritait un nom spécial : c'est la *dénationalisation* du vaincu, ou plutôt du converti. L'auteur se résume lui-même en disant (p. 154) que « les luttes entre sociétés humaines ont pour but d'abord la possession des produits alimentaires, puis celle des richesses, et *enfin le désir de l'assimilation mentale. »* - Mais il faudrait se garder

Chapitre VI : Questions sociales

de croire que, dans l'évolution historique des sociétés, l'ordre de succession des divers genres de lutte est toujours celui que nous venons d'indiquer. Il y a bien des exceptions : par exemple, les guerres de religion du XVIe siècle, luttes mentales par la nature de leur fin, ont précédé et non suivi les guerres économiques et politiques dont l'Europe a été ensanglantée plus tard. Ce n'est donc pas là un ordre irréversible.

Si les fins successivement ou alternativement poursuivies par les luttes humaines sont différentes, les procédés mis en oeuvre pour triompher dans chacune d'elles, quel que soit son but, sont aussi multiples et variés. Ces procédés, eux aussi, se différencient en physiologiques, économiques, politiques, intellectuels. Physiologiques : accroissement de la population. Économiques : protection d'après les uns, libre échange d'après les autres. Mais M. Novicow est trop spencérien pour n'être pas un anti-protectionniste décidé. Chose singulière, après avoir entendu l'idée de lutte en un sens si compréhensif qu'il y fait rentrer la conversation et l'amour même, - la conversation, parce que les interlocuteurs se disputent l'autorité persuasive ; l'amour, parce que courtiser c'est chercher *à conquérir* et que le flirt est une escarmouche d'avant-poste, - après cela, il refuse de reconnaître que le commerce soit une lutte aussi, et qu'il soit permis de s'y garantir par des cuirasses et des boucliers. Cette anomalie ne peut s'expliquer que par l'influence des idées de Spencer sur l'opposition prétendue entre les sociétés du type militaire et les sociétés du type industriel et commercial.

Poursuivons. Les procédés politiques seraient mieux nommés militaires : ce sont les armements et les conquêtes belliqueuses. Ils ont fait leur temps, d'après l'enthousiaste écrivain, et là-dessus il ne tarit pas. Rien de plus ruineux à présent que la défaite, si ce n'est la victoire. La guerre n'est plus qu'une survivance.

Il s'agit, pour étendre vraiment sa nationalité, « d'assimiler d'abord, d'annexer ensuite », à l'inverse des conquérants, qui coûtent si cher. Aussi n'est-il pas douteux, en dépit de la crise militaire actuelle, que les procédés intellectuels sont destinés *à* l'emporter finalement. Ils consistent « à faire adopter certaines idées (et certains sentiments) à un autre individu », soit par la contrainte légale, soit par la persuasion libérale. Par la contrainte, quand une religion, quand une langue est protégée ou persécutée, quand la collation des grades est refusée à certaines écoles, quand le socialisme d'État sévit, quand, en Prusse, par exemple, « les Polonais sont obligés de payer eux-mêmes les frais de leur propre dénationalisation ». Par la persuasion, quand la propagande orale ou écrite s'exerce librement à armes égales, mais de plus en plus perfectionnées. Il reste à faire bien des perfectionnements à cet égard : « Organiser la librairie, simplifier l'orthographe, simplifier la grammaire » (ce qui est un coup de patte à l'allemand) [1]. Cela fait, on verra clairement l'inutilité des persécutions et des protections, et la supériorité de l'imitation spontanée sur l'imitation contrainte.

La lutte, à mesure qu'elle s'intellectualise, cesse d'être une souffrance et devient une joie de plus en plus intense ; elle s'accompagne de moins en moins de haine et de plus en plus de politesse. Les femmes peuvent y prendre part, et, quand ce progrès sera accompli, il n'y aura plus de raison de leur refuser les droits politiques. Autant, en effet, elles sont impropres à la guerre, autant elles sont aptes et prédestinées à la propagande soit linguistique, soit religieuse, soit artistique et littéraire, soit, avant tout, nationale.

Nous nous trouvons ainsi conduits à étudier, après les formes de

1 Du reste M. Novicow reconnaît la portée du principe de l'imitation, ce qui ne veut pas dire qu'il lui fait toujours sa part légitime. Ici, par exemple, il écrit : « Les moyens rationnels (progressifs) de la lutte intellectuelle sont : au point de vue de l'attaque, la propagande orale ou écrite ; au point de vue de la défense, l'imitation. » Mais quel est donc le terme visé par la propagande, sinon l'imitation ? Et peut on considérer comme un moyen de défense ce qui, au contraire, est le but voulu par les assaillants ? M. Novicow du ailleurs que « l'imitation est la forme de l'adaptation *passive* au milieu social », et que l'amour est l'adaptation *active*. Or, pourquoi cela ? Parce que « aimer quelqu'un, c'est vouloir le *rendre semblable* à soi ». Autrement dit, c'est vouloir l'imiter ou qu'il nous imite. Il n'est donc pas vrai que l'imitation et l'amour s'opposent l'un à l'autre comme le passif et l'actif. L'auteur ne le sait-il pas, après avoir écrit (p. 115 et suiv.) de si belles pages sur l'amour et sa puissance d'assimilation ? - (p. 102) « Soit qu'un peuple adopte la langue d'un autre pays par impulsion spontanée, *c'est-à-dire par imitation,* en vue d'un avantage social, soit qu'il subisse une pression économique ou politique, soit qu'il cède à une propagande, toujours est-il que la lutte entre les langues est perpétuelle et universelle. » On voit clairement dans ce passage la part beaucoup étroite que l'auteur (comme tout le monde, par habitude) fait à l'imitation.

Chapitre VI : Questions sociales

la lutte, celles de l'alliance, de la solidarité humaine toujours plus profonde et plus vaste. Malheureusement, ce que dit l'auteur à ce sujet est gâté par l'obsession darwinienne de cette idée de lutte où il veut faire rentrer de force l'idée contraire. Dans la Justice elle-même - quoiqu'il dise ailleurs qu'elle est « un mode particulier de l'équilibre universel des forces » , - il ne voit qu'un procédé propre « à assurer le triomphe des meilleurs » dans la bataille pour la vie. Armé de cette définition, il combat énergiquement trois choses qu'il met presque sur le même rang : l'esclavage, le protectionnisme (cet esclavage collectif), et le socialisme d'État. Mais ne semble-t-il pas que l'esclavage, par exemple, a été justifié, dans l'antiquité et dans les temps modernes, précisément parce qu'on l'a regardé comme « le triomphe des meilleurs » , c'est-à-dire du Spartiate sur l'ilote, et du blanc sur le nègre ? Sur les progrès du droit international. M. Novicow a de beaux développements. Mais il nous dit que la justice internationale est aussi le triomphe des meilleurs. Cela ressemble terriblement au droit du plus fort. A la vérité, il ne croit pas que la victoire soit le seul ni le plus juste juge de la supériorité nationale ; mais à ses yeux, la nation qui s'épanche le plus vite et le plus loin est la plus élevée, - car ce Russe, qui aime surtout la France, admire surtout l'Angleterre, - et celles qui se resserrent méritent leur sort. Il convient donc que celles-ci se laissent pacifiquement dévorer par celles-là. Il faut tenir à la civilisation plus qu'à sa nationalité.

Tel n'est pas l'avis de M. Espinas. « Nous tenons, dit-il, à nos institutions, à nos coutumes, à notre religion, à notre langue, non parce qu'elles sont les plus parfaites, mais parce qu'elles sont nôtres ; et il suffit qu'elle soient à nous, qu'elles nous viennent de nos pères, pour que nous les jugions et qu'elles soient, en effet, pour nous, les plus parfaites. » J'ajoute que les nations les moins avancées, justement à cause de leur faible avancement, ont la foi la plus énergique en leurs idées, l'attachement le plus profond à leurs institutions. S'il en est ainsi, est-ce que le sacrifice de leur vie à leur type social, c'est-à-dire la guerre, n'est pas pour elles le Devoir suprême ? Et est-ce que la suprême lâcheté n'est pas de se laisser, sans résistance désespérée, annihiler en ce qu'on a de plus cher et de plus sacré ? Tout au moins la nation menacée d'invasion linguistique, religieuse, industrielle, par l'étranger, devra lui fermer ses portes, comme le Maroc. Et alors, si l'étranger veut satisfaire ce besoin d'expansion qui est senti comme un devoir supérieur par les nations qui se croient supérieures, il faudra faire la guerre au Maroc ? Et puis, est-ce que l'hétérogénéité profonde des diverses civilisations ne s'oppose pas à ce que la supériorité de l'une sur les autres puisse être démontrée, qu'elle puisse même exister sans compensation redoutable ?

Il y a quatre groupes de civilisations, qui sont en même temps, chose utile à noter, des groupes de religions : le groupe chrétien, le groupe mulsuman, le groupe brahmaniste, le groupe bouddhiste [1]. Entre ces groupes il ne peut y avoir ni fusion ni conquête pacifique. Il ne peut y avoir que mutuelle tolérance ou conversion à main armée. Il faut choisir.

Pourquoi pas la tolérance cependant ? Pourquoi pas au moins, dans le sein de chacun de ces groupes immenses, entre les nations fraternelles qui le composent, la fédération ? Ce serait déjà si beau, à défaut de cette fédération universelle que M. Novicow croit possible sans guerre ni conquête, sans domination universelle. Renonçons à ce rêve transcendant ; mais l'autre, plus restreint, plus pratique, est-il donc si chimérique de le rêver, après tant de grands esprits, Bentham, Kant, Saint-Simon, parce que la réalité des faits, à l'heure présente, semble lui donner un brutal démenti ? Regardons-y de près, il en vaut la peine ; ne nous laissons pas éblouir par l'étincellement de toutes ces baïonnettes et des canons miroitant au soleil des grandes manœuvres. Au fond, l'enthousiasme militaire est mort, la foi militaire est morte. C'est comme une religion frappée au cœur, se survivant dans son culte extérieur. « Tous les peuples, on l'a dit, emploient-tout leur argent à préparer tous les hommes pour une guerre dont tous les peuples ont peur et dont tous les hommes ont horreur. » Preuve éclatante, soit de ce que peut l'entraînement collectif, l'enracinement routinier des traditions belliqueuses du passé, ici comme dans le cas du duel, à l'encontre des vœux individuels et actuels. Mais à la longue, il est impossible que, par les progrès de la conscience sociale, cette contradiction entre les tendances de la collectivité et les désirs

1 Le cinquième, le groupe mexico-péruvien, a été détruit par la découverte de l'Amérique.

Chapitre VI : Questions sociales

des individus, entre les habitudes des peuples et leurs aspirations, ne se résolve point. Plus que ces grossissements des budgets de guerre, plus que ces remuements de corps de troupes , une chose me frappe dans l'Europe de nos jours : c'est le progrès, c'est le succès croissant, quoiqu'inaperçu, de l'arbitrage international. La statistique ici est pleine d'espoir. Tandis que, en cinquante-quatre ans, de 1794 à 1848, on ne compte que neuf cas d'arbitrages de ce genre, on en compte quinze en vingt-deux ans, de 1848 à 1870, et trente-quatre en vingt et un ans dans la dernière période de 1870 à 1891. L'arbitrage dans les conflits des nations entre elles progresse encore plus vite que dans les conflits des patrons et des ouvriers, où il est cependant pratiqué chaque jour davantage. En apparence, on dirait que ces classes rivales, enrégimentées en syndicats, n'ont que la soif de s'entre-détruire ; en réalité, elles témoignent d'un esprit de conciliation toujours plus manifeste. La multiplicité des conventions internationales, sous forme d'union postale ou monétaire, de traités commerciaux, de traités d'extradition, de réglementation même et d'adoucissement de la guerre, confirment hautement cette induction. Visiblement, les nations de notre civilisation américano-européenne, se solidarisent de plus en plus, parce que de plus en plus elles s'unifient. L'Europe est mûre pour la résurrection de la paix romaine, de la paix humaine. Ce qu'un Adrien ou un Trajan a pu, en un temps d'assimilation bien moindre, de communications bien plus malaisées, d'échanges bien moins actifs, il est singulier qu'on le dise irréalisable, insensé, absurde, quand toutes les barrières naturelles entre peuples tombent l'une après l'autre et que les barrières artificielles subsistent seules.

Et quand ce serait une chimère ! En sommes-nous donc à une chimère près ? Le reproche est curieux, adressé à quelques rêveurs généreux par notre génération crédule à tant d'utopies, à tant de réclames politiques et financières, à tant de superstitions ranimées, aux promesses du collectivisme, du néo-fouriérisme, aux manœuvres frauduleuses de la Haute Banque, à tous les mirages du charlatanisme industriel, scientifique ou autre, et qui rougirait de croire, rougirait même de penser à la possibilité d'une lueur de bon sens éclairant à la fois tous les peuples et leur montrant le port délicieux du désarmement universel ! Après

Gabriel Tarde

tout, cet idéal, qui cesserait d'être chimérique le jour où tout le monde y croirait, il suffit d'en propager l'idée, le désir, la volonté, pour le rapprocher de notre main. Il est navrant de penser que noire jeunesse contemporaine perd son temps, gaspille son cœur à poursuivre tous les rêves, excepté celui-là. Et dire que, parmi tant d'hommes d'État européens - je ne dis pas français ; nous Français, nous devons nous taire là-dessus, ou ne parler que tout bas, entre philosophes, - il n'en est pas un, pas un seul, qui, entre des milliers de programmes extravagants, de propositions de loi paradoxales, ait osé déclarer la guerre à la guerre, et proposer aux peuples de désarmer puisqu'ils n'ont nulle envie de se battre. Rien ne me donne une plus triste idée, que cette constatation, du personnel politique de l'Europe. A défaut d'un peu d'audace, il suffirait d'un peu de cœur pour surmonter la sécheresse ironique, l'affectation de scepticisme et de pessimisme qui est à la mode à présent, et qui a ridiculisé l'abbé de Saint-Pierre aux yeux des sectateurs mêmes de Fourier. Supprimer la guerre : là est le nœud du problème social.

N'est-il pas plus facile, en somme, ou moins difficile de le trancher que de supprimer la propriété individuelle, d'établir la « nationalisation du sol » et l'organisation du travail ? Qu'on veuille réfléchir un instant à ce que serait le séjour de notre Europe si la paix y était assurée, à l'allégement des budgets, à l'ardeur de la production, au débordement de la richesse, au progrès de la population, et l'on verra de quel poids pèse sur nous la simple menace de la guerre, et combien il est plus urgent de la dissiper que de nationaliser le sol, au simple point de vue même du bien-être populaire ! On ne compte au passif de la guerre que ses affreuses boucheries et ses engloutissements ruineux de milliards ; mais il faut compter aussi les enfants que son appréhension empêche de naître. Tout père de famille le sait bien. Autant la guerre accroît la mortalité, autant et plus encore sa menace entrave et restreint la natalité. Et, quand cette plaie nous ronge, nous jugeons superflu d'y chercher remède, pendant que, pour nous débarrasser de quelques verrues, nous ne parlons de rien moins que de nous résigner aux plus douloureuses amputations, aux opérations chirurgicales les plus dangereuses ! Avons-nous le droit, après cela, de railler l'abbé de Saint-Pierre ? Pour moi, j'applaudis de grand cœur M. Novicow et je m'associe à son rêve, si rêve il y a.

Chapitre VII : Les délits impoursuivis

Tout le monde sait maintenant que la statistique criminelle atteste la progression rapide et presque continue de la criminalité française depuis plus de soixante ans. On sait que, si le chiffre des affaires portées devant les assises a diminué, c'est par suite d'une tendance louable des parquets à correctionnaliser les crimes pour échapper de plus en plus à la juridiction du jury, mais que, d'ailleurs, les homicides, qui se prêtent malaisément à la correctionnalisation, n'accusent aucune diminution, même apparente ; et que, en ce qui concerne les affaires jugées par les tribunaux correctionnels, c'est-à-dire la grande masse de la criminalité, il y a une hausse comparable à celle de nos fonds publics. Le chiffre des délits communs, des délits vrais, abstraction faite des délits plus ou moins conventionnels, et pour ainsi dire fictifs, a passé de la moyenne annuelle de 41.000, en 1826-1830, à 191.000 (en chiffres ronds), dans ces dernières années. Spécialement pour les vols, la progression a été remarquable :

En 1826-30 la moyenne annuelle a été de 12.576 prévenus.

En 1836-40	»	» 22.102 »
En 1846-50	»	» 31.990 »
En 1856-60	»	» 40.619 »
En 1866-70	»	» 36.851 »
En 1876-80	»	» 41.552 »
En 1886-90	»	» 47.941 »
En 1891 le chiffre a été de		» 50.870 »

A part la période quinquennale de 1866 à 4870, il y a ininterruption dans la marée montante.

Or, tout cela, je le répète, est assez connu. Mais ce qu'on ignore généralement, c'est une autre augmentation non moins inquiétante, qui vient s'ajouter à la première et la grossir à nos yeux. Je veux parler de l'accroissement énorme et non moins significatif des plaintes, dénonciations, procès-verbaux quelconques qui

Gabriel Tarde

dénoncent des crimes ou délits aux procureurs de la République et qui sont classés sans suite dans les cartons des parquets, ou se terminent par des ordonnances de non-lieu rendues par les juges d'instruction. Que le nombre total des plaintes, dénonciations et procès-verbaux quelconques, classés ou non classés, ait quadruplé de 1831-1835, époque où il était de 114.181 en moyenne, à 1890, où il est de 470.948, cela peut s'expliquer à la rigueur dans un sens optimiste, pourvu qu'on ne décompose pas ces chiffres. On peut dire que c'est là l'effet naturel du progrès de l'instruction, qui sollicite doucement un nombre croissant de gens à dénoncer leur voisin au commissaire de police, aux gendarmes, au maire, au procureur de la République, comme un nombre croissant de jeunes paysannes à écrire des lettres d'amour. Les lettres d'amour n'ont-elles pas quadruplé aussi depuis 1831 ? C'est fort possible.

Cependant, il est bien peu probable à priori, que cette considération soit ici d'un grand poids. Elle expliquerait seulement la progression des plaintes ou dénonciations écrites de la main de leur auteurs ; mais en revanche, si la criminalité était restée la même, le nombre des plaintes et dénonciations verbales faites aux auxiliaires de la justice, aurait dû aller en diminuant. Car ce n'est nullement la tendance à dénoncer et à se plaindre qui a été accrue par l'instruction primaire et secondaire généralisée ; c'est seulement la tendance à dénoncer et à se plaindre par écrit. C'est parmi les illettrés et les ignorants que sévit la maladie chronique, très antique et non récente, d'aller importuner un maire, un commissaire de police, un brigadier de gendarmerie, à propos d'une poule volée ou d'un échange d'injures sur la voie publique. À mesure que l'homme s'instruit, s'enrichit, se civilise, il devient moins processif et moins plaignant. Un escroc parisien, désireux de se faire emprisonner dans la saison voulue, a quelquefois beaucoup de peine, d'après ce qui m'est raconté par un criminaliste digne de foi, pour se faire arrêter. L'un d'eux, dernièrement, est allé dans un grand restaurant commander et consommer un déjeuner des plus confortables ; note à payer, 80 francs, qu'il n'a pas payés, bien entendu. Croyez-vous que le patron l'ait dénoncé à la justice ? Pas le moins du monde, « Moi, a-t-il dit, aller perdre mon temps au palais pour cette affaire ! Mettez-moi tout bonnement cet homme à la porte. » Dans un autre hôtel, le même individu est allé commettre une nouvelle filouterie d'aliments du même genre et il n'a pas été plus heureux. A la troisième ou quatrième fois seulement, il a pu satisfaire son singulier désir d'incarcération.

Croyez-vous que les maîtres volés par leurs domestiques ou par leurs fermiers, les consommateurs volés par leurs fournisseurs, les gens dupés par des escrocs, aient plus de propension qu'autrefois à les dénoncer ? Je crois précisément le contraire. L'énergique sentiment du droit de propriété a décru chez le propriétaire autant que chez le prolétaire, et, pour que la violation de ce droit commence à indigner le premier lui-même et à prendre aux yeux de tous un caractère délictueux, il faut des faits de plus en plus graves. Ce qui passait pour péché passe pour peccadille ; et non seulement on est porté chaque jour davantage, dans le public autant que dans les parquets, à correctionnaliser les crimes, mais encore à civiliser les délits. Ce qui eût été, il y a trente ans encore, poursuivi en cour d'assises comme vol qualifié, passe pour vol simple, et ce qui eût été jugé devant les tribunaux correctionnels comme escroquerie ou abus de confiance, passe pour une simple « affaire civile ». Rien n'est d'un plus haut comique que l'air d'importance d'un juriste qui, après examen d'une affaire où ruisselle la fraude, oppose dédaigneusement à l'indignation d'un honnête homme inculte cette sentence sans appel : « Un délit, cela ! Ce n'est qu'une affaire litigieuse... » Or, comme les subtilités de la métaphysique juridique sont le premier exercice intellectuel où se complaise le cerveau d'un ignorant qui commence à se dégrossir, il y a fort à parier que dans le public même, hors du milieu spécial des hommes de loi, on est de plus en plus enclin à ne voir qu'un procès civil là où nos pères auraient vu un fait réellement délictueux.

Admettons, pour un instant, l'hypothèse que la vulgarisation de l'art d'écrire et de la rage d'écrire à la justice explique la progression à la fois des délits poursuivis et des délits impoursuivis. Mais, dans cette hypothèse, ne faudrait-il pas aussi que le nombre des procès devant les tribunaux civils eût été croissant dans la même proportion ? N'y aurait-il pas les mêmes raisons d'expliquer en un sens optimiste cette marée montante de litiges si elle se produisait jamais ? Mais elle ne se produit pas. Et la processivité, chose significative, est restée à peu près stationnaire pendant que la délictuosité s'avançait à grands pas.

Du reste, si l'explication que je combats était fondée, si vraiment la progression des plaintes, dénonciations, procès-verbaux parvenus au parquet avait pour cause principale, ou pour cause importante, la propension grandissante à correspondre avec la justice sans raison sérieuse, nous en aurions la preuve en voyant grandir aussi, avec une rapidité précisément égale, c'est-à-dire très forte, la proportion de ceux de ces papiers qui ont été classés sans suite : 1• parce que les faits qui y étaient relatés ne constituaient ni crime ni délit ; 2• parce que ces faits, même présentant les caractères apparents ou formels d'un délit ou d'un crime, étaient insignifiants. Ce sont là deux catégories nettement distinguées dans nos statistiques, et il y en a deux autres : 3• celle des affaires (constituant d'ailleurs crime ou délit) dans lesquelles l'auteur est resté inconnu, 4• celle des affaires où il y a eu insuffisance d'indices contre l'auteur ou les auteurs désignés [1].

Or, loin d'aller grandissant, la proportion des deux premières colonnes d'affaires classées sans suite va diminuant plutôt, si on les additionne. La première, il est vrai, a bien augmenté un peu (de 37 à 45%, de 1830 à 1880), mais la seconde a diminué un peu plus (de 21 à 11%, dans le même intervalle de temps).

C'est assez, je crois, discuter une objection si peu soutenable, la seule pourtant à laquelle puisse se raccrocher l'optimisme aux abois. Pour couper court à toute discussion, je donne ici le tableau 1) des affaires impoursuivies par les parquets pour ces deux causes : incognito des auteurs et insuffisance d'indices ; 2) des ordonnances de non-lieu rendues par les juges d'instruction pour les deux mêmes causes. J'ai donc eu soin d'éliminer toutes les affaires classées comme ne constituant ni crime ni délit et comme insignifiantes. On peut, par suite, tenir pour avéré que chacune

---

1 L'intitulé de cette dernière colonne ajoute, il est vrai : « ou pour tout autre cause », mais cet et cœtera, qui est de style pour ainsi dire, n'empêche pas qu'il ne s'agisse toujours d'un crime ou d'un délit et d'un fait grave. C'est ce qui importe au point de vue de la criminalité générale, sinon de la pénalité.

Chapitre VII : Les délits impoursuivis

des unités comprises dans les chiffres qu'on va lire correspond à un fait délictueux ou criminel, et à un fait délictueux ou criminel demeuré impuni. La progression de la criminalité et la progression de l'impunité s'expriment à la fois, s'expliquant en partie l'une par l'autre, dans ces chiffres plus éloquents que tous les commentaires.

En lisant la partie de ce tableau qui concerne les cabinets d'instruction, on devra se rappeler que, depuis fort longtemps, les parquets ont une tendance prononcée à confier de moins en moins d'affaires au magistrat instructeur. Les procureurs de la République et leurs substituts ont presque toujours le droit d'opter entre l'information officielle par voie de réquisitoire adressé au juge d'instruction et l'information officieuse par lettre adressée ou plainte transmise à un juge de paix, à un brigadier de gendarmerie, à un commissaire de police. Cette seconde manière de procéder présente des avantages de célérité et de facilité qu'on apprécie de plus en plus. La simplification des procédures est la voie des parquets, comme la simplification des grammaires, des rites, des cérémonies, est la voie du langage, de la religion, de la politesse. C'est l'application d'une loi sociologique. Il ne faut donc pas s'étonner si la proportion des affaires mises à l'instruction, parmi celles que le parquet poursuit, diminue sans cesse, et si leur nombre absolu lui-même a diminué. La diminution, depuis la réforme judiciaire, s'explique encore par une autre considération : en supprimant beaucoup de sièges de juges, on a assujetti au service de l'audience beaucoup de juges d'instruction, et, dès lors, le parquet a dû, dans beaucoup de cas où précédemment il les eût requis, ménager leurs forces aux dépens d'un auxiliaire d'ordre inférieur. En 1861-65 (pour ne pas remonter au déluge) le nombre des affaires mises à l'instruction était, en moyenne, par an, de 61.616 ; en 1890, il n'est plus que de 38.659. Il a diminué de plus de moitié. Si donc, dans le tableau ci-joint, la partie relative aux juges d'instruction montre des chiffres en décroissance, il est vrai, mais en décroissance moins rapide que celle du total des affaires instruites, il faudra se garder de juger ce résultat avantageux ; et, à fortiori, il faudra considérer comme lamentable une augmentation, si faible qu'elle soit, constatée dans la colonne de tel ou tel délit, en dépit de cette diminution dans l'ensemble.

Gabriel Tarde

À ce point de vue, j'appelle l'attention sur la progression des homicides [1] instruits et demeurés impunis. De 199 en 1861, ils s'élèvent par degrés à 332 en 1890. Et l'on persiste à nous dire que la criminalité violente a diminué ! Pour mettre cette singulière assertion, en ce temps de dynamite, à une autre épreuve, regardez à la colonne des coups et blessures, soit dans le compartiment du parquet, soit dans celui de l'instruction. Dans celui-ci, il n'y a pas progression, à la vérité, il y a stationnement numérique, ou peut s'en faut ; mais nous savons que cela équivaut, d'après ce qui vient d'être dit, à une réelle augmentation des coups et blessures. Quant aux coups, aussi graves ou moins graves, mais toujours véritablement délictueux, que le parquet n'a pas poursuivis, faute d'en avoir trouvé les auteurs ou la preuve, ils ont passé du chiffre de 1312 en 1861 à celui de 5334 en 1890. Ils ont plus que quadruplé.

---

1 Sous la qualification générique d'homicides, j'entends quatre crimes distincts : le meurtre, l'assassinat, le parricide et l'empoisonnement. Quant à l'infanticide, je l'écarte, comme étant un homicide d'une nature tout à fait spéciale, et d'une bien moindre gravité.

Chapitre VII : Les délits impoursuivis

| | Par les parquets | | | | | | par les juges d'instruction | | | | | | | |
Années	Homicides	Coups	Viols	Incendies volontaires	Vols	Escroqueries et abus de confiance	Totaux	Années	Homicides	Coups	Viols	Incendies volontaires	Vols	Escroqueries et abus de confiance
1861	55	1,312	211	725	30,581	1,070	42,191	199	441	319	826	4,022	884	8,616
1862	86	1,631	219	632	31,103	1,316	43,963	211	451	352	810	3,913	916	8,665
1863	68	1,838	250	882	31,022	1,453	45,082	206	423	312	884	3,491	767	7,944
1864	61	1,834	214	968	30,222	1,593	44,838	181	406	348	892	3,186	744	7,382
1865	84	2,337	254	966	31,791	2,109	48,512	174	442	322	835	3,062	655	7,138
Moyenne annuelle	**70**	**1,790**	**229**	**834**	**30,943**	**1,508**	**44,517**	**194**	**432**	**330**	**855**	**3,534**	**793**	**7,949**
1876	130	5,106	301	844	42,283	3,282	69,026	290	420	374	502	3,501	917	8,829
1877	117	5,010	236	827	45,364	3,698	73,329	369	422	402	576	3,360	968	9,268
1878	127	5,054	257	804	46,069	3,564	73,198	292	393	342	582	3,051	889	8,350
1879	103	5,336	284	973	79,623	3,482	76,534	251	409	397	539	3,298	850	8,124
1880	145	5,211	316	1,151	57,328	4,253	86,552	333	420	466	660	3,587	979	9,079
Moyenne annuelle	**124**	**5,143**	**278**	**919**	**48,133**	**3,655**	**75,727**	**307**	**412**	**384**	**571**	**3,359**	**914**	**8,730**

Gabriel Tarde

Années	Par les parquets								par les juges d'instruction					
	Homicides	Coups	Viols	Incendies volontaires	Vols	Escroqueries et abus de confiance	Totaux	Années	Homicides	Coups	Viols	Incendies volontaires	Vols	Escroqueries et abus de confiance
1881	128	5.320	559	998	55.761	4.451	85.277	350	420	417	616	3.587	969	8.935
1882	127	5.394	296	876	55.366	4.310	83.463	335	454	425	573	3.526	1.116	8.771
1883	170	5.450	299	1.030	55.954	4.282	85.412	322	455	437	581	3.733	1.236	9.347
1884	87	5.284	245	1.362	57.225	4.269	88.545	320	511	412	524	3.426	1.208	9.066
1885	69	4.968	229	1.171	61.435	4.313	92.076	345	402	385	557	3.281	1.252	9.451
Moyenne annuelle	116	5.283	285	1.088	56.948	4.327	86.954	334	448	414	570	3.510	1.156	9.114
1886	98	5.452	258	1.279	60.905	4.793	92.350	354	482	442	550	3.433	1.302	9.827
1887	89	5.389	184	1.550	62.214	4.601	94.503	352	394	412	553	3.034	1.367	9.176
1888	101	5.165	223	1.211	66.342	4.962	99.055	334	401	390	492	2.934	1.181	8.636
1889	105	5.414	210	1.234	69.077	4.641	103.442	284	462	434	497	2.892	1.152	8.374
1890	57	5.254	194	1.124	71.138	4.669	104.265	338	388	448	493	3.186	1.113	8.491
Moyenne annuelle	90	5.334	213	1.245	65.915	4.733	98.741	332	425	425	517	3.095	1.223	8.900

Chapitre VII : Les délits impoursuivis

Si, maintenant, nous additionnons ensemble, période par période, les homicides poursuivis et les homicides laissés sans poursuite, voici les résultats auxquels nous sommes conduits. La moyenne annuelle des homicides poursuivis a été :

en 1861-65 de...318
en 1876-80 de...364
en 1881-85 de...426
en 1886-90 de...417

Ajoutons ces chiffres à ceux que nous connaissons déjà et nous verrons que la moyenne annuelle des homicides poursuivis ou impoursuivis a été :

en 1861-65 de...582
en 1876-80 de...795
en 1881-85 de...876
en 1886-90 de...839

Nous remarquons avec plaisir que, dans la dernière période quinquennale, il y a un léger recul numérique : momentané, c'est à craindre, en ce temps d'anarchisme. Quoiqu'il en soit, de 582 en 1861-65 à 839 en 1886-90, la progression est déjà suffisamment alarmante, et il n'en faut pas davantage pour être fixé sur l'inversion prétendue entre la criminalité, violente qui irait en diminuant pendant que la criminalité frauduleuse grandit. L'une et l'autre augmentent, mais la seconde plus vite encore que la première.

Ici l'augmentation est réellement inquiétante. Le chiffre des dossiers de vols clos, pour les deux motifs susdits, par des ordonnances de non-lieu, a diminué d'un sixième environ, il est vrai, c'est-à-dire de la moyenne de 3534 en 1861-65 à celle de 3095 en 1886-90 ; mais en même temps, les ordonnances de non-lieu relatives aux escroqueries et aux abus de confiance ont presque doublé, s'élevant de la moyenne de 793 à celle de 1223. L'anomalie apparente de cette progression et de cette diminution parallèles s'explique en réalité fort bien par la nature plus délicate les questions de fait et de droit soulevées par les affaires de la deuxième catégorie. Le parquet se voit donc, malgré lui, bien plus souvent en pareille matière qu'en matière de vol, forcé de recourir à la vieille machine de l'instruction.

Quant aux classements sans suite du Ministère public, ils se sont multipliés avec une grande rapidité à l'égard de ces deux catégories de délits. Pour les escroqueries et les abus de confiance, d'abord l'augmentation a été, régulièrement, du chiffre de 1070 en 1861 à celui de 4669 en 1890 ; et pour les vols, plus régulièrement encore, elle a été de 30.581 en 1861, à 71.038 en 1890.

A présent, additionnons encore, comme nous l'avons fait précédemment, les délits poursuivis et les délits impoursuivis de ces deux nouveaux genres. Les vols poursuivis (crimes et délits confondus ont été au nombre :

en 1861-65 de..31.317
en 1876-80 de..34.565
en 1881-85 de..36.571
en 1886-90 de..37.933

Ajoutons-y les impoursuivis et nous avons les chiffres suivants :

en 1861-65de..62.260
en 1867-80de..82.598
en 1881-85de..93.519
en 1886-90de..103.848

Opérons de même sur les escroqueries et les abus de confiance correctionnels. Poursuivis ils se chiffrent ainsi :

en 1861-65 ....6.114
en 1867-80 ....6.371
en 1881-85 ....7.198
en 1886-90 ....7.686

Si on y ajoute les délits de même nature impoursuivis, on a au total :

en 1861-65 ....8.415
en 1876-80 ....10.940
en 1881-85 ....12.681
en 1886-90 ....11.642

Je croirais faire tort à l'intelligence du lecteur en insistant pour lui montrer l'importance de ces constatations. Un mot seulement. L'impunité des crimes est toujours une chose grave et un spectacle démoralisant ; presque autant que la non-récompense des hautes vertus, elle décourage l'homme de moyenne honnêteté, qui se demande à cette vue si l'injustice est reine du monde ou si l'arbitraire est roi. Cela est si vrai que, pour échapper à l'évidence de cette anomalie, à l'oppression de ce mystère, la conscience populaire a conçu les supplices d'outre-tombe, l'enfer justicier et vengeur de la terre ; et, dès la vie présente, a imaginé les poursuites de l'ancien régime contre les morts mêmes, les châtiments infligés aux cadavres, ainsi que les exécutions par effigie. Au fond de ces extravagances macabres, et de bien d'autres, se lit un sentiment fort, une association d'idées indissoluble entre le crime et la peine, et l'impossibilité de croire à l'impuissance de la justice humaine elle-même, image de celle de Dieu. Or il est certain que cette foi est une erreur et que, en dépit de tous les efforts, une partie notable des méfaits restera toujours soustraite à l'action pénale. Mais cette proportion devrait aller en diminuant au fur et à mesure que progressent les sociétés. Qu'elle augmente, au contraire, et qu'elle grandisse rapidement, c'est là une amère déception pour ce siècle qui finit, c'est une tache pour notre civilisation française et européenne.

M. Durkheim, il est vrai, est là pour nous rassurer. Les recherches de ce sociologue distingué, dirigées par sa méthode, lui ont démontré logiquement que la criminalité n'est nullement un état social morbide, qu'elle fait « partie intégrante de la santé du corps social », que, par suite, sans un bon fonctionnement de l'assassinat, du vol, du viol, de l'escroquerie, etc., il n'y aurait pas de progrès ni de félicité possibles pour un peuple. À ce compte, nous devons nous réjouir des constatations qui précèdent ; seulement, on peut trouver que la France se porte en vérité trop bien, en cela semblable d'ailleurs à la plupart des nations voisines, Italie, Allemagne, etc. Et il faut plaindre l'Angleterre qui, voyant tous les ans baisser sa criminalité et ses prisons se désemplir, couve évidemment quelque grave maladie.

Chapitre VIII : Histoire des doctrines économiques

Il y a tant de clarté, d'air et d'aisance dans l'ouvrage de M. Espinas qui porte ce titre, l'auteur nage avec si peu d'effort apparent dans son vaste sujet, qu'il faut lire la table et l'index pour se rendre compte de tout ce qu'il a condensé et amassé là. Il va de Xénophon, de Platon, d'Aristote, à Karl Marx et à nos socialistes contemporains, en passant par Thomas Morus et Campanella, Bodin et Montchrétien, les physiocrates, Adam Smith, etc. Chaque doctrine est caractérisée d'un mot bref et net, et sa filiation mise à nu. Parfois il trouve moyen de résumer ses résumés, comme en cette simple phrase si lucide : « Des deux tendances que nous avons vues se combattre dans les ouvrages des philosophes de l'antiquité, à savoir la recherche de la meilleure organisation économique et l'aspiration à la vertu considérée comme incompatible avec la richesse, le moyen âge avait surtout suivi la seconde ; la Renaissance suivra la première. » Et l'âge moderne a suivi la Renaissance à cet égard. À la fin de son livre, M. Espinas croit pouvoir conclure que l'art économique (c'est-à-dire l'économie politique envisagée comme art) « suit dans ses variations une direction déterminée ». Détaché de la religion et de la morale, il va se développant de plus en plus « en extension, en complexité et en unité, De domestique qu'il était dans l'antiquité grecque, il est devenu politique à la fin du moyen âge ; puis il a eu pour objet l'intérêt d'une seule nation ; bientôt après, il s'est élevé à la conception d'un intérêt universel et humain, mais sans voir comment cet idéal pouvait être utilement poursuivi ; enfin, revenu à l'intérêt national, il semble à la veille de comprendre dans ses combinaisons des groupes de nations ayant les unes et les autres des relations définies et préludant à l'établissement d'un droit politique par l'établissement laborieux d'un droit économique. Et les phénomènes qu'il embrasse sont de plus en plus complexes, etc... »

Pour faire une bonne critique, voire même une bonne histoire des doctrines d'autrui, il faut avoir une doctrine à soi. Une négation ne vaut que par l'affirmation à laquelle elle s'appuie. C'est parce que M. Espinas est le philosophe que l'on sait, qu'il a été un historien et un critique excellent. En ce qui me concerne, je regrette qu'il ait formulé dans de trop courtes indications ses idées propres ; les quelques pages de la fin suffisent cependant à prouver que l'auteur des profonds travaux sur la « technologie artificialiste » - excellents, sauf ce titre rébarbatif - se fait de l'économie politique une conception très supérieure en compréhension et en pénétration à celle des économistes étudiés par lui. Je lui avouerai franchement, à ce propos, puisque nous causons ici entre nous sous le manteau de la cheminée, et bien loin des économistes, que ce qui me frappe le plus à la lecture de ceux-ci - je ne parle pas des nouveaux, des hérétiques, d'accord avec nous sur ce point - c'est la pauvreté du peu qu'ils ont découvert ou cru découvrir comparé à l'immensité de leurs séculaires efforts. Peut-être, de leur côté, en disent-ils autant de nous, sociologues, qui avons la prétention d'englober leur petite vigne phylloxérée dans notre vaste domaine. Mais la sociologie date d'hier, l'économie politique est vieille comme le monde, et déjà l'on peut dire que la science des religions, la critique d'art, la morale, la linguistique même et le droit, sans parler de l'économie politique elle-même, ont été remués et renouvelés à fond par l'inoculation du levain sociologique, même en son état d'impureté et d'insuffisance actuelle. En peut-on dire autant du point de vue économique ? À elle seule, l'idée de la société-organisme - quoique, à mon sens, on ait fort abusé de cette demi-métaphore et qu'il y ait mieux, beaucoup mieux à offrir au lecteur en fait de sociologie - a plus de vérité, malgré ses exagérations, que toutes les généralisations, assurément moins large, moins nettes même, et bien moins fécondes, mises en circulation par les disciples d'Adam Smith. Je cherche, en cet amas d'écrits, quelque chose de précis et de solide, aliquid inconcussum, et qu'est-ce qu'on me montre ?

Gabriel Tarde

La loi de l'offre et de la demande, la théorie de la population de Malthus, la théorie de la rente de Ricardo, sa toi d'airain, la loi des débouchés de Say... Mais la loi de l'offre et de la demande, si on la met sous la forme pseudo-mathématique à laquelle elle a dû tout son succès, exprime une erreur manifeste : il n'est pas vrai que, l'offre diminuant de moitié ou la demande augmentant du double, le prix doublera ; s'il s'agit de blé en Europe, de riz en Asie, il ne doublera pas, il décuplera ; s'il s'agit d'articles de luxe, il s'accroîtra à peine d'un quart ou d'un tiers. Or, dépouillez cette formule de sa livrée mathématique d'emprunt, elle cesse d'être erronée, mais pour devenir insignifiante, car, incapable dès lors d'expliquer pourquoi le prix est tel et non tel autre, elle s'accommode de n'importe quelle augmentation ou de n'importe quelle diminution de prix et laisse le problème à peu près indéterminé. Je puis dire tout à fait, si l'on songe à l'ambiguïté de ces mots offre et demande, qui peuvent signifier tout ce qu'on veut, le nombre de ceux qui désirent acheter ou vendre, ou l'intensité de leur désir, ou le nombre de ceux qui sont décidés à acheter ou à vendre, ou l'énergie de leur décision. Autant de sens, autant de solutions différentes du problème. Ajoutez qu'une omission énorme est faite là : on ne tient aucun compte du degré de fortune des candidats à l'achat ou à la vente. - Quant à la loi de Malthus, elle aussi est un bel exemple d'hallucination mathématique contagieuse et généralisée ; je laisse à Henry George qui, dans Progrès et Pauvreté, en a fait une vigoureuse réfutation, le soin de la vider. En réalité, le prétendu parallélisme d'une progression géométrique de la population - ou même d'une tendance de la population humaine à progresser géométriquement - et d'une progression arithmétique des subsistances, est purement imaginaire, et il y a, à coup sûr, beaucoup plus de solidité dans le fameux logarithme des sensations dont les psychophysiciens cependant ne daignent plus parier. Encore faut-il reconnaître que Malthus a inspiré Darwin, ce qui n'est pas un mince mérite, mais étrange à notre sujet. - La loi d'airain ? Mais dans sa Répartition des richesses, M. Leroy-Beaulieu en a montré l'inanité ; et, de fait quand on voit l'inégalité extrême, en tout temps et en tout pays, des salaires minima propres à des professions différentes recrutées dans les mêmes couches sociales, où les besoins sont les mêmes, comment peut-on sérieusement prétendre que les salaires ne

Chapitre VIII : Histoire des doctrines économiques

cessent de baisser avant d'avoir atteint le point où, s'ils baissaient davantage, l'ouvrier mourrait de faim ? Cela peut être vrai de certains salaires, des plus bas, à certaines époques d'oppression tyrannique ; mais, évidemment, cela est inapplicable aux salaires supérieurs, et néanmoins fixes eux-mêmes, arrêtés et stables, qui rémunèrent d'autres professions où les besoins sont identiques.

De toutes ces tentatives d'idées, la plus réussie est encore la théorie de la rente de Ricardo. Mais, d'abord, on a remarqué qu'elle pèche par insuffisance de généralisation. Ce n'est pas seulement, en effet, l'industrie agricole, c'est l'industrie minière, c'est une industrie quelconque, métallurgie, papeterie, etc., qui donne lieu au phénomène de la rente en ce qu'il a d'essentiel, c'est-à-dire a un prix uniforme établi pour des produits qui ont exigé des quantités extrêmement inégales de travail, et à un prix uniforme basé sur le prix du produit qui a coûté le plus de peine, de telle sorte que les produits similaires plus aisément exécutés se trouvent favorisés par cette circonstance. Puis, on aurait pu remarquer aussi que l'injustice de cette faveur - si c'en est une que la chance et le plaisir du jeu - est, en somme, analogue aussi à une autre injustice, non moins fondamentale, sur laquelle est forcée de s'appuyer toute théorie de la valeur un peu sérieuse. La théorie de la rente n'est, après tout, qu'un cas particulier de la théorie de la valeur. Or, quand on serre de près celle-ci, on se voit conduit à reconnaître [1] que le prix d'un article pour tout le monde est déterminé par la somme maxima que peut consacrer à son acquisition, vu sa fortune, le demandeur le moins riche parmi tous les demandeurs entre lesquels est appelée à se distribuer la totalité des exemplaires de cet article. Les demandeurs les plus riches, si l'on ne s'était adressé qu'à eux ou s'ils n'avaient pas su qu'on s'adressait à d'autres et que ceux-ci achetaient à tel prix, auraient consenti à payer un prix souvent beaucoup plus fort plutôt que de renoncer à cette acquisition. C'est donc une chance heureuse, et un grand bénéfice pour eux, que leur rencontre sur le marché avec les acquéreurs pauvres. Ils payent, il est vrai, le même prix, mais le sacrifice qu'ils font en le payant est moindre, souvent beaucoup moindre. Et c'est là une injustice aussi

---

1 Je me permets de renvoyer le lecteur, curieux d'explication sur ce point, à un article intitulé la Psychologie en économie politique, que j'ai publié dans la Revue philosophique, il y a une dizaine d'années.

Gabriel Tarde

grande en faveur des consommateurs riches que l'est l'injustice de la rente ou des équivalents de la rente en faveur des producteurs privilégiés.

Il suit de là que, si la rente foncière est une iniquité, la plupart des prix de n'importe quel article sont tout aussi injustes. Et, si l'on réfléchissait à cela, on verrait que le seul remède à cette injustice si générale serait d'extirper de nos cœurs ce besoin d'égalité de traitement toujours croissant, - malgré l'inégalité croissante et déplorablement exagérée des fortunes et des conditions de production, - qui rend de plus en plus nécessaire l'uniformité du prix. Mais le caractère chimérique d'un tel projet serait manifeste, car c'est le progrès de l'assimilation, de la mutuelle imitation, autant vaut dire de la sympathie et de la fraternité, alimentées par la civilisation, qui fait progresser en nous le besoin d'égalité de traitement - c'est-à-dire de la justice telle que Spencer la définit. C'est de notre soif même de justice que cette soi-disant injustice éclôt.

Ce n'est pas le moment de creuser ce problème socialiste ; tout ce que j'ai voulu a été de montrer par cet exemple l'impossibilité de traiter utilement les questions économiques sans les rattacher à l'ensemble de la science sociale. En cela, les socialistes ont eu grandement raison contre les économistes, car, s'ils n'avaient pas d'arme mieux trempée que la loi d'airain et la théorie de Ricardo, dont ils frappent de si grands coups à droite et à gauche, on ne s'expliquerait guère leur succès. Mais ils ont eu au moins le mérite de frayer la voie aux sociologues.

Je suis surpris de trouver sous la plume de M. Espinas une phrase (p. 345) d'où il semble résulter que, considérée comme art et non plus comme science, l'économie politique lui paraît distincte de la sociologie. Cependant, qu'est-elle autre chose, sous ce rapport, qu'une branche de la sociologie appliquée, comme, sous son aspect théorique, elle n'est qu'une branche de la sociologie pure ? Et n'est-ce pas surtout au point de vue des applications pratiques qu'il importe de ne pas séparer ce rameau du tronc, au risque de le stériliser ou de lui faire engendrer des fruits détestables ? N'est-ce pas de

Chapitre VIII : Histoire des doctrines économiques

Ricardo qu'on a pu dire qu'à ses yeux « les produits ne sont pas faits pour les hommes, mais les hommes pour les produits ? » Et n'est-ce pas Turgot - un ancien ministre ! - qui a, très logiquement, écrit ce prodigieux aphorisme : « Quiconque n'oublie pas qu'il y a des États politiques séparés les uns des autres et constitués diversement ne traitera jamais bien aucune question d'économie politique ? »

L'économie politique appliquée, d'après M. Espinas, « comprend la formation de décisions pratiques particulières qui tendent, non à la vérité, mais au succès, et ont pour but de contribuer au jeu normal des fonctions économiques. A ce titre elle est un art, c'est-à-dire un ensemble de moyens, une technique, comme la navigation, l'agriculture, la stratégie, la médecine, l'éducation et la politique. Quelles sont les méthodes qui conviennent aux arts utiles ou techniques ? Nous ne connaissons pas d'ouvrage qui réponde à cette question d'une manière satisfaisante. La logique de l'action est beaucoup en retard sur celle de la connaissance. Mais il est probable que des opérations de l'esprit aussi différentes sont soumises à des règles différentes. » Cet important passage mérite d'être médité et discuté.

Notre auteur ne s'explique pas assez sur cette logique de l'action qu'il oppose à la logique de la pensée et qu'il déclare en retard sur celle-ci. Entend-il par là qu'il existe des méthodes générales, non encore formulées, propres à faciliter l'invention utile en tout ordre d'activité, comme Il existe, ou comme on dit qu'il existe, des méthodes générales propres à faciliter la découverte vraie en n'importe quel domaine de la curiosité ? Stuart Mill a cru donner la formule de ces dernières dans sa logique inductive, qui serait l'art de découvrir. Resterait-il à trouver une autre logique, ou plutôt une téléologie inductive, qui serait l'art d'inventer ? Si c'est là ce que pense M. Espinas, l'idée est assurément digne du plus sérieux examen, mais l'on peut ajouter que sa réalisation est commencée. En mécanique, on a des théorèmes auxquels on peut s'adresser pour leur demander l'idée des machines à inventer, quand le besoin s'en fait sentir, comme en algèbre on a des théorèmes qui permettent de trouver la valeur des inconnues. Le mécanicien peut dire, dans certains cas, avec certitude, qu'une machine demandée ne peut pas être inventée, comme l'algébriste peut affirmer dans certains cas qu'un problème à résoudre est insoluble. A l'usage des horticulteurs et des éleveurs de bétail, il y a des règles empiriques pour faire varier dans un sens ou dans l'autre, pour faire progresser en embonpoint ou en agilité, en taille ou en exiguïté, une espèce quelconque, animale ou végétale ; et M. Dareste vous donnera des procédés sûrs pour obtenir telle monstruosité vivante qu'il vous plaira, - peut-être même des monstruosités fécondes, créatrices d'une nouvelle espèce ex-abrupto ? Il me semble que, à ce point de vue, la logique de l'action est plus avancée que celle de la pensée ; car je ne sais point de canons de l'induction qui permettent de découvrir sûrement une vérité cherchée dans un ordre de faits quelconque.

Mais, à vrai dire, inventer, comme découvrir, demeure toujours le secret du génie ; et tout ce que peut en général le logicien c'est, une fois éclose l'idée du génie, de la soumettre à des épreuves de vérification théorique ou pratique. Remarquons, en effet, que l'invention, comme la découverte, commence par être une conjecture. Il en est d'une machine nouvelle avant son emploi industriel, comme d'une hypothèse scientifique avant son contrôle par les faits. Or, ici et là, la pierre de touche est la même ; il s'agit toujours d'appliquer l'observation et l'expérience. La locomotive étant inventée, le premier machiniste y monte et prouve en la faisant marcher sur les rails qu'elle est propre à sa destination : preuve par l'expérience. D'autre part, le public regarde et constate : preuve par l'observation. C'est précisément de la même manière que les lois de Gay-Lussac ou de Berthollet ont été vérifiées. Je ne puis donc admettre que la logique de l'action et la logique de la pensée « soient soumises à des règles différentes. » L'une et l'autre se ramènent au fond, non aux canons de l'induction de Mill, mais à la vieille théorie du syllogisme qui, comme M. Renouvier me paraît l'avoir établi, est implicitement postulée par ces fameux canons en ce qu'ils ont de solide. Il est vrai que le syllogisme de la connaissance, le seul étudié jusqu'ici, demanderait à être complété par le syllogisme de l'activité (que j'ai esquissé quelque part). Mais ce n'est pas le lieu d'insister là-dessus. Quoi qu'il en soit, il m'est, par suite, impossible de conclure que « la méthode

de l'économie politique (comme art) n'est pas celle de la science. »
Je sais bien qu'il n'y a pas de méthode scientifique pour inventer
d'excellentes constitutions politiques, de solides organisations
économiques. Mais il n'y en a pas non plus, que je sache, pour
découvrir de beaux systèmes philosophiques, de grandes théories
fécondes. Le philosophe emploie les sciences pures, pendant que
l'économiste pratique et l'homme d'Etat emploient les sciences
appliquées : voilà toute la différence. Mais la science appliquée est
de la science aussi bien que la science pure. L'économie politique
est la philosophie de ces sciences qu'on appelle l'agronomie, la
métallurgie, la navigation, la construction des chemins de fer, la
science des finances, etc. Elle synthétise dans le mot de richesses
le caractère commun aux utilités très différentes que ces sciences
enseignent et procurent aux hommes. Ce qu'elle cherche, plus
laborieusement que fructueusement il faut en convenir, c'est une
théorie de la valeur, qui explique la hiérarchie des richesses en tout
état social, leur ascension ou leur baisse le long de l'échelle immense
du désir humain, du jugement humain, et qui, en élucidant les
causes de cette montée ou de cette descente, permette de modifier
dans une certaine mesure leurs valeurs relatives. Or, si imparfaite
que soit encore cette théorie et cette notion même de la valeur,
elles l'emportent en précision sur ce qui leur correspond dans la
logique de la connaissance, à savoir sur la théorie et la notion de la
certitude et de la probabilité.

Mais je m'oublie à cette discussion avec M. Espinas. En la
poursuivant je laisserais croire qu'il existe entre nous une dissidence
fondamentale. Il n'en est rien. Je ne lui ai fait cette chicane de détail
que par le plaisir de causer avec lui. J'aime d'ailleurs et j'apprécie
hautement en lui ce patriotisme humanitaire en quelque sorte, qui
le fait naviguer droit entre les écueils d'écoles opposées, sans nulle
contradiction . Je loue aussi ce sens historique qui, par exemple, à
propos de l'interdiction du prêt à intérêt au moyen âge, lui suggère
la remarque suivante : l'aversion générale contre le prêt à intérêt est
alors proportionnelle à la misère publique ; elle grandit ou décroît
avec elle. D'où il conclut que ce préjugé n'est peut-être « qu'un effort
inconscient de cette société pour lutter contre un mal réel, la rareté
de l'argent et l'élévation excessive du taux de l'intérêt. » Et, puisque

je le cite, l'idée me vient de lui faire compliment aussi, en finissant, sur le choix heureux de ses citations. En voici une, entre autres (p. 125), de Bodin, qui jette un grand jour sur la prospérité de la France un peu avant les guerres de religion et même un peu après leur début (1568). « Depuis cent ans, dit Bodin, on a défriché un pays infini de forêts et de landes, bâti plusieurs villages, peuplé les villes, tellement que le plus grand bien de l'Espagne. qui d'ailleurs est déserte, vient des colonies françaises qui vont à la file en Espagne et principalement d'Auvergne et du Limousin. »

Chapitre IX : La croyance et le désir [1]
(Août – septembre 1880)

Il serait scientifiquement désirable de dégager parmi les innombrables grandeurs continues que l'âme semble nous présenter, - degrés du froid ou du chaud, éclat plus ou moins vif des couleurs, vivacité croissante ou décroissante des peines ou des plaisirs, etc., - une ou deux vraies quantités, qui partout mêlées aux éléments qualitatifs des sensations, se prêteraient, en droit ou en fait, à l'application du nombre. Ne seraient-elles mesurables qu'en droit, en théorie pure, et non en fait, la démonstration de leur mesurabilité essentielle, quoique cachée, aurait encore son prix. Il serait naturel, si ces quantités se montraient, de conjecturer qu'elles forment la part propre du sujet, et il y aurait lieu d'examiner ensuite si, par d'autres caractères, elles ne révèlent pas leur nature à part, fondamentale et irréductible.

1 Cette étude, qui a paru en août et septembre 1880 dans la Revue de M. Ribot, a été ma première publication philosophique. Si je la remets à jour après un tel laps de temps, ce n'est pas que je m'abuse sur ce qu'elle peut présenter de vieilli ou de démodé çà et là ; mais cela même est instructif, comme indice des changements survenus dans la pensée contemporaine. D'ailleurs, les problèmes encore plus sociaux que psychologiques, auxquels cet essai répond, n'ont rien perdu de leur importance capitale ; et ils empruntent aux préoccupations socialistes de l'heure présente un caractère plus âpre, plus anxieux, plus ardu. Quant à la solution qu'ils reçoivent ici, elle n'a cessé de me sembler vraie en ce qu'elle a d'essentiel et l'application que j'en ai faite dans mes travaux postérieurs, aux divers aspects de la vie sociale, m'a paru propre à la confirmer. Est-ce une illusion ? Le lecteur en jugera. J'ajoute que je réimprime ces pages sans nul changement de texte, quoique en divers endroits, je sois disposé maintenant à mettre des points d'interrogation là où j'ai affirmé résolument jadis.

Mais ces quantités psychologiques existent-elles ? Il n'est pas permis d'aborder cette question sans dire préalablement un mot des chercheurs puissants et profonds, sinon toujours heureux, qui ont fondé la psychophysique. Les psychophysiciens, malgré leur louable intention de quantifier l'âme, me paraissent négliger justement les deux seuls grandeurs internes dont les variations continues, les degrés homogènes, suggèrent naturellement l'emploi du calcul, quoiqu'elles échappent à l'application des instruments physiques de mesure : à savoir la croyance et le désir, et leurs combinaisons réciproques, le jugement et la volonté.

Ce sont les degrés de la sensation que ces hardis savants prétendent calculer ; on connaît la fameuse loi de Fechner et autres formules également ingénieuses dont l'inexactitude presque complète a été démontrée. Quand, par hasard, ces essais de mensuration subjective réussissent jusqu'à un certain point et obtiennent l'assentiment général, on remarquera que c'est dans leur application aux sensations considérées soit comme agréables ou pénibles, c'est-à-dire comme éveillant plus ou moins le désir et l'aversion, soit comme plus ou moins intenses, c'est-à-dire comme éveillant plus ou moins l'attention.

Dans le premier cas, nous avons la remarque de Laplace sur les accroissements parallèles et inégalement rapides de la richesse d'un homme et du bonheur qu'elle lui procure. Dans le second cas, on nous apprend, par exemple, quelle différence de vibrations doivent présenter deux notes pour que nous remarquions la différence des deux sensations sonores correspondantes ; ou bien qu'une dépêche sensitive est transmise par le télégraphe de nos nerfs avec une vitesse variable suivant que le cerveau s'attend ou ne s'attend pas à cette transmission, ou que son attention est occupée par quelque sensation différente. « Nous arrivons, dit M. Ribot, résumant les travaux de nombreux expérimentateurs, à ce résultat général que la reproduction des états de conscience, dépend, tout comme leur perception immédiate, de l'état d'effort de l'attention [1]. » Une cloche étant frappée à côté de nous, il s'écoule un certain temps avant que nous percevions le son ; si, en même temps que la cloche est frappée, une étincelle électrique est lancée, les deux sensations nous arrivent

1 Voy. Revue philosophique de mars 1876.

ensemble avec un retard notable. Il paraît bien probable et presque certain que ce ralentissement est dû au trouble de l'attention qui, condition indispensable de l'existence même des sensations, a deux besognes à remplir. D'autres expériences ne laissent guère de doute sur ce point. Ainsi, sans attention, point de sensation ; et tout ce qui, dans la sensation, est réellement susceptible de plus et de moins, sa durée, son intensité, et en particulier la clarté des sensations visuelles, peut et doit être rapporté à l'attention, à moins de l'être au désir.

Or qu'est-ce que l'attention ? On peut répondre que c'est un effort en vue de préciser une sensation naissante. Mais il faut prendre garde que l'effort, sous son aspect psychologique pur et abstraction faite de toute action musculaire concomitante, est un désir, et que ce qu'on appelle vulgairement une sensation est toujours, sinon, comme Wundt tâche de le démontrer avec tant de force, un simple composé de jugements instinctifs, du moins un mélange d'un faible élément sensitif avec un enchevêtrement de jugements et même de conclusions extrêmement rapides. Ce cheval que nous disons voir au loin, même sans le regarder, nous le jugeons, nous le concluons en réalité, comme les peintres le savent bien. Sa vue, c'est l'attribution instinctivement faite à une impression rétinienne de la possibilité, de la certitude conditionnelle des sensations tactiles, olfactives, sonores, que nous lui rattachons ; c'est un jugement de localisation, un jugement de coexistence simultanée avec d'autres impressions, un jugement de classification qu'atteste l'apparition du mot cheval, un jugement de causation enfin qui nous fait prévoir vaguement ce qui va suivre ou nous fait songer à ce qui vient de précéder notre impression. À mesure que la sensation est réputée se préciser, ces jugements se multiplient et deviennent l'objet d'une foi plus vive.

Si donc l'attention est le désir de préciser la sensation naissante, cela revient à dire qu'elle est le désir d'un accroissement de la croyance actuelle. - Par suite, en montrant le rôle important de l'attention, la psychophysique a prouvé le haut intérêt qui s'attache à l'étude des deux éléments distincts de cette quantité complexe, et la nécessité de la décomposer en eux. - La même définition pourrait

Chapitre IX : La croyance et le désir

s'appliquer, ou peu s'en faut, à la question, source de l'hypothèse. C'est qu'en effet l'esprit attentif est essentiellement questionneur. Cette étrange faculté de dire si, qui, non moins que la faculté de dire oui et non, concourt à la formation de toutes nos idées (car toutes les lois scientifiques ne sont que des hypothèses vérifiées et embrassent essentiellement l'immensité des faits jugés possibles), s'explique par une analyse pareille. Avant d'hypothétiser, l'enfant questionne. Avant de songer à se dire : « Si ce rocher tombe, il m'écrasera, » l'enfant commence par se demander implicitement : « Ce rocher tombera-t-il ? » Analysons donc la question. L'image d'un rocher (ou la vue de ce rocher) et l'image de son mouvement de chute se présentent ensemble à l'esprit de l'enfant ; et son esprit, par exception (car la thèse et l'antithèse sont la règle ordinaire), n'établit entre ces deux idées aucun lien de foi positive ou négative. Cependant il désire, il a besoin de croire, d'affirmer ou de nier. Ce désir qui a une croyance future pour objet, c'est l'interrogation.

Qu'est-ce d'ailleurs, pourra-t-on me demander en passant, que la croyance ? Qu'est-ce que le désir ? J'avoue mon impossibilité de les définir. D'autres y ont échoué. Après avoir, dans son Traité de la nature humaine, donné de la croyance une définition qui ne peut se soutenir et qui s'appliquerait tout aussi bien au désir, comme toutes celles qu'on a essayées depuis (la croyance est une idée vive rapportée à une impression présente ou associée avec elle), Hume, dans son appendice, reconnaît, avec sa franchise accoutumée, qu'il ne lui est pas possible d'expliquer parfaitement la croyance. Ce qui importe plus qu'une définition de ce genre, c'est de remarquer que la croyance, non plus que le désir, n'est logiquement ni psychologiquement postérieure aux sensations ; que, loin de naître de l'agrégation de celles-ci, elle est indispensable à leur formation, ainsi qu'à leur groupement ; qu'on ne sait ce qui reste des sensations, les jugements ôtés ; et que, dans le son le plus élémentaire, dans le point coloré le plus indivisible, il y a déjà une durée et une succession, une multiplicité de points et d'instants contigus dont l'intégration est une énigme. Par quelle vertu les instants sonores successifs, dont l'un a cessé quand l'autre a commencé à être, se combinent-ils entre eux ? Qu'est-ce qui rend possible cet accouplement fécond du mort et du vif ? Mais L'image, c'est le souvenir ; expliquez le souvenir ! Fait ultime, dit Stuart Mill découragé. De deux choses l'une : ou l'on explique la croyance (et aussi bien le désir) par les sensations telles que tout le monde les connaît, vrais pelotons de propositions antérieures ramassées, et on suppose ce qu'on prétend expliquer ; ou bien on descend à des sensations conjecturales, élémentaires, mathématiquement instantanées, et il se trouve que ces éléments sensitifs sont des zéros de sensation avec lesquels il s'agit de faire un nombre.

I
La croyance, le désir, la sensation :
seuls éléments de l'âme.

L'importance psychologique de la propriété d'attribuer ou de défaire des attributions déjà faites, et de la propriété de retenir ou de repousser, d'appeler ou de chasser des impressions, s'étend, à mon avis, bien plus loin que les lignes précédentes ne pourraient le faire supposer. Ma pensée à cet égard se résume dans le double énoncé suivant, qu'il serait trop long de développer : 1• Au fond des phénomènes internes, quels qu'ils soient, l'analyse poussée à bout ne découvre jamais que trois termes irréductibles, la croyance, le désir, et leur point d'application, le sentir pur, - extrait, par abstraction et hypothèse, de l'amas de propositions et de volitions où il se trouve engagé. 2• Les deux premiers termes sont les formes ou forces innées et constitutives du sujet, les moules où il reçoit les matériaux bruts de la sensation. Ce sont les deux seules catégories auxquelles on n'ait pas songé, probablement parce qu'elles sautaient aux yeux, et les deux seules qui, je crois, méritent ce nom.

Quant aux types de jugements tout faits auxquels on donne en général ce titre, ils ne sont que des emplois spéciaux de la faculté de juger ; loin d'être une richesse du sujet, l'obligation où il est de n'exercer sa virtualité illimitée d'attribution que suivant ces types et non d'autres, de ne pouvoir, par exemple, croire à un espace non-euclidien de 4 ou 5 dimensions, est une limitation, un appauvrissement de son être, de même que l'impossibilité où est le daltonien de penser au rouge.

Les deux propriétés dont je parle étant données comme primitivement inhérentes à un être spirituel quelconque, même au dernier protiste, leur spécification en soi-disant catégories peut-être conçue comme résultant des caractères de l'espèce animale dont cet être fait partie.

Par bonheur, je puis établir ma thèse principale indépendamment des conjectures que j'indique. Il me suffira de signaler en outre, comme fait d'observation, la permanence du croire et du désirer, leur identité constante, à travers tous les bouleversements qu'opèrent en nous le rêve et la folie. Toutes nos liaisons d'idées, même les plus enracinées, peuvent être brisées alors ; mais, à l'instant, elles sont remplacées par d'autres, aussi fortes momentanément. De là les illusions et aussi les émotions profondes propres à ces états. Très souvent, en rêvant, je vois mon vieil ami Paul et je l'appelle Jacques, pendant que, dans le même rêve, j'appelle Paul un étranger. Bien plus, on peut imaginer, au fond des eaux, des zoophytes dépourvus de toutes nos sensations et doués en revanche de sens qui nous manquent (d'un sens de l'électricité, si l'on veut) ; mais on aura beau faire, on ne parviendra par nul effort d'esprit à concevoir un animal, un organisme monocellulaire, qui, étant sensible, ne serait pas doué de croyance et de désir, c'est-à-dire ne joindrait pas et ne disjoindrait pas, ne retiendrait pas ou ne repousserait pas ses impressions, ses marques sensationnelles quelconques, avec plus ou moins d'intensité. M. Delboeuf [1] dit très bien que l'infusoire même peut prononcer ce jugement muet : J'ai chaud.

Tenons donc pour certaines la constance et l'universalité de ces deux propriétés élémentaires et, par suite, leur indépendance, je ne dis pas à l'égard de l'état du cerveau, dont la tonicité ou le relâchement influe si clairement sur notre dogmatisme ou notre audace, c'est-à-dire sur l'actuation plus ou moins entravée ou aidée de nos deux puissances, mais à l'égard des sensations.

Cela posé, avant de discuter le caractère quantitatif de ces modes de l'âme, nous croyons utile de faire voir, pour ainsi dire, à l'œuvre notre théorie ci-dessus, et de montrer la facilité avec laquelle s'explique, suivant elle, la formation des combinaisons mentales

1 La Psychologie comme science naturelle, p. 9.

Gabriel Tarde

les plus énigmatiques, les plus indécomposables en apparence.
La croyance, le désir, les sensations : avec ces termes précis,
nettement saisissables, on peut tout faire psychologiquement,
comme, extérieurement, avec ces trois termes non moins
distincts et intelligibles, l'espace, le temps, les matières. Mais,
remarquons-le, en utilisant ces éléments pour faire tout naître de
leurs accouplements, nous devons tendre à subordonner les plus
obscurs aux plus clairs et non ceux-ci à ceux-là, et la perfection
scientifique consisterait même à supprimer, s'il se pouvait, les plus
obscurs, ou à les ramener aux autres [1]. Or l'obscur en psychologie,
c'est la sensation en ce qu'elle a de propre, de sui generis ; dans les
sciences extérieures, c'est la matière en ce qu'elle a de chimique
et de qualifié. Aussi semble-t-il aux savants qu'ils auraient atteint
l'apogée du savoir humain le jour où ils auraient absorbé l'idée de
matière dans l'idée de mouvement, laquelle n'est presque qu'une
combinaison des deux idées d'espace et de temps. On a justement
défini la cinématique une géométrie à quatre dimensions. De
même, il semble que, si l'on parvenait à résoudre entièrement les
sensations, le rouge, le vert, le rude, le sucré, etc., en jugements,
par exemple, ou bien en volitions, états de l'âme choisis parmi les
principales combinaisons, diversement opérées, de la croyance
et du désir, la science si opaque des psychologues deviendrait
transparente jusqu'au fond. Il ne resterait plus pour réaliser le rêve
de l'identité substantielle, assez mal compris d'ailleurs par ceux qui
ne regardent pas l'identité comme un simple cas singulier de la
différence universelle, qu'à essayer de voir dans le mouvement et
le jugement (Wundt), ou bien dans le mouvement et la volonté
(Schopenhauer), et non, comme on l'a tenté en vain, dans le
mouvement et la sensation proprement dite, deux aspects divers
d'une même réalité.

La croyance et le désir, dans leur forme soit positive soit négative,
peuvent se combiner, ensemble ou séparément : 1) soit avec les
sensations différentes, fortes ou faibles, ces dernières nommées
images ; 2) soit l'une avec l'autre, mais de plusieurs manières.

---

1 Ce qui prouve, entre parenthèses, l'insuffisance de la connaissance exclusivement
scientifique, puisque je suis loin de contester l'importance de l'élément affectif des
sensations.

Chapitre IX : La croyance et le désir

Unie principalement avec les sensations qu'elle accouple entre elles ou sépare, la croyance produit la perception et le discernement des sens. Exercée directement sur les images jugées telles, c'est-à-dire séparées, niées des sensations (affirmation et négation implicites et concomitantes), elle produit le souvenir. Autrement dit, la mémoire n'est, en tant que fait psychologique, qu'un jugement, surtout négatif, d'une certaine espèce, basé sur le fait biologique d'une répétition d'états cérébraux. Je n'ai pas à m'occuper ici du mécanisme de la localisation dans le temps. En rêve, nous nous souvenons sans le savoir, ou plutôt sans le croire ; cela suffit pour qu'en réalité nous n'ayons pas le souvenir proprement dit. Le désir s'unit aussi, et très intimement, avec les sensations et les images. Amalgamé avec les sensations, il ne s'en distingue pas en apparence ; il semble participer à leur hétérogénéité radicale et s'appelle plaisir ou douleur physiques. Appliqué aux images, il enfante le désir proprement dit, ou vulgairement dit, et l'aversion, l'amour et la haine, ou pour mieux dire, toutes les passions. Mais arrêtons-nous sur ces deux dernières dérivations.

Le désir peut, en effet, avoir pour but : 1) une image étant donnée, la sensation correspondante encore absente ; 2) une sensation d'une certaine intensité (on sait ce que j'entends par là) étant donnée, un degré supérieur de la même sensation, ou sa continuation pure et simple ; 3) à l'inverse, une sensation étant donnée, un degré d'intensité moindre ; 4) une sensation étant donnée, son absence, c'est-à-dire d'abord son simple souvenir, sa négation comme sensation. Ces deux derniers cas, symétriquement opposés aux deux premiers, constituent le contre-désir, nommé aversion ou répulsion. La raison pour laquelle l'esprit se prête difficilement à voir dans le désir ou la répulsion l'essence même des plaisirs ou douleurs physiques, c'est que, lorsqu'on se trouve dans le second ou troisième cas, à l'apparition d'une sensation dite agréable ou pénible on ne remarque pas l'éveil subit, automatique, du désir positif ou négatif ; mais il est visible que par des graduations insensibles on passe du premier cas au second et du troisième au quatrième. On ne remarque pas non plus, à l'apparition d'une sensation quelconque, l'éveil subit de la croyance ; aussi la perception n'a-t-elle généralement point l'air d'un jugement. Mais l'illusion est la même ici et là. Le préjugé par lequel nous attribuons à certaines sensations comme une propriété qui leur serait inhérente le caractère d'être agréables ou pénibles n'a ni plus ni moins de fondement que le préjugé, également enraciné, par lequel nous attribuons aux objets extérieurs nos sensations, couleur, poids, chaleur, odeur, comme si elles n'étaient pas essentiellement nôtres. Nous objectivons ainsi hors de nous ce qui est nôtre ; par la notion ordinaire du plaisir ou de la douleur et de la perception, nous objectivons en nous, en l'incorporant à ce qui est simplement nôtre, ce qui est nous, la faculté de croire et de désirer. Nous jugeons que le sang est rouge, parce qu'il est vu de cette couleur ; nous ne songeons pas aux daltoniens. Nous jugeons que la saveur sucrée du raisin est agréable, parce qu'en effet elle éveille immédiatement chez presque tous les hommes, et toujours chez les enfants, le désir de la prolonger. Mais bon nombre d'adultes aiment mieux les amers. N'y a-t-il pas cependant des sensations qu'il nous est impossible de concevoir autrement que comme agréables ou pénibles. Il y a les sensations érotiques ; mais ce n'est point surprenant, puisque nous ne pouvons les ressentir qu'à la condition de les désirer. Dès que leur désir cesse, on sait combien leur image devient répulsive. Quant aux sensations produites par le déchirement sanglant des muscles, la répulsion instinctive qu'elles font naître est clairement liée au désir fondamental de continuer à vivre.

Quand, une image étant donnée (voir ci-dessus, 1er cas), le désir vise la sensation correspondante, il serait plus exact de dire que c'est toujours l'image elle-même qui est le contenu du désir. En effet, dans ce cas, l'image est donnée d'abord comme jugée telle, comme niée être une sensation, et ce qu'on désire alors, c'est cette même image en tant qu'affirmée être une sensation. C'est cette négation qui appelle le vœu de cette affirmation. En veut-on une preuve ? Dans un rêve érotique, une image voluptueuse étant offerte, on s'y attache comme à la réalité même, et l'on ne désire que la continuation ou la variation légère de cette image. C'est qu'en rêve l'image ne se présente pas comme n'étant pas une sensation.

Mais, par là, nous voyons que la passion, comme d'ailleurs les autres états de l'âme déjà indiqués, n'est pas une simple combinaison du désir et de l'image, et que le désir s'y combine aussi avec le jugement, c'est-à-dire avec la croyance. Occupons-nous maintenant de ces dernières combinaisons, celles de la croyance ou du désir, où intervient toujours sans doute, mais secondairement, l'élément sensationnel. Nous en avons cité plus haut deux exemples notables, l'attention et la question. Citons encore la proposition et la volition. En devenant explicite et verbale par la proposition, qui est toujours, au fond, une conclusion plus ou moins déguisée (chacun de ces termes, attribut ou sujet, étant lui-même un jugement figé en notion), la croyance inhérente aux perceptions immédiates s'est affranchie. Mais on ne songe à utiliser de la sorte ce qu'on sait, ce qu'on croit très fort, et à en déduire d'autres connaissances ou croyances très fortes qui y sont impliquées, que si l'on désire posséder ces dernières. Affirmer ou nier, conclure, c'est pousser la croyance d'un groupe d'impressions ou de souvenirs à un autre groupe, qui est désiré. De même, la volonté est le désir mobilisé par le jugement. Je veux ceci, parce que je désire cela et que je juge qu'un lien de causalité existe entre ceci et cela. Comme la différence des points de l'espace situés sur la même ligne droite, tout importante et profonde qu'elle est, est indifférente au regard de la force mécanique qui les traverse sans s'altérer, ainsi la différence des actes successifs qui concourent à la même fin est comme non existante pour le désir qu'ils se passent de l'un à l'autre ; et de même la différence des sensations ou images, ou des groupes de sensations ou d'images, si hétérogènes qu'elles soient, que nous rapportons à un même objet, et aussi bien des formules verbales qui le désignent, est non avenue pour la croyance qui les parcourt. Je marche vers un puits, je fais fonctionner la pompe, j'incline le seau plein et je bois ; faire tout cela, c'est également désirer boire. Je vois quelque chose de jaune et de rond, je songe à un contact froid et velouté, à un goût acidulé et sucré, au mot français pêche, au mot latin *persica*... sentir ou imaginer tout cela, c'est penser, dit-on, au même objet, c'est, dirai-je, promener sa croyance dans une même direction [1].

---

1 Quand un lien d'attribut à sujet, perçu d'abord entre deux sensations, se représente entre leurs images, qui sont cependant ces sensations elles-mêmes affaiblies, la croyance avec laquelle on affirme ce lien n'a nullement diminué. Preuve, entre mille, que la croyance n'est pas fonction de la sensation. Cette conservation de la relation-croyance, malgré l'affaiblissement de ses termes, est ce qui explique la

Deux notions capitales, le vrai et le bien, méritent une place à part, car on y voit la croyance et le désir non seulement se combiner entre eux, mais se réfléchir sur eux-mêmes. Le juste, le bon, le désirable, c'est tantôt ce que l'on croit désiré par un nombre indéfini, pratiquement infini, de personnes, tantôt ce dont le désir, soit en nous, soit en autrui, n'étant pas éprouvé, est désiré par nous en vertu d'un jugement d'identité, appelé ici jugement de finalité. Un musulman pieux, mais sensuel, à l'époque du Râmadan, juge bonne et juste la sobriété qu'il n'aime pas, et il la juge telle parce qu'il désirerait l'aimer, comme propre à lui mériter le paradis, qu'il souhaite. Le vrai, le croyable, c'est tantôt ce que l'on croit cru par l'immense majorité des hommes, tantôt ce dont la croyance immédiate, la perception, soit en nous soit en autrui, est conditionnellement (c'est-à-dire, on le sait, optativement, puisque toute hypothèse implique le désir plus ou moins dissimulé d'une thèse) affirmée par nous, en vertu d'un jugement d'identité proprement dit. Exemple : qu'est-ce que j'entends en tenant pour vraie la rotation de la terre autour du soleil ? Ceci au fond : je crois à la croyance immédiate que j'en aurais s'il m'était donné d'avoir des yeux assez gigantesques et une vue assez télescopique pour voir le mouvement de la terre comme je vois une hirondelle tourner sur un lac. En disant ce si, à mon insu, je souhaite ce que je suppose. Et je crois à cette croyance immédiate conformément à une série de théorèmes géométriques, tous fondés sur le principe d'identité, qui, partant de l'observation oculaire des phénomènes astronomiques, ont pas à pas promené de notion en notion, jusqu'à celle de la rotation du globe terrestre autour du soleil, l'acte de foi particulier inhérent à la vue directe des astres.

Les notions, en apparence impénétrables, de la nécessité logique et du devoir, si voisines des précédentes, s'expliquent pareillement ou peu s'en faut. A ce propos, essayons une réhabilitation du syllogisme.

vertu abréviative de la substitution, si bien étudiée d'ailleurs par M. Taine au début de l'Intelligence. Au nom d'un de mes amis, une silhouette rapide de son visage m'apparaît parfois, mais pas toujours ; toutefois, aussi bien dans ce second cas que dans le premier, ce nom réveille en moi la certitude d'avoir vu la personne qu'il désigne. Cette certitude est même plutôt entravée qu'aidée par l'apparition de la silhouette, car à la vue de celle-ci est attachée une certitude toute différente qui tend à chasser l'autre (et y parviendrait en rêve), à savoir la certitude de voir et non d'avoir vu.

Chapitre IX : La croyance et le désir

On a cru démontrer l'infécondité de ce mode de raisonnement. Mais il est bon de ne pas confondre avec le syllogisme artificiel, développé par les scolastiques, le syllogisme naturel, en usage dans le cours de la vie. Celui-ci se forme par l'un de ces innombrables mariages de la croyance et du désir dont je viens de citer des exemples. Ce ne sont pas deux affirmations ou deux négations que le syllogisme naturel rapproche pour en dégager une troisième ; c'est une assertion et une volition, ou une perception immédiate et un jugement, ou une volition et une image, etc. La notion résultante est alors d'une espèce à part, et vraiment nouvelle. On vient de me dire, et je crois, ou plutôt j'affirme, d'après ce témoignage, qu'un homme, à l'instant, vient d'être tué non loin de moi ; j'y cours et je vois un homme taché de sang, un couteau sanglant à la main, à côté du cadavre ; je conclus que cet homme est nécessairement le meurtrier. - Je suis ambitieux, je désire les honneurs (majeure) ; j'apprends, je crois qu'une bonne occasion s'offre de devenir maire de mon village (mineure) ; la conclusion est que je dois me saisir de l'écharpe convoitée. - Je veux m'enrichir ; j'affirme que cette chute d'eau inutilisée, située dans ma propriété, est une source de fortune ; je me dis que je dois l'exploiter. - La vie est toute remplie de ces syllogismes-là.

Mais abrégeons ces développements préliminaires, et résumons-nous. Pour éclaircir ma pensée en la résumant, je reviendrai sur une comparaison qui n'est peut-être pas un pur jeu d'esprit, mais où le ne veux voir pour le moment qu'un moyen commode de m'exprimer. Sous bien des rapports, la croyance et le désir sont aux sensations ce que l'étendue et la durée sont aux qualités chimiques de la matière. On a dit que le moi a fait l'atome à son image. Il est plus exact de dire qu'il s'est peint, comme croyant et désireux, dans l'espace et le temps. Tout ce qu'il a de clair, c'est sa propriété de croire et celle de désirer, et leurs combinaisons ou réflexions sur elles-mêmes. Tout ce que la nature a de clair, c'est l'étendue ou la durée de ses êtres, et leur mouvement, sorte de synthèse originale de la durée et de l'étendue. C'est une tentative également vaine de ne voir dans l'étendue et la durée que de simples relations d'atomes, et, dans la croyance et le désir, que des rencontres répétées de sensations ; tandis qu'on peut, avec une certaine vraisemblance, fausse pourtant, espérer de résoudre l'atome, la substance mystérieuse, en termes d'espace et de temps (c'est le fond de l'explication mécanique de l'Univers), et d'expliquer la formation des sensations les plus élémentaires, ainsi que des instincts les plus simples, par des amas et des legs accumulés de jugements ou d'efforts primitifs. Impossible d'ailleurs de ramener à l'unité la dualité de l'espace et du temps, de la croyance et du désir. Pour Maine de Biran, l'intelligence n'est qu'un cas de la volonté ; pour Wundt, et aussi pour Descartes, pour Spinoza, qui traitent les appétits et les passions comme autant d'idées, la volonté n'est qu'un cas de l'intelligence. Egale erreur ; mais la dernière a ceci pour elle d'être l'expression erronée de cette vérité, développée plus loin, que le désir a essentiellement la certitude pour objet. Encore ici, notons une similitude frappante. Le temps a pu être considéré, en cinématique, comme une quatrième dimension de l'espace ; il ne viendrait à l'idée de personne de regarder l'espace comme un simple auxiliaire du temps. Il y a une science de l'étendue pure, la géométrie. La chronométrie auprès d'elle ferait triste figure. De même, la croyance l'emporte grandement sur le désir en indépendance et richesse propres. La logique traite de la croyance presque pure ; le désir pur ou presque pur n'a ni ne peut avoir de science à son service exclusif. L'éthique, qui répond en cela à la mécanique, s'occupe du désir croyant, de la volonté. C'est toujours sous la forme d'une proposition (où l'intervention cachée du désir est insignifiante) que se présente à nous le rapport du moyen à la fin, de même que nous nous représentons sous la forme d'une ligne, d'une certaine étendue, le mouvement d'un corps.

II
Caractère quantitatif de la croyance et du désir seuls

Enfin, - car il est temps d'entrer dans le cœur même de notre sujet, - la croyance et le désir sont, à notre avis, de même que l'espace et le temps, des quantités qui, servant de lien et de support à des qualités, les font participer à leur caractère quantitatif ; ce sont, en d'autres termes, des identités constantes, qui, loin d'empêcher l'hétérogénéité des choses noyées dans leur sein, les mettent en valeur, les pénètrent entièrement sans toutefois les constituer, les unissent sans les confondre et subsistent inaltérables au milieu d'elles malgré l'intimité étroite de cette union. La différence de deux atomes chimiques est-elle en soi susceptible de plus et de moins ? Oui, mais à la condition de consister dans la distance de ces atomes, dans leur figure, leur volume et leur vitesse. De même, la sensation du bleu, celle d'une odeur de lilas, d'un goût sucré, et aussi bien leurs diverses nuances, qui sont autant de modalités hétérogènes, peuvent-elles être légitimement réputées avoir quelque chose de plus ou de moins les unes que les autres ? Oui, mais seulement si l'affirmation et la volonté comprennent ces phénomènes affectifs dans des propositions ou des décisions qui seront avec raison regardées comme plus ou moins fortes, plus ou moins vraies, plus ou moins justes.

Ma thèse, on le voit, en implique deux : 1• la croyance et le désir sont des quantités ; 2• il n'y en a pas d'autres en psychologie, ou il n'y en a que de dérivées de celles-ci ; ce qui revient à dire que la sensation n'est pas en elle-même une quantité. - Je commencerai par le second point, qui exigerait un volume et que j'effleurerai seulement. Puis j'aborderai le premier point.

M. Delboeuf (Rev. philos., mars 1877) reconnaît que Fechner « ne procure pas à l'esprit une idée bien nette de ce que peut être la quantité d'une sensation, ni comment par conséquent elle peut être représentée en nombre. » C'est à tort qu'en mesurant l'étendue d'une couleur, ou la durée des sensations en général, on croirait les soumettre elles-mêmes à la mesure. La durée d'un phénomène, extérieur ou intérieur, et aussi bien son étendue, sont des caractères qui lui sont étrangers, des parties de l'espace et du temps et non de ce phénomène en tant que distinct de ces deux objets fondamentaux de la pensée. Il n'en est pas de même de la vitesse d'un fait, qui est réellement une de ses propriétés. Or les psychophysiciens ont fort bien pu mesurer l'intervalle qui s'écoule entre une sensation et une contraction musculaire ; mais il ne s'ensuit pas, comme on le dit par à-peu-près de langage, qu'ils aient mesuré la vitesse d'une sensation ou d'un acte de la volonté. La vitesse étant définie l'étendue linéaire parcourue pendant l'unité de temps, les faits intimes où n'entre pas la considération de l'étendue (quoiqu'ils puissent fort bien avoir lieu dans l'espace) ne sauraient être doués de rapidité ou de lenteur, si ce n'est par métaphore. Pour que la métaphore soit juste, il faut que les degrés successifs des changements considérés soient séparés par une différence qui, sans être une distance, soit mesurable comme une distance. Il en est ainsi quand il s'agit des variations d'intensité d'une opinion faible qui devient par degrés une énergique conviction ou d'une inclination légère qui se transforme, sans changer de nature, en passion déclarée, ou, par dérivation, d'un même plaisir et d'une même douleur qui augmentent ou diminuent insensiblement. Par exemple, si une minute s'écoule entre le début d'une odontalgie et la crise aiguë, je jugerai ce phénomène deux fois plus rapide que s'il s'était accompli en deux minutes. Mais si une minute s'écoule entre l'apparition d'une idée, suggérée à titre de conjecture douteuse, par une lecture, et la formation d'une foi profonde et inébranlable en la vérité de cette idée, de quel droit dirai-je que cette évolution intellectuelle a été égale, inférieure ou supérieure en rapidité à l'évolution passionnelle qui précède ? La mesure commune fait défaut [1].

Pour éviter une plus longue discussion, j'emploierai l'argument expéditif suivant. Toute réalité quantitative à nous connue est susceptible essentiellement de valeurs positives et négatives, d'oppositions internes. Or la sensation, qui est une réalité, ne présente pas de valeurs négatives. Donc elle n'est point une quantité. Il faut prouver la majeure et la mineure, la majeure d'abord, qui pourra surprendre. Elle s'appuie sur d'assez fortes considérations. D'abord toutes les quantités qui se résolvent en mouvements (lumière, chaleur, etc.) participent à la contrariété des deux directions inverses sur une même ligne droite. L'attraction, force rayonnante, s'exerce en une infinité de sens opposés, de rayons

---

1 Bien entendu, je ne m'arrête pas à certaines qualités personnelles qui doivent à des quantités physiologiques dont elles sont l'expression de paraître à tort des quantités psychologiques : par exemple, la fidélité variable de la mémoire, le plus ou moins d'adresse manuelle, etc. L'exactitude plus ou moins grande du cerveau à remplir son rôle de bibliothécaire du moi, à lui présenter en temps opportun les images de ses sensations passées, s'expliquerait peut-être, si nous connaissions à fond le mécanisme cérébral, par des différences dans la direction et la quantité de mouvements atomiques. Une mémoire est plus ou moins fidèle par la même raison qu'une montre est plus ou moins exacte.

symétriquement contraires ; de même, la chaleur et la lumière à partir du foyer lumineux ou calorifique, quoique parfois un écran arrête une partie des rayons. D'autre part, quand une force devient linéaire ou superficielle, par exemple l'électricité, il se trouve qu'elle est polarisée, et c'est aussi le cas de la lumière si elle est réduite à rayonner dans un seul plan. Dira-t-on qu'il n'y a pas de volume négatif ? Mais ce sont là des abstractions de quantités et non des quantités concrètes, et il importe de les rattacher à leur substrat. La vitesse fait partie du mouvement ; le volume n'est séparé qu'abstrativement de la forme ; et il n'est pas de forme, si compliquée qu'elle soit, comme le montre bien la symétrie bilatérale des animaux, qui ne puisse s'opposer à une contre-forme, ou qui n'en contienne en soi, par exemple le cercle. Dira-t-on encore qu'il n'y a pas de masse, de densité négatives ? Mais la masse et la densité sont fonctions du poids, c'est-à-dire de l'attraction newtonnienne qui, avons-nous dit, rayonne en une infinité de sens inverses. Chaque masse contient en soi des myriades d'oppositions pareilles.

Arrivons à la mineure de notre argument. Ici M. Delboeuf vient à mon aide. Il combat victorieusement (Revue philosophique, janvier 1873) l'hypothèse des sensations négatives hasardée par Fechner, qui, au delà du point où la sensation s'annule et devient inconsciente, imagine une série de degrés aboutissant à l'inconscience infinie, sorte d'antipode de la conscience parfaite [1]. Sans adopter cette conjecture, on pourrait tomber dans l'erreur commune de regarder les oppositions apparentes de certaines sensations singulières et accouplées deux à deux, le chaud et le froid,

---

1 Croyance, désir, sensation : voilà des termes simples et précis. Au contraire, qu'est-ce que la conscience ? Ce terme complexe et confus, dont les psychologues abusent, est aussi mal choisi par eux que pourrait l'être par les géomètres un vocable où l'idée d'espace se présenterait amalgamée à celle de matière. L'ambiguïté de cette notion se montre quand on essaye de répondre à cette question : Quel est le maximum de conscience ? On voit sans peine qu'il n'y a pas un maximum, mais deux maxima ; dans certains états d'apathie, de somnolence du désir, mais de vive illumination théorique, on se sent aussi éveillé que possible ; d'autres fois, dans des instants de trouble intellectuel, mais de passion violente ou de résolution invincible, on échappe de même, par une issue différente, au clair obscur de ce demi-sommeil où se passe la « vie ordinaire »

Gabriel Tarde

le blanc et le noir, le sucré et l'amer, le rude et le poli, comme assimilables à celle des valeurs positives et négatives d'une même quantité. Mais le blanc et le noir, le chaud et le froid se signalent parmi les autres impressions de la vue et du toucher, uniquement parce qu'ils ont pour spécialité de marquer soit l'augmentation ou la diminution brusque de l'excitation physique à laquelle la vue ou le toucher viennent de s'habituer, soit l'extrême limite, en deux directions inverses, du champ d'opérations physiologiques de ces sens parvenus au point où leur non-exercice absolu les paralyse ou tend à les endormir et où leur exercice exagéré les décompose. C'est en raison de la connaissance que nous avons de ces accroissements ou décroissements de quantités extérieures exprimées par le blanc et le noir, par le chaud et le froid, que ces sensations nous paraissent opposées. Sans cela, elles nous paraîtraient ce qu'elles sont, hétérogènes. Quant au rude et au poli, au doux et à l'amer, inutile d'insister. Pourquoi n'opposerait-on pas aussi bien le doux et l'acide que le doux et l'amer ? - Ces difficultés étant écartées, j'ai quelque droit de tirer la conclusion de mon syllogisme.

Par là, nous sommes conduits maintenant à tâcher d'établir notre première et principale proposition : La croyance et le désir sont des quantités. Notre raisonnement sera précisément inverse : Toute opposition est une lutte, une neutralisation tentée ou accomplie, qui suppose la similitude des termes belligérants, leur comparabilité numérique, la possibilité de les mettre en équation. Nulle opposition vraie, par suite, ne peut se rencontrer hors des réalités quantitatives. Si donc la croyance et le désir contiennent des oppositions incontestables, il est avéré qu'ils sont des quantités. Or il est évident qu'ils comportent l'un et l'autre des états positifs et négatifs. Un médecin examine un malade ; à la vue des premiers symptômes qu'il observe, il se prononce mentalement, avec un certain degré de conviction, pour l'existence d'une fièvre typhoïde ; puis d'autres caractères de la maladie suscitent en lui une tendance, d'abord faible, puis vague, à nier justement ce q'il affirme ; à un certain moment, sa négation et son affirmation se balançant exactement, il est dans le doute absolu, état singulier qui serait inexplicable dans toute autre hypothèse que la mienne. Il ne dure guère, et la négation ne tarde pas à l'emporter définitivement,

Chapitre IX : La croyance et le désir

ou l'affirmation à reprendre le dessus. Comment, demanderai-je, interpréter le doute absolu, ce zéro d'affirmation et de négation, si ce n'est comme la preuve qu'à cet instant l'affirmation et la négation, ou pour mieux dire le penchant à affirmer ou à nier, ont la même intensité, la même force, le même poids ? Et n'est-ce pas avouer que ce sont des quantités ? Autre exemple. De la volonté, d'abord naissante et débile, puis croissante jusqu'à un certain point non dépassé, puis décroissante, de se marier avec une personne, un jeune homme passe graduellement à l'indifférence complète d'abord à l'égard de ce mariage, enfin à la volonté, croissante par degrés, de ne pas le faire (volonté négative qui s'exprimerait en latin par *nolle* et pour laquelle notre langue manque d'expression). Encore une fois, comment cette indifférence complète serait-elle possible si ce *velle* et ce *nolle* n'étaient pas équivalents ? Les changements psychologiques dont je parle ne sont-ils pas de vrais passages du positif au négatif, aussi bien que la hausse et la baisse alternatives d'un fleuve ou le mouvement tour à tour ralenti et accéléré d'un mobile qui va de B à C, puis de C à B, moyennant repos au point C ?

Ce qui m'empêche d'admettre le caractère quantitatif des sensations, c'est que, visiblement, elles se dénaturent dans leurs augmentations ou diminutions apparentes, qui sont de véritables métamorphoses. Pour prendre les plus favorables à la thèse contraire, le chaud par degrés devient le brûlant et n'a plus rien de semblable à lui-même ; la sensation de poids léger (objet des mesures de M. Delboeuf) se transforme vite en fatigue et en accablement mortel, et change ainsi du tout au tout, - et même, dans la transmission du noir au blanc à travers les nuances infinies du gris, je ne puis voir qu'une succession de qualités distinctes et hétérogènes. A fortiori en est-il ainsi des autres sensations. Mais peut-on dire que, dans le parcours de leurs variations en plus et en moins, la croyance et le désir s'altèrent jamais radicalement ? Peut-on nier qu'ils restent constamment identiques à eux-mêmes et qu'ils gravissent ou descendent en nous, sans altération perceptible, l'échelle immense, incomparablement supérieure à toute autre, qui sépare leur maximum de leur minimum ? Au moment où une certitude s'établit en nous, il semble peut-être qu'une distinction radicale se

Gabriel Tarde

creuse entre elle et l'opinion grandissante qui l'a précédée. Mais cette illusion se dissipe si l'on s'observe attentivement. Je regarde un décor de théâtre représentant un vase de fleurs ; je commence à être simplement porté à croire qu'elles sont naturelles et non peintes ; puis subitement, je vois, je deviens visuellement sûr, qu'elles sont en effet naturelles. Toutefois cette instantanéité du changement opéré n'est qu'apparente, de même que le passage de l'état liquide à l'état solide des corps est en réalité continu, malgré la solution de continuité qu'il semble présenter. Et, en outre, la certitude visuelle dont je parle est si peu un état inextensible et tout d'une pièce, qu'elle serait sensiblement augmentée par le concours d'une certitude tactile.

La difficulté principale de reconnaître le caractère quantitatif de la croyance et du désir a pour cause le caractère éminemment qualitatif de la sensation, avec laquelle ils se présentent toujours combinés. Si l'on me demande lequel, de deux plaisirs hétérogènes, celui du théâtre et celui du jeu par exemple, est le plus agréable en soi, je ne saurais que répondre. Mais je n'hésiterai pas à dire lequel des deux est le plus recherché, soit par telle personne, soit par tel groupe de personnes : Je serais également fort embarrassé pour décider si telle théorie astronomique sur la nature des comètes ou des nébuleuses contient plus ou moins de savoir, apporte plus ou moins de connaissances, que telle théorie physiologique sur le rôle des nerfs vasomoteurs ou la formation du sucre dans le foie. Savoir, en effet, c'est à la fois sentir (ou imaginer) et croire, de même que jouir, c'est à la fois sentir et désirer. En tant que composées de sensations et d'images, les conceptions sont dissemblables comme elles, mais la foi qu'inspirent à la généralité des savants d'une même nation, dans un même temps, les doctrines fondées sur les faits les plus hétérogènes, ne change pas de nature, parce qu'elle s'applique à l'explication du timbre des instruments après s'être appliquée à la régénération des os par le périoste. On a la preuve de cette similitude quand, par hasard, des doctrines d'origine si distincte viennent à se heurter. Dans ces dernières années, on a vu la confiance des physiciens en la théorie mécanique de la chaleur devenir presque égale à celle des astronomes dans le principe newtonien de l'attraction. Peut-être y a-t-il quelque part un savant, à la fois astronome et physicien, qui, voyant ou s'imaginant voir une contradiction directe entre une conséquence de la loi de l'attraction et une conséquence de la loi de la conservation de la force, éprouve une répugnance précisément égale à sacrifier l'une ou l'autre et se démontre ainsi à lui-même, sans le savoir, par son doute absolu, l'homogénéité de ses deux croyances contraires.

Toute quantité vraie, toute chose susceptible de plus et de moins sans altérations, est conçue comme idéalement ou réellement divisible en unités égales, c'est-à-dire comme mesurable en droit ou en fait. Fût-il prouvé que la croyance et le désir ne comportent aucune mesure effective, il n'en résulterait pas qu'ils ne comportent aucune mesure imaginable. Mais est-il certain qu'aucun moyen ou instrument de mesure ne peut leur être appliqué ? Voilà une seconde question qu'il s'agit d'examiner. Recherchons donc s'il existe ou peut exister : 1) un mètre individuel 2) un mètre collectif de la croyance et du désir.

I. Si la valeur vénale des objets fournit un mètre approximatif, comme nous le verrons bientôt, des espérances et des convoitises, des goûts et des opinions totalisés du public, il est impossible, je le reconnais, de mesurer aussi commodément les degrés d'élévation ou d'abaissement de ces états dans un individu déterminé. Cependant la chose est théoriquement concevable, par l'emploi des phénomènes d'équilibre interne dont je parlais tout à l'heure, le doute et l'indécision. Par exemple, je crois inégalement à la théorie A, aux théories B, C, D, etc., toutes étrangères les unes aux autres. Quel est le rapport mathématique de ma croyance à chacune d'elles ? J'observe que, si A m'apparaît, dans une de ses conséquences, en contradiction avec C, je tombe dans le doute, et aussi bien quand C vient à contredire D ou E, etc. J'en conclus l'égalité des croyances afférentes à B, C, D, E. Si maintenant une contradiction se présente entre A et B, et que ma foi en A subsiste, quoique atteinte ; si, après avoir été contredite par B, la théorie A l'est encore par C, puis par D, et qu'à ce troisième démenti seulement je me mette à douter absolument de la vérité de A, n'ai-je pas le droit de penser que ma croyance en A est égale à trois fois ma croyance en B ou en C ou en D ? Un historien qui compulse des archives ou

Gabriel Tarde

une grande bibliothèque voit souvent défiler vingt, trente témoins, les uns affirmatifs, les autres niant le même fait. Mais il ne compte pas les voix, il les pèse, car il a son opinion sur la valeur de chacune d'elles ; et il ne faut pas moins de trois, quatre, cinq démentis donnés au témoin le plus cher pour rendre son esprit perplexe. S'il n'a de préférence pour aucun des premiers, on peut dire que sa confiance dans celui-ci est triple, quadruple (encore y a-t-il il est vrai, des circonstances où la foi dans le témoin préféré devrait être regardée comme égale au produit et non à la somme des quantités de croyance attachées aux témoignages multiples nécessaires pour le contre-balancer). Même raisonnement pour la mesure du désir individuel. Entre deux projets dont je dois sacrifier l'un, je reste indécis, j'y tiens donc également ; si ayant à opter entre l'un de ces deux et un troisième, je choisis celui-ci, mais que, ayant à opter entre les deux premiers à la fois et celui-ci, je demeure irrésolu ou ne me décide qu'à contre-cœur et au hasard, certainement je tiens au dernier projet deux fois plus qu'à chacun des deux autres.

Il est évident, je l'avoue, que ce procédé n'est nullement pratique. Aussi je m'empresse d'ajouter que les pyscho-physiciens, avec lesquels d'ailleurs mon désaccord n'est pas grand, puisque je leur accorde l'existence de quantités dans l'âme, point capital de leur doctrine, ont eu raison au fond de ne pas s'attacher aux deux quantités pures que je signale et d'étudier de préférence des quantités impures et dérivées, mêlées d'un élément qualitatif dominant, mais accessibles par certains côtés à nos instruments physiques de mesure si maniables et si utiles. Il n'en importe pas moins, au point de vue théorique, d'indiquer ce caractère mixte qu'ils n'ont pas voulu voir, comme il convient parfois, en chimie, d'affirmer le pressentiment du corps simple alors même qu'il ne se laisse pas voir et toucher à part de ses combinaisons.

Reprochera-t-on cependant au procédé idéal de mesure ci-dessus indiqué, non seulement d'être impraticable, mais d'être fondé sur l'aperception immédiate et d'échapper ainsi à tout contrôle indéniable ? Je ne puis accepter l'objection. Elle atteindrait aussi bien toute science en général et la psychophysique en particulier. N'est-ce pas sur l'aperception immédiate de la coïncidence de deux lignes superposées que toute mesure physique est fondée ? Si cette assimilation paraît forcée, je l'écarte ; mais je ferai remarquer que la psycho-physique n'est jamais parvenue, en réalité, à mesurer le phénomène interne par le phénomène extérieur qui relève seul du mètre, de la balance et du thermomètre. Pour être autorisé à regarder les accroissements de la sensation comme fonction de ceux de l'excitation, on doit nécessairement tenir pour certain que les premiers sont mesurés indépendamment des seconds. Cela est surtout visible si l'on admet que la sensation grandit plus vite (fatigue musculaire) ou moins vite ,(intensité lumineuse) que l'excitation. Si la sensation n'était mesurable que par ses excitations externes, elle devrait toujours être jugée 2, 3, 4 fois plus grande quand celles-ci sont devenues doubles, triples, quadruples. On en juge autrement ; donc on croit posséder un mètre de la sensation étudiée à part de ses causes. Comment peut-il être fourni, sinon par la sensation elle-même, ou mieux par l'aperception immédiate, dont il est si facile d'abuser, mais si impossible de se passer ? La première question en psychophysique est donc celle-ci : Y a-t-il des unités psychologiques ? Y a-t-il ou non des phénomènes intimes qui se présentent comme divisibles en parties homogènes, quoique en fait inséparables ? Cette question tranchée affirmativement, il y a lieu ensuite, mais seulement ensuite, de chercher le rapport mathématique qui peut lier ces quantités aux quantités extérieures. Au cours d'une discussion soulevée il y a quelques années, dans la Revue scientifique, par l'argumentation stérilement ironique d'un anonyme, M, Wundt et M. Delboeuf ont reconnu ce point. Le premier (Revue scient., t. VII, p.1018) affirme que nous avons « dans notre aperception immédiate une mesure pour l'égalité des sensations ». Le second, encore plus explicite (p.1016), s'exprime ainsi : « La sensation ne serait point mesurée par l'amplitude d'un mouvement physiologique... la sensation ne peut l'être que par une sensation... Si nous voulons arriver à une loi et de là remonter à la cause, il nous faut mesurer la sensation, c'est-à-dire la rapporter à une unité de sensation. » M. Ribot, il est vrai, conteste (p. 878) la mesurabilité des états internes à part de leurs causes ou conditions extérieures.

Mais, en fait, ajoute-t-il, « la difficulté a été tournée : on mesure non la sensation, mais des différences de sensation. » Fort bien, mais ne s'agit-il pas de différences senties et immédiatement jugées égales ? C'est donc toujours au postulat de la mesurabilité par soi de l'état intime qu'il faut en venir d'une manière directe ou détournée. Or quel est l'état intime, je le répète, dont l'homogénéité, dans toute l'étendue prodigieuse de son domaine, soit mieux attestée par la conscience que celle de la croyance et du désir ?

On pourra s'étonner que, parmi les essais possibles de mensuration de la croyance individuelle, nous n'ayons pas fait figurer le calcul des probabilités. Nous avions nos raisons, que le lecteur va comprendre. Cependant, si cette branches des mathématiques ne donne point, à notre avis, la mesure de la croyance, elle nous fournit en faveur de sa mesurabilité un argument si puissant que nous ne pouvons l'omettre. Malgré les critiques dont elle a été l'objet de la part des philosophes, malgré l'absurdité apparente d'admettre qu'un événement qui nécessairement, par hypothèse, doit être ou doit ne pas être, soit plus ou moins probable, on ne croira jamais qu'une théorie élaborée par tant de génies éminents et d'esprits rigoureux repose entièrement sur le vide. Ce calcul célèbre s'applique assurément à quelque chose de calculable ; il mesure ou du moins a pour but de mesurer quelque chose qui est mesurable. Mais quelle chose ? Serait-ce, comme on l'a dit malicieusement, « le degré d'impossibilité du certain et le degré de possibilité de l'impossible » ? Il est clair que, pour un géomètre déterministe, la probabilité n'a ni ne peut avoir rien d'objectif. Et si, aux yeux des partisans du libre arbitre, pour M. Renouvier par exemple (voy. Essais de critique générale, t. II, p. 421 et s.) ou pour tout autre philosophe rallié à la doctrine, très profonde par endroits, de la réelle ambiguïté de certains futurs, la probabilité devient susceptible d'un sens objectif, dans des circonstances assez restreintes, elle perd du même coup la faculté d'être mesurable. Ne pouvant être objective, la quantité à laquelle le calcul des probabilités s'applique, à moins de n'exister pas, doit être subjective. Ce ne peut être que la croyance. Bernouilli, dont l'opinion compte en pareille matière, se place à ce point de vue. « Je dois dire cependant, reconnaît M. Renouvier, que Bernouilli n'entendait pas que le calcul des probabilités eût à mesurer autre chose que les attentes. Le fondement de ce calcul est à ses yeux subjectif et non objectif. » (Voy. Essais, p. 454, note). Donc, si le calcul des probabilités a une base réelle, s'il n'est pas un faux calcul, il est avéré que la croyance est une quantité interne ; ou bien elle n'est point une quantité, et il en résulte que les inventeurs de cet ordre de spéculations ont perdu leur temps.

Par malheur, ce ne sont pas les accroissements et les décroissements de la croyance, tels qu'ils sont, que détermine le calcul dont il s'agit, mais bien tels qu'ils seraient s'ils se proportionnaient exactement aux augmentations ou aux diminutions de ce qu'on pourrait appeler les raisons mathématiques de croire. Il faudrait se garder, du reste, de regarder ces raisons de croire comme des caractères intrinsèques des choses, et de restituer ainsi à la probabilité un sens objectif. Ce sont des raisons toutes subjectives elles-mêmes qui consistent dans la connaissance que nous avons, non des causes d'un événement attendu et ignoré, mais des limites du champ hors duquel nous sommes sûrs qu'elles ne s'exerceront pas, et de la division de ce domaine en deux portions inégales, l'une appelée chances favorables, l'autre chances contraires, dont l'inégalité peut être chiffrée. J'ignore par quel concours de causes physiques, physiologiques, psychologiques, la main d'un enfant tirera à la loterie tel numéro et non tel autre ; mais je sais (certitude négative) que le numéro qui sortira sera compris entre 1 et 100 et non au delà, puisqu'il n'y a que cent billets, et, en outre (certitude positive), je sais que j'ai 10 billets et que, par conséquent, Il y en a 90 que je n'ai pas. L'hypothèse consiste ici à considérer ces deux dernières certitudes comme l'équivalent partiel de la connaissance des causes, que je ne puis avoir.

Cette hypothèse acceptée, tout se suit aisément, et il peut paraître assez naturel de penser que le degré de croyance d'un homme ignorant invinciblement les vraies causes doit se proportionner à la valeur mathématique des raisons telles que je viens de les définir. À ce point de vue, ce calcul des crédibilités, c'est-à-dire des affirmabilités et des niabilités, serait une sorte de logique algébrique, celle-là même que nos modernes logiciens ont rêvée, et le pendant symétrique de cette science serait précisément la doctrine utilitaire de Bentham, cette morale par a plus b, qu'on pourrait appeler le calcul des désirabilités positives et négatives. Mais la difficulté pour les mathématiciens comme pour les utilitaires consiste à justifier ce devoir qu'ils m'imposent de croire ou de désirer plus ou moins, ou autrement que je ne crois et que je ne désire. Car pourquoi, en ce qui concerne les premiers dont je m'occupe maintenant, accepterais-je l'hypothèse contestable sur laquelle est fondé tout leur édifice de formules ? Or, en fait, ces raisons mathématiques de croire dont je parlais sont à la croyance ce que, d'après les psycho-physiciens, le degré de l'excitation extérieure, l'intensité lumineuse par exemple, est au degré de l'impression, à la sensation de lumière. Ce n'est pas qu'il convînt d'étendre à ce nouveau cas le fameux logarithme des sensations. Mais, suivant que la foi est influencée par le désir ou par la répulsion, il est à remarquer que les accroissements vont d'un pas plus rapide ou plus lent que les accroissements parallèles de la probabilité mathématique. Les habitants d'une ville de 10 000 âmes, où se produisent 10 cas de choléra, commencent à être effrayés ; si, le lendemain, il s'en produit 20, leur alarme aura plus que doublé, tandis, que si, dès le début, le chiffre de ces maladies eût été 20, l'alarme initiale n'eût pas été sensiblement différente. J'ai 10 billets de loterie, j'en prends 10 autres, mon espérance de gain aura-t-elle passé du simple au double ? Nullement, quoique certains caractères prédisposés aux chimères et plus accessibles à l'espérance qu'à la crainte puissent faire exception sur ce point.

Puis notons que, chez le même homme et à propos du même ordre de faits, les accroissements de la foi après avoir été plus rapides que les accroissements parallèles de la probabilité, peuvent devenir plus lents ou vice versa. En général, dans le voisinage de son maximum appelé certitude, la croyance en voie d'augmentation se ralentit singulièrement. Dans les sciences on peut remarquer la résistance singulière qui s'oppose à l'établissement définitif d'une théorie qui était déjà cependant reconnue pour à peu près démontrée à une époque où les faits qu'elle expliquait étaient deux fois moins nombreux. On découvre chaque jour des faits nouveaux favorables à l'hypothèse transformiste ou atomistique, mais la foi de leurs partisans est bien loin d'en être accrue autant qu'elle l'était dans le principe par la découverte de faits bien moins probants. Sur de simples indices, Newton admit presque sa conjecture devenue loi. Depuis, les observations astronomiques multipliées ont centuplé les preuves de sa théorie, et la foi des savants en elle n'a pu devenir cent fois plus forte. Quoique la certitude ne diffère en rien d'essentiel des autres degrés de la croyance et soit simplement l'une des extrémités de leur série, le passage de la croyance proprement dite à la certitude est, nous le savons, une sorte de changement d'état, comme la solidification d'un liquide, et présente des obstacles propres, comme tout changement d'état.

Si l'on tient compte de ces considérations, on verra que le calcul des probabilités, sans base objective, s'applique à une quantité subjective bien réelle, mais ne peut servir à la mesurer. Son grand mérite, à mes yeux, est de montrer clairement, je le répète, qu'elle est mesurable. Si l'on veut à tout prix qu'il ait un fondement objectif, ce ne peut être qu'une tendance plus ou moins grande des événements futurs à se produire. Mais cette tendance, comment la concevoir, si ce n'est sur le type du désir ? Ce calcul s'appuie donc nécessairement sur l'hypothèse de la mesurabilité du désir, sinon de la croyance.

En temps électoral, on voit monter et descendre plusieurs fois dans la même journée, par suite des moindres renseignements nouveaux, des on-dit les plus insignifiants, les espérances et les craintes des candidats. Assurément le calcul des probabilités ne joue aucun rôle là dedans. Mais ce qui est bien clair, c'est le caractère quantitatif très marqué de ces espérances et de ces craintes. Chacun de nous sent décroître en lui, à mesure que le temps s'écoule, et avec une assez grande régularité, sans que le calcul des probabilités y soit pour rien, la confiance que lui inspirent ses souvenirs et qu'un mot lui réveille ou lui trouble tout entière ; et quand nous voyons de loin s'approcher de nous un de nos amis que nous hésitons d'abord à reconnaître, nous sentons croître régulièrement notre foi en la réalité de sa présence. Ici encore, aucune application du calcul des probabilités n'est possible ni imaginable. Cependant, ce sont là, je crois, des variations quantitatives au même titre que l'élévation ou l'abaissement de la température. On ne saurait donc prétendre que le caractère d'être mesurable est une propriété empruntée par la

Gabriel Tarde

croyance à la langue des calculs, puisqu'il persiste encore après le silence forcé de celle-ci.

Le procédé à coup sûr le plus grossier, quoique le plus rigoureux en apparence, pour mesurer les quantités internes, consisterait à les exprimer par la quantité d'action qui épuise un désir ou réalise une idée, toutes les fois que cette action se composerait de gestes, de mouvements, de dépenses de forces musculaires, le tout réductible à des quantités de mouvements moléculaires. On dirait encore, par exemple, que la soif apaisée par un verre d'eau est égale à deux fois celle qui exige deux verres d'eau pour être étanchée, etc. N'insistons pas.

Quoique malaisé à découvrir, un mètre approximatif des croyances et des désirs, même individuels, aurait bien fini par être imaginé si le besoin s'en était fait sentir à la plupart des hommes, autant que le besoin d'un mètre de l'opinion ou de l'inclination générales. Mais le malheur est que, dans la pratique de la vie, le degré d'une opinion ou d'une inclination individuelle n'est pas ce qui importe, ou plutôt ce qui intéresse ; et partant on ne remarque pas qu'elle a des degrés, par la même raison que, suivant la loi formulée par Helmholtz dans son Optique, les phénomènes de la vision inutiles pour la connaissance pratique des objets (les mouches volantes, les images accidentelles, etc.), quoique visibles comme les autres, ne sont point vus, si ce n'est par les malades ou les oculistes. Il n'y a de même que les psychologues qui daignent prêter quelque attention à leurs idées ou à leurs sentiments en germe, aux ébranlements légers, et à la ruine lente de leur foi religieuse ou politique, de leurs affections ou de leurs amours. L'homme pratique ne s'aperçoit de ces écroulements intimes que lorsqu'ils sont consommés, par sa liberté d'agir qu'ils lui rendent. Un désir, de même qu'un avis, ne peut être utilisé pour la gestion des affaires publiques ou privées, par bulletin de vote ou acte notarié, qu'à la condition d'être réputé absolu et non relatif. L'homme d'action paraît et croit se donner tout entier à tout ce qu'il entreprend. De là bien des inconvénients. On demande, par exemple, au médecin légiste, non pas : « Etes-vous tout à fait, presque, aux trois quarts, à demi convaincu qu'il y a eu empoisonnement ? Croyez-vous à cela autant que vous croyez à l'existence de Thésée ou de Romulus, ou à l'existence de Tarquin le Superbe, ou à celle de Louis XIV ou à celle de votre père ? » mais bien : « Y a-t-il ou n'y a-t-il pas empoisonnement ? » Et le plus souvent en répondant à cette question le médecin légiste donne implicitement pour certain ce qui ne laisse pas de lui sembler douteux à quelque degré.

C'est une trop rare marque de probité philosophique de chercher à rendre avec exactitude non seulement la nuance précise de sa pensée, mais le taux de sa confiance en elle. L'exemple de Cournot, de Renan, de Sainte-Beuve, sur ce point, n'a pas été contagieux. On peut s'étonner que, même parmi les logiciens, les demi-affirmations ne comptent pas. Je ne sais pourquoi, notamment dans la théorie du syllogisme, on raisonne toujours comme si les prémisses étaient affirmées ou niées précisément avec la même énergie et sans le moindre doute. Essayons, un instant, de prendre en considération, dans la majeure et la mineure, les divers degrés d'intensité de l'affirmation et de la négation.

J'affirme, par hypothèse, avec une intensité égale à 5, que tout corps pèse, et, avec une intensité égale à 10, que l'air est un corps. N'est-il pas évident que la conclusion : L'air est pesant, devra être affirmée avec une intensité égale à 5 et non à 10 ? J'affirme avec force que nul animal n'est insensible. J'ajoute timidement : Je suis porté à croire que l'éponge est insensible. Conclusion : Je suis porté à croire que l'éponge n'est pas un animal. - On petit expérimenter sur des syllogismes de toute forme ; partout on trouvera que la moindre des deux doses d'affirmation ou de négation contenues dans les prémisses est la seule qui subsiste dans la proposition résultante.

Cette observation bien simple nous permet d'expliquer la nécessité du fait, si souvent observé, de ce profond et incurable scepticisme où l'abus du régime déductif fait tomber les raisonneurs. Toute la force de croyance et de désir dont nous disposons et qui s'écoule, non sans déperdition, dans notre conduite et nos pensées, est produite, en effet, ou plutôt provoquée par les expériences continuelles de nos sens. Il est dans la nature de cette double

Gabriel Tarde

puissance de se transmettre pour se conserver, mais de ne se conserver qu'en se dispersant. La transformation logique exige, nous venons de le voir, une dépense de foi en pure perte, comme le fonctionnement d'une machine une dépense de force inutile. Si donc, sans soumettre les conclusions ainsi produites au contrôle des faits pour augmenter ou annuler la dose de croyance qui leur est afférente, on les emploie telles quelles à de nouvelles déductions, les conclusions nouvelles engendrées par celles-ci leur seront inférieures en vigueur affirmative, et, d'exténuation en exténuation (les anciennes idées, comme il arrive d'ordinaire, s'oubliant sans cesse au lieu de se grossir simplement des nouvelles), on aboutira fatalement au zéro de croyance. Acculé à cette impuissance de rien croire, le logicien n'a plus qu'une ressource : c'est de conjecturer que rien n'est croyable. Par une raison analogue, le moraliste, trop fier de ses passions toutes extirpées, devient inerte et se dit quiétiste.

L'attention prêtée, en logique, au caractère quantitatif de la croyance y introduirait bien des renouvellements que je ne puis indiquer ici. Je cite la remarque précédente à titre d'exemple.

II. La mesurabilité de la croyance et du désir individuels étant démontrée, il est temps de nous demander si les croyances et les désirs d'individus différents pris en masse peuvent être légitimement totalisés. Ils peuvent l'être, si l'on considère que l'acte de désirer ou de repousser, d'affirmer ou de nier, abstraction faite des objets, c'est-à-dire des sensations ou des souvenirs auxquels il s'applique, est le même, constamment le même, non seulement d'un moment à l'autre d'une vie individuelle, mais d'un individu à l'autre. Ce n'est pas l'aperception immédiate, comme plus haut, qui prouve cette identité ; mais c'est une induction irrésistible qui l'atteste. Nous avons des raisons de penser que la manière de sentir les odeurs ou les saveurs, de voir le bleu, d'entendre le son du violon, d'éprouver les impressions du sixième sens, diffère de Pierre à Paul, de Jean à Jacques ; le cas saillant des daltoniens, des gens qui ont l'oreille fausse ou qui sont enrhumés du cerveau en est la preuve. Nous concevons qu'une sensation manque à Pierre et que Paul en ait d'un genre à part ; et, de fait, par la pratique journalière et passionnée d'un art, d'une doctrine, par le culte fervent d'une religion longtemps régnante sans opposition, nous voyons se former çà et là, dans l'humanité, sinon des sensations, du moins des demi-sensations surajoutées et en train de devenir des sensations véritables ; il y a eu un sens hégélien en Allemagne, un sens chrétien au moyen âge ; il y a encore un sens poétique, un sens juridique des choses. Et, soit dit en passant, dans ces acquisitions lentes de notre sensibilité, nous prenons sur le fait la transformation des jugements réitérés en notions, des notions en sensations, évolution inverse de celle qu'on remarque seule d'ordinaire, et propre peut-être à suggérer quelque hypothèse vraisemblable sur l'origine première de nos sensations élémentaires chez nos ancêtres reculés. Quoi qu'il en soit, rien n'est inintelligible en tout cela. Mais pouvons-nous concevoir quelqu'un qui ne distinguerait pas entre le oui et le non, comme certains ne distinguent pas entre le vert et le rouge, ou qui, après avoir donné des signes manifestes de ce que nous appelons le désir d'une chose, exprimerait son contentement si cette chose lui était refusée ? Pouvons-nous admettre qu'il y ait deux manières d'écouter, de regarder, comme il y a deux manières d'entendre et d'avoir la rétine affectée ? Les sensations différant d'un homme à un autre, si le croire et le désirer différaient aussi, la tradition ne serait qu'un vain mot ; rien d'humain ne pourrait être transmis inaltéré par une génération à la suivante. Une personne me donne la preuve qu'elle ne sent pas comme moi, elle me devient étrangère et indifférente ; mais elle me donne un démenti, aussitôt je me sens heurté par une force contraire et, par conséquent, semblable à la mienne. Si l'on essayait de m'apaiser en me disant que peut-être elle ne nie pas comme moi, je prendrais cela pour une mauvaise plaisanterie. Par la croyance, par le désir seulement, nous collaborons, nous nous combattons ; par là seulement donc, nous nous ressemblons. Il n'y a pas de meilleure raison à donner.

N'est-il pas clair d'ailleurs que, au fond de toutes les luttes humaines, il y a un oui ou un non, un *velle* ou un *nolle* en présence ? Le plus souvent, il est vrai, dans les luttes religieuses, politiques, sociales, deux propositions distinctes et non pas seulement contradictoires, deux desseins hétérogènes et non pas seulement contraires, soulèvent la tempête. Mais elle naît uniquement parce que chaque thèse, en même temps qu'elle s'affirme, nie l'autre, parce que chaque volition fait obstacle à l'autre. L'histoire n'est que le récit de tels conflits. Par nos manières de sentir, au contraire, naturelles ou acquises, nous nous isolons dans le combat. Subtiles ou fortes, délicates ou grossières, elles sont, pour chacun de nous, le côté inoffensif autant qu'inviolable, par lequel ce monde ambiant de la discorde et de la haine, des charlatans et des fanatiques, nous est étranger.

S'il en est ainsi, la totalisation des quantités de croyance ou de désir d'individus distincts est légitime. En fait, elle a été tentée avec un complet succès et une approximation suffisante. Les variations de la valeur vénale des choses, les chiffres de la statistique, et, aussi, comme nous le verrons, les triomphes ou les revers militaires des nations, sont des procédés diversement valables de mensuration de ce genre. Nous allons les parcourir.

Je ne m'étendrai pas sur le premier. Les oscillations de la Bourse, on le sait, indiquent passablement, sauf le cas où les fonds publics sont l'unique débouché ouvert aux capitaux disponibles, les vicissitudes du crédit, de la foi nationale dans le succès financier de la chose publique ou de telle entreprise industrielle cotée. On parie plus ou moins fort aux courses, suivant le degré de confiance qu'on a dans la vélocité d'un cheval. L'exaltation ou le déclin de la foi religieuse, de la certitude attachée aux menaces de l'enfer ou aux promesses du ciel, se trahissent dans tous les temps et dans tous les pays, en tenant compte, bien entendu, de la dépréciation des métaux précieux et des variations de la richesse nationale, par le chiffre comparé des sacrifices pécuniaires faits à l'autel, des legs ou donations au clergé. Ce serait un problème délicat, mais non insoluble, de déterminer à l'aide de ces chiffres, du chiffre comparé de la population à deux époques successives, du chiffre total de la fortune publique à ces mêmes époques, et de beaucoup d'autres données numériques, la fraction exacte qui exprimerait le rapport des deux quantités totales de foi religieuse manifestées à ces deux dates dans la même nation. Si, d'une année à l'autre, les dividendes distribués aux actionnaires d'une compagnie n'ayant pas varié, et les conditions générales du crédit étant restées les mêmes, les actions se vendent 1500 francs après s'être vendues 500 francs, n'est-on pas fondé à dire que la foi du public dans le maintien durable ou dans l'accroissement prochain, suivant le cas, des bénéfices, a passé du simple au triple ?

La statistique, convenablement maniée, fournit aussi de curieuses mesures du désir général. Par exemple, entre vingt-cinq et trente ans, dans les Pays-Bas, d'après les calculs de M. Bertillon, sur 1000 garçons 112 se marient chaque année, et sur 1000 veufs 355 se remarient. Que conclure de là ? C'est que le désir du mariage est environ trois fois plus grand chez les veufs que chez les garçons du même âge. Pour les veuves comparées aux filles, il est seulement deux fois plus grand. Par les chiffres des naissances aux divers mois de l'année, nous apprenons dans quelle proportion numérique l'amour physique est plus intense au printemps qu'en hiver. Quand nous voyons que 1000 femmes mariées de quinze à cinquante ans ont, année moyenne, 248 enfants en Angleterre, 273 en Prusse, et en France 173, comme nous savons d'ailleurs, par la fécondité remarquable de la race française au Canada, que nulle raison physiologique ne joue le rôle dominant dans ce résultat, nous sommes autorisés à penser que, si le désir d'avoir des enfants est parmi nous égal à 1, il est en Prusse égal à 1. 59, et, en Angleterre, à 1.43. La statistique criminelle et civile peut servir à évaluer la croissance ou la décroissance des instincts processifs et des passions violentes.

Mais la plus antique et la plus originale, sinon la plus rigoureuse, des balances de ce genre, c'est la guerre. Quand sur un point, insignifiant parfois, deux volontés nationales sont en conflit, l'une disant : Oui, telle chose sera ; l'autre disant : Non, telle chose ne sera pas ; chacune d'elles puise, dans la supériorité de force qu'elle s'attribue, le droit qu'elle s'arroge d'anéantir l'autre. Il s'agit de soumettre ces persuasions contraires à un contrôle éclatant. Des deux côtés alors, le désir national s'amasse ; mais il ne se totalise par seulement, il s'organise, il se ramifie en une multitude de manœuvres et d'actions guerrières différentes qui collaborent au même but, précisément parce qu'elles sont hétérogènes (car le seul rapport possible des choses similaires consiste à se juxtaposer stérilement ou à s'opposer destructivement ; ce ne sont pas les boulangers qui font concurrence aux meuniers, mais bien les meuniers qui cherchent à se détruire entre eux et les boulangers entre eux, et toute production, à l'inverse, suppose la dissemblance des travaux). Une armée n'est donc pas un simple total, comme les chiffres de la statistique, dont les unités sont homogènes ; elle est un tout comme un être vivant. Elle est un nombre si l'on veut, mais un nombre vrai, objectif, qui reste tel hors de la pensée nombrante. En elle s'incarnent non seulement une quantité définie à chaque instant d'énergie mécanique sous forme de poudre et de boulets, de nerfs et de muscles, mais une somme déterminée à chaque instant de dogmatisme ou d'entêtement patriotique qui passe, identique à lui-même, à travers les canons roulés, les marches forcées, les tambours battants, les fanfares. On se bat enfin. Pourquoi ? Parce qu'il faut bien appuyer sur une démonstration solennelle et incontestée le jugement de supériorité que chaque belligérant porte sur soi. Un combat, en même temps qu'il est la solution d'un problème de mécanique, est une opération « d'arithmétique morale », une soustraction.

Si mécaniquement deux armées sont d'égale force, leur effectif, leurs engins militaires, leur degré d'instruction étant les mêmes, c'est la plus volontaire qui vaincra. - Mais soyons plus précis.

Une armée qui se bat est à sa nation qui la regarde et où elle se recrute ce qu'un système philosophique en train d'attaquer et de se défendre est à l'ensemble de ses partisans passifs, disséminés dans les corps savants ou dans le monde. Les citoyens restés dans leurs foyers font tous le même vœu : la victoire ; mais tous ces vœux semblables et dispersés ne forment un nombre que pour le statisticien. Cependant, les soldats, les officiers n'ont pas le temps de songer à se dire : Puissions-nous vaincre ! Ils ont à chaque instant, en apparence, un but tout autre : charger leurs fusils, viser un fort, apprécier à vue d'œil une distance, etc. Et c'est avec ces unités hétérogènes que l'addition vraie s'accomplit sur le champ de bataille. De même tous les adhérents du transformisme sélectioniste ont conscience d'avoir foi en lui pendant que Darwin l'élabore et le fortifie chaque jour, étudiant telle plante ou tel insecte, se livrant à mille expériences, à mille observations de tout genre

Chapitre IX : La croyance et le désir

durant lesquelles il recueille une infinité de faits, d'affirmations et de négations qui toutes signifient au fond : « mon système est le vrai, » quoique jamais ou presque jamais, je suppose, l'éminent penseur n'ait le loisir de prononcer ce dernier jugement. C'est pourtant dans le faisceau des propositions diverses successivement émises et coordonnées par lui, et non dans l'ensemble des adhésions toutes semblables de ses disciples épars, qu'il faut chercher la vraie quantité de foi inhérente à son système, celle qui lui permet de descendre dans la bataille rangée des théories, où telle constitution politique acclamée par cinquante millions d'hommes, où telle cosmogonie religieuse à laquelle cinq cent millions d'hommes disent amen n'oseraient affronter la lutte.

Pour supputer exactement la quantité de désir qui fait la force d'une armée et la quantité de foi qui fait la force d'un système, il faut tenir compte non pas des désirs de vaincre éprouvés par les soldats ou par la nation, non pas des actes de foi conscients en la formule finale que le système éveille dans l'esprit de ses auteurs ou de ses partisans, mais bien des désirs de tous genres (de gain chez les fournisseurs, d'avancement ou d'honneur chez les militaires, d'instruction, etc.) dépensés à faire l'éducation des soldats et des officiers, à affermir la discipline, à perfectionner la tactique, à fabriquer des engins de destruction, à exécuter des manœuvres sur le terrain, - et des actes de foi de toutes sortes dépensés (en jugements visuels, tactiles, acoustiques ou autres) à constater chacun des faits innombrables, fournis par l'expérience ou l'observation, qui, depuis les premiers balbutiements de la science, ont servi à suggérer ou à contrôler chacune des lois, chacune des théories partielles dont le système est le ciment et qu'il prétend identifier dans son idée-mère. Les désirs de vaincre, les actes de foi en la formule finale ne servent en rien au succès d'une bataille ou d'une discussion ; ayant la même direction, étant semblables, ils ne peuvent pas plus faire partie d'un seul tout et s'agréger fructueusement que des parallèles ne peuvent parvenir à se rejoindre. Mais les désirs divers dépensés autrefois et transformés en moyens d'action, les actes de foi dépensés autrefois et transformés en notions élémentaires, en moyens de jugement, peuvent, justement parce que leurs directions diffèrent, parce que leurs points d'application sont hétérogènes, se rencontrer utilement en une action ou une proposition nouvelle et plus complexe. Les désirs, les actes de foi similaires n'ont qu'une manière de former un tout, leur numération effective ; il est vrai que, non comptés, ils continuent à être nombrables. Mais, indépendamment de cette possibilité d'être nombrés qui leur est commune avec les précédents, les désirs et les actes de foi dissemblables possèdent une virtualité autre, celle de pouvoir coopérer à la production d'une oeuvre ou à la démonstration d'une thèse qui n'est l'objet direct d'aucun d'eux. Cette virtualité, sans doute, n'est réalisable que dans la mesure où le général en chef sait utiliser ces désirs dépensés et où le défenseur d'un système sait faire valoir les faits à l'appui. Mais la portion non réalisée de ces virtualités est quelque chose, au même titre que la possibilité de chute d'un corps pesant et arrêté, ou que la possibilité de combustion d'un charbon éloigné du feu. En tenant compte de ces observations, on verra que la victoire appartient toujours, en guerre ou dans une discussion, à la théorie du côté de laquelle se trouve la plus grande quantité de désir ou de foi réellement mise en oeuvre par le général en chef et le théoricien.

On ne contestera pas, en effet, j'espère, que toute notion ait commencé par être un jugement ou des jugements, que tout moyen, tout talent, toute habitude dont nous nous servons ait commencé par être un but poursuivi pour lui-même. Cela est certain, comme il est certain que toute proposition est destinée à son tour à s'incorporer comme phrase incidente d'abord, puis comme idée accessoire, dans une phrase plus compliquée, et que toute oeuvre volontaire tend, en se répétant, à devenir l'instrument d'une action plus haute. Parler, marcher, simple moyen pour l'adulte ; pour l'enfant d'un an, quelle suite d'entreprises hardies. Pour le soldat exercé, charger, ajuster, cela ne sert qu'à tuer l'ennemi ; pour le conscrit, autant de manœuvres, autant de fins distinctes, laborieusement poursuivies. Je dis : Ce cheval galope ; quelle multitude d'anciennes phrases emmagasinées dans cette phrase ! Il y en a deux d'abord, clairement apparentes, qui ont dû la précéder sans laisser de trace en moi : Cet animal est un cheval ; cette allure est le galop ; mais, sous les idées d'animal et d'allure, j'en découvre d'autres, celles de couleur, de forme, de vitesse, etc., dont l'acquisition lente et successive a coûté à ma première enfance des milliers d'efforts de discernement et de jonction d'images.

Ce qu'on peut contester avec une apparence de raison, c'est que la notion soit l'équivalent des sommes de croyance, et l'habitude l'équivalent des sommes de désir dépensées à les produire, et que sous ces nouvelles formes ces quantités psychologiques se conservent sans perte, comme la force motrice des physiciens. Pour donner ici un sens à cette idée d'équivalence, pour rendre intelligible cette conservation des forces internes, il serait nécessaire de faire appel à une certaine manière, dont nous n'avons pas à nous occuper, d'entendre l'hypothèse des monades. Mais on peut en dire autant, ou à peu près, du principe physique de la conservation de l'énergie, qui - à moins d'additionner pêle-mêle sous le couvert du même vocable énergie deux choses hétérogènes, le mouvement possible et le mouvement réel, l'énergie dite potentielle et l'énergie dite actuelle - nous oblige à tenir pour vraie l'hypothèse des atomes entre lesquels se disséminerait, en se dissimulant sans bénéfice ni perte, une même quantité de mouvement. Le seul fait qu'on ne puisse nier ici et là, c'est que des quantités du mouvement, de foi et de désir, ont été consommées. Quant à savoir si cette dépense a été une transsubstantiation ou un déguisement, c'est une question qu'on peut réserver.

III
Critique de Bentham

Nous avons cru montrer, dans ce qui précède, que la croyance et le désir, soit individuellement, soit collectivement, sont susceptibles d'évaluations plus ou moins rigoureuses. Mais les théories se jugent par leurs conséquences. Essayons d'appliquer la nôtre à la critique de Bentham, c'est-à-dire aux problèmes moraux et sociaux les plus ardus. Qu'on veuille bien se rappeler l'analyse par laquelle nous avons ramené le plaisir et la douleur au désir et à l'aversion. Elle méritait, je crois, de nous arrêter. D'abord, si l'on ne décompose pas le plaisir et la douleur, l'on peut et l'on doit être tenté d'expliquer par eux le bien et le mal. Or il n'est pas indifférent, en morale, de résoudre ces notions fondamentales en termes de désir et d'aversion, d'affirmation et de négation, ou en termes de plaisir et de douleur. Entre autres différences saisissables, si l'on adopte la première manière de voir, non seulement toute sensation, mais aussi bien toute perception et toute notion, en un mot tout ce qui peut être l'objet d'un désir ou d'une répulsion, est en soi-même bon ou mauvais ; si l'on se range au second point de vue, les seules choses bonnes ou mauvaises qu'on admette au fond sont certaines sensations privilégiées, qualifiées plaisirs et douleurs ; quant aux phénomènes intellectuels, associations et combinaisons d'images, raisonnements, notions, ils ne méritent les mêmes épithètes qu'indirectement, parce qu'ils sont regardés comme devant avoir pour résultat un accroissement de sensations pénibles en soi ou agréables.

Mais il y a une autre différence plus importante encore et déjà indiquée.

Quand Bentham, au commencement de ce siècle, fondait la morale et le droit sur l'utilité et affirmait la possibilité d'évaluer mathématiquement la somme de plaisirs et la somme de douleurs qu'un acte doit engendrer, il s'abusait certainement, puisque les peines et les plaisirs de diverses natures, sans commune mesure, se refusent à entrer comme des chiffres dans une addition. Mais son erreur n'était pas complète, puisque plaisir et peine impliquent désir et contre-désir, ajoutons croyance positive et négative, et il a passé bien près de la vérité sans la voir, avec cette myopie ou distraction philosophique qui s'allie étrangement à l'acuité de sa vision intellectuelle, subtile et pénétrante dans certaines analyses. On se demande à sa lecture s'il ne voit pas ou s'il dédaigne de réfuter les objections palpables que soulèvent ses assertions et qu'il n'indique jamais. Sans nul doute, il méconnaît la nature du vrai *vinculum juris*, il mutile la notion du devoir ; son utilitarisme est une sorte de darwinisme social anticipé, avec cette différence que, si le meilleur, aux yeux du grand naturaliste, est toujours le plus apte, le plus utile, Darwin a senti lui-même l'insuffisance de son idée-mère et s'efforce de la compléter en faisant, par des voies détournées, par la sélection sexuelle par le principe de corrélation de croissance, une assez belle part au point de vue esthétique et même téléologique. Nulle concession pareille chez Bentham ; il voit tout clairement, excepté les limites de son point de vue. Ce n'est pas lui, mais un de ses arrière-disciples les plus indépendants, qui a pu écrire : « Rien dans le droit ne naît seulement d'un sentiment d'utilité ; il y a toujours certaines idées antérieures sur lesquelles travaille le sentiment d'utilité et dont il ne peut que former des combinaisons nouvelles » (Sumner Maine, Ancien droit, p. 220) comme il y a toujours certaines données morphologiques, certains agencements de caractères qualifiés types vivants, qui servent de thème indispensable aux variations et aux sélections de la vie.

Étant donné qu'avant tout il s'agit d'entretenir la série des sacrifices quotidiens aux mânes des ancêtres, la législation, dans le cas où la famille menacerait de s'éteindre, doit fournir des moyens artificiels ou violents de la perpétuer, l'adoption, l'inceste par exemple. Étant donné qu'avant tout il faut empêcher le type labié de périr (quoique l'obstination des plantes de cette famille à présenter une tige carrée et non ronde, des feuilles opposées et non alternes, soit peu explicable par leur intérêt individuel), les individus les plus propres à le maintenir et à le développer devront être choisis. Un but, que nous croyons être le nôtre et qui nous fait siens, entre en nous un jour, s'empare de nous ; le hasard a rassemblé en nous les fragments d'idées dont il se compose. Et, quand même ce serait notre intérêt qui nous ferait désirer ce but, que signifierait cela ? Notre intérêt, n'est-ce pas le succès de quelque but antérieur, entré lui-même en nous comme je viens de le dire ? En remontant à la source de notre vouloir, nous n'y voyons qu'attraction irrésistible vers quelque chose d'étranger, une expulsion hors de nous-mêmes, hors de la sphère où nous nous replions parfois pour savourer nos joies égoïstes. Bentham ne tient nul compte de cet arbitraire fondamental, de cet irrationnel essentiel, appui de toute logique et de toute nécessité ; et c'est là une lacune énorme.

Mais il rachète tous ces défauts par un mérite éminent, sa sincérité d'abord, son horreur de tout charlatanisme verbal, de toute phraséologie grandiloque et creuse, familière à nos juristes français, quand, d'aventure, ils se hasardent à philosopher, et puis cette sûreté d'instinct qui, tout droit, l'a conduit au vrai nœud des questions morales et économiques. « Il a senti la nécessité, dit son traducteur et metteur en oeuvre, Dumont, d'établir un principe invariable qui pût servir de base à une mesure commune en morale et donner cette unité, le plus important, mais le plus difficile problème de la philosophie. » (Législation civile et pénale.) Il ne l'a pas trouvée, cette arithmétique morale, mais il l'a cherchée passionnément. Il faut donc qu'il ait longtemps souffert de son absence constatée, qu'il ait heurté comme tant d'autres, mais sans y échouer comme eux, sans y engloutir toute foi dans la possibilité de la justice, à ce grave écueil de toute notion de valeur et de droit : l'hétérogénéité des divers biens humains à sacrifier les uns aux autres dans le cours des déterminations morales et des fluctuations sociales. Il a vu cependant comme nous et il n'a pu ne pas voir la différence du tout au tout qui éclate entre l'oeuvre d'un plâtrier et une fresque de Michel-Ange, entre la gaieté d'un ivrogne et l'inspiration d'un poète, entre les plaisirs de l'adultère et les joies de la famille ; et l'histoire lui a fait connaître sans doute à chaque ligne, dans le défilé des états sociaux, ondoyants et divers, le regret de quelques beautés spéciales, sui generis, à jamais irretrouvables, et que chaque âge emporte et scelle avec soi dans sa tombe, de cette flore de vertus ou de charmes propres, patriotisme antique, fidélité féodale, résignation, abnégation, bravoure militaire, fleur de politesse et d'élégance des cours, qui reste attachée à chaque station historique et ne laisse à la suivante que son souvenir. Qui dira en quoi le nom de progrès donné par nous à cette substitution de qualités non comparables, d'avantages radicalement dissemblables, est légitime ? La plupart de ceux qui d'un oeil sincère, avec une complète bonne foi, ont regardé ce kaléidoscope de réalités hétérogènes, n'ont-ils pas jugé la question insoluble ? Et de fait, s'il n'y a rien en nous que de qualitatif, nul problème juridique n'est susceptible d'une solution rationnelle qui s'offre au législateur. Pourquoi dans nos lois pénales punissons-nous le vol, l'adultère, l'assassinat, et immolons-nous à d'autres avantages leurs avantages spéciaux ? Pourquoi dans nos lois civiles défendons-nous le régime actuel contre les adorateurs du passé ou les rêveurs d'un certain avenir ? Le voleur dira que nous ne connaissons point ses douceurs, l'amant que nous méconnaissons ses délices, celles-ci et celles-là d'une espèce à part, unique ; l'assassin même pourrait dire que l'ivresse de la vengeance l'emporte pour lui sur toute autre joie ; et, avec bien plus de force encore, les rétrogrades et les utopistes nous entretiendront d'Edens perdus ou d'Edens à conquérir, qui leur font prendre notre monde en pitié. Et nous que dirons-nous ? N'aurons-nous, pour justifier nos lois, que le caprice de nos préférences ? On va hausser les épaules ici, sourire, dédaigner de répondre par des mots. Cependant les révolutions passent et tranchent le noeud qu'on ne dénoue pas. Bentham essaie, lui, une réponse claire et forte ; et s'il l'essaie, s'il prétend motiver le jugement de supériorité porté sur tels biens comparés à tels autres, c'est apparemment qu'il a aperçu sous leur hétérogénéité quelque chose d'homogène. Mais quoi ? Il ne le dit pas expressément ; de là des conséquences regrettables.

Cournot, l'incomparable critique, mais infiniment plus pénétrant que concluant, plus habile à manier les balances de la justice que son glaive, a sondé en passant nos parages, à propos d'économie politique (voy., dans ses Principes de la théorie des richesses, tout le chapitre sur l'optimisme économique). « Vaut-il mieux, demande-t-il entre autres questions, acheter au prix d'un plus rude labeur un accroissement de population ou payer par un déchet de la population plus d'aisance, de loisir, d'élégance... de moralité dans la vie commune ? L'amélioration dans les conditions de la vie serait-elle trop payée par le sacrifice d'un très grand nombre de vies ? La décision du procès entre la grande et la petite culture rentre dans ce problème : celle-ci donne plus de produits, nourrit plus de créatures humaines, mais au prix d'un plus pénible labeur ; l'autre donne un plus grand produit net pour un moindre produit brut. Lequel vaut le mieux ? Voilà une question sur laquelle la logique, le calcul n'ont aucune prise. » Et que d'autres noeuds gordiens de ce genre dont Cournot ne parle pas ! Si une divinité clémente nous proposait, moyennant une guerre qui nous coûterait 10.000 hommes seulement, la restitution de l'Alsace et de la Lorraine et de notre gloire militaire éclipsée, quel homme d'État français refuserait une offre pareille ? Et cependant quelle mesure commune y a-t-il entre l'intérêt majeur de continuer à vivre, pour 10.000 d'entre nous, et l'avantage pour le reste de leurs concitoyens de se dire qu'ils appartiennent à une nation un peu plus glorieuse et plus étendue ? En pareil cas, je voudrais voir apporter les balances

Gabriel Tarde

de Bentham. Napoléon, en 1814, après sa dernière défaite, eut une dernière idée exorbitante au dire de M. Thiers. Les alliés étaient tous dans Paris, avec leurs 500.000 hommes, enivrés et sûrs de leur triomphe ; il était à quelques lieues de là, jugé perdu, à portée de son artillerie et d'une poignée de troupes. Ne pouvait-il, un peu d'astuce aidant, aller s'emparer des hauteurs de Paris, et, de là, bombarder, exterminer tous ses ennemis à la fois ? Il fallait écraser avec eux le tiers ou la moitié des Parisiens, et Notre-Dame, et les Tuileries, et le Louvre, tout ce que la sédition a détruit depuis lors ou tenté de détruire ; mais, à ce prix et à l'exemple du czar incendiant Moscou, la France, tombée, se redressait subitement à une hauteur inconnue, son rêve séculaire s'accomplissait, elle faisait la loi au monde... Quand ce projet impérial fut communiqué aux maréchaux, ils reculèrent d'horreur. En admettant qu'il fût exécutable, qu'eût décidé à leur place, logiquement, un utilitaire patriote ?

Deux pages après avoir déclaré insolubles les problèmes de cet ordre, Cournot aperçoit la voie par laquelle pourrait être trouvée la solution de quelques-uns d'entre eux, de ceux que soulève l'économie politique. « La valeur vénale, dit-il, a pris cours parmi les hommes, justement pour permettre de comparer numériquement des choses si peu similaires qu'autrement elles ne pourraient être comparées. » Elle n'est, à ses yeux, qu'une commune mesure fictive, conventionnellement choisie ou acceptée de force, entre choses hétérogènes, et ce n'est qu'en les mutilant qu'elle permettrait de les évaluer. Elle serait le signe, l'expression arithmétique d'une quantité ou de quantités non pas réelles mais imaginaires.

En cela, Cournot suppose, comme tout le monde, par habitude, que les produits ou les services exprimés par des sommes d'argent sont les sensations diverses, visuelles, tactiles, sonores ou autres, et, en général, les états de l'âme spéciaux que ces biens nous représentent ; et il est certain que, s'il en était ainsi, l'application des nombres à la comparaison de ces choses sans nul rapport, bizarrement juxtaposées, serait arbitraire et absurde. Mais la hausse ou la baisse du prix des objets exprime l'accroissement ou la diminution tantôt des désirs, tantôt des actes de foi totalisés du public qui les achète

Chapitre IX : La croyance et le désir

(la production des articles, l'abondance du numéraire, et le chiffre de la population restant les mêmes, par hypothèse). Ici, s'agit-il de choses peu similaires ? En tant que sentis, les plaisirs ne sauraient être additionnés, même appartenant à une seule personne, à fortiori quand ils appartiennent à des personnes différentes, par exemple, les plaisirs des fumeurs, des chasseurs, des joueurs, des clubistes, des libertins, etc. Mais en tant que désirés plus ou moins, ils deviennent, nous le savons, parfaitement comparables. En tant qu'affirmés, crus, ils ne deviennent pas moins réductibles en nombre. La solution des problèmes ci-dessus est donc aisée d'après ce principe : entre deux avantages hétérogènes, un gouvernement démocratique, expression de la majorité des électeurs, se décidera logiquement en faveur de celui qui est réclamé par le désir national le plus fort. Par exemple, il favorisera la petite culture au détriment de la grande, le bon marché des produits au détriment de leur perfection aristocratique. Rien de plus simple, et il n'y a point de fiction là dedans. Nous verrons cependant tout à l'heure qu'une difficulté d'un nouveau genre est soulevée par cette simplification.

Revenons maintenant à Bentham : je vais montrer en quoi, notamment, son point de vue diffère du mien. Accroître la somme totale des plaisirs publics : tel est, suivant lui, l'unique but du législateur. Fort bien ; passons sur les aspérités de cette addition. Mais encore où s'arrêtera-t-elle ? faudra-t-il ne tenir compte que des peines et des plaisirs des citoyens actuellement vivants, ou bien faire entrer dans la balance, et suivant quelle proportion, les peines et plaisirs de générations futures ? Dans le cas, très fréquent, où un projet d'emprunt a pour effet de rejeter sur nos fils ou nos arrières-petits-fils la carte à payer de nos folies, est-il bon ou mauvais de voter ce projet, si avantageux pour les vivants ? Est-il bon ou mauvais, en sens inverse, de voter telles dépenses, dont nous pâtirons, mais dont profiteront nos petits-neveux, et qui paraissent nécessaires à maintenir dans cent ans l'intégrité ou la gloire de la patrie ? La réponse, si on la cherche dans la totalisation des intérêts, est impossible ; cherchée dans la totalisation des volontés, elle est d'une simplicité extrême, car nous voulons tous l'existence et la prospérité de la patrie dans un siècle, dans dix siècles, tandis que nous nous soucions fort peu du bien-être des petits-enfants de

Gabriel Tarde

nos petits-enfants. En outre, on comprend très bien que la volonté des générations qui nous ont précédés soit prise en considération, et, favorable ou contraire, grossisse ou amoindrisse la somme de la volonté générale ; mais imagine-t-on une somme d'intérêts actuels et d'intérêts passés additionnés pêle-mêle ?

On a objecté à Bentham l'égoïsme des individus qui les porte à faire bon marché du suprême intérêt d'autrui quand il contrarie leur moindre intérêt personnel. Mais la théorie la plus spiritualiste du devoir n'échappe pas à une objection analogue. Entre la volonté de Dieu et la mienne qui lui est contraire, je préfère la mienne. Pourquoi ne la préférerais-je pas ? Parce que je juge Dieu supérieur à moi. De même, si, par un raisonnement quelconque, l'individu en opposition d'intérêts avec ses semblables est obligé de s'avouer à lui-même la supériorité de cet intérêt rival du sien, il sentira qu'il doit lui sacrifier le sien.

La difficulté réelle est de contraindre l'individu à cet aveu de la supériorité de celui qui lui commande ou des intérêts totalisés de ses semblables. S'il ne croit plus à la supériorité du législateur sacré ou profane, il est urgent de lui démontrer l'autre. Or on n'y parviendra qu'en lui montrant d'abord que les intérêts humains peuvent se totaliser, qu'ils sont homogènes. Mais il voit, il touche leur hétérogénéité !

Là est la pierre d'achoppement, encore une fois. Stuart Mill s'est donc abusé, ce me semble, quand, sous prétexte de compléter Bentham, il a cru pouvoir fonder sur la nature spécifique, intrinsèque, de certains plaisirs, tout autre considération étant écartée, la supériorité qu'on leur attribue en général relativement à certains autres. En cela il méconnaît d'abord la haute pensée de son maître, qui a cherché à purger de tout arbitraire, de tout ce qui est simple affaire de goût, les jugements moraux, et à les reconstruire sur le pur granit du calcul ; et il ne méconnaît pas moins le mérite propre des côtés simplement qualitatifs et non mesurables de notre âme, qui est de nous soustraire an joug du nombre, de nous mettre hors la loi des comparaisons orgueilleuses ou humiliantes avec autrui, de nous faire, à tous, grands ou petits, supérieurs ou inférieurs par d'autres aspects de notre être, une égalité profonde, fondée sur notre dissemblance radicale. Mais entrons plus avant dans la discussion de la doctrine utilitaire.

Bentham se place au point de vue du législateur qui cherche à réaliser l'ordre le meilleur. Si l'on suppose que le législateur a un but, un idéal social, la loi la meilleure pour lui est celle qui est la plus propre à l'atteindre, de même que, la nécessité de tel type vivant étant posée en fait, les individus les plus aptes à le maintenir ou à le développer devront seuls survivre. Son devoir lui est tracé par un syllogisme naturel dont sa volonté d'atteindre un idéal est la majeure, et dont la mineure lui est fournie par le jugement qu'il porte sur la plus ou moins grande aptitude de divers projets de loi à transformer son rêve en réalité. Mais pourquoi le législateur selon le cœur de Bentham se proposerait-il tel état social de préférence à tel autre ? À une question analogue : Pourquoi la réalisation de tel type vivant s'impose-t-elle plutôt que celle de tout autre ? les évolutionnistes ne peuvent faire qu'une réponse : Les circonstances extérieures et internes étant données, le type adopté, et momentanément fixé, était le plus apte à produire un maximum de vie. C'est forcément vague ; et j'en veux tirer ce seul enseignement qu'en telle matière, comme en tout autre, la recherche d'un optimum est injustifiable, à moins de s'appuyer sur celle d'un maximum.

La réponse des utilitaires est moins vague, mais de même nature : Telle institution, le mariage monogamique, par exemple, et la propriété individuelle, doit être voulue, parce qu'elle est la source de la plus grande félicité ou de la moindre infortune possible. Mais pourquoi cette plus grande félicité ou cette moindre infortune doit-elle être voulue ? Quoique Bentham dogmatise ainsi en tête de son Traité de législation : « Le bonheur public doit être l'objet du législateur » sans se donner la peine d'en expliquer la raison, on comprend clairement à sa lecture que le motif inexprimé de cet aphorisme est celui-ci : « Le législateur veut satisfaire le désir public ; or tout le monde désire être heureux ; donc le législateur doit rechercher le plus grand bonheur de tous. »

Gabriel Tarde

Je tiens donc pour accordé par Bentham que, sous son calcul de plaisirs et de peines, se cache une vraie supputation de désirs, et que l'utilité générale, en ce qu'elle a de mesurable, se confond avec le désir général.

Cependant, par cette rectification se révélera un vice radical du système. Pourquoi des deux quantités de l'âme n'a-t-il égard qu'à l'une et exclut-il l'autre, la croyance, de ses opérations arithmétiques ? Il est vrai qu'implicitement il en tient compte, mais dans des limites trop restreintes et sans avoir l'air de s'apercevoir qu'il brouille ce qui tient à la croyance, à l'opinion nationale proprement dite, avec ce qui a trait aux vœux de la nation. Avec une haute raison, il recommande le respect des droits acquis, de ce qu'il appelle les attentes d'un peuple, les actes de foi d'un peuple en ses biens futurs, et, parmi les maux à conjurer, il cite en première ligne la peine d'attente trompée, les dépossessions de toutes sortes. Ailleurs, parmi les qualités des peines et des plaisirs, à côté de leur vivacité, de leur durée, etc., il signale leur certitude. Parfois on croirait qu'il s'appuie sur l'élément croyance à l'exclusion de l'élément désir. Ainsi (Traité de législation, I, p. 260) il dit : « La bonté des lois dépend de leur conformité à l'attente générale. » « Les attentes, dit-il ailleurs, sont le lit dans lequel coulent les désirs ». Mais il craindrait de métaphysiquer en précisant cette distinction. Il paraît, en général, ne pas se douter que le souhait général puisse entrer en conflit avec le jugement général. « Le plan qui favorise le plus d'intérêts ne peut manquer d'obtenir à la fin le plus de suffrages. »

Cependant il sent qu'il y a là une difficulté, il l'entrevoit même, mais il ne s'y arrête pas. « Une loi, dit-il (t. I, p. 265), conforme à l'utilité, peut se trouver contraire à l'opinion publique ; mais ce n'est là qu'une circonstance accidentelle et passagère. » Accidentelle ! on pourrait croire plutôt que c'est la règle. « Il ne s'agit, ajoute Bentham, que de rendre cette conformité sensible pour ramener tous les esprits. » Comme si des esprits prévenus reconnaissaient jamais leur erreur ! Accablez, malgré eux, de bienfaits éclatants comme le jour vos adversaires politiques, ils n'en crieront que plus fort.

Chapitre IX : La croyance et le désir

Et puis l'attente, cette croyance qui a les biens futurs pour objet, est-elle la seule forme de la croyance nationale dont l'homme d'État doive se préoccuper ? Prenons un exemple. « Votez les appointements du clergé, nous dit notre auteur (I, p. 234 et s.), votez les subventions des théâtres et des académies ; en effet la faible augmentation d'impôt qui en résultera sera un mal non senti, c'est-à-dire nul, pour les particuliers qui ressentiront tous au contraire à quelque degré les heureux effets de ces dépenses, la sécurité entretenue en partie par les maximes de la morale religieuse, et les embellissements divers dus aux beaux-arts. » Fort bien, et cette considération de l'infinitésimal en matière de peines et de plaisirs ne manque point de justesse ni de profondeur. Mais Bentham oublie que si le fait d'une augmentation insignifiante d'impôts n'est point senti comme privation physique, il est connu, il est jugé, et que cela suffit pour le faire désirer ou repousser énergiquement. Une nation composée en majeure partie de libres penseurs et de puritains repousserait avec horreur ce fait et, de plus, nierait avec force les avantages que vous y croyez attachés. Que fera le législateur ? Si son opinion personnelle est que le public a tort de nier ces avantages, pourra-t-il subordonner cette négation nationale à son affirmation individuelle ? Mais s'ensuivra-t-il ou ne s'ensuivra-t-il pas qu'il pourra faire prévaloir son désir propre sur la répulsion générale ? Dira-t-on qu'il doit incliner ses vœux, non ses jugements, devant les vœux ou les jugements contraires du publie ? Mais pourquoi l'un de ces deux genres de soumission plutôt que l'autre lui serait-il commandé ? Or, si les deux lui sont imposés, il devient l'esclave du peuple qu'il doit diriger ; s'il peut s'exempter des deux, il devient tyran. Au reste, il est clair que le chef d'un peuple ne saurait refouler ces deux courants à la fois, les croyances et les passions de son peuple. S'il contrarie ses passions, ce ne peut être qu'en s'appuyant sur sa confiance ou ses dogmes religieux ; s'il blesse ses convictions, ce ne peut être qu'en favorisant ses appétits.

On voit dans Lysias que le viol commis sur une femme légitime était puni beaucoup moins sévèrement que sa séduction, parce que la séduction est un mal social plus contagieux que le viol. Cependant en Grèce, comme parmi nous, on n'en peut douter, l'auteur du viol était réputé plus coupable que le séducteur, qui agit du plein gré de la femme. La loi grecque, qui a été utilitaire en ceci, a-t-elle eu raison de froisser sur ce point le sentiment publie ? Tel peuple abhorre l'ivresse, en principe ; mais par cupidité il enivre d'opium deux ou trois cents millions d'hommes. tait-il bon de lui permettre ces bénéfices réprouvés par lui-même ? Tel autre, belliqueux, professe une religion d'amour et de paix ; doit-on pour lui plaire déclarer la guerre à ses voisins ? On a vu des gouvernements s'évertuer à découvrir, à satisfaire les convoitises, les haines, les jalousies cachées dans le fond des cœurs, sans se préoccuper des jugements de réprobation inexprimés, certains toutefois, que leurs spoliations ou leurs persécutions iniques provoquaient chez ceux-là même qui en bénéficiaient. Ces gouvernements ont-ils eu tort ? - Autre question. Le maître légitime, est-ce celui qui est désiré tel ou qui est jugé tel par la majorité ? Je reconnais que, en général, par voie de réaction mutuelle, les souhaits et les jugements d'une nation finissent par se mettre en harmonie, mais pas toujours et jamais sans peine. Le malheur est que, en attendant cet accord incertain, il est extrêmement difficile de lire au fond des consciences les aveux qu'elles font de certaines supériorités détestées, ou le peu de confiance des électeurs dans la durée de certaines idées gouvernementales dont ils proclament tout haut l'éternité, tandis que les désirs les plus secrets parviennent à se traduire en bulletins de vote et à s'évaluer par leur numération. Toutefois il est des actes qui rendent indubitable, à quelques époques, la foi publique en la prééminence morale ou intellectuelle de diverses classes ou castes. Les barbares mérovingiens, nouveaux convertis et regimbant encore sous le joug chrétien, ne doutaient point du caractère supérieur de leur évêque ; et sur cette conviction unanime, traduite en gestes, en attitudes respectueuses, en obéissance instinctive, se fondait la légitimité du pouvoir ecclésiastique de cet âge, comme la légitimité de nos pouvoirs s'appuie sur une volition générale. Remarquons que trop souvent le vote de l'électeur, en manifestant son désir de donner le commandement à Pierre, atteste la jalousie que lui inspire Paul, et indirectement la supériorité qu'il est forcé de reconnaître à celui-ci. N'aurons-nous aucun égard à ces faits connus de tous ?

Chapitre IX : La croyance et le désir

Bien que la volonté nationale, fondement de notre souveraineté actuelle, soit un composé de désir et de croyance, le désir y prédomine grandement. Le danger de cette subordination du côté rationnel de l'homme à son côté passionnel serait encore bien plus apparent si la volonté du peuple se traduisait par un procédé plus rigoureux que notre suffrage universel. Apparemment, puisque l'on compte les volontés, c'est qu'on les croit homogènes et mesurables, et, on le voit, je serais mal venu à y contredire. Mais alors il faut aller jusqu'au bout. Compter les volontés ne suffit pas, il faudrait les peser pour connaître exactement la quantité de la volonté, du désir collectif. Ce serait ardu, j'en conviens ; mais, après tout, est-il donc si chimérique de supposer qu'on trouverait en le cherchant bien un mètre pratique quelconque pour déterminer approximativement l'énergie des volontés et des désirs individuels, afin d'éviter l'erreur évidente où l'on tombe en les regardant comme égaux entre eux ? Donner au vote de chaque électeur une valeur numérique proportionnée aux sacrifices pécuniaires ou autres, aux mois de prison, par exemple, qu'il aurait fait antérieurement en vue du triomphe de son parti, cela paraîtrait absurde, et cela serait la logique même. On ne voit assurément pas pourquoi l'électeur, au lieu de vendre sa voix, comme on assure qu'il le fait parfois, n'achèterait pas au contraire l'exercice de son droit civique, comme il achète en papier timbré, en droits d'enregistrement, en honoraires, en impôts, l'exercice de tous ses droits civils, droit de vendre, droit d'acheter, droit de se marier, droit de défendre en justice ses droits. Ce système, après tout, serait moins déraisonnable que le système opposé, pratiqué à Athènes, où l'on était payé pour la peine qu'on prenait en exerçant ses droits politiques. Plaisante idée, qui aurait bien dû être complétée en matière purement civile par des primes offertes aux plaideurs ! On m'accordera, je pense, que l'inverse vaudrait mieux, quoique je sois loin de le proposer. Mais ne voit-on pas la force prépondérante que donnerait tout à coup aux partis extrêmes, aux minorités violentes ce pesage des désirs, cette valeur du vote proportionnée à leur énergie, à l'intensité des ambitions et des appétits ? Car la fureur destructive de dix jacobins l'emporte à coup sûr, et de beaucoup, sur l'ardeur contraire de cent girondins. Par suite, la prétention à l'omnipotence qu'affiche le petit nombre de ces fanatiques, loin de contredire en rien le principe de la souveraineté du désir national le plus intense, est parfaitement légitime dans leur bouche. Supposons maintenant que l'importance des votes se mesure à l'intensité, à la solidité des croyances, et qu'on parvienne, par un moyen quelconque, à peser celles-ci. L'axe de la puissance politique sera déplacé en un instant. Dans cette balance des croyances, en effet, l'électeur modéré, éclairé, même apathique et réputé sceptique, ne manquera pas d'apporter les poids les plus forts, les convictions mûries, inébranlables, à l'épreuve des sophismes et des mots sonores. Qu'on ne se laisse pas abuser par le dogmatisme tranchant des sectaires : au moindre vent de caprice ou d'humeur, leur credo s'envole. Bentham observe finement, dans l'un de ses ouvrages, que la force des affirmations populaires est en raison directe de l'invraisemblance des faits allégués, c'est-à-dire, le plus souvent, en raison inverse du degré de foi inspiré par ces faits à ceux-là mêmes qui les allèguent.

Que déciderons-nous cependant ? Entre ces deux bases que l'on peut donner à la justice des actes, à la légitimité des maîtrises, laquelle choisirons-nous, s'il y a antagonisme entre elles ? L'acte A ou le gouvernement A, nationalement le plus désiré, est-il plus ou moins juste, plus ou moins légitime que l'acte B, nationalement le plus approuvé, ou le gouvernement B, qui a pour lui dans le cœur de ses partisans la somme la plus considérable de confiance et de foi profonde en son droit ? Je ne sais si je me méprends sur la gravité de ce problème, qui me paraît des plus sérieux. Il s'agit, ce semble, de faire entrer dans un même calcul, non pas, comme le font les utilitaires, des sensations purement qualitatives et une quantité-désir confondue avec elles, mais deux quantités hétérogènes entre elles, quoique séparément mesurables. Qu'avons-nous gagné au change ? Sommes-nous bien avancés pour avoir dégagé l'élément vraiment quantitatif du plaisir et de la peine, s'il se trouve, en dernière analyse, que cet élément est double et que ces deux quantités n'ont pas de commune mesure ? Comment sortirons-nous de là ?

IV
La croyance, seul objet de désir.

Le plus simplement du monde, en observant que la certitude, la croyance maxima, est toujours l'objet du désir, et non le désir, fort ou faible, toujours l'objet de la croyance, et que le désir par suite, en vertu de sa propre nature, atteste ainsi la prééminence de la croyance. Nous en avons d'abord la preuve indirecte dans ce fait que le désir maximum, positif ou négatif, celui qui s'attache à une impression actuelle, est chose très rare, tandis que notre vie éveillée est continuellement, sans interruption, remplie de certitudes pratiquement infinies, des certitudes tactiles, visuelles, acoustiques, etc., positives, et aussi de ces certitudes négatives qui sont impliquées dans tout acte de discernement. Et je ne parle pas de ces certitudes supérieures, presque aussi vigoureuses, que l'étude des sciences forme et consolide en nous. Si le désir pratiquement infini était aussi continuel, notre existence ne serait qu'une succession de transports ineffables ou d'atroces douleurs. C'est que la foi sert le plus souvent à diriger le désir ; mais elle a aussi d'autres emplois, et elle ne sert presque jamais à l'augmenter, tandis que le désir augmente incessamment la somme de foi. Il faut des passions à l'homme, c'est vrai ; mais à quoi bon cette canicule, sinon à mûrir les fruits de l'esprit, les quelques conclusions finales où se consomme une longue vie d'agitations ? Il en est de même des peuples.

De siècle en siècle, les informations certaines s'accumulent, s'ajoutent aux données des sens, qui elles-mêmes vont se multipliant par la diversité croissante de la vie. Mais les passions, par bonheur, sont loin de s'accroître parallèlement ; et, si la civilisation multiplie les besoins, elle ne fait que répartir entre eux un courant de désir ou égal ou déclinant. Les travaux gigantesques de constructions ou de voies ferrées accomplis par nos contemporains ne témoignent pas tant d'un débordement d'ambitions ou de cupidités surexcitées momentanément, ou plutôt concentrées et coordonnées sur quelques points du globe, que d'une intensité de foi inouïe dans l'exactitude des théorèmes abstraits, des lois, des calculs algébriques dont ils sont l'expression matérielle, et, à un autre point de vue non moins frappant, d'une énergie de confiance extraordinaire de la part des actionnaires qui ont aventuré leurs fonds dans ces entreprises et des voyageurs qui se livrent sans crainte à l'effrayante

Gabriel Tarde

force aveugle d'un train express. L'extension grandissante du crédit public sous ses mille formes, contrats, lettres de change, billets à ordre, emprunts de l'État, des départements, des communes, est le trait caractéristique d'une nation en voie de progrès. Mais ce n'est pas de crédit seulement, c'est d'un credo national incontesté ou de credos individuels respectés que les peuples ont besoin. Un peuple où régneraient la sécurité la plus entière, le crédit le plus illimité, la science la plus répandue et la plus complète, travaillerait encore par nécessité, mais éprouverait peu de passions, peu d'ambitions, autres que celle de conserver sa félicité, précisément parce qu'il aurait atteint le terme de tous les désirs. Comptez les haines, les férocités, les vices, que la civilisation détruit, les sciences et les droits qu'elle produit ! Au contraire, indomptable et ignorant, dans une inquiétude et une incertitude continuelles, le sauvage n'ajoute foi qu'aux données de ses sens, et tout au plus à quelques folles superstitions, si peu enracinées dans son esprit, malgré leur vigueur d'affirmation, qu'à la voix d'un pauvre missionnaire des peuplades entières se convertissent en un jour. Voilà les deux extrémités de l'histoire.

Mais la vérité qui se dégage de ces considérations indirectes peut être directement démontrée. Que désirons-nous toujours ? Des choses en tant qu'agréables, c'est-à-dire en tant que désirées ? Non, ce serait une pure tautologie. Même lorsque nous désirons un désir que nous n'éprouvons pas, le véritable objet du désir que nous éprouvons est la chose poursuivie par l'autre. Nous désirons toujours des choses comme telles, des réalités ou des réalisations. Or Stuart Mill a fort bien prouvé, ce nous semble, que les réalités, et par suite les réalisations extérieures ne sont et ne peuvent être pour nous que des possibilités de nos sensations. Par possibilités, entendez certitudes conditionnelles ; par sensations, entendez ces jugements certains, de localisation, de causation ou autres, qui constituent non seulement le regarder, l'écouter, le palper, le flairer, le déguster, mais encore le voir, l'entendre, le toucher, l'odorer, le goûter purs et simples ; et, rectifiée ainsi, la thèse de Mill sera irréprochable. Quant au je ne sais quoi de purement affectif qu'on a grand'peine à extraire sous cet amas de jugements inconscients superposés, cela pourrait bien être l'objet propre des jugements les plus élémentaires et les plus cachés, mais non l'objet spécial du désir, qui s'applique à nos sensations toutes faites, telles qu'elles se présentent à lui. Ce n'est jamais, je le sais, la certitude quelconque, indéterminée, que nous recherchons ; c'est toujours telle certitude particulière et non telle autre ; mais celle que nous choisissons est, parmi toutes les certitudes connues de nous et à notre portée, celle qui en tient, qui en implique le plus grand nombre d'autres, successives ou simultanées, et qui nous représente ainsi la plus grande somme de foi. L'ivrogne, le joueur, le débauché s'instruiraient sans doute davantage s'ils fréquentaient les musées et les bibliothèques et non les tripots, les cabarets et les mauvais lieux. Mais ils s'attachent à celui de tous les états intenses dont ils disposent, qui leur procure le saisissement simultané le plus complet de toutes les fibres de leur être, le faisceau d'évidences le plus fort. L'amour d'un beau nouveau, chez l'artiste et le poète, recèle, à leur insu, l'amour du savoir qui en est l'âme profonde. Leurs inventions sont des découvertes dans le réel ou dans le possible ; leurs fantaisies les plus excentriques, des explorations scientifiques de l'imaginable. Chacun de leurs chefs-d'œuvre est une Amérique où la colonie des imitateurs herborise après eux. En affinant et déployant le cœur, en perfectionnant et enrichissant la langue, ils révèlent leurs profondeurs inconnues ; par eux, ces vieux thèmes traditionnels, règles prosodiques, règles musicales, types de l'art consacrés, attestent leur richesse virtuelle d'inépuisables variations. Les arts sont des sciences qui créent leur objet. Si le poète ne se contente pas de collectionner des documents humains, des trouvailles psychologiques ou ethnologiques, s'il les coordonne entre elles et les accorde avec des raretés rythmiques ou philologiques non moins précieuses, c'est en vue d'un jugement d'approbation esthétique de soi ou d'autrui, et le plus sincère et le plus fort possible. Je ne puis voir non plus, dans son noble labeur, qu'une grande soif de foi vive. Et cela est si vrai qu'on va souvent de la poésie à la science, mais jamais on ne revient de la science à la poésie, du fruit de l'esprit à sa fleur. Est-ce à dire que toutes les passions humaines se réduisent au fond à une seule, la curiosité dans le plus large sens du mot ?

Oui ; et de même que toutes les forces mécaniques, d'après les nouveaux physiciens, tendent à s'épanouir finalement en rayonnement de chaleur et de lumière, avide inutilement de l'immensité, et de même que cette tendance incontestable n'empêche point, en attendant le terme final, la conversion fréquente et inverse de la chaleur en mouvement de masse, -pareillement, toutes nos passions tendent à connaître, même lorsqu'elles mettent obstacle à l'extension de notre savoir. Amour changeant, ambition instable, insatiable avidité, qu'est-ce, après tout, que l'attrait du mystère irritant, de ces émotions inéprouvées ou de ces aspects étranges que les uns demandent à de plus hauts élans du cœur ou à de plus hautes cimes de la richesse et du pouvoir, les autres, tels que Spencer, à de plus colossales pyramides de sciences et de conjectures ? C'est peut-être la raison pour laquelle, seule entre toutes nos passions, la curiosité, qui les résume, n'a pas de contraire imaginable. La haine s'oppose à l'amour ; à l'ambition, à la vengeance, on peut opposer l'humilité et la charité chrétiennes, etc., mais que pourrait bien être l'anti-curiosité, le désir de ne rien connaître ? C'est aussi impossible à concevoir que l'anti-conscience ou que l'anti-*espace*, car l'espace, précisément parce qu'il est constitué de directions antagonistes dont il est le combat, ne peut se battre comme elles. L'homme même qui, pour échapper à la certitude de ses maux, se jette dans la mort avec la persuasion de s'y anéantir, n'est point altéré d'ignorance, il ne l'est que d'oubli ou plutôt de négation ; il voudrait pouvoir nier ses maux aussi fortement qu'il les affirme, et il ne se résigne que par force à se contenter de les oublier. Dans le néant d'ailleurs, si réellement ce nirvâna l'attire, que peut-il aimer, sinon la certitude qu'il en a et qu'il cherche à rendre plus vive, par une contradiction inconsciente, dans l'instant même où il abdique sa faculté d'être certain ?

Pourquoi telle certitude est-elle désirée et jugée désirable plutôt que telle autre ? Pourquoi la certitude d'être guillotiné demain, toute vive qu'elle est chez le condamné, lui est-elle si pénible ? Pourquoi la certitude de ne pouvoir aller se promener, causer, se répandre, est-elle si importune au prisonnier et au malade, et au commerçant la certitude d'être en faillite ? Pourquoi la certitude de ne pouvoir entendre, voir et toucher les phénomènes intérieurs de la molécule et de l'atome, de ne pouvoir jamais descendre au centre de la terre ni étudier la flore et la faune des planètes voisines, est-elle si décourageante parfois pour le savant et le philosophe qui se détournent avec horreur de l'ignorabimus de du Bois-Reymond, comme d'un arrêt de mort ? Parce que, désirant avant tout la certitude, nous devons naturellement désirer la certitude la plus pleine et la plus riche, c'est-à-dire celle qui a pour objet le plus grand nombre possible de certitudes conditionnelles, lesquelles, réalisées, auraient le plus grand nombre possible d'autres certitudes conditionnelles pour objet, et ainsi de suite, le tout formant la série la plus longue possible de certitudes impliquées les unes dans les autres ; or le condamné à mort sait que cette série, pour lui, va être brusquement arrêtée demain, et il aurait beau disposer pendant ces vingt-quatre heures de toute la fortune d'un Crésus et de toute la puissance d'un César, le grossissement des termes de sa série n'en compenserait pas la brièveté excessive. Le prisonnier, le malade non en danger n'ont pas à redouter le raccourcissement de leur série, mais les termes en sont rétrécis extrêmement ; leur vie, comparée à celle de l'homme libre et en bonne santé, est l'équivalent d'une somme de foi potentielle beaucoup moindre. Le commerçant sait qu'en perdant son crédit il perd la probabilité de bénéfices ultérieurs, convertibles en aliments, en vêtements, en sensations de luxe, qui lui donneraient des forces et des aptitudes nouvelles en vue de nouvelles affaires plus fructueuses encore. Le philosophe, le savant, qui se heurtent aux limites du savoir humain, s'étonnent et s'affligent, comme réveillés du songe doré et de l'espérance enchanteresse d'une formule infiniment claire, pénétrante et compréhensive, parfaitement démontrée et expliquant absolument tout. Leur affliction dit qu'ils y ont cru !

Le désir humain, en effet, ne se repose et ne se reposera jamais que dans une certitude jugée par lui développable en une série vraiment indéfinie de possibilités d'autres certitudes. Ces possibilités sont de deux sortes, les unes jugées miennes et les autres jugées non-miennes. Celles-ci sont nommées réalités, choses ; celles-là, je les nomme mes facultés, mes puissances, mes espérances, mes droits, mes attentes, comme dit Bentham. Le besoin de la certitude maxima se dédouble ainsi en besoin de vérité et besoin de sécurité. Le premier ne pourrait être pleinement assouvi que par une science achevée, infinie, impossible, qui atteindrait et pénétrerait la source première de toutes les réalités ; en attendant, il se satisfait comme il peut, chez la plupart des hommes simples et bons, par la foi en un dieu ou en des dieux, en des êtres jugés omniscients, dont l'affirmation par le croyant implique l'affirmation de tout le réel et de tout le possible, en des êtres tout-puissants, dont l'affirmation par le croyant implique celle de toutes les transformations du possible en réel, du réel en possible, et de toutes les certitudes visuelles, tactiles, etc., auxquelles ces miraculeuses métamorphoses donneraient lieu. Dieu est pour le chrétien une Encyclopédie ineffable, qu'il est assuré de lire un jour, s'il fait son salut. Quant au second besoin, il est inassouvissable autrement que par la conscience d'une puissance sans borne et par la garantie d'une vie sans fin. Combien sommes-nous loin de ce double idéal, malgré les efforts séculaires de nos sociétés pour étendre un peu la libre activité et les moyens d'action de leurs membres et pour prolonger la vie moyenne ! Plus simplement, - fictivement dira-t-on, mais par une fiction longtemps nécessaire et encore utile, - la foi en l'immortalité de l'âme a répondu depuis longtemps à ce vœu profond de sécurité absolue.

Ce n'est donc point par une routine absurde, par un simple attachement à des banalités solennelles, c'est avec justesse que l'on proclame ces deux antiques croyances où se résume l'essence de la religion, sinon de toutes les religions, la foi en Dieu et la foi en l'immortalité, comme deux grandes conditions de la paix sociale et deux fortes assises de l'ordre social. Ceux qui vivent heureux sans elles les ont remplacées, et par des illusions pareilles au fond, malgré leur forme plus positive. L'homme doué d'une excellente santé et de quelque aisance n'est-il pas dans l'impossibilité de croire sérieusement qu'il mourra jamais ? Et ne puise-t-il pas dans cette sorte d'assurance vague et constante d'immortalité l'air de béatitude qui lui est propre ? L'homme installé dans une puissance ou une liberté incontestée, dans une fortune bien assise, ne nage-t-il pas déjà dans l'éther élyséen ? N'est-il pas près de croire à sa toute-puissance ? Et le savant (on devrait dire le croyant, tant il faut de force de foi pour se faire à l'idée que la terre où nous sommes va plus vite qu'un boulet de canon, que la lumière franchit soixante mille lieues par seconde, etc.), le savant qui n'admet point de bornes à l'extension future de la science et qui, souvent même, se berce de la persuasion de tout connaître, ne se prend-il pas pour un dieu ? Si l'on y réfléchit, on verra que toute la vertu pacifiante de la science, de l'aisance, de la santé, de la liberté, vient de cette illusion sourde et permanente qui les accompagne. C'est une grave erreur de penser que, sans une immense conviction et sans une immense espérance, une nation peut être en repos. Aussi, dès que commencent à décliner chez un peuple les deux mystiques certitudes, il n'y a pas à s'abuser sur l'impossibilité de l'apaiser véritablement à moins d'ouvrir désormais à tous, en compensation, et non sans péril, les horizons fuyants de la science, les perspectives illimitées de l'ambition et de la richesse.

Il me semble que j'ai à peine besoin de tirer les conclusions qui découlent des pages précédentes. Les problèmes ci-dessus indiqués, comme nés du défaut de mesure commune entre les deux quantités de l'âme, doivent nous paraître maintenant résolus. Nous n'avons pas, en effet, à nous demander jusqu'à quel point une augmentation de croyance compense une diminution de désir ou vice versa. La mesure commune qui nous manque nous serait inutile. Les désirs d'un homme ou d'un peuple sont d'autant plus désirables qu'ils tendent à accroître davantage son approvisionnement de foi, son double trésor de croyance proprement dite et de confiance. C'est toujours répondre, sinon au plus grand désir actuel, au moins au plus grand désir futur de tous les hommes, que de consolider et d'étendre leur somme de foi. Leur maître véritable est non celui qu'ils aiment et qui leur plaît le plus, mais celui qui les instruit et les rassure le plus ; d'une part, donc, c'est, de nos jours, le grand découvreur, le grand créateur de sciences nouvelles ; d'autre part, le grand homme d'État. Le premier doit répondre au besoin social ou individuel de vérité ; le second, au besoin social ou individuel de sécurité. Celui-ci a la garde de la somme considérable de foi nationale engagée dans nos droits divers. Il peut la fortifier et l'étendre, ou l'ébranler et la resserrer. La resserrer, c'est comme diminuer la vision ou émousser le tact, et rendre ainsi moins sûrs, moins précis, moins nombreux, les jugements de localisation ou autres propres à ces sens. L'étendre, c'est comme ajouter le télescope à l'œil ou le téléphone à l'oreille. Le ministre qui rassure complète

Gabriel Tarde

donc l'œuvre du professeur qui instruit ; et la tâche du premier est assez grande pour qu'il n'empiète pas sur celle du second. C'est sous la forme des droits anciens respectés le plus possible, conformément au conseil de Bentham (Traité de législat., I. 261 et s.), et des droits nouveaux lentement créés, et non sous les espèces de connaissances scientifiques, qu'il doit tendre à grossir l'antique legs des certitudes populaires.

Pourquoi les progrès sociaux doivent-ils, autant que possible, être graduels ? Bentham en donne une assez mauvaise raison : c'est que, dit-il, le mal de l'attente trompée est plus vif chez l'homme dépossédé d'un droit acquis que le plaisir de la surprise chez l'usurpateur heureux du bien d'autrui ; en permettant cela, le législateur se trouverait avoir produit, toute addition algébrique faite des plaisirs et des peines, un reliquat de peines. Est-ce bien sûr ? Le motif allégué par les évolutionnistes n'est guère meilleur. Ils n'aiment pas les révolutions, parce que leur formule de l'évolution ne les admet pas et que l'assimilation des sociétés aux organismes en souffrirait. Ils empruntent à Joseph de Maistre la brillante erreur de penser qu'une institution est nécessairement toujours une oeuvre anonyme et que l'accomplissement, même lent et graduel, d'un plan systématique de reconstruction sociale, sorti ex abrupto d'un cerveau individuel, est un rêve chimérique. Il est pourtant assez clair que toutes les modifications sociales, petites on grandes, émanent en définitive d'initiatives individuelles, de fragments de plans personnels plus ou moins déchirés. A notre avis, la vraie raison de respecter les attentes, de ménager les droits acquis, même en poursuivant l'exécution d'un programme individuel très vaste et très précis, c'est que, par une trop grande brusquerie de procédés, on irait contre le but même des novateurs. Tout désir d'innovation a pour objet un état social, une stabilité d'un genre inconnu, un *corpus juris* inédit. Il est plus facile cependant de détruire la confiance, sans laquelle il n'y a pas de droit possible, que de la rétablir, de même qu'il est plus aisé d'exciter les appétits que de les museler. Exécuter donc, du soir au lendemain, un programme radical, si beau, si séduisant qu'il soit, c'est tarir la source qu'on veut dévier, le courant de foi et de crédit dont on a besoin pour l'établissement de l'état rêvé ; c'est briser son verre avant d'y boire.

Chapitre IX : La croyance et le désir

Je ne puis entrer dans le détail des conséquences sociales que comporterait la double thèse développée dans cette étude, à savoir la mesurabilité en droit, et peut-être en fait, de la croyance et du désir, et la subordination du désir à la foi. Une seule suffira. Si, à l'opposé de ma seconde proposition, on ne voit dans la foi qu'un instrument du désir, et, par suite, dans les croyances populaires qu'un moyen d'action, on doit à tout prix produire ou maintenir leur unanimité, condition première de leur efficacité pratique. Une erreur fixe et générale doit être préférée à des vérités variables et particulières. Mais si le savoir, si l'ensemble des certitudes supérieures (je dis supérieures, à cause de la quantité de foi potentielle qu'elles renferment), atteintes par le libre essor de l'esprit dissident, vaut par lui-même et vaut plus que tout, si la récompense suprême de nos longs travaux est l'acquisition d'une expérience désormais inutile, d'un credo personnel et en partie incommunicable, le plus haut intérêt d'un peuple est d'arriver, s'il se peut, dans la personne de chacun de ses membres, à cette fleur terminale de la vie, et d'affranchir la pensée de toute entrave.

Chapitre X : Monadologie et sociologie [1]
(1893)

Hypotheses fingo

I

Les monades, filles de Leibniz, ont fait du chemin depuis leur père. Par diverses voies indépendantes elles se glissent, à l'insu des savants eux-mêmes, dans le cœur de la science contemporaine. Il est remarquable que toutes les hypothèses secondaires impliquées dans cette grande hypothèse en ce qu'elle a d'essentiel, sinon de leibnizien, sont en train d'être établies scientifiquement. Elle implique, en effet, d'abord la réduction à une seule de ces deux entités, la matière et l'esprit, confondues dans la seconde, et en même temps la multiplication prodigieuse des agents tout spirituels du monde. Elle suppose en d'autres termes la discontinuité des éléments et l'homogénéité de leur être. C'est seulement d'ailleurs

1 Déjà publié en majeure partie dans la Revue internationale de sociologie (1893).

Gabriel Tarde

à cette double condition que l'univers est translucide jusqu'en son fond au regard de l'intelligence. Or, d'une part, à force d'avoir été sondé mille fois et jugé insondable, l'abîme séparatif du mouvement et de la conscience, de l'objet et du sujet, de la mécanique et de la logique, a fini par être révoqué en doute, réputé apparent, enfin nié par les plus hardis qui ont trouvé partout de l'écho. D'autre part, les progrès de la chimie nous conduisent à l'affirmation de l'atome, à la négation de la continuité matérielle que le caractère continu des manifestations physiques et vivantes de la matière, l'étendue, le mouvement, la croissance, semblait superficiellement révéler. Rien de plus surprenant au fond que la combinaison des substances chimiques en proportions définies à l'exclusion des proportions intermédiaires. Nulle évolution, ici, nulle transition, tout est net, brusque, tranché ; et cependant tout ce qu'il y a d'ondoyant, d'harmonieusement gradué dans les phénomènes vient de là, à peu près comme la continuité des nuances serait impossible sans la discontinuité des couleurs. Mais ce n'est pas seulement la chimie qui en progressant semble nous acheminer aux monades. C'est encore la physique, ce sont les sciences naturelles, c'est l'histoire, ce sont les mathématiques elles-mêmes. « D'une grande importance, dit Lange, fut l'hypothèse de Newton, que la gravitation d'un corps céleste n'est autre chose que la somme de la gravitation de toutes les masses dont il se compose. Il en résultait immédiatement que les masses terrestres gravitent mutuellement les unes vers les autres, et, de plus, qu'il en est de même de leurs plus petites molécules. » Par cette vue bien plus originale qu'elle ne peut nous le sembler, Newton brisait, pulvérisait l'individualité du corps céleste, regardé jusque-là comme une unité supérieure dont les relations internes ne ressemblaient en rien à ses rapports avec les corps étrangers. Il fallait une grande vigueur d'esprit pour résoudre cette unité apparente en une multiplicité d'éléments distincts liés entre eux au même titre qu'avec les éléments d'autres agrégats. C'est du jour où cette manière de voir s'est substituée au préjugé contraire que datent les progrès de la physique et de l'astronomie.

En cela les fondateurs de la théorie cellulaire se sont montrés les continuateurs de Newton. Ils ont brisé de même l'unité du corps vivant, ils l'ont résolu en un nombre prodigieux d'organismes élémentaires, isolément égoïstes et avides de se développer aux dépens de l'extérieur, en entendant par l'extérieur aussi bien les cellules voisines et fraternelles que les particules inorganiques d'air, d'eau ou de toute autre substance. Non moins féconde que la vue de Newton a été celle de Schwann sur ce point. Nous savons, grâce à sa théorie cellulaire, « qu'une force vitale, en tant que principe distinct de la matière, n'existe ni dans l'ensemble de l'organisme, ni dans chaque cellule. Tous les phénomènes de la vie végétale ou animale doivent s'expliquer par les propriétés des atomes (dites des éléments derniers dont les atomes sont composés) que ce soient des forces connues de la nature inerte ou des forces inconnues jusqu'ici. » Rien de plus positiviste assurément, de plus conforme à la science saine et sérieuse que cette négation radicale du principe vital contre laquelle le spiritualisme vulgaire a l'habitude de protester. On voit cependant où cette tendance poussée à bout nous mène : aux monades qui comblent le vœu le plus hardi du spiritualisme leibnizien. Aussi bien que le principe vital, la maladie, autre entité, traitée comme une personne par les anciens médecins, se pulvérise en désordres infinitésimaux d'éléments histologiques, et, en outre, grâce surtout aux découvertes de Pasteur, la théorie parasitaire des maladies, qui explique ces désordres par des conflits internes d'organismes minuscules, se généralise de jour en jour et même avec un excès qui doit appeler une réaction. Mais les parasites ont aussi leurs parasites. Et ainsi de suite. Encore l'infinitésimal !

Les nouvelles théories chimiques se sont formées par une voie analogue. « C'est là le point essentiel et nouveau, dit Wurts. On reporte aux éléments eux-mêmes les propriétés des radicaux. Autrefois ceux-ci étaient considérés en bloc, on attribuait au radical envisagé comme un tout le pouvoir de se combiner ou de se substituer à des corps simples. C'était le point de vue fondamental de la théorie des types, de Gerhardt. On va plus loin aujourd'hui. Pour découvrir et définir les propriétés des radicaux on remonte aux atomes dont ils sont composés. » (Théorie atomique, p. 194). La pensée de l'éminent chimiste va plus loin que les paroles précédentes. Il résulte des exemples cités par lui que, parmi les atomes d'un radical, il en est un spécialement dont l'atomicité, dont l'avidité propre non encore satisfaite, survivante à la saturation des autres, est la dernière raison d'être de la combinaison opérée.

Au même titre que les astres, que les individus vivants, que les maladies, que les radicaux chimiques, les nations ne sont que des entités longtemps prises pour des êtres véritables dans les théories ambitieuses et stériles des historiens dits philosophes. N'a-t-on pas assez répété, par exemple, que c'est une mesquinerie de chercher la cause d'une révolution politique ou sociale dans l'influence marquée d'écrivains, d'hommes d'État, d'inventeurs de tous genres, et qu'elle a jailli spontanément du génie de la race, des entrailles du Peuple, acteur anonyme et surhumain ? Mais ce point de vue commode, qui consiste à voir faussement la création d'un être nouveau dans le phénomène, réellement neuf et imprévu d'ailleurs, que la rencontre des vrais êtres a suscité, n'est bon qu'à titre provisoire. Une fois épuisé, et rapidement, par les abus littéraires qu'on en a faits, il conduit à un retour sérieux vers un genre d'explications plus claires et plus positives, qui rend compte d'un événement historique quelconque par des actions individuelles seulement, et notamment par des actions d'hommes inventifs qui ont servi de modèle aux autres et se sont reproduites à milliers d'exemplaires, sortes de cellules-mères du corps social.

Ce n'est pas tout : ces éléments derniers auxquels aboutit toute science, l'individu social, la cellule vivante, l'atome chimique, ne sont derniers qu'au regard de leur science particulière. Eux-mêmes sont composés, nous le savons, sans excepter même l'atome qui, d'après l'hypothèse des atomes-tourbillons de Thompson, la plus plausible ou la moins inadmissible des conjectures hasardées à ce sujet, serait un amas tournoyant d'éléments plus simples. Les recherches de M. Lockyer sur le spectre du soleil et des étoiles l'ont conduit à supposer avec vraisemblance que certaines lignes faibles observées par lui sont dues aux éléments composants des substances que nous regardons sur notre planète comme indécomposables.

Les savants qui vivent dans le commerce familier des soi-disant éléments ne doutent pas de leur complexité. Pendant que Wurts se montre favorable à l'hypothèse de Thompson, M. Berthelot dit de son côté : « L'étude approfondie des masses élémentaires qui constituent nos corps simples actuels tend chaque jour davantage à les assimiler, non à des atomes indivisibles, homogènes et susceptibles d'éprouver seulement des mouvements d'ensemble, mais à des édifices fort complexes, doués d'une architecture spécifique et animés de mouvements intestins très variés. » D'autre part, les physiologistes ne sauraient croire à l'homogénéité du protoplasme, et dans la cellule ils ne jugent active et vraiment vivante que la partie solide. La partie soluble presque tout entière n'est qu'une provision de combustibles et d'aliments (ou un amas d'excréments). Encore, dans la partie solide elle-même, si nous la connaissions mieux, y aurait-il sans doute à éliminer presque tout. Et, d'élimination en élimination, où aboutirons-nous si ce n'est au point géométrique, c'est-à-dire au néant pur, à moins que ce point ne soit un centre comme il sera expliqué plus loin ? Et, de fait, dans l'élément histologique véritable (que le mot cellule désigne fort mal) ce qu'il y a d'essentiel à considérer, ce n'est pas sa limite, son enveloppe, c'est ce foyer central d'où il semble qu'il aspire à rayonner indéfiniment jusqu'à l'heure où la cruelle expérience des obstacles extérieurs lui fait un devoir de se clore pour se garantir ; mais ici nous anticipons.

Nul moyen de s'arrêter sur cette pente jusqu'à l'infinitésimal, qui devient, chose bien inattendue assurément, la clé de l'univers entier. De là peut-être l'importance croissante du calcul infinitésimal ; et, par la même raison, de là l'éclatant succès momentané de la doctrine de l'évolution. Dans cette théorie, un type spécifique, dirait un géomètre, est l'intégrale d'innombrables différentielles appelées variations individuelles dues elles-mêmes à des variations cellulaires, au fond desquelles apparaissent des myriades de changements élémentaires. La source, la raison d'être, la raison du fini, du tranché, est dans l'infiniment petit, dans l'imperceptible : telle est la conviction profonde qui a inspire Leibniz, et aussi bien nos transformistes.

Mais pourquoi telle transformation qui, présentée comme une somme de différences nettes, définies, est incompréhensible, se comprend-elle aisément si on la considère comme une somme de

Gabriel Tarde

différences infiniment petites ? Montrons d'abord que ce contraste est bien réel. Je suppose que, par miracle, un corps disparaisse, s'anéantisse au lieu A où il était, puis apparaisse, redevienne au lieu Z, distant d'un mètre du premier, sans avoir traversé les positions intermédiaires : un tel genre de déplacement ne peut se loger dans notre esprit, tandis que nous n'avons pas l'idée de nous étonner en voyant ce corps passer de A a Z en suivant une ligne de positions juxtaposées. Cependant remarquons que notre premier étonnement n'aurait en rien diminué si nous avions vu la disparition et la réapparition brusques dont il s'agit s'effectuer à la distance d'un demi-mètre, de 30, de 20, de 10, de 2 centimètres ou de n'importe quelle fraction perceptible de millimètre. Notre raison, sinon notre imagination, resterait aussi frappée du dernier cas que du premier. De même, si l'on nous présente deux espèces vivantes distinctes, très éloignées ou très rapprochées, n'importe, un champignon et une labiée ou deux labiées du même genre, nous ne parviendrons jamais à comprendre, pas plus ici que là, que l'une ait pu subitement et sans transition devenir l'autre. Mais si l'on nous dit qu'en vertu d'un croisement l'ovule fécondé de l'une a subi une déviation, extrêmement légère d'abord puis accrue par degrés, de son itinéraire habituel, nous ne trouvons aucune difficulté à admettre cela. On dira que l'inconcevabilité de la première hypothèse tient à un préjugé formé en nous par association d'idées. Rien de plus vrai, et cela prouve justement que la réalité, source de l'expérience où a pris naissance ce préjugé, est conforme à l'explication du fini par l'infinitésimal. Car la raison pure, la raison nue, d'ailleurs, n'aurait jamais deviné cela ; elle serait même plutôt portée à voir dans le grand la source du petit que dans le petit la source du grand, et il lui plairait de croire à des types divins tout faits ab initio qui envelopperaient tout à coup et pénètreraient une motte de terre de l'extérieur à l'intérieur. Volontiers même elle dirait avec Agassiz que, dès le début, les arbres ont été des forêts, les abeilles des ruches, les hommes des nations. Ce point de vue n'a pu être proscrit de la science que par la révolte des faits contraires. Pour ne parler que des plus vulgaires, il se trouve qu'une immense sphère de lumière épanouie dans l'espace est due à la vibration unique, multipliée et contagieuse, d'un atome central d'éther, - que toute la population d'une espèce est due à

Chapitre X : Monadologie et sociologie

la multiplication prodigieuse d'une première et unique cellule ovulaire, sorte de rayonnement générateur, - que la présence de la vraie théorie astronomique dans des millions de cerveaux humains est due à la répétition multipliée d'une idée apparue tel jour dans une cellule cérébrale du cerveau de Newton. Mais que résulte-t-il de là encore une fois ? Si l'infinitésimal ne différait du fini que par le degré, si au fond des choses comme à leur surface saisissable il n'y avait que des positions, des distances, des déplacements, pourquoi un déplacement, inconcevable comme fini, changerait-il de nature en devenant infinitésimal ? L'infinitésimal, donc, diffère qualitativement du fini ; le mouvement a une cause autre que lui-même ; le phénomène n'est pas tout l'être. Tout part de l'infinitésimal et tout y retourne ; rien, chose surprenante qui ne surprend personne, rien n'apparaît subitement dans la sphère du fini, du complexe, ni ne s'y éteint. Qu'en conclure sinon que l'infiniment petit, autrement dit l'élément, est la source et le but, la substance et la raison de tout ? - Pendant que le progrès de la physique conduit les physiciens à quantifier la nature pour la comprendre, il est remarquable que le progrès des mathématiques conduit les mathématiciens, pour comprendre la quantité, à la résoudre en éléments qui n'ont absolument rien de quantitatif.

Cette importance croissante attribuée par l'accroissement des connaissances à l'infinitésimal est d'autant plus étrange que, sous sa forme ordinaire (l'hypothèse des monades étant écartée), il est un simple amas de contradictions. Je laisse à M. Renouvier le soin de les signaler. Par quelle vertu l'absurde donnerait-il à l'esprit humain la clé du monde ? n'est-ce pas parce que, à travers cette notion toute négative, nous visons sans l'atteindre, nous regardons sans la voir, une notion très positive qui nous fait peut-être défaut mais qui n'en doit pas moins figurer pour mémoire dans l'inventaire de notre actif intellectuel ? Cette absurdité pourrait bien n'être que l'enveloppe d'une réalité étrangère à tout ce que nous connaissons, extérieure à tout, à l'espace et au temps, à la matière et à l'esprit... À l'esprit ? S'il en était ainsi, l'hypothèse des monades devrait être rejetée... mais ceci demande examen. Quoi qu'il en soit, ce seraient donc les vrais agents, ces petits êtres dont nous disons qu'ils sont infinitésimaux, ce seraient les vraies actions, ces petites variations dont nous disons qu'elles sont infinitésimales.

Il semble même résulter de ce qui précède que ces agents sont autonomes, que ces variations se heurtent et s'entravent autant qu'elles concourent. Si tout part de l'infinitésimal, c'est qu'un élément, un élément unique, a l'initiative d'un changement quelconque, mouvement, évolution vitale, transformation mentale ou sociale. Si tous ces changements sont graduels, et en apparence continus, cela montre que l'initiative de l'élément entreprenant, quoique secondée, a rencontré des résistances. Supposons que tous les citoyens d'un Etat sans exception adhèrent pleinement à un programme de réorganisation politique né dans le cerveau de l'un d'entre eux et plus spécialement dans un point de ce cerveau ; la refonte entière de l'État sur ce plan, au lieu d'être successive et fragmentaire, sera brusque et totale, quel que soit le radicalisme du projet. C'est la contrariété des autres plans de réforme ou des autres types d'État idéal dont chaque membre d'une nation est possédé sciemment ou à son insu, qui explique seule la lenteur des modifications sociales. De même, si la matière était aussi passive, aussi inerte qu'on le croit, je ne vois pas pourquoi le mouvement, c'est-à-dire le déplacement graduel, existerait, je ne vois pas pourquoi la formation d'un organisme serait assujettie à la traversée de ses phases embryonnaires, obstacle opposé à la réalisation immédiate de son état adulte que vise pourtant dès le début l'impulsion du germe.

L'idée de ligne droite, qu'on le remarque, n'est pas exclusivement propre à la géométrie. Il y a une rectilinéarité biologique, il y a aussi une rectilinéarité logique. De même en effet que, pour passer d'un point à un autre, l'abréviation, la diminution du nombre des points interposés ne saurait être indéfinie et s'arrête à la limite appelée ligne droite, de même, dans le passage d'une forme spécifique à une autre forme spécifique, d'un état individuel à un autre état individuel, il y a une interposition minima, irréductible, de formes et d'états à parcourir, qui seule explique peut-être la répétition abrégée, par l'embryon, d'une partie des types successifs d'où il procède ; et semblablement, dans l'exposé d'un corps de sciences, n'y a-t-il pas une manière d'aller tout droit d'une thèse à une autre thèse, d'un théorème à un autre théorème et ne consiste-t-elle pas à les relier par une chaîne de positions logiques nécessairement intermédiaires ? Nécessité vraiment surprenante. Cet ordre rationnel, rectilinéaire, d'expositions auquel on s'attache et ou s'arrête dans les livres élémentaires qui résument en quelques pages le labeur de quelques siècles, coïncide souvent, mais non toujours, sur bien des points mais non sur tous, avec l'ordre historique d'apparition des découvertes successives dont toute science est la synthèse. Peut-être en est-il ainsi de la fameuse récapitulation de la phytogenèse par l'autoqenèse qui serait la rectification et non pas seulement l'accélération prodigieuse de la voie plus ou moins tortueuse suivant laquelle les formes d'ancêtres, les inventions biologiques accumulées et léguées en masse à l'ovule, se sont succédé dans les âges antérieurs.

Le réel appui que la doctrine de l'évolution prête aux hypothèses monadologiques paraîtrait bien plus évident encore si nous envisagions ce grand système sous les formes nouvelles qu'il est à la veille de revêtir et qui déjà commencent à se dessiner. Car l'évolutionisme lui-même évolue. Il évolue non par une suite ou un concours de tâtonnements aveugles, d'adaptations fortuites et involontaires aux faits observés, conformément aux procédés de transformation qu'il a le tort d'attribuer en général à la nature vivante, mais par les efforts accumulés de savants et de théoriciens parfaitement éveillés, sciemment et volontairement occupés à modifier la théorie fondamentale pour l'ajuster le mieux possible aux données de la science qui leur sont connues, et aussi aux idées préconçues qui leur sont chères. Cette théorie est pour eux un type générique qu'ils travaillent à spécifier chacun à sa manière. Mais, parmi ces produits variés de la fermentation inouïe suscitée par Darwin, il en est deux seulement qui ajoutent ou substituent à l'idée propre du maître une nouveauté vraie et vraiment féconde. Je veux parler d'abord de l'évolution par association d'organismes élémentaires en organismes plus complexes formulée par M. Edmond Perrier, et en second lieu de l'évolution par bonds, par crises, qui, indiquée et prédite, il y a bien des années, dans les clairvoyants écrits de Cournot, a spontanément germé de nouveau çà et là dans l'esprit de bien des savants contemporains.

Gabriel Tarde

La transformation spécifique d'un type préexistant en vue d'une adaptation nouvelle a dû, d'après l'un d'eux, s'opérer à un moment donné d'une façon en quelque manière immédiate (c'est-à-dire, je pense, très courte relativement à la prodigieuse durée des espèces une fois formées, mais peut-être très longue eu égard à la brièveté de notre vie) et, ajoute-t-il, par un processus régulier et non par tâtonnement. Pareillement, pour un autre transformiste, l'espèce, à partir de sa formation relativement rapide jusqu'à sa décomposition qui l'est aussi, reste réellement fixée dans de certaines limites, parce qu'elle est essentiellement en état d'équilibre organique stable. Gravement troublé dans sa constitution propre par un changement excessif de son milieu (ou par quelque révolution interne due à la rébellion contagieuse de quelque élément) l'organisme ne sort de son espèce que pour rouler en quelque sorte sur la pente d'une autre espèce, équilibre stable aussi, et alors il y demeure un temps, qui pour nous serait une éternité.

Je n'ai pas, bien entendu à discuter ces conjectures. Il me suffit de noter qu'elles sont en train de grandir, ou plutôt de cheminer en dessous, humbles encore, mais envahissantes, tandis que la sélection naturelle perd chaque jour du terrain, se montrant plus propre à épurer les types qu'à les perfectionner, et à les perfectionner qu'à les remanier profondément à elle seule. J'ajoute que soit par l'une soit par l'autre des deux voies indiquées, on est forcément conduit à peupler, à remplir les corps vivants d'atomes spirituels ou quasi spirituels. Qu'est-ce en effet que ce besoin de société donné pour âme par M. Perrier au monde organique, sinon le fait de petites personnes ? Et que peut être cette transformation directe, régulière, rapide, imaginée par d'autres, si ce n'est l'œuvre d'ouvriers cachés qui collaborent à la réalisation de quelque plan de réorganisation spécifique conçu et voulu premièrement par l'un d'entre eux ?

II

En voilà assez pour prouver, je crois, que la science tend à pulvériser l'univers, à multiplier indéfiniment les êtres. Mais, disais-je plus haut, elle ne tend pas moins nettement à unifier la dualité cartésienne de la matière et de l'esprit. Par là elle court, je ne dis pas à un anthropomorphisme mais à un psychomorphisme inévitable. On ne peut effectivement concevoir le monisme (cela a été dit bien des fois, je le sais) que de trois manières : soit en regardant le mouvement et la conscience, la vibration d'une cellule cérébrale, par exemple, et l'état d'esprit correspondant, comme deux faces d'un même fait, et l'on se leurre soi-même par cette réminiscence du Janus antique ; soit en faisant découler la matière et l'esprit, dont on ne nie pas la nature hétérogène, d'une source commune, d'un esprit caché et inconnaissable, et l'on ne gagne à cela qu'une trinité au lieu et place d'une dualité : soit enfin en posant résolument que la matière est de l'esprit, rien de plus. Cette dernière thèse est la seule qui se comprenne et qui donne réellement la réduction demandée. Mais il y a deux façons de l'entendre. Avec les idéalistes, on peut dire que l'univers matériel, y compris les autres moi, est mien, exclusivement mien, qu'il se compose de mes états d'esprit ou de leur possibilité en tant qu'elle est affirmée par moi, c'est-à-dire en tant qu'elle est elle-même un de mes états d'esprit. Si l'on rejette cette interprétation, il ne reste plus qu'à admettre, avec les monadologistes, que tout l'univers extérieur est composé d'âmes autres que la mienne, mais au fond semblables à la mienne. En acceptant ce dernier point de vue, il se trouve qu'on enlève au précédent ses meilleurs fondements. Reconnaître qu'on ignore ce qu'est l'être en soi d'une pierre, d'un végétal, et en même temps s'obstiner à dire qu'il est, c'est logiquement insoutenable ; l'idée qu'on en a, il est facile de le montrer, a pour tout contenu nos états d'esprit, et comme, abstraction faite de nos états d'esprit, il ne reste rien, ou l'on n'affirme qu'eux en affirmant cet X substantiel et inconnaissable, ou l'on est forcé d'avouer qu'en affirmant autre chose on n'affirme rien. Mais si l'être en soi est semblable, au fond, à notre être, n'étant plus inconnaissable, il devient affirmable.

Par suite, le monisme nous achemine au psychomorphisme universel. Seulement le monisme est-il en voie de se démontrer autant que de s'affirmer ? Non. Quand on voit, il est vrai, des physiciens comme Tyndall, des naturalistes comme Hœckel, des philosophes historiens et artistes comme Taine, des théoriciens de toutes les écoles, soupçonner ou se convaincre que le hiatus

Gabriel Tarde

du dedans et du dehors, de la sensation ou de la vibration, est illusoire, leurs arguments ont beau ne pas porter, la concordance de leurs convictions et de leurs pressentiments a son importance. Mais, s'ils entreprennent de nous faire toucher du doigt l'identité qu'ils allèguent, cette présomption perd toute sa valeur devant la discordance évidente des termes juxtaposés qu'il s'agit d'identifier, j'entends le mouvement et la sensation.

C'est qu'en effet l'un de ces termes au moins est mal choisi. Entre les variations purement quantitatives du mouvement, dont les déviations sont elles-mêmes mesurables, et les variations purement qualitatives de la sensation, qu'il s'agisse de couleurs, d'odeurs, de saveurs ou de sons, le contraste est trop choquant pour notre esprit. Mais si, parmi nos états internes, autres, par hypothèse, que la sensation, il s'en trouvait de quantitativement variables, comme j'ai essayé de le montrer ailleurs, ce caractère singulier permettrait peut-être de tenter par eux la spiritualisation de l'univers. A mon avis, les deux états de l'âme, ou plutôt les deux forces de l'âme appelées croyance et désir, d'où dérivent l'affirmation et la volonté, présentent ce caractère éminent et distinctif. Par l'universalité de leur présence en tout phénomène psychologique de l'homme ou de l'animal, par l'homogénéité de leur nature d'un bout à l'autre de leur échelle immense, depuis a moindre inclination à croire et à désirer, jusqu'à la certitude et à la passion, enfin par leur mutuelle pénétration et d'autres traits de similitude non moins frappants, la croyance et le désir jouent dans le moi, à l'égard des sensations, précisément le rôle extérieur de l'espace et du temps à l'égard des éléments matériels. Il y aurait à examiner si cette analogie ne recouvrirait pas une identité, si, au lieu d'être simplement des formes de notre sensibilité, comme leur plus profond analyste l'a prétendu, l'espace et le temps ne seraient point par hasard des notions primitives ou quasi-sensations continuelles et originales par lesquelles se traduiraient à nous, grâce à nos deux facultés de croire et de désirer, source commune de tout jugement et par suite de toute notion, les degrés et les modes de croyance, les degrés et les modes de désir, des agents psychiques autres que nous. Dans cette hypothèse, les mouvements des corps ne seraient que des espèces de jugements ou de desseins formés par les monades [1].

1 Suivant Lotze, s'il y a dans l'atome quelque chose de spirituel, ce doit être un

Chapitre X : Monadologie et sociologie

On voit que s'il en était ainsi, la transparence de l'univers serait parfaite, et le conflit manifeste de deux courants opposés de la science contemporaine serait résolu. Car si, d'une part, elle nous pousse à la psychologie végétale, à la « psychologie cellulaire », bientôt à la psychologie atomique, en un mot à une interprétation toute spirituelle du monde mécanique et matériel, d'autre part sa tendance à tout expliquer mécaniquement, même la pensée, n'est pas moins évidente. Dans la « psychologie cellulaire » d'Hoeckel, il est curieux de voir alterner d'une ligne à l'autre ces deux manières de voir contradictoires. Mais la contradiction est levée par l'hypothèse précédente, et elle ne peut l'être qu'ainsi.

Cette hypothèse d'ailleurs n'a rien d'anthropomorphique. La croyance et le désir ont ce privilège unique de comporter des états inconscients. Il y a certainement des désirs, des jugements inconscients. Tels sont les désirs impliqués dans nos plaisirs et dans nos peines, les jugements de localisation et autres incorporés à nos sensations. Au contraire, des sensations inconscientes, non senties, sont manifestement impossibles ; et, si elles sont conçues par quelques esprits, c'est qu'à leur insu ils entendent par là des sensations inaffirmées et indiscernées, ou que, comprenant la nécessité très réelle d'admettre des états inconscients de l'âme, ils ont regardé à tort les sensations comme susceptibles d'être de pareils états. Bien mieux, les faits, très frappants du reste, sur lesquels s'appuie l'hypothèse d'une sensibilité inconsciente, prouvent en général bien au delà de cette conclusion. Ils montrent que notre conscience à nous, monades dirigeantes, éléments-chefs du cerveau, a pour collaboratrices nécessaires, constantes, durant notre vie ou principauté cérébrale, d'innombrables autres consciences dont les modifications, extérieures à notre égard, sont pour elles des états internes. « Certains physiologistes, dit M. Ball, qui s'intéressent à la psychologie ont prouvé qu'on ne saurait rien oublier. Les traces des impressions antérieurement reçues s'accumulent dans nos cellules cérébrales, où elles restent indéfiniment latentes, jusqu'au jour où une influence supérieure les évoque de la tombe où elles dormaient ensevelies... Lorsqu'au milieu d'une conversation on cherche à se rappeler un nom, une date, un fait,

plaisir et une douleur, plutôt qu'une notion ; je prétends justement le contraire (Psychologie physiologique de Lotze, p. 133).

Gabriel Tarde

le renseignement cherché bien souvent nous échappe, et c'est quelques heures plus tard, lorsque nous pensions à tout autre chose, qu'il vient spontanément s'offrir à nous. Comment expliquer cette révélation inattendue ? C'est qu'un secrétaire mystérieux, un automate habile a travaillé pour nous pendant que l'intelligence (il aurait fallu dire notre intelligence à nous, monade dirigeante) négligeait ces minces détails... »

La nécessité où sont les aliénistes de recourir à ces comparaisons de secrétaire, de bibliothécaire intime, pour expliquer les phénomènes de la mémoire est une forte présomption en faveur de l'hypothèse des monades. Aussi la théorie monadologique peut-elle s'approprier sans nulle peine l'argumentation des psychologues anglais et allemands à ce sujet. Mais, puisque, après tout, il paraît nécessaire de regarder comme inconscients dans certains cas certains états de l'âme, remarquons qu'à vrai dire, un désir, un acte de foi non seulement peuvent n'être pas sentis, mais ne sauraient même être sentis comme tels, pas plus qu'une sensation ne saurait être active par elle-même. Or, par ce caractère remarquable, les deux forces internes que j'ai nommées se signalent à nous comme objectivables au plus haut degré. Puisqu'elles s'appliquent aux sensations quelconques, si radicalement différentes que celles-ci puissent être, au rouge, comme au do ou au ré, au parfum de la rose comme au froid ou au chaud, pourquoi ne s'appliqueraient-elles pas aussi bien à des phénomènes inconnus, et, je l'avoue, inconnaissables, autres, par hypothèse, que les sensations, mais ni plus ni moins distincts des sensations qu'elles ne le sont les unes des autres ? Pourquoi la sensation ne serait-elle pas regardée comme une simple espèce du genre qualité, et n'admettrait-on pas qu'il existe hors de nous des marques qualificatives nullement sensationnelles et pouvant, tout comme nos sensations, servir de point d'application aux forces psychiques par excellence, la force statique appelée croyance et la force dynamique appelée désir ? C'est peut-être par un sentiment instinctif et confus de cette vérité qu'on a forgé sur le type du désir l'idée de force, où l'on cherche la clé de l'énigme universelle. Schopenhauer a levé le masque de cette notion en l'appelant presque de son vrai nom, volonté. Mais la volonté est une combinaison de la foi et du désir, et les disciples du maître, entre autre Hartmann, ont dû ajouter à la volonté l'idée. Ils auraient mieux fait de briser la volonté et de distinguer en elle ses deux éléments. Ce dont on a droit de s'étonner, c'est qu'au milieu de tant de conjectures philosophiques, personne encore n'ait songé, explicitement du moins, à chercher dans l'objectivation de la croyance et non du désir, la solution des problèmes de la physique et de la vie. Je dis explicitement ; car à notre insu nous concevons la matière, la substance cohérente et solide, satisfaite et reposée, non seulement à l'aide, mais à l'image et ressemblance de nos convictions, comme la force à l'image de nos efforts. Hégel seul a entrevu cela, si l'on en juge par sa prétention de composer le monde avec des séries d'affirmations et de négations. De là peut-être, malgré des aberrations et des subtilités étranges, cet air d'architecturale et de magistrale grandeur qui s'attache à son oeuvre en ruine et qui marque, en général, la supériorité propre aux systèmes substantialistes de tous les temps, depuis Démocrite jusqu'à Descartes, sur les doctrines dynamistes les plus entraînantes. N'a-t-on pas vu, sous notre brillant évolutionnisme actuel, qui pousse à bout l'idée leibnizienne de force, le monisme essayer de rajeunir la substance de Spinoza ? Car, comme la volonté va à la certitude, comme le mouvement des astres et des atomes va à leur agglomération définitive, l'idée de force mène naturellement à l'idée de substance, où, lasse des agitations d'un phénoménisme illusoire, saisissant enfin des réalités qui se disent immuables, se réfugie une pensée idéaliste ou matérialiste tour à tour. Mais, de ces deux attributions faites aux mystérieux noumènes extérieurs de nos deux quantités intérieures, laquelle est légitime ? Pourquoi ne pas hasarder qu'elles le sont l'une et l'autre ?

On dira peut-être que ce psychomorphisme est une solution bien aisée, mais d'autant plus illusoire, et que c'est un leurre de prétendre expliquer les phénomènes vitaux, physiques, chimiques, par les faits psychologiques, tous plus complexes. Mais, si j'admets la complexité des sensations et la parfaite légitimité de leur explication par des faits physiologiques, je ne puis reconnaître pareillement celle du désir et de la croyance. L'analyse à mon avis ne mord pas sur ces notions irréductibles. Il y a une contradiction inaperçue à prétendre, d'une part, qu'un organisme est un mécanisme formé en vertu de lois purement mécaniques, et, d'autre part, que tout les phénomènes de la vie mentale, y compris les deux ci-dessus nommés, sont de purs produits de l'organisation créés par elle et non existant avant elle. Si en effet l'être organisé n'est qu'une machine admirable, il doit en être de cette machine-là comme de toutes les autres, dans lesquelles non seulement nulle force nouvelle, mais nul produit même radicalement nouveau ne saurait être créé par la vertu des plus merveilleux agencements de rouages. Une machine n'est qu'une distribution et une direction spéciale de forces préexistantes qui la traversent sans s'altérer essentiellement. Elle n'est qu'un changement de forme donné à des matériaux bruts qu'elle reçoit du dehors et dont l'essence ne change pas. Si donc les corps vivants, encore une fois, sont des machines, la nature essentielle des seuls produits et des seules forces résultant de leur fonctionnement qui nous soient connus jusqu'en leur fond (sensations, pensées, volitions) nous atteste que ses aliments (carbone, azote, oxygène, hydrogène, etc...) contiennent des éléments psychiques cachés. Spécialement, parmi ces résultats supérieurs des fonctions vitales, il en est deux qui sont des forces, et qui, jaillissant du cerveau, n'ont pu y être créés par le jeu mécanique de vibrations cellulaires. Peut-on nier que le désir et la croyance soient des forces ? Ne voit-on pas qu'avec leurs combinaisons réciproques, les passions et les desseins, ils sont les vents perpétuels des tempêtes de l'histoire, les chutes d'eau qui font tourner les moulins des politiques ? Qu'est-ce qui mène et pousse le monde, sinon les croyances religieuses ou autres, les ambitions et les cupidités ? Ces soi-disant produits sont si bien des forces qu'à eux seuls ils produisent les sociétés, regardées encore par tant de philosophes actuels comme de véritables organismes. Ainsi, les produits d'un organisme inférieur seraient les facteurs d'une organisation supérieure ! En admettant donc le caractère dynamique de ces deux états de l'âme, la conclusion, à laquelle on n'échappe point d'ailleurs en les regardant même comme des produits, acquiert un degré de rigueur plus grand. Car on sait que les forces employées parles machines en sortent toujours bien moins dénaturées que leurs matières premières. Par suite, si le désir et la croyance sont des forces, il est probable qu'à leur sortie du corps dans nos manifestations mentales, elles ne diffèrent pas notablement d'elles-mêmes telles qu'elles étaient à leur entrée, sous forme de cohésions ou d'affinités moléculaires. Le dernier fond de la substance matérielle nous serait entr'ouvert par là ; et il vaut la peine d'examiner si, en suivant les conséquences de ce point de vue, on reste d'accord avec les faits acquis à la science. Et ici j'ai l'avantage de pouvoir m'appuyer sur les travaux accumulés de Schopenhauer, de Hartmann et de leur école, qui ont réussi selon moi à montrer le caractère primordial et universel, non de la volonté, mais du désir.

Pour ne citer qu'un exemple, voilà une petite masse de protoplasme, où nul indice d'organisation n'a pu être découvert, « gelée limpide comme du blanc d'œuf », dit M. Perrier. Cette gelée cependant, ajoute-t-il, exécute des mouvements, capture des animaux, les digère, etc. Elle a de l'appétit, c'est évident, et, par conséquent, une perception plus ou moins claire de ce qu'elle appète. Si le désir et la croyance ne sont que des produits de l'organisation d'où viennent cette perception et cet appétit à cette masse hétérogène, je l'accorde volontiers, mais non encore organisée ? « Les mouvements des spores, dit M. Almann, de la Société royale de Londres, semblent souvent obéir à une véritable volition ; si la spore rencontre un obstacle, elle change de direction et recule en renversant le mouvement de ses cils. » Un mécanicien de chemin de fer ne ferait pas mieux. Pourtant, cette spore n'est qu'une cellule détachée d'une plante immobile et insensible, à laquelle on refuse toute volonté, toute intelligence. Ainsi voilà l'intelligence et la volonté qui apparaîtraient tout à coup chez la cellule-fille et n'existeraient pas même virtuellement chez la cellule-mère ! Disons mieux, quand bon lui semble, quand cela est utile à son but, à son plan cosmique particulier d'où procèdent tous ses mouvements, l'élément vital révèle et déploie ses ressources cachées. Mêlé à une infinité d'autres dans le tas indivis du protophasme, il fait, au moment voulu, cesser son indivision, il s'enclôt et se séquestre avec un groupe compact de vassaux, il se hérisse de remparts calcaires ; ou bien il allonge des filaments comme un batelier ses rames, et il se meut vers sa proie. Toutes les eaux contiennent des myriades de ces êtres vivants unicellulaires qui se « construisent un squelette... de sphères concentriques aussi trans-parentes que le cristal, et d'une symétrie et d'une beauté parfaites. » Évidemment l'unique cellule dont il s'agit n'accomplirait pas ces prodiges toute seule, et il faut croire quelle a été seulement l'âme d'un peuple d'ouvriers. Mais quelle dépense d'actes psychiques suppose un tel labeur.

En vérité, on a le droit de se demander, en comparant aux inventions cellulaires, aux industries cellulaires, aux arts cellulaires, tels qu'une journée de printemps nous les expose, nos arts, nos industries, nos petites découvertes humaines étalées dans nos expositions périodiques, s'il est bien certain que notre intelligence et notre volonté à nous, grands moi disposant des vastes ressources d'un gigantesque état cérébral, l'emportent sur celles des petits moi confinés dans la minuscule cité d'une cellule animale ou même végétale. Certes, si le préjugé de nous croire toujours supérieurs à tout ne nous aveuglait pas, la comparaison ne tournerait pas à notre avantage. C'est ce préjugé, au fond, qui nous empêche de croire aux monades. Dans son séculaire effort pour tout interpréter hors de nous mécaniquement, même ce qui éclate le plus en traits de génie accumulés, les oeuvres vivantes, notre esprit souffle en quelque sorte sur toutes les lumières du monde au profit de sa seule étincelle. Certainement M. Espinas a raison de dire que peu d'intelligence suffit pour expliquer les travaux sociaux des abeilles et des fourmis. Mais si l'on accorde ce peu et si on le juge nécessaire pour rendre compte de ces produits au demeurant très-simples comme ceux de nos industries, on doit convenir que pour produire l'organisation même de ces insectes, si infiniment supérieure en complexité, en richesse, en souplesse d'adaptation, à tous leurs ouvrages, il a fallu beaucoup d'intelligence et d'intelligences. - Consentons à faire cette réflexion si naturelle : Puisque l'accomplissement de la plus simple fonction sociale, la plus banale, la plus uniforme depuis des siècles, puisque, par exemple, le mouvement d'ensemble un peu régulier d'une procession ou d'un régiment exige, nous le savons, tant de leçons préalables, tant de paroles, tant d'efforts, tant de forces mentales dépensées presque en pure perte - que ne faut-il donc pas d'énergie mentale, ou quasi mentale, répandue à flots, pour produire ces manœuvres compliquées des fonctions vitales simultanément accomplies, non par des milliers, mais par des milliards d'acteurs

Chapitre X : Monadologie et sociologie

divers, tous, nous avons des raisons de le penser, essentiellement égoïstes, tous aussi différents entre eux que les citoyens d'un vaste empire !

Il faudrait sans doute repousser cette conclusion s'il était prouvé ou tant soit peu probable qu'au delà d'un certain degré de petitesse corporelle, l'intelligence (je ne dis pas l'intelligence sensationnelle telle que nous la connaissons, mais le psychisme, genre dont toute intelligence à nous connue n'est qu'une espèce) est impossible. De cette impossibilité démontrée on pourrait déduire ensuite que les phénomènes psychiques sont des résultats radicalement autres que leurs conditions, bien que cependant tous les êtres intelligents ou en général psychiques observés par nous procèdent de parents ou d'ascendants pareillement psychiques, et que la génération spontanée de l'intelligence soit une hypothèse moins acceptable encore, si c'est possible, que celle de la génération spontanée de la vie. Mais nous avons beau plonger dans les profondeurs microscopiques, voire même ultra-microscopiques de l'infiniment petit, nous y découvrons toujours des germes vivants et des organismes complets, auxquels l'observation ou l'induction nous portent à reconnaître les caractères de l'animalité aussi bien que ceux de la végétation, puisque les deux règnes se confondent in minimis. « Un diamètre de 1/3000 de millimètres est à peu près le plus petit qu'un microscope nous permet de voir distinctement, dit M. Spottiswoode. Mais les rayons solaires et la lumière électrique nous révèlent la présence de corps infiniment au-dessous de ces dimensions. M. Tyndall a eu l'idée de les mesurer en fonction des ondes lumineuses... en les observant en masse et remarquant les teintes qu'ils répandent... Ces corps infiniment petits ne sont pas seulement des molécules gazeuses ; il comprennent encore des organismes complets, et le savant illustre que nous venons de citer a fait une étude approfondie de l'influence considérable que ces organismes minuscules exercent dans l'économie de la vie. »

Mais, dira-t-on, si nous n'atteignons pas les limites du psychisme, le bon sens nous affirme que, en moyenne, les êtres beaucoup plus petits que nous sont beaucoup moins intelligents ; et en suivant cette progression nous sommes sûrs d'arriver, dans la voie de la petitesse croissante, à l'inintelligence absolue. - Le bon sens ! Passons. Le bon sens dit aussi que l'intelligence est incompatible avec une taille démesurée et, en cela, il faut le reconnaître, l'expérience lui donne raison. Mais joignez ces deux affirmations du bon sens, et il est clair qu'elles émanent l'une et l'autre, l'une gratuite, l'autre vraisemblable, du préjugé anthropo-centrique. En réalité, nous jugeons les êtres d'autant moins intelligents que nous les connaissons moins, et l'erreur de croire l'inconnu inintelligent peut aller de pair avec l'erreur, dont il sera question plus loin, de croire l'inconnu indistinct, indifférencié, homogène.

Il faudrait se garder de voir dans ce qui précède un plaidoyer déguisé en faveur du principe de finalité, si justement discrédité de nos jours sous la forme ordinaire. Peut-être, en effet, au point de vue de la méthode, vaut-il encore mieux refuser à la nature toute fin, toute idée, que de prétendre rattacher toutes ses fins et toutes ses idées, comme on le fait, à une pensée, à une volonté unique. Singulière explication donnée à un monde où tous les êtres s'entre-dévorent, où, dans chaque être, l'accord des fonctions n'est, quand il existe, qu'une transaction d'intérêts et de prétentions contraires, où à l'état normal, dans l'individu le mieux équilibré, on remarque des fonctions et des organes inutiles, comme dans l'État le mieux gouverné il se produit toujours çà et là des dissidences de sectes, des particularités provinciales, religieusement perpétuées par les citoyens et forcément respectées par les gouvernants, quoiqu'elles rompent l'unité rêvée ! Quelque infinie qu'on suppose la pensée, la volonté divine, si l'on veut qu'elle soif une, elle devient dès lors insuffisante, comme explication des réalités. Entre son infinité, qui suppose la coexistence des contradictoires, et son unité, qui exige l'accord parfait, il faut choisir, - à moins qu'on ne fasse procéder, merveilleusement, l'une de l'autre, et tour à tour, la première de la seconde, puis la seconde de la première... Mais, n'abordons pas ces mystères. Point d'intelligence dans la matière ou une matière qui en soit pétrie ; il n'y a point de milieu. Et à vrai dire, scientifiquement, cela revient au même. Car supposons pour un instant qu'un de nos États humains, composé non de quelques milliers mais de quelques quatrillions ou quintillions d'hommes hermétiquement clos et inaccessibles individuellement (sorte de

Chapitre X : Monadologie et sociologie

Chine infiniment plus populeuse encore et plus fermée) nous soit simplement connu par les données de ses statisticiens, dont les chiffres portant sur de très grands nombres se reproduiraient avec une extrême régularité. Quand une révolution politique ou sociale, qui nous serait révélée par un grossissement ou un affaissement brusques de certains de ces chiffres, se produirait dans cet État, nous aurions beau être certains qu'il s'agit là d'un fait causé par des idées et des passions individuelles, nous éviterions de nous perdre en conjectures superflues sur la nature de ces causes seules vraies, mais impénétrables, et le plus sage nous paraîtrait d'expliquer tant bien que mal les chiffres anormaux par des comparaisons ingénieuses avec les chiffres normaux habilement maniés. Nous atteindrions ainsi au moins des résultats clairs et des vérités symboliques. Toutefois, il importerait de temps en temps de nous rappeler le caractère purement symbolique de ces vérités ; et c'est précisément le service que pourrait rendre aux sciences l'affirmation des monades.

III

Nous venons de voir que la science, après avoir pulvérisé l'univers, arrive à spiritualiser nécessairement sa poussière. Arrivons cependant à une objection capitale. Dans un système monadologique ou atomistique quelconque, tout phénomène n'est qu'une nébuleuse résoluble en actions émanées d'une multitude d'agents qui sont autant de petits dieux invisibles et innombrables. Ce polythéisme, j'allais dire ce myriathéisme laisse à expliquer l'accord universel des phénomènes, tout imparfait qu'il est. Si les éléments du monde sont nés à part, indépendants et autonomes, on ne voit pas pourquoi un grand nombre d'entre eux et un grand nombre de leurs groupements (par exemple tous les atomes d'oxygène ou d'hydrogène) se ressemblent, sinon parfaitement, comme on le suppose sans raison suffisante, au moins dans des limites à peu près fixes ; on ne voit pas pourquoi un grand nombre d'entre eux, sinon tous, paraissent être captifs et assujettis et avoir renoncé à cette liberté absolue qu'implique leur éternité ; on ne voit pas enfin pourquoi l'ordre et non le désordre, et d'abord la condition première de l'ordre, la concentration croissante et non la dispersion

Gabriel Tarde

croissante, résultent de leur mise en relations. Aussi semble-t-il qu'il faille recourir à de nouvelles hypothèses. Comme complément de ses monades closes, Leibniz fait de chacune d'elles une chambre obscure où l'univers entier des autres monades vient se peindre en réduction et sous un angle spécial ; et, en outre, il a dû imaginer l'harmonie préétablie, de même que, comme complément de leurs atomes errants et aveugles, les matérialistes doivent invoquer les lois universelles ou la formule unique dans laquelle rentreraient toutes ces lois, sorte de commandement mystique auquel tous les êtres obéiraient et qui n'émanerait d'aucun être, sorte de verbe ineffable et inintelligible qui, sans avoir jamais été prononcé par personne, serait néanmoins écouté partout et toujours. En outre, atomistes ou monadologistes, ils se représentent également leurs éléments premiers, sources, disent-ils, de toute réalité, comme nageant dans un même espace et un même temps, deux réalités ou pseudo-réalités d'un genre singulier, qui pénétreraient profondément et de part en part les réalités matérielles soi-disant impénétrables, et seraient radicalement distinctes de celles-ci, malgré l'intimité de cette pénétration. Autant de caractères, autant de mystères, qui embarrassent singulièrement le philosophe. Peut-on espérer de les résoudre en concevant des monades ouvertes qui s'entre-pénétreraient réciproquement au lieu d'être extérieures les unes aux autres ? Je le crois, et j'observe que, par ce côté encore, les progrès de la science, je ne dis pas contemporaine seulement mais moderne, favorisent l'éclosion d'une monadologie renouvelée. La découverte newtonienne l'attraction, de l'action à distance et à toute distance, des éléments matériels les uns sur les autres, montre le cas qu'il faut faire de leur impénétrabilité. Chacun d'eux, jadis regardé comme un point, devient une sphère d'action indéfiniment élargie (car l'analogie porte à croire que la pesanteur, comme toutes les autres forces physiques, se propage successivement) [1] ; et toutes ces sphères qui s'entre-pénètrent sont autant de domaines propres à chaque élément, peut-être autant d'espaces distincts, quoique mêlés, que nous prenons faussement pour un espace unique. Le centre de chacune de ces sphères est un point singularisé par ses propriétés, mais, après tout, un point

---

1 D'après Laplace, le fluide gravifique, pour employer son expression, se propage successivement, mais avec une vitesse qui est au moins plusieurs millions de fois plus rapide que la lumière. En un endroit il dit 50 millions, ailleurs 100 millions de fois.

comme un autre ; et d'ailleurs, l'activité étant l'essence même de tout élément, chacun d'eux est tout entier là où il agit. L'atome, à vrai dire, par suite du développement de ce point de vue, naturellement suggéré par la loi de Newton (qu'on essaie en vain d'expliquer de temps à autre par des poussées d'éther), cesse d'être un atonie ; il est un milieu universel ou aspirant à le devenir, un univers à soi, non pas seulement, comme le voulait Leibniz, un microcosme, mais le cosmos tout entier conquis et absorbé par un seul être. Si, l'espace en quelque sorte surnaturel ainsi résolu en espaces réels ou domaines élémentaires, on parvenait à résoudre de même l'entité creuse du Temps unique en réalités multiples, en désirs élémentaires, il ne resterait plus comme dernière simplification qu'à expliquer les lois naturelles, la similitude, la répétition des phénomènes et la multiplication des phénomènes semblables (ondes physiques, cellules vivantes, copies sociales) par le triomphe de certaines monades qui ont voulu ces lois, imposé ces types, posé leur joug et passé leur faux sur un peuple de monades uniformisées et asservies, mais toutes nées libres et originales, toutes avides, comme leurs conquérantes, de la domination et de l'assimilation universelles. - Aussi bien que l'espace et le temps, les lois, autres entités flottantes et fantastiques, trouveraient enfin de la sorte leur siège et leur point d'application dans les réalités reconnues. Elles auraient toutes commencé, comme nos lois civiles et politiques, par être des projets, des desseins individuels. - Ainsi serait écartée de la façon la plus simple l'objection fondamentale qu'on peut faire à toute tentative atomistique ou monadologique, de résoudre le continu phénoménal en discontinuité élémentaire. Que mettrons-nous en effet dans le discontinu dernier sinon le continu ? Nous y mettons, comme il sera expliqué de nouveau plus loin, la totalité des autres êtres. Au fond de chaque chose, il y a toute chose réelle ou possible.

IV

Mais cela suppose d'abord que toute chose est une société, que tout phénomène est un fait social. Or, il est remarquable que la science tend, par une suite logique d'ailleurs de ses tendances précédentes, à généraliser étrangement la notion de société. Elle nous parle de

Gabriel Tarde

sociétés animales (voir l'excellent livre de M. Espinas à ce sujet), de sociétés cellulaires, pourquoi pas de sociétés atomiques ? J'allais oublier les sociétés d'astres, les systèmes solaires et stellaires. Toutes les sciences semblent destinées à devenir des branches de la sociologie. Je sais bien que, par une fausse intelligence du sens de ce courant, certains ont été portés à voir dans les sociétés des organismes ; mais la vérité est que, depuis la théorie cellulaire, les organismes sont devenus au contraire, des sociétés d'une nature à part, des cités à la Lycurgue ou à la Rousseau, exclusives et farouches, ou mieux encore des congrégations religieuses d'une prodigieuse ténacité égale à la bizarrerie majestueuse et invariable de leurs observances, invariabilité qui ne prouve rien d'ailleurs contre les diversités individuelles et la force inventive de leurs membres.

Qu'un philosophe comme Spencer assimile les sociétés à des organismes, rien de surprenant, et au fond, rien de bien nouveau si ce n'est l'extraordinaire dépense d'érudition imaginative faite au profit de cette vue. Mais il est vraiment remarquable qu'un savant, un naturaliste des plus circonspects tel que M. Edmond Perrier ait pu voir dans l'assimilation des organismes aux sociétés la clé des mystères vivants et la dernière formule de l'évolution. Après avoir dit qu'on peut comparer un animal ou un végétal à une ville populeuse, où florissent de nombreuses corporations, et que les globules sanguins sont de véritables commerçants traînant après eux dans le liquide où ils nagent le bagage compliqué dont ils font trafic, il ajoute : De même qu'on avait employé toutes les comparaisons que peuvent fournir les degrés de parenté pour exprimer les rapports que les animaux présentent entre eux, avant de supposer qu'ils fussent unis par une parenté réelle, qu'ils fussent effectivement consanguins, de même on n'a jusqu'à présent cessé de comparer les organismes à des sociétés ou les sociétés à des organismes, sans voir dans ces comparaisons autre chose que de simples vues de l'esprit. Nous sommes au contraire arrivés... à cette conclusion que l'association avait joué un rôle considérable sinon exclusif dans le développement graduel des organismes ; etc. »

Mais remarquons maintenant que la science assimile aussi, et

Chapitre X : Monadologie et sociologie

de plus en plus, les organismes aux mécanismes, et qu'elle abaisse entre le monde vivant et le monde inorganique les barrières d'autrefois. Pourquoi donc la molécule, par exemple, ne serait-elle pas une société aussi bien que la plante ou l'animal ? La régularité et la permanence relatives par lesquelles les phénomènes de l'ordre moléculaire semblent s'opposer aux phénomènes d'ordre cellulaire ou vital n'ont rien qui doive nous faire repousser cette conjecture, si, avec Cournot, nous considérons en outre que les sociétés humaines passent, en se civilisant, d'une phase barbare et en quelque sorte organique à une phase physique et mécanique. Pendant la première, en effet, tous les faits généraux de leur ingénieux et instinctif développement dans leur poésie, leurs arts, leurs langues, leurs coutumes et leurs lois rappellent étrangement les caractères et les procédés de la vie ; et de là elles passent par degrés à une phase administrative, industrielle, savante, raisonnable, mécanique en un mot, qui par les grands nombres dont elle dispose, et dont le statisticien fait des tas égaux, donne lieu à l'apparition des lois ou des pseudo-lois économiques, si analogues sous tant de rapports aux lois de la physique et en particulier de la statique. De cette assimilation, qui s'appuie sur une masse de faits, et pour laquelle je renvoie au Traité de l'enchaînement des idées fondamentales, il résulte d'abord que l'abîme n'est pas infranchissable (contrairement à une erreur de Cournot lui-même sur ce point) entre la nature des êtres inorganiques et la nature des êtres vivants, puisque nous voyons une même évolution, celle de nos sociétés, affecter tour à tour les traits des seconds et les traits des premiers. Il en résulte, en second lieu, que, si un être vivant est une société, à plus forte raison un être purement mécanique doit l'être aussi, puisque le progrès de nos sociétés consiste à se mécaniser. Une molécule ne serait donc, comparée à un organisme et à un État, qu'une sorte de nation infiniment plus nombreuse et plus avancée, parvenue à cette période stationnaire que Stuart Mill appelle pour nous de tous ses vœux.

Allons tout droit à l'objection la plus spécieuse qu'on ait faite à cette assimilation des organismes, et a fortiori des êtres physiques, aux sociétés. Le contraste le plus frappant entre les nations et les corps vivants, c'est que les corps vivants ont des contours définis et symétriques tandis que les frontières des nations ou l'enceinte des cités se dessinent sur le sol avec une irrégularité capricieuse où l'absence de tout plan tracé d'avance se fait sentir. M. Spencer, M. Espinas, ont répondu diversement à cette difficulté, mais on peut, je crois, proposer encore une autre réponse.

Il ne faut pas nier le contraste indiqué, il est très réel, mais il est susceptible d'une explication plausible ; simplifions-le pour le bien comprendre. Laissant de côté le caractère symétrique et défini des formes organiques, attachons-nous seulement à cet autre caractère, lié au précédent, à savoir que la longueur, la largeur et la hauteur d'un organisme ne sont jamais extrêmement disproportionnées entre elles. Chez les serpents et les peupliers, la hauteur ou la longueur l'emporte notablement ; chez les poissons plats l'épaisseur est minime comparée aux autres dimensions ; mais en aucun cas la disproportion présentée par les formes extrêmes n'est comparable à celle que nous montre constamment un agrégat social quelconque, et par exemple la Chine, qui a 3000 kilomètres de longueur et de largeur, et un ou deux mètres seulement de hauteur moyenne, puisque les Chinois sont de petite taille et leurs édifices assez bas. Même dans un état qui consiste en une seule ville forte du moyen âge étroitement serrée dans sa ceinture de remparts, et où les maisons surplombantes sur les rues ont de nombreux étages, l'épaisseur est encore très mince relativement à l'étendue. Mais ce dernier exemple ne commence-t-il pas à nous mettre sur la voie de la solution cherchée ? C'est pour mieux résister aux attaques du dehors qu'une cité se fortifie, s'agglomère, que les étages s'y superposent ; si dans les capitales modernes, où ce pelotonnement n'est pas imposé par l'insécurité des temps, les maisons tendent aussi à s'élever de plus en plus, c'est pour une raison qui concourt souvent avec la précédente, c'est-à-dire pour satisfaire le besoin éprouvé par un nombre d'hommes toujours croissant de participer aux avantages sociaux du plus grand rassemblement humain possible sur le plus petit espace possible. Si ce vif instinct de sociabilité qui fait désirer aux hommes de s'agglomérer, soit pour mieux se défendre soit pour se développer plus pleinement, ne rencontrait point une limite rapprochée et infranchissable, il est probable qu'on verrait des nations composées de grappes d'hommes dressées dans les airs

Chapitre X : Monadologie et sociologie

et s'appuyant sur le sol sans s'y répandre. Mais il est à peine utile d'indiquer pourquoi cela est impossible. Une nation aussi haute que large dépasserait de beaucoup la zone respirable de l'atmosphère, et la croûte terrestre ne fournirait point de matériaux assez solides pour les constructions titanesques exigées par ce développement urbain dans le sens vertical. D'ailleurs, au delà d'un exhaussement de quelques mètres, les inconvénients qui en résultent l'emportent sur les avantages, par suite de l'organisation physique de l'homme, dont tous les sens, tous les organes répondent aux besoins d'une expansion exclusivement horizontale. Marcher et non grimper, voir devant soi et non en haut ou de haut en bas, etc., voilà sa nature. Enfin les ennemis qu'il peut redouter ne circulent pas dans les airs, ils sont errants sur la terre. A ce point de vue, il serait donc inutile à une nation d'être très haute. Pour les agrégats cellulaires, animaux ou plantes, il n'en est pas de même. Par en haut, aussi bien que par côté, ils peuvent être assaillis à l'improviste, il doivent être forts dans tous les sens. Puis, les éléments anatomiques dont se composent les corps vivants ne sont point constitués de manière à ne comporter qu'une coordination horizontale. Rien ne s'oppose par suite à la satisfaction indéfinie de l'instinct de sociabilité que nous leur prêtons.

Ceci posé, ne remarquons-nous pas que, plus un agrégat social accroît sa hauteur aux dépens de ses deux autres dimensions, et diminue à cet égard la distance toujours considérable de sa forme propre aux formes organiques, plus il se rapproche encore de celles-ci par la régularité, par la symétrie croissantes de sa conformation extérieure et de sa structure interne ? Un grand établissement public, une école du Gouvernement, une caserne, un monastère sont autant de petits États très centralisés, très disciplinés qui confirment cette manière de voir. À l'inverse, quand un être organisé, tel que le lichen, se présente exceptionnellement sous la forme d'une mince couche de cellules largement répandues, il est à noter que ses contours sont mal définis et asymétriques.

Quant à la signification de cette symétrie qu'affectent d'ordinaire les formes vivantes, elle peut nous être fournie par un autre genre de considérations empruntées aussi à nos sociétés. C'est vainement qu'on essaierait d'en rendre compte par de simples motifs d'utilité fonctionnelle. On prouvera tant qu'on voudra avec M. Spencer que la locomotion exigeait le passage de la symétrie radiaire à la symétrie bilatérale, moindre mais plus parfaite, et que là où le maintien de la symétrie était incompatible avec la santé de l'individu ou la durée de l'espèce (par exemple chez les pleuronectes) la symétrie a été exceptionnellement troublée. Mais on ne doit pas oublier que tout ce qui a pu être maintenu de la symétrie primitive, probablement sphérique, c'est-à-dire pleine et vague, d'où la vie est partie, et tout ce qui a pu être obtenu de la symétrie précise et vraiment belle où la vie s'achemine en s'élevant, a été sauvegardé ou réalisé. D'un bout à l'autre de la végétation et de l'animalité, des diatomées aux orchidées, du corail à l'homme, la tendance à la symétrie est évidente. D'où vient cette tendance ? Observons que, dans notre monde social, tout ce qui est l'œuvre, non d'un concours de desseins mêlés qui s'entravent, mais d'un plan personnel exécuté sans restriction, est symétrique et régulier. Le monument philosophique de Kant où les volumes font pendant aux volumes, les chapitres aux chapitres ; les institutions administratives, financières et militaires de Napoléon 1er ; les villes bâties en Guienne par les Anglais, avec des rues tirées au cordeau, se croisant à angle droit, aboutissant à une place carrée, entourée de portiques surbaissés ; nos églises, nos gares, etc... tout ce qui émane, je le répète, d'une pensée libre, ambitieuse et forte, maîtresse d'elle-même et maîtresse d'autrui, semble obéir à une nécessité interne en affichant le luxe d'une régularité et d'une symétrie frappantes. Tout despote aime la symétrie ; écrivain, il lui faut les antithèses perpétuelles ; philosophe, les divisions dichotomiques ou trichotomiques répétées ; roi, le cérémonial, l'étiquette, les revues militaires. S'il en est ainsi, et si, comme il sera montré plus loin, la possibilité de faire exécuter intégralement, sur une grande échelle, un plan personnel, est un signe de progrès social, la conséquence forcée sera que le caractère symétrique et régulier des oeuvres vivantes atteste le haut degré de perfection atteint par les sociétés cellulaires et le despotisme éclairé auquel elles sont soumises. Nous ne devons pas perdre de vue que, les sociétés cellulaires étant mille fois plus antiques que les sociétés humaines, l'infériorité de celles-ci n'aurait rien de bien surprenant. En outre celles-ci sont limitées dans leurs progrès par le petit nombre d'hommes que la planète peut porter. Le plus vaste empire du monde, la Chine, n'a que 3 ou 400 millions de sujets. Un organisme qui ne contiendrait qu'un égal nombre d'éléments anatomiques derniers serait nécessairement placé dans les bas échelons de la végétation ou de l'animalité.

L'objection tirée des formes organiques contre l'assimilation des organismes aux groupes sociaux étant maintenant écartée, il est à propos de dire un mot d'une autre objection qui n'est pas sans portée. On oppose à la variabilité des sociétés humaines, même des plus lentes à varier, la fixité relative des espèces organiques. Mais si, comme cela pourrait être démontré, la cause presque exclusive de la différenciation interne d'un type social doit être cherchée dans les relations extra-sociales de ses membres, c'est-à-dire dans leur rapport, soit avec la faune, la flore, le sol, l'atmosphère de leur pays, soit avec les membres de sociétés étrangères, autrement constituées, la différence signalée ne peut surprendre. Par la nature même de son arrangement tout superficiel, nullement volumineux, presque sans épaisseur, et par la dispersion extrême de ses éléments, par la multiplicité enfin des échanges intellectuels et industriels de peuple à peuple, l'agrégat social des hommes comporte une proportion singulièrement faible de relations intra-sociales, essentiellement conservatrices, entre ses membres, et les empêche de soutenir entre eux les relations de société omni-latérales que suppose la forme globuleuse d'une cellule ou d'un organisme.

À l'appui de la vue précédente, il est à remarquer que les cellules extérieures, cutanées, celles qui ont le monopole des principales relations extra-sociales, sont toujours le plus aisément modifiables. Rien de plus variable que la peau et ses appendices ; chez les plantes, l'épiderme est tour à tour glabre, poilu, épineux, etc. Ce qui ne peut s'expliquer simplement par l'hétérogénéité du milieu extérieur, supposée plus grande que celle du milieu interne. Ce dernier point n'est rien moins qu'établi. En outre et par suite, ce sont toujours les cellules externes qui donnent le branle aux variations du reste de l'organisme. La preuve qu'il en est ainsi, c'est que les organes intérieurs des nouvelles espèces, quoique modifiés aussi relativement à l'espèce-souche, le sont toujours moins que les organes périphériques, et semblent s'être laissé traîner en retardataires sur la voie du progrès organique [1].

Est-il nécessaire d'indiquer que, pareillement, la plupart des révolutions d'un État sont dues à la fermentation intérieure produite par l'introduction d'idées nouvelles que les populations limitrophes, les marins, les guerriers revenus d'expéditions lointaines telles que les croisades, importent journellement de l'étranger ? On ne se tromperait guère en regardant un organisme comme une cité jalouse et close suivant le rêve des anciens.

Je passe sur bien d'autres objections secondaires, que l'application du point de vue sociologique rencontre sur son chemin. Puisque, après tout, le fond des choses nous est inaccessible à la rigueur et que la nécessité de faire des hypothèses pour le pénétrer s'impose à nous, adoptons franchement celle-ci et poussons-la jusqu'au bout. Hypotheses fingo, dirai-je naïvement. Ce qu'il y a de dangereux dans les sciences, ce ne sont pas les conjectures serrées de près, logiquement suivies jusqu'aux dernières profondeurs ou aux derniers précipices ; ce sont les fantômes d'idées à l'état flottant dans l'esprit. Le point de vue sociologique universel me semble être un de ces spectres qui hantent le cerveau de nos contemporains spéculatifs. Voyons dès l'abord où il doit nous mener. Soyons outranciers au risque de passer pour extravagants. En cette matière spécialement, la crainte du ridicule serait le plus antiphilosophique des sentiments. Aussi tous les développements qui vont suivre auront-ils pour objet de montrer le profond renouvellement que l'interprétation sociologique de toutes choses devra ou devrait faire subir à tous les domaines de la connaissance.

Comme préambule prenons un exemple au hasard. A notre point de vue, que signifie cette grande vérité, que toute activité psychique est liée au fonctionnement d'un appareil corporel ? Elle se ramène à

---

1 Pour n'en citer qu'un exemple, « je crois avoir prouvé, dit M. C. Vogt (en 1879, au congrès de naturalistes suisses, à propos de l'archaeoptéryx macroura, intermédiaire entre les reptiles et les oiseaux), que l'adaptation au vol (chez les reptiles cri train de devenir oiseaux) marche du dehors au dedans, de la peau au squelette, et que ce dernier peut être encore parfaitement indemne... lorsque la peau est déjà arrivée à développer des plumes. »

Chapitre X : Monadologie et sociologie

celle-ci, que dans une société nul individu ne petit agir socialement, ne peut se révéler d'une façon quelconque sans la collaboration d'un grand nombre d'autres individus, le plus souvent ignorés du premier. Les travailleurs obscurs qui, par l'accumulation de petits faits, préparent l'apparition d'une grande théorie scientifique formulée par un Newton, un Cuvier, un Darwin, composent en quelque sorte l'organisme dont ce génie est l'âme ; et leurs travaux sont les vibrations cérébrales dont cette théorie est la conscience. Conscience veut dire gloire cérébrale, en quelque sorte, de l'élément le plus influent et le plus puissant du cerveau. Livrée à elle-même donc, une monade ne peut rien. C'est là le fait capital, et il sert immédiatement à en expliquer un autre, la tendance des monades à se rassembler. Cette tendance exprime, à mon sens, le besoin d'un maximum de croyance dépensée. Quand ce maximum sera atteint par la cohésion universelle, le désir consommé s'anéantira, le temps finira. Observons d'ailleurs que les travailleurs obscurs dont je viens de parler peuvent avoir autant et plus de mérite, d'érudition, de force de tête, que le glorieux bénéficiaire de leurs labeurs. Ceci soit dit en passant à l'adresse du préjugé qui nous porte à juger inférieures à nous toutes les monades extérieures. Si le moi n'est qu'une monade dirigeante parmi des myriades de monades commensales du même crâne, quelle raison, au fond, avons-nous de croire à l'infériorité de celles-ci ? Un monarque est-il nécessairement plus intelligent que ses ministres ou ses sujets ?

V

Tout cela peut paraître bien étrange, mais, au fond, tout cela l'est beaucoup moins qu'une manière de voir acceptée couramment jusqu'ici par les savants et les philosophes et dont le point de vue sociologique universel doit avoir pour effet logique de nous délivrer. Il est vraiment bien surprenant de voir les hommes de science, si portés à répéter à tout propos que rien ne se crée, admettre implicitement comme une chose évidente que les simples rapports de divers êtres peuvent devenir eux-mêmes de nouveaux êtres ajoutés numériquement aux premiers. C'est cependant ce qu'on admet, sans peut-être s'en douter, quand, l'hypothèse des monades étant écartée, on essaye par le moyen de tout autre, et

Gabriel Tarde

notamment par le jeu des atomes, d'expliquer ces deux apparitions capitales, un nouvel individu vivant, un nouveau moi. À moins de refuser le titre d'être à ces deux réalités prototypes de toute notion d'être, on est forcé de convenir que, quelques éléments mécaniques d'un nombre déterminé étant mis en relations mécaniques d'une certaine manière, un nouvel être vivant qui n'était pas est soudain et s'ajoute à leur nombre ; plus rigoureusement encore, on doit avouer que, un nombre donné d'éléments vivants se trouvant rapprochés de la façon voulue dans l'enceinte d'un crâne, quelque chose d'aussi réel, sinon de plus réel que ces éléments est créé au milieu d'eux, par la simple vertu de ce rapprochement, comme si par la disposition de ses unités remuées un chiffre pouvait se trouver grossi. Quoique masquée sous la notion ordinaire du rapport des conditions au résultat, dont les sciences naturelles et sociales font un si grand abus, l'absurdité mythologique en quelque sorte que j'indique n'y est pas moins recélée au fond. Une fois lancé dans cette voie, il n'y a pas de raison pour s'arrêter ; tout rapport harmonieux, profond et intime entre éléments naturels devient créateur d'un élément nouveau et supérieur, qui collabore à son tour à la création d'un élément autre et plus élevé ; à chaque degré de l'échelle des complications phénoménales de l'atome au moi, en passant par la molécule de plus en plus complexe, par la cellule ou la plastidule d'Hoeckel, par l'organe et enfin par l'organisme, on compte autant d'êtres nouveaux créés que d'unités nouvelles apparues et, jusqu'au moi, on va sans obstacle invincible sur la route de cette erreur, grâce à l'impossibilité où nous sommes de connaître intimement la vraie nature des relations élémentaires qui se produisent dans des systèmes d'éléments extérieurs dont nous ne faisons pas partie. Mais un grave écueil se présente quand on arrive aux sociétés humaines ; ici nous sommes chez nous, c'est nous qui sommes les vrais éléments de ces systèmes cohérents de personnes appelées cités ou états, régiments ou congrégations. Nous savons tout ce qui s'y passe. Or, si intime, si profond, si harmonieux que soit un groupe social quelconque, jamais nous n'y voyons jaillir ex-abrupto au milieu des associés surpris un moi collectif, réel et non simplement métaphorique, résultat merveilleux dont ils seraient les conditions. Sans doute il y a toujours un associé qui représente et personnifie le groupe tout entier ou bien un petit nombre

Chapitre X : Monadologie et sociologie

d'associés (les ministres dans un État) qui, chacun sous un aspect particulier, l'individualisent en eux non moins entièrement. Mais ce chef ou ces chefs sont toujours aussi des membres du groupe, nés de leurs père et mère et non de leurs sujets ou de leurs administrés collectivement. Pourquoi cependant l'accord de cellules nerveuses inconscientes aurait-il le don journellement d'évoquer du néant une conscience dans un cerveau d'embryon, tandis que l'accord de consciences humaines n'aurait jamais eu cette vertu dans une société quelconque ?

VI

Par là l'extension du point de vue sociologique, notre point de vue lumineux par excellence, à l'universalité des phénomènes, est destinée à transformer radicalement le rapport scientifique des conditions au résultat. Par un autre côté encore elle lui impose un changement profond. La principale objection contre la doctrine des monades, c'est, je l'ai déjà dit, qu'elle met ou paraît mettre autant ou plus de complication à la base des phénomènes qu'à leur sommet. Qui expliquera, peut-on nous demander, la complexité spirituelle des agents par lesquels nous croyons tout expliquer ? J'ai déjà répondu en niant la complexité alléguée, si l'on suppose que la foi et le désir sont tout l'être des monades. Mais on peut supposer, et c'est mon avis, que leur contenu ne se réduit pas à cela. Je dirai bientôt ce que je leur attribue en outre. Reprenant donc l'objection signalée, je l'attaquerai à sa source même, dans le préjugé si répandu, suivant lequel le résultat est toujours plus complexe que ses conditions, l'action plus différenciée que les agents, d'où il suit que l'évolution universelle est nécessairement une marche de l'homogène à l'hétérogène, une différenciation progressive et constante. M. Spencer a le mérite, notamment dans son chapitre sur l'instabilité de l'homogène, d'avoir formulé magistralement cette apparence érigée en loi. La vérité est que la différence va différant, que le changement va changeant et qu'en se donnant ainsi pour but à eux-mêmes, le changement et la différence attestent leur caractère nécessaire et absolu ; mais il n'est ni ne saurait être prouvé que la différence et le changement augmentent dans le monde ou diminuent. Si nous regardons le monde social, le seul qui nous soit

Gabriel Tarde

connu en dedans, nous voyons les agents, les hommes, beaucoup plus différenciés, plus caractérisés individuellement, plus riches en variations continuelles, que le mécanisme gouvernemental, les systèmes de lois ou de croyances, les dictionnaires mêmes et les grammaires, entretenus par leur concours. Un fait historique est plus simple, plus clair que n'importe quel état d'esprit d'un de ses acteurs. Bien mieux, à mesure que la population des groupes sociaux s'accroît et que les cerveaux des sociétaires s'enrichissent d'idées et de sentiments nouveaux, le fonctionnement de leurs administrations, leurs codes, leurs catéchismes, la structure même de leurs langues se régularisent et se simplifient, à peu près comme les théories scientifiques à mesure qu'elles se remplissent de faits plus nombreux et plus divers. Les gares de nos chemins de fer sont construites sur un type plus simple et plus uniforme que les châteaux du moyen âge, quoique les premières mettent en oeuvre des ressources et des travaux beaucoup plus multiples. Nous voyons en même temps que, si la marche de la civilisation diversifie à certains égards les individus humains, ce n'est qu'à la condition de les niveler par degrés sous d'autres rapports par l'uniformité croissante de leurs lois, de leurs mœurs, de leurs coutumes, de leurs langages. En général la similitude de ces traits collectifs favorise la dissemblance intellectuelle et morale des individus dont elle étend la sphère d'action ; et d'ailleurs, si par suite du mouvement civilisateur, les institutions, les coutumes, les vêtements, les produits industriels, etc... diffèrent beaucoup moins d'un point à un autre sur un territoire donné, ils diffèrent beaucoup plus d'un moment à un autre dans un temps donné.

Quant à la formule de l'instabilité de l'homogène, elle suppose que plus une chose est homogène et plus son équilibre interne est instable, si bien que, dans l'hypothèse de son homogénéité absolue, elle ne pourrait subsister sans altération deux instants de suite. Il est cependant remarquable que l'espace est le seul type d'homogénéité absolue à nous connu, en admettant sa réalité que M. Spencer affirme. Comment se fait-il, si la loi est vraie, que ce système de points, de volumes parfaitement homogènes, subsiste inaltérable depuis la naissance des temps ? Si l'on nie le caractère réel de l'espace, l'argumentation ne porte plus, mais la prétendue loi est contredite par mille exemples qui nous montrent l'homogénéité relative naissant de l'hétérogénéité, et dont les plus frappants sont fournis par l'observation des sociétés, soit humaines, soit animales. L'agrégation des polypes, animaux souvent très compliqués, forme un polypier, sorte de végétal aquatique des plus rudimentaires. L'agrégation des hommes en tribus ou en nations donne naissance à une langue, espèce de plante inférieure dont les philosophes étudient la végétation, la croissance, la floraison historiques, pour employer leurs propres expressions.

Voilà pourquoi, je le répète, l'infusion d'un esprit sociologique dans les sciences serait surtout propre à les guérir du préjugé que je combats. On verrait alors dans quel sens il faut entendre ce grand et beau principe de la différenciation, que M. Spencer a étendu si heureusement sans parvenir toutefois à le concilier comme il convient, je crois, avec le principe non moins certain de la coordination universelle. La nébuleuse primordiale, qui nous apparaît dans un lointain brumeux, ne doit peut-être qu'à notre éloignement d'elle son air d'homogénéité, point de départ de toutes les théories cosmogoniques. Savons-nous les sacrifices de diversités antérieures que la condensation des éléments en atomes similaires, des atomes en molécules et en sphères célestes, des molécules en cellules et ainsi de suite, a exigés au profit de diversités postérieures et, je l'admets, supérieures, ce qui ne veut pas dire accrues ? Nous savons un peu mieux, et nous ne connaissons pas pleinement, ce qu'il en coûte à des sauvages libres et errants pour s'agglomérer en peuplades, et à des peuplades pour s'immobiliser en cités tourbillonnantes autour d'un pivot d'institutions fixes. Mais quand, sous nos yeux, à la diversité provinciale des usages, des costumes, des idées, des accents, des types physiques, se substitue le nivellement moderne, l'unité de poids et mesures, de langage, d'accent, de conversation même, condition nécessaire de la mise en relation, c'est-à-dire de la mise en oeuvre de tous les esprits et de leur déploiement plus libre et plus caractérisé, les larmes des poètes et des artistes nous attestent le prix du pittoresque social sacrifié à ces avantages. Pour être plus avantageuses, car elles répondent à une plus grande somme de désirs, les différences nouvellement écloses sont-elles plus considérables que les anciennes ? Non.

Gabriel Tarde

Par malheur, nous avons un penchant inexplicable à imaginer homogène tout ce que nous ignorons. Les anciens états géologiques de la planète nous étant beaucoup moins connus que l'état actuel, nous regardons comme certains qu'ils étaient moins différenciés, préjugé contre lequel Lyell proteste souvent. Avant le télescope qui nous a révélé la multiformité des nébuleuses, des types stellaires, des étoiles doubles et variables, ne rêvait-on pas universellement, au delà du ciel connu, des cieux immuables et incorruptibles ? Et dans l'infiniment petit, resté, encore plus que l'infiniment grand, inaccessible à nos observations, ne rêve-t-on pas encore à la pierre philosophale sous mille formes, atome identique des chimistes, protoplasme soi-disant homogène des naturalistes ? Mais partout où, sous l'indistinct apparent, un savant creuse, il découvre des trésors de distinctions inattendues. Les animalcules passaient pour homogènes. Ehrenberg les regarde au microscope, et dès lors, dit M. Perrier, « l'âme de tous ses travaux c'est la foi en l'égale complexité de tous les animaux » , depuis l'infusoire jusqu'à l'homme. Les solides et les liquides étant plus accessibles à nos sens que les gaz, et ceux-ci plus que la nature éthérée, nous regardons les solides et les liquides comme plus différents entre eux que les gaz, et nous disons en physique l'éther et non les éthers (quoique Laplace emploie ce pluriel) comme nous dirions le gaz et non les gaz, si ceux-ci nous étaient seulement connus par leurs effets physiques, remarquablement analogues, à l'exclusion de leurs propriétés chimiques. Quand la vapeur d'eau se cristallise en mille aiguilles variées ou simplement se liquéfie en eau courante, cette condensation est-elle vraiment, comme on est enclin à le penser, une augmentation des différences inhérentes aux molécules de l'eau ? Non, n'oublions pas la liberté dont celles-ci, à l'état de dispersion gazeuse, jouissaient auparavant, leurs mouvements dans toutes les directions, leurs chocs, leurs distances infiniment variées. Est-ce à dire qu'il y ait eu diminution de différence ? Non plus, mais simplement substitution de différences d'un certain genre, intérieures, à des différences d'un autre genre, extérieures les unes aux autres.

Exister c'est différer ; la différence, à vrai dire, est en un sens le côté substantiel des choses, ce qu'elles ont à la fois de plus propre et de

Chapitre X : Monadologie et sociologie

plus commun. Il faut partir de là et se défendre d'expliquer cela, à quoi tout se ramène, y compris l'identité d'où l'on part faussement. Car l'identité n'est qu'un minimum et par suite qu'une espèce, et une espèce infiniment rare, de différence, comme le repos n'est qu'un cas du mouvement, et le cercle qu'une variété singulière de l'ellipse. Partir de l'identité primordiale, c'est supposer à l'origine une singularité prodigieusement improbable, une coïncidence impossible d'êtres multiples, a la fois distincts et semblables, ou bien l'inexplicable mystère d'un seul être simple et ultérieurement divisé on ne sait pourquoi. C'est, en un sens, imiter les anciens astronomes qui, dans leurs explications chimériques du système solaire, partaient du cercle et non de l'ellipse, sous prétexte que la première figure était plus parfaite. La différence est l'alpha et l'oméga de l'univers ; par elle tout commence, dans les éléments dont la diversité innée, rendue probable par des considérations de divers ordres, justifie seule à mes yeux leur multiplicité ; par elle tout finit, dans les phénomènes supérieurs de la pensée et de l'histoire où, rompant enfin les cercles étroits dont elle s'était enserrée elle-même, le tourbillon atomique et le tourbillon vital, s'appuyant sur son propre obstacle, elle se surpasse et se transfigure. Toutes les similitudes, toutes les répétitions phénoménales ne me semblent être que des intermédiaires inévitables entre les diversités élémentaires plus ou moins effacées et les diversités transcendantes obtenues par cette partielle immolation.

Ou, pour mieux dire, dans toute évolution qui se prolonge suffisamment, nous observons une succession et un entrecroisement de couches phénoménales alternativement remarquables par la régularité et le caprice, par la permanence et la fugacité, des rapports qu'elles nous présentent. L'exemple des sociétés est précisément très propre à faire saisir ce grand fait et à suggérer en même temps sa vraie signification, en montrant que dans cette série où l'identité et la différence, l'indistinct et le caractérisé s'emploient réciproquement plusieurs fois de suite, le terme initial et le terme final est la différence, le caractère, ce qu'il y a de bizarre et d'inexplicable qui s'agite au fond de tout, qui toujours plus net et plus vif réapparaît après des effacements successifs. Des hommes qui parlent, tous divers d'accents, d'intonations, de timbres de voix, de gestes : voilà l'élément social, véritable chaos d'hétérogénéités discordantes. Mais, à la longue, de cette Babel confuse se dégagent des habitudes générales de langage, formulables en lois grammaticales. A leur tour celles-ci ne servent, par la mise en relations d'un plus grand nombre de parleurs ensemble, qu'à mettre en relief la tournure propre de leurs idées : autre genre de discordance. Et elles réussissent d'autant mieux à diversifier les esprits de la sorte qu' elles sont elles-mêmes plus fixes et plus uniformes. Considérons par exemple les poètes. Ils s'emparent de la langue naissante pour la plier à leur fantaisie désordonnée. Cependant, après une période de balbutiements, des rythmes, des lois prosodiques se formulent et s'imposent ; le vers hindou, le vers grec, le vers français, peu importe. Nouvel accès d'uniformité. A quoi est-il bon en définitive ? A déployer d'autant mieux les ressources imaginatives des poètes et à faire luire leur teinte propre. A mesure que le battement rythmique en quelque sorte des ailes de la poésie se régularise, son essor, chose remarquable, devient plus capricieux. La prosodie de Victor Hugo en ses règles subtiles est à la fois plus compliquée et plus rigoureuse que celle de Racine. Nous aurions pu considérer les savants et non les poètes, l'observation eût donné les mêmes résultats. Chaque savant travaille à part des autres, quoiqu'il utilise leurs travaux, grâce à leur commune langue ; il met son tempérament, son âme, dans les recherches auxquelles il se livre ; tout y est caractéristique et individuel.

Si l'on pouvait rassembler en un même local tous les chercheurs qui élaborent ensemble une même science en voie de formation (la chimie organique, par exemple, la météorologie, la linguistique) nul pandœmonium ne serait comparable en bizarrerie à cette fournaise scientifique. Or, il se forme là un monument impersonnel, glacial et gris, où semblera s'être absolument effacée la trace même des états psychologiques multicolores qui l'auront édifié. Attendez pourtant. La science ne saurait être le dernier mot du progrès. Supposons-la achevée, complète, ramassée en un catéchisme définitif qui se logerait aisément dans un coin de toutes les mémoires, il resterait dans le cerveau humain immensément plus d'énergie disponible pour d'autres emplois que nous ne pouvons nous l'imaginer actuellement. Alors il deviendrait clair que la systématisation consommée et la propagation universelle de l'orthodoxie scientifique ont eu pour dernière et suprême raison d'être le déploiement extraordinaire d'hypothèses, d'hérésies philosophiques, de systèmes personnels et indéfiniment multipliés, de fantaisies lyriques et dramatiques extraordinaires, où se satisferait pleinement en chaque esprit, grâce au savoir impersonnel, le besoin profond d'universaliser sa nuance spéciale, de frapper le monde à son sceau. L'intelligence poussée à bout finira par n'être qu'un aide-imagination.

Envisageons-nous l'évolution sociale sous son aspect économique, administratif, militaire ? Même loi encore. D'une phase industrielle primitive où chacun fait ce que bon lui semble et comme bon lui semble, on passe vite à une seconde phase où des métiers, des corporations s'établissent avec leurs procédés fixes et traditionnels de fabrication qui semblent faits pour étouffer le génie devenu inutile ou gênant ; mais, au contraire, par cette contrainte même, le génie des inventions et des arts se fortifie et s'en échappe incomparablement plus fécond. De la phase commerciale primitive sans nul prix fixe et général, marchandage perpétuel, favorable à la finesse et à la rouerie individuelles, on passe aux cours uniformes et réglés de nos grands marchés modernes pourvus de thermomètres spéciaux qu'on appelle bourses ; et en fin de compte, loin d'annihiler l'habileté de l'individu sous l'autorité du nombre, cette régularité, cette fatalité pour ainsi dire physique des faits économiques d'ensemble, servent d'appui à l'élan effréné de la spéculation et de l'esprit d'entreprise qui s'en empare et qui s'en joue, et où éclatent, en triomphes ou en catastrophes brusques, sans formule possible, les moindres particularités psychologiques des joueurs. A l'incohérence, à la bizarrerie administratives d'une nation embryonnaire, succèdent par degrés l'unité, la fixité des administrations, la centralisation des pouvoirs, le tout pour la plus grande gloire des hommes d'État, machinistes de cette machine, qui l'emploient à l'accomplissement de faits historiques, tous, comme leurs auteurs, sui generis, merveilleux accidents de la planète. Enfin les hordes indisciplinées des barbares font place à nos belles armées machinales où l'individu n'est plus rien, simple

Gabriel Tarde

instrument, d'ailleurs, aux mains d'un grand capitaine qui lui fait livrer quelque bataille dissemblable à toute autre, ayant son nom et sa date, où se reproduit, agrandi sur l'immense échelle d'un champ de bataille, son état psychologique particulier pendant l'action.

On le voit donc par ces exemples, l'ordre et la simplicité, chose étrange, se montrent dans le composé, quoique étrangers à ses éléments, puis de nouveau disparaissent dans les composés supérieurs et ainsi de suite. Mais ici, dans les évolutions sociales et dans les agrégations sociales, dont nous faisons partie et où nous avons l'avantage de saisir à la fois les deux extrémités de la chaîne, la plus basse et la plus haute pierre de l'édifice, nous voyons manifestement que l'ordre et la simplicité sont de simples moyens termes, des alambics où se sublime en quelque sorte la diversité élémentaire puissamment transfigurée. Le poète, le philosophe essentiellement, et, secondairement, l'inventeur, l'artiste, le spéculateur, le politique, le tacticien : voilà en somme les fleurs terminales d'un arbre national quelconque [1] ; à les faire éclore ont travaillé tous les germes avortés d'innéités extra-sociales ou antisociales que chaque petit citoyen a apportées en venant au monde et que la faux niveleuse, indispensable, de l'éducation a fait périr pour la plupart dès le berceau.

Ces innéités caractéristiques, en même temps qu'elles sont le premier terme de la série sociale, sont le dernier terme de la série vitale. En essayant de remonter celle-ci à son tour, nous traverserions d'abord le type spécifique, harmonieusement constitué et régulièrement répété depuis les siècles, dont elles sont les variations, - puis la période critique pendant laquelle ce type a été formé par une coïncidence de causes multiples et bizarrement juxtaposées, - puis les types antérieurs d'où il dérive et leurs formations analogues, - puis la cellule, et enfin le protoplasme informe ou protéiforme aux caprices soudains que nulle formule ne peut saisir. - Ici encore la diversité pittoresque est l'alpha et l'oméga.

---

1 Je suis loin de les mettre sur le même rang. Entre autres différences, on peut espérer ou rêver une vie de civilisation consommée où chacun aurait sa poésie, sa philosophie à soi, mais non sa grande découverte, non son gros lot à la loterie, non son rôle politique ou militaire.

Mais le protoplasme, premier terme de la série vitale, n'est-il pas le dernier terme de la série chimique ? Celle-ci, remontée à son tour, nous montre les types moléculaires de moins en moins complexes de la chimie organique, et les types moléculaires, de moins en moins complexes également, de la chimie inorganique, tous régulièrement édifiés et consistant probablement en cycles harmonieux de mouvements périodiques et rythmés, mais tous séparés les uns des autres par les crises tumultueuses et désordonnées de leurs combinaisons ; et nous arrivons ainsi par conjecture à l'atome ou aux atomes les plus simples dont les autres seraient formés. Mais est-ce là l'élément initial ? Non. Car l'atome le plus simple est un type matériel, un tourbillon, nous dit-on, un rythme vibratoire d'un certain genre, quelque chose d'infiniment compliqué selon toute apparence. On est plus que jamais fondé à affirmer cette complexité depuis les recherches provoquées par l'invention du radiomètre sur les gaz extrêmement raréfiés où l'atome gazeux semble se laisser entrevoir individuellement. Dans ce monde ultra-gazéiforme, par exemple, le rayon lumineux ne chemine pas toujours en ligne droite ; plus nous nous rapprochons de l'élément individuel, plus il y a de variabilité dans les phénomènes observés. Il a été établi par Clerk Maxwell que les molécules d'un même gaz se meuvent avec des vitesses très différentes, bien que leur vitesse moyenne soit égale. « C'est qu'en réalité, dit M. Spottiswoode, de la société royale de Londres, la simplicité de la nature que nous saisissons à présent, est le résultat d'une complexité infinie, et que, sous une uniformité apparente, se trouve une diversité dont nous n'avons pas encore sondé les profondeurs et les secrets. » M. Crooke, s'exprime de même à propos de la matière radiante : « Les plus grands problèmes de l'avenir recevront leur solution dans ce domaine inexploré (de l'infiniment petit), où se trouvent sans doute les réalités fondamentales, subtiles, merveilleuses et profondes. » S'exprimerait-il de la sorte s'il se représentait les éléments derniers, à la façon vulgaire, comme les exemplaires identiques d'un type uniforme ? Parce que toute substance chimique se traduit à nos yeux par une vibration spéciale imprimée à l'éther, on est porté à croire que cette faculté de vibrer d'une certaine manière est identique chez tous les atomes similaires et qu'ils n'en ont pas d'autre. C'est comme si l'on disait d'une pinada ou d'une peupleraie entendue à distance

Gabriel Tarde

et reconnaissable à son sifflement ou à son murmure particulier, simple et monotone, que les feuilles de pin et de peuplier consistent dans un tremblement caractéristique et invariable. Ainsi, comme la société, comme la vie, la chimie paraît rendre témoignage à la nécessité de la différence universelle, principe et fin de toutes les hiérarchies et de tous les développements.

La diversité, et non l'unité, est au cœur des choses : cette conclusion se déduit pour nous, au reste, d'une remarque générale qu'un simple coup d'œil jeté sur le monde et les sciences nous permet de faire. Partout une exubérante richesse de variations et de modulations inouïes jaillit de ces thèmes permanents qu'on nomme espèces vivantes, systèmes stellaires, équilibres de toute sorte, et finit par les détruire et les renouveler entièrement, et nulle part cependant les forces ou les lois auxquelles nous sommes habitués à donner le nom de principes des choses ne semblent se proposer la variété pour terme ou pour but. Les forces sont au service des lois, nous dit-on, et les lois s'appliquent toutes aux phénomènes en tant qu'ils sont des répétitions parfaites et non des répétitions variées ; toutes, manifestement, tendent à assurer la reproduction exacte des thèmes et la stabilité indéfinie des équilibres de tout genre, à empêcher leur altération et leur renouvellement. La grande manivelle de notre système solaire est faite pour tourner éternellement. Les doutes qui pouvaient subsister là-dessus après Laplace, Leverrier les a levés. Tout espèce vivante veut se perpétuer sans fin ; il y a quelque chose en elle qui lutte pour la maintenir contre tout ce qui s'efforce de la dissoudre. Il en est d'elle comme de tout gouvernement, comme du plus fragile ministère dont le rôle essentiel est toujours de se dire, de se croire, de se vouloir installé au pouvoir pour l'éternité. Il n'est pas un fossile végétal ou animal d'une espèce éteinte depuis des siècles qui n'ait eu en soi une assurance législative, une certitude, en apparence fondée, de vivre autant que la planète. Tout cela, qui a péri, était appelé à durer sans fin, et s'appuyait sur des lois physiques, chimiques, vitales, comme nos despotes ou nos ministres sur leur code et sur leur armée. Et notre système solaire aussi périra sans nul doute, comme tant d'autres dont les épaves se voient dans les cieux ; et qui sait même si des types moléculaires ne disparaîtront pas après

Chapitre X : Monadologie et sociologie

avoir pris naissance dans le cours des âges aux dépens de molécules préexistantes ?

Mais comment tout cela a-t-il pu périr ou pourra-t-il périr ? Comment, s'il n'y a dans l'univers que des lois réputées immuables et toutes-puissantes, visant à des équilibres stables, et une substance réputée homogène sur laquelle s'exercent ces lois, comment l'action de ces lois sur cette substance peut-elle produire cette magnifique floraison de variétés qui rajeunissent à chaque heure l'univers et cette série de révolutions inattendues qui le transfigurent ? Comment même la moindre fioriture peut-elle se glisser à travers ces rythmes austères et agrémenter tant soit peu l'éternelle psalmodie du monde ? De l'hymen du monotone et de l'homogène que peut-il naître si ce n'est l'ennui ? Si tout vient de l'identité et si tout y vise et y va, quelle est la source de ce fleuve de variété qui nous éblouit ? Soyons-en certains, le fond des choses n'est pas si pauvre, si terne, si décoloré qu'on le suppose. Les types ne sont que des freins, les lois ne sont que des digues vainement opposées au débordement de différences révolutionnaires, intestines, où s'élaborent en secret les lois et les types de demain, et qui, malgré la superposition de leurs jougs multiples, malgré la discipline chimique et vitale, malgré la raison, malgré la mécanique céleste, finissent un jour, comme les hommes d'une nation, par emporter finissent un jour, comme les hommes d'une nation, par emporter toutes les barrières et par se faire de leurs débris même un instrument de diversité supérieure.

Insistons sur cette vérité capitale : on s'y achemine en remarquant que, dans chacun de ces grands mécanismes réguliers, le mécanisme social, le mécanisme vital, le mécanisme stellaire, le mécanisme moléculaire, toutes les révoltes internes qui finissent par les briser sont provoquées par une condition analogue : leurs éléments composants, soldats de ces divers régiments, incarnation temporaire de leurs lois, n'appartiennent jamais que par un côté de leur être, et par d'autres côtés échappent, au monde qu'ils constituent. Ce monde n'existerait pas sans eux ; mais sans lui ils seraient encore quelque chose. Les attributs que chaque élément doit à son incorporation dans son régiment ne forment pas sa nature tout entière ; il a d'autres penchants, d'autres instincts qui lui viennent d'enrégimentations différentes ; d'autres enfin, par suite (nous allons voir la nécessité de cette conséquence), qui lui viennent de son fonds, de lui-même, de la substance propre et fondamentale sur laquelle il peut s'appuyer pour lutter contre la puissance collective, plus vaste, mais moins profonde, dont il fait partie, et qui n'est qu'un être artificiel, composé de côtés et de façades d'êtres. - Cette hypothèse est aisée à vérifier sur les éléments sociaux. S'il n'y avait rien en eux que de social, et spécialement de national, on peut affirmer que les sociétés, que les nations resteraient éternellement immuables. Mais, malgré l'étendue de notre dette envers le milieu social et national, il est clair que nous ne lui devons pas tout. En même temps que Français ou Anglais, nous sommes mammifères, et à ce titre nous roulons dans notre sang non seulement des germes d'instincts sociaux qui nous prédisposent à imiter nos semblables, à croire ce qu'ils croient, à vouloir ce qu'ils veulent, mais encore des ferments d'instincts non sociaux, parmi lesquels il s'eu trouve d'anti-sociaux. Certes, si la société nous avait entièrement faits, elle ne nous aurait faits que sociables. C'est donc des profondeurs de la vie organique (et de plus loin même, nous le croyons) que jaillissent parmi nos cités ces laves de discorde, de haine et d'envie, qui parfois les submergent. Comptez tous les Etats qu'a renversés l'amour sexuel, tous les cultes qu'il a ébranlés ou dénaturés, toutes les langues qu'il a corrompues, et aussi toutes les colonies qu'il a fondées, toutes les religions qu'il a attendries et améliorées, tous les idiomes barbares qu'il a policés, tous les arts dont il fut la sève ! La source, en effet, des rébellions est en même temps celle des rajeunissements. Il n'y a de proprement social, à vrai dire, que l'imitation des compatriotes et des ancêtres [1], dans le sens le plus large du mot.

Si l'élément d'une société a une nature vitale, l'élément organique d'un corps vivant a une nature chimique. Une des erreurs de l'ancienne physiologie était de penser qu'en entrant dans un organisme les substances chimiques abdiquaient toutes leurs

---

1 Dans les sociétés en progrès, on imite de plus en plus ses compatriotes, et en général tous ses contemporains, et de moins en moins ses ancêtres. C'est l'inverse qui a lieu dans les sociétés stationnaires. Mais partout et toujours, s'associer veut dire s'assimiler, c'est-à-dire imiter.

Chapitre X : Monadologie et sociologie

propriétés et se laissaient pénétrer jusqu'en leur for intérieur et leur arcane le plus secret par l'influence mystérieuse de la vie. Nos nouveaux physiologistes ont complètement dissipé cette erreur. Une molécule organisée appartient donc à la fois à deux mondes étrangers ou hostiles l'un à l'autre. Or, peut-on nier que cette indépendance de la nature chimique des éléments corporels à l'égard de leur nature organique nous aide à comprendre les perturbations, les déviations et les refontes heureuses des types vivants ? Mais il me semble qu'il faut aller plus loin et reconnaître que cette indépendance rend seule intelligible la résistance de certaines portions des organes à l'acceptation du type vivant héréditaire, et la nécessité où se trouve parfois la vie, c'est-à-dire la collection des molécules restés dociles, de transiger enfin, par l'adoption d'un type nouveau, avec les molécules rebelles. Il ne paraît y avoir de proprement vital, en effet, que la génération (dont la nutrition ou régénération cellulaire n'est qu'un cas), conformément au type héréditaire.

Est-ce tout ? Non, peut-être ; l'analogie nous invite à croire que les lois chimiques et astronomiques elles-mêmes ne s'appuient pas sur le vide, qu'elles s'exercent sur de petits êtres déjà caractérisés intérieurement et doués de diversités innées, nullement accommodées aux particularités des machines célestes ou chimiques. Il est vrai que nous n'apercevons dans les corps chimiques nulle trace de maladies ou de déviations accidentelles qu'on puisse mettre en parallèle avec les désordres organiques ou les révolutions sociales. Mais, puisqu'il existe actuellement des hétérogénéités chimiques, il y a eu, sans nul doute, à une époque très reculée, des formations chimiques. Ces formations ont-elles été simultanées ? A-t-on vu, dans la même heure, l'hydrogène, le carbone, l'azote, etc., apparaître au sein d'une même substance amorphe, non chimique auparavant ? Si on juge la chose improbable ou, pour mieux dire, impossible, on est contraint d'admettre qu'un premier type atomique transmis vibratoirement, à partir d'un point - celui de l'hydrogène, par exemple - s'est imposé par toute ou presque toute l'étendue matérielle, et que, par des détachements successifs de l'hydrogène primordial, opérés à de longs intervalles de temps, tous les autres corps réputés simples - dont les poids atomiques, on le sait, sont souvent des multiples exacts de celui de cet élément - ont été formés. Mais comment expliquer de pareilles scissions dans l'hypothèse d'une parfaite homogénéité des éléments primitivement régis par la même loi, qui aurait dû, ce me semble, consolider par l'identité de leur structure l'identité et l'immutabilité de leur nature ? Dira-t-on, par hasard, que les accidents des évolutions astronomiques, où les éléments primitifs étaient engagés, peuvent avoir produit ou provoqué les formations chimiques ? Par malheur, cette hypothèse me paraît très clairement démentie par la découverte du spectroscope. Puisque, d'après cet instrument, tous les corps appelés simples ou nombre d'entre eux entrent dans la composition des planètes et des étoiles les plus éloignées, dont les évolutions ont été indépendantes les unes des autres, le bon sens dit que les corps simples ont été formés avant les astres, comme les étoffes avant les vêtements. Par suite, le démembrement successif de la substance primitive ne comporte qu'une explication : c'est que ses particules étaient dissemblables et que leurs schismes ont été causés par cette dissimilitude essentielle. Il y a donc lieu de penser que l'hydrogène, par exemple, tel qu'il existe aujourd'hui après tant d'éliminations ou d'émigrations successives, est notablement différent de l'hydrogène antique, pêle-mêle d'atomes discordants. La même remarque s'applique à chacun des corps simples successivement engendrés. En s'épuisant et se réduisant, chacun d'eux s'est affermi dans son équilibre, fortifié par ses pertes mêmes. Mais, s'il en est ainsi, il est extrêmement peu probable, malgré la stabilité extraordinaire acquise de la sorte par les plus vieux types atomiques ou moléculaires, que la similitude soit complète entre les éléments qui subsistent dans chacun d'eux. Il suffit, pour que l'épuration d'un type ait dû avoir un terme, que les différences internes de ses éléments aient cessé d'être de nature à rendre l'existence commune de ceux-ci impossible. Ces citoyens infinitésimaux de cités mystérieuses sont si loin de nous [1] qu'il ne faut pas nous étonner si le bruit de leurs discordes intérieures ne vient pas jusqu'à nous, et leurs différences intérieures, si elles existent comme je le crois, doivent être d'une finesse inappréciable par nos instruments grossiers. Cependant, le polymorphisme de

---

1 Je dis loin de nous, non seulement par la distance incommensurable de leur petitesse à notre immensité relative, et, en sens inverse, de leur éternité relative apparente à notre faible durée (contraste bien étrange et peut-être imaginaire), mais encore par l'hétérogénéité profonde de leur nature intime et de la nôtre.

Chapitre X : Monadologie et sociologie

certains éléments dit assez qu'ils contiennent des dissidences, et nous en savons assez pour soupçonner des troubles et des mélanges dans le fond des substances principales qu'emploie la vie, en particulier dans le carbone. Comment admettre que les atomes d'une même substance s'accouplent entre eux de manière à former ce que Gerhardt appelle des hydrures d'hydrogène, des chlorure de chlore, etc. si l'on persiste à ériger en dogme la parfaite similitude des atomes multiples d'une même substance ? Une telle union ne suppose-t-elle pas une différence tout au moins égale à la différence sexuelle qui permet à deux individus d'une même espèce de s'unir intimement, et sans laquelle ils ne pourraient que se heurter ?

Si nous remarquons que l'élément dans le sein duquel ces unions d'atome à atome similaire ont été le plus clairement rendues probables et presque certaines, à savoir le carbone, est aussi celui qui se montre à nous à l'état de pureté, sous les aspects les plus variés : diamant, graphite, charbon, etc., l'induction précédente se trouvera confirmée. On ne s'étonnera point que le corps le plus fertile en variétés révèle les hymens les plus énergiques et les plus manifestes entre ses atomes constituants... Le carbone, voilà l'élément différencié par excellence.

« L'affinité du carbone pour le carbone, dit Wurtz, telle est la cause de la variété infinie, de la multitude immense des combinaisons du carbone ; c'est la raison d'être de la chimie organique. Nul autre élément ne possède au même degré cette propriété maîtresse de l'élément carbone, cette faculté que possèdent ses atomes de se combiner, de se river les uns aux autres, de former cette charpente, si variable dans sa forme, ses dimensions, sa solidité, et qui sert, en quelque sorte, de point d'appui aux autres matériaux. »

Après le carbone, les corps qui présentent au plus haut degré cette capacité de saturation partielle ou totale de soi par soi sont l'oxygène, l'hydrogène et l'azote ; chose remarquable, précisément les substances que la vie emploie !

Un grand fait, d'ailleurs, doit nous donner à réfléchir : la vie a commencé un jour sur ce globe et en un point. Pourquoi en ce point et non ailleurs, si les mêmes substances étaient composées des mêmes éléments ? Admettons que la vie ne soit qu'une combinaison chimique spéciale et très compliquée. Mais d'où a-t-elle pu naître, si ce n'est d'un élément différent des autres ?

VII

Dans les deux divisions qui précèdent, nous avons montré que le point de vue sociologique universel rendrait à la science deux grands services, en la délivrant d'abord des entités creuses suggérées par le rapport mal compris des conditions au résultat, et faussement substituées aux agents réels ; en second lieu, du préjugé de croire à la similitude parfaite de ces agents élémentaires. Mais ce sont là deux avantages purement négatifs ; et je vais essayer de faire voir maintenant quels renseignements plus positifs nous pouvons obtenir par la même méthode sur la nature intime des éléments. Il ne suffit pas, en effet, de dire que les éléments sont divers, il faut préciser en quoi consiste leur diversité. Ceci exige quelques développements.

Qu'est-ce que la société ? On pourrait la définir à notre point de vue : la possession réciproque, sous des formes extrêmement variées, de tous par chacun. La possession unilatérale de l'esclave par le maître, du fils par le père ou de la femme par le mari dans le vieux droit n'est qu'un premier pas vers le lien social. Grâce à la civilisation croissante, le possédé devient de plus en plus possesseur, le possesseur possédé, jusqu'à ce que, par l'égalité des droits, par la souveraineté populaire, par l'échange équitable des services, l'esclavage antique, mutualisé, universalisé, fasse de chaque citoyen à la fois le maître et le serviteur de tous les autres. En même temps les manières de posséder ses concitoyens et d'être possédé par eux sont chaque jour plus nombreuses. Toute fonction nouvelle, toute industrie nouvelle qui se crée, fait travailler les fonctionnaires ou les industriels nouveaux au profit de leurs administrés ou de leurs consommateurs nouveaux, qui en ce sens acquièrent un véritable droit sur eux, un droit qu'ils n'avaient pas auparavant, tandis qu'eux-mêmes sont devenus inversement, par cette nouvelle relation à double face, la chose de ces industriels ou de ces fonctionnaires.

Chapitre X : Monadologie et sociologie

J'en dirai autant de tout débouché nouveau. Quand une ligne de fer, qu'on vient d'ouvrir, permet à une petite ville du plateau central de s'approvisionner de marée pour la première fois, le domaine des habitants s'est accrû des pêcheurs de la mer qui maintenant en font partie, et ils augmentent pareillement la clientèle de ces derniers. Abonné d'un journal, je possède mes journalistes, qui possèdent leurs abonnés. Je possède mon gouvernement, ma religion, ma force publique, aussi bien que mon type spécifique humain, mon tempérament, ma santé ; mais je sais aussi que les ministres de mon pays, les prêtres de mon culte ou les gendarmes de mon canton me comptent dans le chiffre du troupeau dont ils ont la garde, de même que le type humain, s'il se personnifiait quelque part, ne verrait en moi qu'une de ses variations particulières.

Toute la philosophie s'est fondée jusqu'ici sur le verbe Etre, dont la définition semblait la pierre philosophale à découvrir. On peut affirmer que, si elle eût été fondée sur le verbe Avoir, bien des débats stériles, bien des piétinements de l'esprit sur place auraient été évités. - De ce principe, je suis, impossible de déduire, malgré toute la subtilité du monde, nulle autre existence que la mienne ; de là, la négation de la réalité extérieure. Mais posez d'abord ce postulat : « J'ai » comme fait fondamental, l'eu et l'ayant sont donnés à la fois comme inséparables.

Si l'avoir semble impliquer l'être, l'être assurément implique l'avoir. Cette abstraction creuse, l'être, n'est jamais conçue que comme la propriété de quelque chose, d'un autre être, lui-même composé de propriétés, et ainsi de suite indéfiniment. Au fond tout le contenu de la notion d'être, c'est la notion d'avoir. Mais la réciproque n'est pas vraie : l'être n'est pas tout le contenu de l'idée de propriété.

La notion concrète, substantielle, qu'on découvre en soi, c'est donc celle-ci. Au lieu du fameux cogito ergo sum, je dirais volontiers : « Je désire, je crois, donc j'ai » - Le verbe Etre signifie tantôt avoir, tantôt égaler. « Mon bras est chaud, » la chaleur de mon bras est la propriété de mon bras. Ici est veut dire a. « Un Français est un Européen, le mètre est une mesure de longueur. » Ici est veut dire égale. Mais cette égalité elle-même n'est que le rapport du contenant au contenu, du genre à l'espèce, ou vice versa, c'est-à-dire une sorte de rapport de possession. Par ses deux sens l'être est donc réductible à l'avoir.

Si, à toute force, on veut tirer de la notion d'Etre des développements que sa stérilité essentielle ne comporte pas, on est conduit à lui opposer le non-être et à faire jouer à ce terme (où s'objective simplement et à vide notre faculté de nier, comme s'objective dans l'Etre notre faculté d'affirmer) un rôle important et insensé. - A cet égard, le système hégélien peut être considéré comme le dernier mot de la philosophie de l'Etre. On est conduit aussi, dans la même voie, à forger les notions impénétrables, et au fond contradictoires, du devenir et de l'évanouissement, vaine pâture jadis des idéologues d'outre-Rhin. Il n'est rien, au contraire, de plus clair que les deux idées de gain et de perte, d'acquisition et de dépouillement, qui en tiennent lieu dans ce que j'appellerai la philosophie de l'Avoir, pour donner un nom à ce qui n'existe pas encore. Entre être ou n'être pas, il n'y a pas de milieu, tandis qu'on peut avoir plus ou moins.

L'être et le non-être, le moi et le non-moi : oppositions infécondes qui font oublier les corrélatifs véritables. L'opposé vrai du moi, ce n'est pas le non-moi, c'est le mien ; l'opposé vrai de l'être, c'est-à-dire de l'ayant, ce n'est pas le non-être, c'est l'eu.

La divergence profonde, qui s'accentue tous les jours, entre le courant de la science proprement dite et celui de la philosophie, provient de ce que la première, par bonheur pour elle, a pris pour guide le verbe Avoir. Tout s'explique à ses yeux par des propriétés, non par des entités. Elle a dédaigné le rapport décevant de substance à phénomène, deux termes vides où l'Etre s'est dédoublé ; elle a fait un usage modéré du rapport de cause à effet, où la possession ne se présente que sous une de ses deux formes, et la moins importante, la possession par le désir. Mais elle a largement usé, et, malheureusement, abusé du rapport de propriétaire à propriété. L'abus qu'elle en a fait a consisté surtout à l'avoir mal compris, en ne voyant pas que la vraie propriété d'un propriétaire quelconque, c'est un ensemble d'autres propriétaires ; que chaque masse, chaque molécule du système solaire, par exemple, a pour propriété

Chapitre X : Monadologie et sociologie

physique et mécanique non des mots tels que l'étendue, la motilité, etc., mais toutes les autres masses, toutes les autres molécules ; que chaque atome d'une molécule a pour propriété chimique, non des atomicités ou des affinités, mais tous les autres atomes de la même molécule ; que chaque cellule d'un organisme a pour propriété biologique, non l'irritabilité, la contractilité, l'innervation, etc., mais toutes les autres cellules du même organisme et spécialement du même organe. Ici la possession est réciproque comme dans tout rapport intra-social ; mais elle peut être unilatérale, comme dans les rapports extra-sociaux du maître et de l'esclave, de l'agriculteur et de son bétail. Par exemple, la rétine a pour propriété, non la vision, mais les atomes éthérés vibrant lumineusement, qui ne la possèdent pas ; et l'esprit possède mentalement tous les objets de sa pensée, auxquels il n'appartient nullement. - Est-ce à dire que ces termes abstraits, motilité, densité, poids, affinité, etc., n'expriment rien, ne correspondent à rien ? Ils signifient, je crois, qu'au delà du domaine réel de tout élément, il y a son domaine conditionnellement nécessaire, c'est-à-dire certain quoique non réel, et que cette distinction ancienne du réel et du possible en un sens nouveau, n'est pas chimérique.

Les éléments sont certainement agents aussi bien que propriétaires ; mais ils peuvent être propriétaires sans être agents, et ils ne peuvent être agents sans être propriétaires. Puis, leur action ne se révèle à nous que comme un changement apporté à la nature de leur possession.

Si l'on y regarde de près, on verra que toute la supériorité du point de vue scientifique sur le point de vue philosophique a pour cause l'heureux choix de la relation fondamentale adoptée par les savants, et que toutes les obscurités, toutes les infirmités de la science lui viennent de l'incomplète analyse de ce rapport.

Depuis des milliers d'années, on catalogue les diverses manières d'être, les divers degrés de l'être, et l'on n'a jamais eu l'idée de classer les diverses espèces, les divers degrés de la possession. La possession est pourtant le fait universel, et il n'est pas de terme meilleur que celui d'acquisition pour exprimer la formation et la croissance d'un être quelconque. Les termes de correspondance et d'adaptation, mis à la mode par Darwin et Spencer, sont plus vagues, plus équivoques, et ne saisissent le fait universel que par le dehors. Est-il vrai que l'aile de l'oiseau s'adapte à l'air, la nageoire des poissons à l'eau, l'œil à la lumière ? Non, pas plus que la locomotive ne s'adapte au charbon ou la machine à coudre au fil de la couturière. Dirons-nous aussi que les nerfs vaso-moteurs, ingénieux mécanisme par lequel se maintient l'équilibre intérieur de la température du corps malgré les variations de la température extérieure, sont adaptés à ces variations ? Singulière manière de s'adapter à que de lutter contre ! La locomotive est adaptée, si l'on veut, à la locomotion terrestre, et l'aile à la locomotion aérienne, et cela revient à dire que l'aile utilise l'air pour se mouvoir, comme la locomotive le charbon, comme la nageoire l'eau. Cet emploi, n'est-ce pas une prise de possession ? Tout être veut, non pas s'approprier aux êtres extérieurs, mais se les approprier. Adhérence atomique ou moléculaire dans le monde physique, nutrition dans le monde vivant, perception dans le monde intellectuel, droit dans le monde social, la possession, aux formes innombrables ne cesse de s'étendre d'un être aux autres êtres, par un entrecroisement de domaines variés, de plus en plus subtils.

Variable dans ses formes multiples, elle l'est aussi dans ses degrés infinis. Les astres, par exemple, s'entre-possèdent avec une intensité qui grandit ou décroît en raison inverse du carré de leur distance. La vitalité des organismes, c'est-à-dire la solidarité intime de leurs parties, s'élève ou s'abaisse continuellement. Du sommeil profond à la netteté d'esprit la plus parfaite, la pensée parcourt une gamme étendue qui marque l'accroissement de son empire spécial sur le monde. Quand la sécurité se rétablit dans un pays bouleversé, chaque citoyen ne se sent-il pas plus maître de ceux de ses compatriotes dont il a le droit d'attendre des services, autrement dit de tous ses compatriotes, sur l'aide légitime desquels il compte plus fermement qu'auparavant ?

Quelle que soit la forme de la possession, physique, chimique, vitale, mentale, sociale (sans parler des subdivisions dont chaque forme est susceptible), nous avons à distinguer d'abord si elle est unilatérale ou réciproque, et en second lieu, si elle s'établit entre un élément et un ou plusieurs autres éléments individuellement considérés, ou entre un élément et un groupe indistinct d'autres éléments. Commençons par dire un mot de cette seconde distinction. Quand j'entre en communication verbale avec un ou plusieurs de mes semblables, nos monades respectives, à mon point de vue, se saisissent réciproquement ; au moins est il certain que cette relation est la relation d'un élément social avec des éléments sociaux pris comme distincts. Au contraire, quand je regarde, quand j'écoute, quand j'étudie la nature ambiante, les rochers, les eaux, les plantes mêmes, chacun des objets de ma pensée est un monde hermétiquement fermé d'éléments qui se connaissent sans doute ou se saisissent entre eux intimement, comme les membres d'un groupe social, mais qui ne se laissent embrasser par moi qu'en bloc et du dehors. Tout ce que le chimiste peut faire, c'est de conjecturer l'atome, avec la certitude de ne pouvoir jamais agir individuellement sur lui. La matière telle qu'il la comprend, telle qu'il l'emploie, est une poussière compacte d'atomes distincts dont la distinction s'efface sous l'énormité de leur nombre et la continuité illusoire de leurs actes. Dans le monde vivant, mais inanimé (je dis inanimé en apparence), notre monade trouve-t-elle à saisir un fantôme moins confus ? Il le semble. Déjà l'élément ici pressent l'élément ; la jeune fille qui soigne une fleur l'aime avec une tendresse que nul diamant même ne lui inspire.

Mais il faut arriver au monde social pour voir les monades se saisir à nu et à vif par l'intimité de leurs caractères transitoires pleinement déployés l'un devant l'autre, l'un dans l'autre, l'un par l'autre. Là est le rapport par excellence, la possession typique dont le reste n'est qu'une ébauche ou un reflet. Par la persuasion, par l'amour et la haine, par le prestige personnel, par la communauté des croyances et des volontés, par la chaîne mutuelle du contrat, sorte de réseau serré qui s'étend sans cesse, les éléments sociaux se tiennent et se tirent de mille manières, et de leur concours naissent les merveilles de la civilisation.

Les merveilles de l'organisation et de la vie, ne naissent elles pas d'une action pareille, d'élément vital à élément vital, sans doute

Gabriel Tarde

d'atome à atome ? J'incline à le penser pour des raisons qu'il serait trop long d'expliquer ici. N'en serait-il pas de même des créations chimiques, des formations astronomiques ? L'attraction newtonienne s'exerce à coup sûr d'atome à atome, puisque les opérations chimiques les plus compliquées ne l'altèrent en rien.

S'il en était ainsi, l'action possessive de monade à monade, d'élément à élément, serait le seul rapport vraiment fécond. Quant à l'action d'une monade ou d'un élément tout au moins sur un groupe confus de monades ou d'éléments indiscernés, ou réciproquement, elle ne serait qu'une perturbation accidentelle des belles oeuvres accomplies par le duel ou l'hymen des éléments. Autant ce dernier rapport est créateur, autant l'autre est destructeur. Mais les deux sont nécessaires.

La possession unilatérale et la possession réciproque ne sont pas moins nécessairement unies. Mais la seconde est supérieure à la première. C'est elle qui explique la formation des beaux mécanismes célestes où, par la vertu de l'attraction mutuelle, chaque point est centre. C'est elle qui explique la création de ces admirables organismes vivants dont toutes les parties sont solidaires, où tout est à la fois fin et moyen. Par elle enfin, dans les cités libres de l'antiquité et dans les états modernes, la mutualité des services ou l'égalité des droits opèrent les prodiges de nos sciences, de nos industries, de nos arts. Observons que, si les êtres organisés étaient le résultat de la fabrication d'un seul être ou de la différenciation régulière d'une même substance homogène, la facilité surprenante que nous avons de regarder les parties de ces êtres comme faites pour le tout ou le tout comme fait pour les parties, serait sans explication possible. Les êtres ou plutôt les objets fabriqués devraient être par rapport à l'être fabricant ce que sont pour nous nos meubles ou nos outils, des moyens qu'on ne saurait par aucun jeu sophistique regarder comme des fins relativement à nos actes. Quant à la substance unique jugée créatrice des êtres particuliers par scission spontanée d'elle-même, on ne voit pas d'abord pourquoi, si elle ne portait en elle un but, elle serait sortie de son état primitif d'indifférence ; ni, en second lieu, pourquoi, avant toute différenciation, seule au monde, elle a biaisé pour atteindre son but au lieu d'y aller tout droit, employé des moyens au lieu d'appréhender sa fin directement, et préféré les voies tortueuses de l'évolution au chemin court et facile de l'actuation immédiate. Puis, si l'on passe sur ces difficultés insurmontables, on ne trouve rien à répondre à cette dernière question : comment, ayant résolu d'évoluer, de biaiser pour atteindre son but ou ses buts, cette substance unique a-t-elle pu vouloir ceci pour cela et en même temps cela pour ceci, autrement dit neutraliser ses volitions les unes par les autres, ce qui revient à n'avoir pas de volonté du tout, et ce qui, par suite, nous le répétons, rend sa différenciation incompréhensible ?

Au contraire, dans l'hypothèse des monades, tout coule de source. Chacune d'elles tire le monde à soi, ce qui est se mieux saisir elle-même. Elles font bien partie les unes des autres, mais elles peuvent s'appartenir plus ou moins, et chacune d'elles aspire au plus haut degré de possession ; de là leur concentration graduelle ; en outre elles peuvent s'appartenir de mille manières différentes, et chacune d'elles aspire à connaître de nouvelles manières de s'approprier ses pareilles. De là leurs transformations. C'est pour conquérir qu'elles se transforment ; mais, comme elles ne se soumettent jamais à l'une d'entre elles que par intérêt, le rêve ambitieux d'aucune d'elles ne s'accomplit en entier, et les monades vassales emploient la monade suzeraine pendant que celles-ci les utilise.

Le caractère bizarre et grimaçant de la réalité, visiblement déchirée de guerres intestines suivies de boiteuses transactions, suppose la multiplicité des agents du monde. Leur multiplicité atteste leur diversité, qui peut seule lui donner un raison d'être. Nés divers, ils tendent à se diversifier, c'est leur nature qui l'exige ; d'autre part, leur diversité tient à ce qu'ils sont, non des unités, mais des totalités spéciales.

Il me semble aussi qu'on rendrait compte de bien des énigmes indéchiffrables en imaginant que la spécialité de chacun des éléments, véritable milieu universel, est d'être non seulement une totalité, mais une virtualité d'un certain genre, et d'incarner en lui une idée cosmique toujours appelée, mais rarement destinée, à se réaliser effectivement. Ce serait en quelque sorte loger les idées de Platon dans les atomes d'Épicure, ou plutôt d'Empédocle, puisque, à en croire Zeller, ce dernier philosophe professait, paraît-il, comme Leibniz, la diversité élémentaire. Il est bon, à l'occasion, de pouvoir s'abriter derrière quelque ancêtre grec.

Deux points sont évidemment défectueux dans les théories transformistes qui ont cours. En conflit avec la force qui tend à conserver les types vivants, elles imaginent une force diversifiante, qu'elles ne savent où placer. En général elles la dispersent au dehors, dans les accidents de climat, de milieu, d'alimentation, de croisement, et refusent de reconnaître au sein des organismes une cause interne de diversité. En second lieu, soit projetées du dedans, soit provoquées par l'extérieur, les variations spécifiques, les facteurs du système darwinien, sont des divergences sans but, des rébellions sans programme, des fantaisies désordonnées. Ne voyons-nous pas cependant, sous un gouvernement assis et d'un type net, la stérilité essentielle, la mutuelle neutralisation des oppositions que n'enflamme aucun idéal politique propre, aucun rêve de palingénésie sociale ? On ne conçoit ni le triomphe de telles folies dans un corps vivant, ni leur emploi possible ; et leurs durées elles-mêmes, supposées élevées à leur maximum admissible astronomiquement, sont insuffisantes pour rendre le moins du monde probable l'accord fortuit, en un nouvel équilibre vital, de ces ruptures d'équilibre, la fabrication d'un ordre nouveau avec ces désordres accumulés. Mais, dans notre hypothèse, la force diversifiante des types, aussi bien que leur force conservatrice, a un appui saisissable, intérieur à l'organisme, et elle a un sens. Il faut voir dans toute modification spontanée, même la plus fugace, d'une espèce vivante, la visée d'une autre espèce, qu'elle atteindrait à la condition de s'exagérer suffisamment.

Parmi les variations, en effet, gardons-nous de confondre celles qui sont produites accidentellement, du dehors, par caprice, et celles qui sont dues à la lutte établie, au sein de chaque organisme ou de chaque état, entre l'idéal triomphant qui le constitue, et les idéaux comprimés, étouffés, aspirant à éclore, qui regimbent sous son joug. Les premières sont le plus souvent neutralisées, les

Chapitre X : Monadologie et sociologie

secondes seules d'ordinaire portent leur fruit. Tous les historiens, sciemment ou à leur insu, font cette distinction. A côté de gros faits qu'ils racontent souvent pour l'acquit de leur conscience, ils mettent en relief avec un soin spécial les moindres réformes, les moindres discussions à peine aperçues des contemporains, qui attestent l'apparition de nouvelles idées religieuses ou politiques. Par exemple, les lents empiètements de la puissance royale sur la féodalité, les tiraillements des parlements et des rois, des communes et des seigneurs. Tel acte obscur de Philippe-le-Bel, où se marque une orientation nette vers la lointaine centralisation administrative de la France actuelle, a plus de prix pour son historien que l'affaire des templiers. Une constitution sociale a beau être mauvaise, elle dure jusqu'à ce qu'une autre soit conçue. Un système philosophique régnant a beau être faux, il se maintient malgré les critiques jusqu'au jour où une théorie nouvelle vient le détrôner.

VIII

Puisque l'être c'est l'avoir, il s'ensuit que toute chose doit être avide. Or, s'il y a un fait qui aurait dû frapper tous les yeux, c'est bien l'avidité, l'ambition immense qui d'un bout du monde à l'autre, de l'atome vibrant ou de l'animalcule prolifique au roi conquérant, remplit et meut tous les êtres. Toute possibilité tend à se réaliser, toute réalité tend à s'universaliser. Toute possibilité tend à se réaliser, à se caractériser nettement : de là ce débordement de variations par-dessus et à travers tous les thèmes vivants physiques et sociaux. Toute réalité, tout caractère une fois formé tend à s'universaliser. Voilà pourquoi la lumière et la chaleur rayonnent et l'électricité se propage avec la rapidité que l'on sait, et la moindre vibration atomique aspire à remplir d'elle seule l'éther infini, proie que toutes les autres lui disputent. Voilà pourquoi toute espèce, toute race vivante à peine formée, se multipliant suivant une progression géométrique, couvrirait bientôt le globe entier, si elle ne se heurtait aux fécondités concurrentes, et non seulement les espèces et les races, mais les moindres particularités un peu nettes, mais les maladies même de chacune d'elles, ce qui exclut l'explication téléologique de la fécondité faussement considérée comme moyen en vue de la conservation des types. Voilà pourquoi enfin une oeuvre sociale quelconque ayant un caractère à soi plus ou moins marqué, un produit industriel, un vers, une formule, une idée politique ou autre apparue un jour quelque part dans le coin d'un cerveau, rêve comme Alexandre la conquête du monde, cherche à se projeter par milliers et millions d'exemplaires partout où il y a des hommes, et ne s'arrête dans ce chemin que refoulée par le choc de sa rivale non moins ambitieuse. Les trois principales formes de la répétition universelle, l'ondulation, la génération, l'imitation, je l'ai dit ailleurs, sont autant de procédés de gouvernement et d'instruments de conquête qui donnent lieu à ces trois sortes d'invasion physique, vitale, sociale : le rayonnement vibratoire, l'expansion génératrice, la contagion de l'exemple.

L'enfant naît despote : autrui pour lui, comme pour les rois nègres, n'existe que pour le servir. Il faut des années de châtiment et de compression scolaire pour le guérir de cette erreur. On peut dire que toutes les lois et toutes les règles, la discipline chimique, la discipline vitale, la discipline sociale, sont autant de freins surajoutés et destinés à contenir cet appétit omnivore de tout être. En général nous en avons peu conscience, nous, hommes civilisés, tyrannisés dès notre maillot. Écrasée dans l'œuf, notre ambition avorte, mais combien faut-il qu'elle soit profonde pour qu'à la moindre fissure de nos digues habituelles, et malgré tant de siècles de compression héréditaire, elle éclate encore çà et là dans l'histoire en saillies telles que César ou Napoléon Ier !

Se heurter à sa limite, à son impuissance constatée : quel choc affreux pour tout homme et, avant tout, quelle surprise ! Il y a, certes, dans cette prétention universelle de l'infiniment petit à l'infiniment grand, et dans le choc universel et éternel qui en résulte, de quoi justifier le pessimisme. Pour un développement unique, des milliards d'avortements ! Notre notion de la matière traduit bien ce caractère essentiellement contrariant du monde qui nous environne. Les psychologues ont dit vrai, plus vrai qu'ils ne supposaient ; la réalité extérieure n'est pour nous que par la propriété qu'elle a de nous résister, résistance non seulement tactile d'ailleurs, par sa solidité, mais visuelle par son opacité, mais

Chapitre X : Monadologie et sociologie

volontaire par son indocilité à nos vœux, mais intellectuelle par son impénétrabilité à notre pensée. Quand on dit que la matière est solide, c'est comme si l'on disait qu'elle est indocile ; c'est un rapport d'elle à nous et non d'elle à elle, malgré l'illusion contraire, que nous spécifions de la sorte, aussi bien par le premier attribut que par le second.

Y a-t-il à espérer de l'avenir un remède à cet état de chose ? Non, si nous en croyons les inductions que nous suggère l'exemple de nos sociétés ; l'inégalité s'accroîtra de plus en plus entre les vainqueurs et les vaincus du monde. La victoire des uns et la défaite des autres deviendront chaque jour plus complètes. En effet, une des marques les plus certaines du progrès de la civilisation chez un peuple est que les grandes renommées, les grandes entreprises militaires ou industrielles, les grandes réformes, les réorganisations radicales y deviennent possibles. Autrement dit, le progrès de la civilisation, par la suppression des patois et la diffusion d'une seule langue, par l'effacement des coutumes distinctes et l'établissement d'un même code, par l'alimentation uniforme des esprits au moyen des journaux plus recherchés que les livres, et par mille autres traits, consiste à faciliter la réalisation de plus en plus intégrale, de moins en moins mutilée, d'un plan individuel unique par la masse entière de la nation. En sorte que des milliers de plans différents qui, à une phase moins avancée, auraient reçu, concurremment avec l'élu, un commencement d'exécution, sont voués par là à un étouffement fatal. « A mesure, dit très bien Stuart Mill (Économies politique), à mesure que les hommes perdent les qualités du sauvage, ils deviennent plus disciplinables, plus capables d'exécuter des plans concertés d'avance, et sur lesquels ils n'ont pas été consultés, ou de subordonner leurs caprices individuels à une détermination préconçue, et de faire séparément la portion qui leur a été assignée dans un travail combiné. »

A la longue, après des siècles et des siècles, on voit où la suite d'un tel progrès doit conduire les nations : à un degré de splendeur froide, de pure régularité qui aura quelque chose de minéral et de cristallin, et contrastera singulièrement avec la grâce bizarre, avec la complexité toute vivante de leurs débuts.

Gabriel Tarde

Quoiqu'il en soit d'ailleurs, et à nous en tenir aux faits positifs, la formation de toute chose par propagation à partir d'un point n'est pas douteuse, et nous y puisons le droit d'admettre des éléments-chefs. M'objectera-t-on la difficulté de découvrir, parmi le peuple des sujets d'un de ces États stellaires ou moléculaires, organiques ou urbains que j'imagine, le maître réel, le fondateur, centre et foyer de ces sphères et de ces rayonnements d'actions similaires harmonieusement répétées et réglées. C'est qu'en réalité il s'agit ici de centres et de foyers infiniment multiples, à des points de vue et à des degrés différents. Pour ne nous attacher qu'aux plus éminents, il existe encore, dirions-nous, au sein du soleil, l'atome conquérant qui, par son action individuelle étendue par degrés à toute la nébuleuse primordiale, a rompu l'heureux équilibre dont celle-ci, nous assure-t-on, jouissait. Peu à peu, son influence attractive a fait une masse, tandis que, à l'entour de lui, d'autres atomes, des vassaux couronnés, groupaient séparément à son exemple quelques fractions de son vaste empire et arrondissaient les diverses planètes. Et, depuis cette première naissance des temps, ces atomes triomphants, imités par leurs esclaves attractifs eux-mêmes, ont-ils cessé un instant d'attirer et de vibrer ? Pour s'être répandu contagieusement dans l'espace illimité, leur pouvoir de condensation a-t-il diminué ? Non, ses imitateurs ne sont pas ses rivaux seulement, mais ses collaborateurs.

Quels prodigieux conquérants aussi, que les germes infinitésimaux, qui parviennent à soumettre à leur empire une masse des millions de fois supérieure à leur exiguïté ! Quel trésor d'admirables inventions, de recettes ingénieuses pour exploiter et conduire autrui, émane de ces microscopiques cellules, dont le génie et la petitesse devraient également nous confondre !

Mais quand je parle de conquête et d'ambition à propos des sociétés cellulaires, c'est plutôt de propagande et de dévouement que je devrais parler. Sans doute, tout ceci est métaphorique, mais encore faut-il bien choisir les termes de ses comparaisons ; et le lecteur voudra bien ne pas oublier non plus que, si la croyance et le désir, dans le sens pur et abstrait où j'entends ces deux grandes forces, ces deux seules quantités de l'âme, ont l'universalité que je leur attribue, je fais à peine une métaphore en appelant idée l'application de la force-croyance à des marques qualitatives internes sans nul rapport pourtant avec nos sensations et nos images - en appelant dessein, l'application de la force-désir à l'une de ces quasi-idées - en appelant propagande la communication d'élément à élément, non pas verbale assurément, mais spécifiquement inconnue, du quasi-dessein formé par un élément initiateur, - en appelant conversion la transformation interne d'un élément dans lequel entre, à la place de son quasi-dessein propre, celui d'autrui, etc. Sous le bénéfice de cette remarque, poursuivons.

Quand un empire veut s'étendre, il envoie, sur un seul point du globe et non sur un grand nombre de points à la fois, distants les uns des autres, non pas un seul homme mais une armée nombreuse qui, après avoir conquis ce point, tourne ailleurs ses ravages. Quand le chef d'une religion songe à la répandre, il envoie à tous les points cardinaux, partout où il peut atteindre, des missionnaires isolés, dispersés, chargés d'annoncer la bonne nouvelle et de gagner les âmes par la persuasion. Or, je constate que, en cela, les procédés par lesquels s'opère la propagation des êtres vivants ressemblent à une propagande apostolique bien plutôt qu'à une annexion militaire. Et si l'on rapproche cette similitude de cent autres, si l'on observe que chaque espèce vivante, comme chaque église ou communauté religieuse, est un monde fermé aux groupes rivaux, et cependant hospitalier, avide de nouvelles recrues, - un monde énigmatique et indéchiffrable du dehors, où l'on se passe des mots d'ordre mystérieux, connus des seuls fidèles, - un monde conservateur où l'on se conforme scrupuleusement et indéfiniment, avec une admirable abnégation, aux rites traditionnels, - un monde très hiérarchisé où néanmoins l'inégalité ne paraît point soulever de révoltes - un monde à la fois très actif et très réglé, très tenace et très souple, habile à se plier aux circonstances nouvelles et persévérant dans ses vues séculaires ; on se convaincra que je n'abuse point des libertés de l'analogie en assimilant les phénomènes biologiques aux manifestations religieuses de nos sociétés plutôt qu'à leur aspect guerrier, industriel, scientifique ou artistique.

Sous certains rapports, une armée paraît ressembler aussi

Gabriel Tarde

exactement qu'un couvent à un organisme. Même discipline, même subordination rigoureuse, même puissance de l'esprit de corps, dans un organisme et dans un régiment. Le mode de nutrition (c'est-à-dire de recrutement) est aussi le même, par intusssusception, par incorporation de recrues périodiques, par remplissage de cadres jusqu'à une certaine limite qu'on ne franchit point. Mais, sous d'autres rapports non moins importants, la différence est notable : l'enrégimentation transforme et régénère moins le conscrit que l'assimilation vitale la cellule alimentaire, ou la conversion religieuse le néophyte. L'éducation militaire ne pénètre point jusqu'au fond du cœur. De là la moindre ténacité, la moindre durée des organisations militaires. Leurs transformations, même chez les barbares, sont assez brusques et fréquentes, à moins que leur état ne soit tout à fait rudimentaire, et dans ce cas leur incohérence défend de les comparer aux êtres vivants, même les plus simples. Enfin, quand une armée s'augmente, quand un régiment se reproduit, cette reproduction ne s'opère jamais, comme celle des vivants, par l'émission d'un élément unique autour duquel des éléments étrangers viennent se grouper. C'est seulement par scissiparité qu'un régiment se reproduit ; un soldat ou un officier unique, chargé tout seul, par hypothèse, de former un corps de troupes dans un pays étranger, serait dans l'impuissance absolue d'y constituer un peloton de quatre hommes dont il serait le caporal.

Par ces caractères différentiels, la vie nous apparaît donc comme une chose respectable et sacrée, comme une grande et généreuse entreprise de salut, de rédemption des éléments enchaînés dans les liens étroits de la chimie ; et c'est assurément méconnaître sa nature que de considérer son évolution, avec Darwin, comme une suite d'opérations militaires où la destruction est toujours la compagne et la condition de la victoire. Ce grand préjugé régnant semble confirmé par le spectacle affligeant des vivants qui s'entre-dévorent ; à voir la griffe d'un chat s'abattre sur une nichée d'oiseaux, le cœur se serre et se prend à maudire l'égoïsme et la cruauté de la vie. Elle n'est cependant ni égoïste ni cruelle, et, avant de l'accuser ainsi, nous devrions nous demander s'il n'est pas possible d'interpréter ses actions les plus repoussantes

Chapitre X : Monadologie et sociologie

d'une manière propre à concilier cette horreur avec l'admiration que la beauté de ses oeuvres nous force à ressentir. Rien de plus facile au point de vue de notre hypothèse. Quand un être vivant en détruit un autre pour le manger, les éléments qui composent l'être destructeur se proposent peut-être de rendre aux éléments de l'être détruit le même genre de service que les fidèles d'une religion croient rendre aux sectateurs d'un autre culte en brisant leurs temples, leurs institutions cléricales, leurs liens religieux, et s'efforçant de les convertir à la « vraie foi ». Ce qui est détruit ici, c'est l'extérieur des êtres, des éléments doués de foi et d'amour, mais ceux-ci ne sont point immolés. En général, il faut le reconnaître, c'est la vie supérieure qui absorbe et assimile la vie inférieure, de même que ce sont les grandes et hautes religions, christianisme, islamisme, bouddhisme, qui convertissent les fétichistes et non vice versa.

La vie ainsi conçue, ai-je besoin de dire comment on peut concevoir la conscience et la mort ? J'appelle conscience, âme, esprit, le triomphe passager d'un élément éternel, qui sorti, par une faveur exceptionnelle, de l'infinitésimal obscur, pour dominer un peuple de frères devenus ses sujets, les soumet quelque temps à sa loi transmise par ses prédécesseurs et légèrement modifiée par lui, ou marquée à son sceau royal ; et j'appelle mort le détrônement graduel ou subit, l'abdication volontaire ou forcée de ce conquérant spirituel qui, dépouillé de tous ses Etats, comme Darius après Arbelles et Napoléon après Waterloo, ou comme Charles-Quint à Saint-Just et Dioclétien à Thessalonique, mais bien plus complètement encore remis à nu, rentre dans l'infinitésimal d'où il est parti, dans l'infinitésimal natal, regretté peut-être, à coup sûr non invariable, et, qui sait ? non inconscient.

Ne disons donc ni l'autre vie ni le néant, disons la non-vie, sans rien préjuger. La non-vie, pas plus que le non-moi, n'est nécessairement le non-être ; et les arguments de certains philosophes contre la possibilité de l'existence après la mort ne portent pas plus que ceux des sceptiques idéalistes contre la réalité du monde extérieur. - Que la vie soit préférable à la non-vie, rien, non plus, de moins démontré. Peut-être la vie est-elle seulement un temps d'épreuves,

Gabriel Tarde

d'exercices scolaires et douloureux imposés aux monades qui, au sortir de cette dure et mystique école, se trouvent purgées de leur besoin antérieur de domination universelle. Je me persuade que peu d'entre elles, une fois déchues du trône cérébral, aspirent à y remonter. Rendues à leur originalité propre, à leur indépendance absolue, elles renoncent sans peine et sans retour au pouvoir corporel, et, durant l'éternité, savourent l'état divin où la dernière seconde de la vie les a plongées, l'exemption de tous maux et de tous désirs, je ne dis pas de tous amours, et la certitude de tenir un bien caché, éternellement durable.

Ainsi s'expliquerait la mort ; ainsi se justifierait la vie, par la purgation du désir.... Mais c'est assez hypothétiser. Me pardonnez-vous cette débauche métaphysique, ami lecteur ?

Chapitre XI : La variation universelle

I

Par les considérations qui vont suivre, je cherche à justifier dans la mesure du possible une hypothèse qui assez souvent m'a servi de guide, pas toujours cependant, et qui consiste à identifier l'essence et la fin de tout être avec sa différence caractéristique, c'est-à-dire à donner la différence pour but à elle-même.

L'activité du moi s'exprime par une double réaction contre les impressions du dehors. Loin d'être le fait d'une simple juxtaposition, la liaison des images et des sensations en nous s'accomplit par la vertu d'un double ciment : la croyance et le désir. Par la croyance le moi se distingue et distingue : par le désir il se modifie et modifie. Or, de même que l'objet de la foi est toujours un caractère différentiel saisi par elle et ajouté à ceux qu'elle a déjà saisis, l'objet du désir, - ou son effet, l'action, - est toujours un changement : non pas un changement quelconque, mais un changement de plus en plus nouveau, changeant et rénovateur, déterminé par les changements antérieurs ou postérieurs de l'être qui agit et par les changements extérieurs des autres êtres, car il est certain que nos vœux les plus précis comportent une part d'indétermination où se montre le besoin qu'ils ont d'être achevés par les vœux d'autrui. Alors même que nous désirons, ce qui est bien rare, la continuation pure et simple de notre bonheur actuel, nous considérons ses instants futurs comme individuellement sentis, c'est-à-dire distincts, caractérisés par les changements successifs qui s'accompliront autour de nous. Mais le plus souvent le désir n'a pas touché son terme, qu'il expire, et quelquefois avant. La nature a sa manière à elle d'apaiser les vœux de nos cœurs : elle nous les soustrait et nous les remplace. Rien n'égale l'étonnement de l'amour ingénu qui, pour la première fois, la surprend, pour ainsi dire, en flagrant délit d'une soustraction pareille. Mais le cœur même le plus blasé s'étonne à chaque instant de se survivre.

Je ne m'arrêterai pas à démontrer que le désir ou le besoin de la conservation de soi n'est pas le vrai fond de la nature de l'être : il est subordonné au désir et au besoin de développement ou de complément de soi. Durer, c'est changer : la durée, le temps, n'est que par et pour les événements : et le moi, la durée de la personne, n'est que par et pour la série de ses états intérieurs.

Peut-être dira-t-on alors que ce n'est pas le vœu du changement qui nous est essentiel, mais bien le vœu du bonheur. Il le semble, en effet, à ne considérer le désir que dans son état adulte et dans la moyenne des actes humains, qui se proposent en apparence le bonheur futur ou présent pour unique fin avouée ou inavouée. C'est un lieu commun parmi les matérialistes que le bonheur seul peut être désiré et qu'il l'est toujours. Mais d'abord, le désir précède souvent l'expérience du plaisir : le nouveau-né saisit le sein avant de connaître la saveur du lait, le jeune chien courant poursuit le gibier avant de l'avoir goûté. Pourquoi soupire l'ingénu près de ce qu'il aime ? et nous, à vrai dire, le savons-nous mieux ? Puis, le bonheur est si loin d'être l'objet exclusif du désir qu'il ne peut jamais en être l'objet proprement dit. On veut qu'il soit la *désirabilité* de certaines actions ou de certaines impressions. Je l'accorde, mais s'il va de soi qu'on désire uniquement ce qui est désirable, ou ce qu'on regarde comme tel, il est inintelligible qu'on désire cette désirabilité. C'est la nature même de l'action ou de l'impression et non le plaisir qui lui est attaché que l'on recherche et que l'on poursuit. La proposition que je combats, serait plutôt vraie appliquée à la volonté proprement dite qu'appliquée au désir. Encore faut-il observer que, parmi tous les plaisirs, tous les *biens* pensés à un moment donné, la volonté choisit pour but le plaisir, le bien jugé supérieur aux autres, jugement fondé sur la nature intrinsèque des actions qui donnent ce bien ou ce plaisir, et aussi sur l'aperception plus ou moins confuse de la doctrine particulière, de la foi innée et involontaire de l'être qui veut. Une image de femme (rencontre fortuite de traits) pénètre et fermente dans le cœur : une idée (rencontre fortuite de souvenirs) entre et s'agite dans l'esprit : conquérir cette femme, et l'aimer dans la solitude, démontrer cette idée et la développer seul à seule : voilà le but d'une vie. Se l'est-on choisi comme le plus agréable ? Y a-t-il là calcul et égoïsme raffiné ? Je n'y vois qu'un besoin profond de génération et de découverte, de développement transcendant de l'être dans d'autres êtres, et de l'esprit dans d'autres esprits [1].

Au fond, la félicité, lac où se recueille un fleuve, mais où il ne s'arrête pas, n'est qu'une harmonie passagère, une transition ascendante entre la variété d'où elle naît et l'activité rénovatrice qu'elle retrempe. Et nous allons voir qu'il en est ainsi de toutes les autres harmonies ou adaptations de l'univers.

II

Je parle d'autres harmonies, mais y en a-t-il d'autres ? Non, doivent dire les adversaires que j'ai combattus. Si le désir du bonheur est unique et nécessaire, le besoin du bonheur est également unique et nécessaire, et l'on perd le droit de distinguer, si ce n'est pour la

---

1 Darwin, avec sa liberté d'esprit accoutumée, se sépare à ce sujet de l'école matérialiste dans laquelle on voudrait à tort le faire rentrer : « Il est, dit-il (*La Descendance de l'homme*, p. 83, trad. Moulinié), dans beau coup de cas probable que les instincts se perpétuent par la seule force de l'hérédité, sans le stimulant du plaisir ou de la peine. L'écureuil dans sa cage, qui cherche à enterrer des noisettes qu'il ne peut pas manger, peut à peine être considéré comme poussé à cet acte par peine ou plaisir. Aussi l'opinion commune que l'homme doit être incité à toute action par l'influence d'un plaisir ou d'une peine peut être erronée. » C'est déjà beaucoup qu'il en doute. On connaît la nature de cet esprit, qui n'est jamais moins affirmatif que là où il est le plus concluant.

commodité du discours, entre le désir et le besoin. Il suit de là que les grandes oppositions de la beauté et de la laideur, du progrès et de la décadence, de la santé et de la maladie, se ramènent à celle du plaisir et de la douleur et ne se comprennent pas sans elle. Par conséquent, les êtres insensibles, tels que les plantes, ne sauraient avoir de but : ce n'est ni un bien ni un mal pour elles de mourir ou d'avorter : quand nous disons que l'eau ou le soleil leur font défaut, en réalité rien ne leur manque : leur état normal et leurs anomalies sont mal nommés : leurs degrés de perfection, fondés, entre parenthèses, sur la compliplication de leur structure, depuis l'algue jusqu'aux synanthérées, sont des idées que nous nous faisons : elles ne désirent rien, donc elles n'ont besoin de rien, donc elles n'agissent en vue de rien : avouons enfin qu'elles ne sont rien en elles-mêmes : non senties, non vues, non odorées, elles sont à peu près ce que peut être, indépendamment de la bouche qui la prononce, une phrase de nos langues, où l'on distingue cependant des harmonies merveilleuses, une construction et des organes, des qualités et des défauts, mais le tout relatif à nous. - C'est parfaitement logique : et nous retrouvons ici un dilemme analogue à celui que proposent les idéalistes qui nient le monde extérieur : les éléments matériels, disent-ils, sont des moi, ou il ne sont rien. On nous dit ou on doit nous dire maintenant : toute la création a le bonheur pour but, ou elle n'a point de but : et si l'on veut que la création insensible ait un but, il faut faire violence au sens commun et dire qu'elle est sensible, qu'elle souffre et pâtit. C'est ce qu'a fait Hartmann. - Mais la solidarité des deux manières de voir que je rapproche suffirait déjà à nous ouvrir les yeux : car on voit que nier la finalité des êtres insensibles, c'est du même coup nier leur réalité. À l'inverse, si l'on croit qu'ils sont, il faut croire qu'ils *tendent*.

Ils tendent, mais à quoi ? Jetons un coup d'œil sur le monde. Demandons-nous si cette harmonie, qui y est partout visible, s'y montre comme une halte ou comme un terme : si les discordances qui lui sont rebelles et qu'elle doit dompter un jour ne sont là que pour glorifier son triomphe final, ou si, simple agent de transformation comme l'est l'harmonie de nos machines, elle n'est point, par hasard, l'ouvrière de la différence universelle, en sorte que le Progrès serait en vue du changement et non le changement

Gabriel Tarde

en vue du Progrès.

<h1 style="text-align:center">III</h1>

Il est certain que la différence produit l'harmonie et qu'à son tour l'harmonie engendre la différence : et ainsi de suite. L'harmonie du corps humain a pour cause la diversité de ses organes, et pour effet leur différenciation de plus en plus grande et la distinction de plus en plus tranchée de l'espèce humaine et des autres espèces voisines, et des individus humains entre eux. L'opposabilité du pouce aux autres doigts constitue une adaptation et des plus importantes. C'est en se différenciant des autres doigts que le pouce s'est trouvé leur être adapté, de même que les bras de l'homme forment avec ses jambes une adaptation non moins remarquable, celle-ci complétant celle-là, parce que ces organes diffèrent plus entre eux que les organes correspondants chez les quadrumanes. De là la complexité immensément supérieure des actions humaines. Le plus désirable des accords, un heureux mariage, naît de la différence des caractères et des sexes, et il est généralement fécond en variations individuelles, soit celles des enfants, soit celles des époux eux-mêmes, dont l'activité est redoublée. L'adaptation industrielle de nos produits à un de nos besoins, par exemple à celui de se nourrir ou d'être abrité, suppose toujours une certaine complexité dans le produit, des pierres devant une grotte, du bois, du fer, des proportions plus ou moins régulières, une certaine variété d'aliments : et plus cette adaptation est parfaite, en voie de progrès, plus le besoin correspondant se développe, et exige, pour être de nouveau satisfait, de nouvelles complications. Et comme, en outre, la satisfaction d'un besoin en fait naître un autre ou plutôt d'autres, le résultat le plus clair des perfectionnements successifs de notre industrie, c'est non seulement l'exigence croissante, mais encore la multiplication de nos besoins. Nécessité, mère de l'industrie, dit-on proverbialement : on pourrait dire aussi bien *fille*. C'est par la diversité des parties d'une oeuvre d'art que se manifeste la beauté, l'accord esthétique entre cette oeuvre et notre goût : et de cet accord longtemps répété naît la subtile délicatesse du goût critique, d'autant plus difficile qu'il a été plus contenté. Le goût pénètre et analyse l'œuvre d'art, et n'est pas moins développé, ouvert et analysé par elle.

Mais, si la différence et l'harmonie s'engendrent réciproquement, lequel de ces deux termes se présente à nous comme subordonné à l'autre ? Celui-là évidemment, qui ne fournit qu'une explication partielle des phénomènes, tandis que l'autre nous rend raison de tout.

Or, l'idée de progrès suppose la comparaison entre deux états dont l'un est jugé supérieur à l'autre, en vertu d'une commune mesure qui leur est applicable : l'idée d'harmonie suppose le rapport des parties d'un tout harmonieux à un *but commun*, que leur collaboration réalise. La commune mesure des états progressifs, c'est justement ce but commun : *supériorité* veut dire *utilité plus grande* relativement à ce but. Il s'agit donc de savoir si la nature est essentiellement utilitaire. Elle l'est si toutes ses oeuvres se ramènent à une fin suprême et universelle (autre, par hypothèse, que le changement lui-même). Mais si le jour projeté sur les phénomènes par l'idée de finalité se disperse en mille lueurs vives et courtes, et ne vient jamais d'en haut : si le but commun dont nous parlons est toujours multiple, borné, changeant, et ne se montre plus à une certaine hauteur des réalités ascendantes : si des accords partiels du monde il sort perpétuellement un luxe de discordances, si les diverses utilités sont inutiles ou nuisibles les unes aux autres, si les rapports des diverses harmonies sont naturellement inharmoniques, hétérogènes, non comparables, non mesurables, ou ne peuvent être accordés et harmonisés à leur tour que partiellement et moyennant le sacrifice de la plupart de ces harmonies : nous serons dès lors fondés à penser que l'Univers met sa raison au service de son imagination, ses lois et ses organismes au service de ses fantaisies, et que l'Harmonie n'explique pas tout, puisqu'elle n'explique pas son propre effet.

IV

Ici nous touchons à des considérations d'une gravité qui doit nous consoler de leur tristesse. Quand le savant se borne à l'étude d'un organisme individuel, isolément considéré, ou d'une

Gabriel Tarde

fonction spéciale commune à plusieurs espèces, celle du vol, par exemple, ou de la vue, les idées de finalité et de progrès sont un excellent guide qui l'éclaire dans le labyrinthe de la vie. Sauf quelques organes rudimentaires (le pavillon extérieur de l'oreille ou les mamelles rudimentaires de l'homme, dans notre espèce) les organes de chacun de nos corps ont pour propriété incontestable d'être utiles les uns aux autres, en vue de la fin que chacun de nous porte en soi ou se crée. Comparons sous un rapport déterminé deux individus *de deux espèces différentes*, soit un aigle et un moineau sous le rapport de la hauteur du vol, ou un mollusque et un oiseau sous le rapport de la vue : l'aile et l'œil de l'aigle nous paraîtront supérieurs à l'aile du moineau ou à l'œil du mollusque. Est-ce une raison de penser que l'aigle est supérieur au moineau pour l'ensemble de son organisation ? Non, car leurs destinées diffèrent, et si nous voulions comparer leurs deux destinées comme nous avons comparé leurs deux ailes, le but commun nous ferait défaut pour juger de la prééminence de l'un sur l'autre. Ce n'est pas qu'il n'existe une certaine solidarité entre un bon nombre d'êtres vivants : le chêne est utile au lichen qui le revêt, le rosier au cynips qui vient hiverner dans une excroissance de son écorce. Mais des solidarités de ce genre auraient beau lier tous les êtres organisés, elles n'établiraient pas entre eux une hiérarchie, une harmonie, par la raison que les individus ainsi liés se rendent simplement service, mais ne se servent pas à atteindre une fin commune. Ils s'emploient réciproquement sans collaborer à rien. La forme d'une dent révèle la conformation générale de l'individu auquel cette dent appartient : la conformation de cet individu tout entier ne nous instruit nullement de la nature des autres individus qui composent la faune de sa région. Tous les efforts pour dresser une échelle de perfection organique sont restés vains, à moins, remarquons-le, qu'on ne se soit résigné à la fonder sur la simple considération de la complexité de structure. Quant à l'hypothèse d'un plan divin, elle est chimérique, entendue au sens d'une symphonie générale dont toutes les espèces vivantes ou éteintes composeraient les partitions : mais elle devient l'expression la plus haute et la plus vraisemblable des faits, la plus conforme à notre manière de voir, si l'on entend par là une tendance de quatre ou cinq types ou *thèmes* appelés embranchements à épuiser toute la richesse de modulations spécifiques ou individuelles qu'ils recèlent virtuellement, quelques-unes d'accord, le plus grand nombre en lutte, soit entre elles, soit avec les diversités innombrables du milieu extérieur et terrestre, lesquelles doivent être également considérées comme les variations planétaires de ce thème céleste qu'on appelle un système solaire. Il est advenu (il advient encore) que quelques-unes de ces modulations ou variations émanées de ces deux sources différentes, se sont accordées : elles doivent à cette rencontre, et à la faculté de pouvoir mieux se reproduire et se diversifier qui en était la conséquence, le privilège d'être devenues thèmes à leur tour et d'avoir survécu à leurs sœurs éphémères. Elles furent élues comme l'est la reine des abeilles, parce qu'elles étaient les plus fécondes. Mais les autres, les variations stériles et mal assorties à leur époque et à leur milieu, n'en dirons-nous rien ? n'ont-elles pas eu aussi leur raison d'être ? Et, parce que le droit à la durée et à la *répétition* leur fut refusé, leur refuserons-nous le droit à l'existence ? Elles l'ont certainement usurpé, s'il faut en croire le système de l'harmonie nécessaire et universelle : et le mieux est, dans ce système, de nier qu'elles aient apparu. Mais comment le nier ? Elles obstruent nos chemins : elles ne sont point le rejaillissement accidentel, mais le débordement habituel du fleuve de l'Etre et de la Vie : elles naissent de toutes nos harmonies, naturelles ou sociales, comme les feuilles naissent des arbres, pour les recouvrir. Que de vies mort-nées ! Que de germes empêchés de naître, de monstruosités, dit-on, mais de réalités néanmoins, qui, bien qu'impropres à la vie terrestre, font partie du plan divin ! Et, si nous regardons nos sociétés, que de passions, que d'instincts incompatibles avec l'ordre social, à enregistrer parmi les naissances de chaque année ! Que d'individualités au moins inutiles au maintien et au perfectionnement progressif de la machine sociale ! Pour une aptitude conforme aux circonstances où elle se produit, que de talents oiseux, de vocations déplacées, d'ambitions sans proie et de supériorités sans à-propos ! Et tant d'autres désaccords irrémédiables que je dirai tout à l'heure ! Et tout cela ne serait bon qu'à être balayé, renvoyé pour défaut de forme, par la nature et la société ! Ou dira-t-on que la seule utilité de tout cela a été de permettre l'éclosion d'un élu çà et là parmi ce flot de postulants ? Mais ce rebut du sort, ne l'oublions pas, c'est nous tous, ou presque

Gabriel Tarde

nous tous, qui sentons énergiquement, et ne saurions trop sentir la légitimité de notre naissance. Notre nature humaine propre, notre différence caractéristique,est à nous, à nous seuls, et pour nous seuls : et si je plaide ainsi notre cause, ce n'est point pour flatter l'envie, mais au contraire pour la combattre par son véritable antidote, par l'orgueil, dont ma manière de voir est la justification, et la rectification. Ce que je disais de deux animaux, de deux espèces différentes, on peut le dire de deux hommes comparés entre eux, les différences individuelles atteignant parmi nous la profondeur des différences spécifiques. Sous tel rapport, en vue de tel but social déterminé, chacun de nous peut être jugé inférieur à tel de ses semblables : sous tel autre rapport, à tel autre : mais le serait-il à tous sous tous les rapports, je prétends qu'on ne serait pas en droit de le juger, lui, dans son être *absolu* (d'ailleurs insondable, et peut-être riche de virtualités latentes) inférieur à aucun de ses semblables : il lui resterait encore la singularité de la combinaison de toutes ses infériorités combinées. Mais c'est un cas tout à fait imaginaire et qui ne s'est jamais vu : le plus humble se relève par quelque côté, visible ou inaperçu, peu importe. Il a son cachet, sa teinte, son caractère *unique*, et, comme tel, inappréciable, son diamant infiniment rare et d'un prix réellement infini, qui, taillé ou non, ne nous montre jamais qu'une de ses faces. L'humanité serait plus tranquille si chacun de ses membres savait s'en tenir là, apprécier ce trésor caché qu'il porte en lui-même, et se réfugier contre les injures du sort dans cet inviolable asile. De ce point de vue, l'envie et le mépris sembleraient irrationnels : et nous serions sauvés des révolutions que provoque en haut l'opinion fausse de l'infériorité réelle des inférieurs apparents, et que soulève en bas l'illusion plus humiliante, - révélée et dissimulée sous des propos égalitaires, - de la supériorité native des privilégiés. On concevrait l'égalité vraie, qui ne se fonde point sur le nivellement des conditions et l'effacement des caractères, mais, - comme dans le monde des artistes, où il n'y a point de *rangs*, mais des *sites* divers, - sur l'hétérogénéité des aptitudes.

A y regarder de très près, la comparaison de deux animaux même d'une espèce identique, donnerait lieu à des remarques analogues. Plus on observe les bêtes, suivant Darwin, mieux on lit les traits, peu apparents, de leur individualité distincte, et on arrive à se persuader qu'ils sont eux-mêmes *incomparables* à la rigueur. Généralement parlant, si nous ne saisissons dans l'individu que les aspects sous lesquels on peut le dire légitimement supérieur ou inférieur à ses semblables, plus ou moins utile à la communauté (car les besoins de celle-ci sont nombreux, et nous allons voir qu'ils n'ont pas non plus entre eux de commune mesure) nous laisserons échapper la plupart de ses caractères et les plus importants. Cela est vrai peut-être, par extension, de ces petits individus cellulaires qui composent ces associations appelées nos corps.

Au fond, la seule véritable réalisation de l'harmonie n'est ni la société, ni même l'individu qui a également des besoins multiples et des fins hétérogènes, non toujours groupées et accordées : c'est l'organe, c'est l'appareil adapté à tel besoin déterminé. Il en est ainsi d'un être vivant comme d'une science, telle que la physique, qui est et sera toujours l'assemblage plus ou moins mal coordonné de théories isolément fort belles et fort bien liées, telles que l'optique et l'acoustique, ou la théorie de la rosée en météorologie. Aussi deux organes qui répondent au même besoin, malgré les barrières spécifiques ou génériques qui les séparent, sont-ils toujours mesurables, parce que le degré de leur adaptation l'est toujours, et qu'elle fait tout leur être : tandis que deux individus, même frères, ne le sont jamais.

L'individu déploie en naissant un luxe de besoins divers, de buts multiples, qui n'ayant point d'abord de but commun, n'ont point de commune mesure, en sorte qu'il est théoriquement impossible de décider lequel est le meilleur et doit l'emporter. Ils se combattent et s'entre-mutilent dans l'individu, comme les espèces et les individus entre eux dans le champ clos de la concurrence vitale. On s'explique ainsi que les organes qui leur correspondent (ou qui correspondent à quelques-uns d'entre eux, car ils n'ont pas tous des représentants) s'enveloppent de membranes protectrices, se hérissent parfois de cils ou d'autres moyens de défense et se garantissent contre les empiètements de leurs voisins avec le même soin jaloux qui arme les espèces les unes contre les autres. Ce n'est pas qu'à la longue un ordre ne s'établisse entre les désirs et les besoins, mais grâce à la destruction du plus grand nombre et à l'esclavage de la plupart des survivants. Ce *but commun de nos buts*, nous finissons par le trouver : mais ce n'est que l'un d'entre eux, qui ravage et triomphe. On peut dire que la forme actuelle de nos corps, la pondération mutuelle de nos organes, est en quelque sorte le tracé d'une frontière après une guerre, le résultat momentané d'un traité de paix. Aujourd'hui prédomine le besoin de connaître, et le volume du cerveau s'accroît de jour en jour, s'il faut en croire certains anthropologistes. Fort bien, c'est le plus complexe de nos besoins, et sa domination se justifie à mes yeux. Par la subordination des autres désirs qu'elle soumet, elle crée une harmonie très belle et très ample : mais tous les libres instincts de la nature primitive n'y sont pas compris, de même que toutes les formes animales ou végétales ne figurent pas, tant s'en faut, dans cette faune et cette flore d'animaux domestiques et des plantes cultivées que l'homme a violemment coordonnées en un système harmonieux mais artificiel dont il est le centre.

Qu'on nous rende raison, si l'harmonie est tout, de ces bannis de l'harmonie qui frappèrent à sa porte et qu'elle a repoussés ou anéantis ? À notre point de vue, rien de plus aisé à expliquer que leur apparition, puisqu'ils étaient des différences : rien de plus intelligible et de plus rationnel que leur destruction, puisqu'elle était la condition d'une nouveauté. Mais pourquoi presque personne ne daigne-t-il s'occuper d'eux ? Pourtant ils eurent leur place au soleil.

Si beau que soit le monde, il n'est après tout, que la mutilation, l'amputation nécessaire, du chaos : si belle que soit la statue, elle n'est qu'un fragment du bloc de marbre : et il s'agit d'expliquer les éclats du marbre comme la statue. N'insistons pas d'ailleurs sur cette comparaison dangereuse pour les idées que je développe ici. L'organe, ai-je dit, est presque l'unique incarnation de l'harmonie. Or, l'organe n'est qu'un serviteur de l'individu, lequel n'est essentiellement qu'une variation. Nous pourrions déjà conclure, mais il convient de marquer avec ce qui précède des analogies significatives dans d'autres domaines de la pensée.

V

Chapitre XI : La variation universelle

Si l'idée de finalité et *d'optimisme* nous éclaire un moment, et puis s'éteint, dans l'étude des êtres vivants, elle ne sert pas mieux à nous guider toujours dans la conduite de la vie sociale, et à nous décider entre deux voies, dans nos innombrables carrefours politiques, moraux et économiques. Dans l'ordre économique notamment (j'emprunte ce rapprochement à Cournot, qui ne saurait toucher nulle question sans l'approfondir) nous adoptons légitimement tel mode de locomotion, de culture du blé, d'exploitation du fer, de tissage du coton ou de fabrication du pain, de préférence à tel autre, parce qu'il est en effet mieux adapté à sa destination. Mais si nous abordons la solution d'un problème supérieur, d'un rêve cher aux utopistes, aux organisateurs du travail, et même aux partisans du laisser-faire, la recherche de l'organisation industrielle la meilleure et la plus productive, la plus utile (possible humainement et artificiellement suivant les uns, certaine providentiellement et naturellement suivant les autres) nous nous trouvons, contrairement aux uns et aux autres, dans l'impossibilité de juger, dans un très grand nombre de cas tout au moins, si telle décision prise nous éloigne ou nous rapproche de cet état idéal. Ce qui veut dire, suivant nous, que cet idéal est illusoire. Pourquoi ? parce que « nous arrivons à comparer entre elles des espèces et des produits diversement utiles, répondant à des besoins et à des goûts divers, en raison de la complexité de l'organisation de l'homme, de la variété dans la constitution des sociétés humaines, de la diversité des tempéraments, des races, des classes, des moeurs, des habitudes, des temps et des lieux : et le fil conducteur (de finalité et d'optimisme) nous échappe derechef : car nous voudrions comparer des choses hétérogènes, qui ne sont pas effectivement comparables, et qui par conséquent ne se prêtent pas à une détermination de *maximum* et *d'optimum*. La pente de notre esprit nous porte cependant à rechercher une mesure commune : et, comme le jeu des institutions de commerce nous a familiarisés avec l'idée de valeur vénale, nous sommes enclins à croire que le maximum de valeur vénale correspond exactement à l'idée d'optimisme économique : mais c'est là une supposition gratuite et qui ne résiste pas à une critique impartiale. » (Cournot, *Principes de la théorie des richesses*, p. 425) [1].

1 Nous avons, il est vrai, dans notre étude sur *la croyance et le désir* (voir plus haut p. 287) réfuté, au point de vue de la pratique sociale, l'idée de Cournot, et montré

Gabriel Tarde

Par la même raison, l'idée d'une justice distributive parfaite, absolue, harmonie rêvée des coeurs droits, est inapplicable au monde : elle jure avec la nature des choses qui la répudie. Qui proportionnera équitablement la rémunération du travail de Michel-Ange au salaire d'un maçon ? Et quand même cette proportion et toutes les autres qu'on devine seraient découvertes et réalisées demain, ce qui serait un progrès, ne resterait-il pas l'iniquité indélébile des avantages naturels, et l'iniquité plus ineffaçable encore et fondamentale qui constitue le progrès, le sort plus heureux des hommes de demain comparé au sort de ceux d'aujourd'hui ? Ne nous payons pas de mots, la terre est inhabitable pour la justice. Le progrès la poursuit et le progrès la nie. Ces deux idées s'entre-détruisent. Il n'existe que des justices relatives et des morales opposées qui se combattent, et dont la plus forte l'emporte, je veux dire la plus propre à favoriser le déploiement de la différence humaine. Il existe aussi des codes, des morales écrites qui servent à mesurer fictivement l'équité des actions, comme la valeur vénale le mérite des services [1].

Un chef de nation, une assemblée, peuvent se trouver en demeure de choisir entre deux mesures, dont l'une est favorable à la grande culture, qui donne un produit net supérieur et un moindre produit brut, et l'autre à la petite culture, qui, avec plus de frais et d'effort, alimente un plus grand nombre de vies : ou bien il s'agira de savoir si, avec un budget restreint, et qui ne permet pas de répondre à tous les vœux, il convient de doter plus libéralement les académies, les corps savants, ou d'augmenter le traitement des instituteurs de campagne, d'étendre démocratiquement ou d'élever aristocratiquement le niveau de l'instruction : ou enfin, - ce qui a trait, pour une bonne part, à la question du libre-échange, - on aura à se demander s'il est bon ou mauvais de prendre une décision

que, grâce au caractère *quantitatif* des croyances et des désirs, les biens les plus hétérogènes peuvent être comparés *en tant que désirables*, pour permettre à la volonté de sacrifier les uns aux autres avec une raison sociale suffisante. Mais il n'en reste pas moins vrai que, *en tant que sentis*, en tant qu'éprouvés au for intérieur, ces biens sont incomparables, la préférence accordée aux uns sur les autres injustifiable...

1 Même en matière d'art, où néanmoins *l'incomparabilité* des oeuvres est évidente, aussi évidente que celle de deux parfums on de deux saveurs, n'a-t-on pas imaginé un palliatif du même genre : les règles aristotéliciennes et les *arts poétiques* qui les ont suivies ?

Chapitre XI : La variation universelle

qui doit certainement accroître la quantité et le bon marché des produits aux dépens de leur qualité, ou *vice versa*. Il en est de ces problèmes, journaliers en politique, comme de celui qui s'impose au moment d'une guerre imminente mais qu'on pourrait éviter moyennant une satisfaction, soit une petite cession territoriale. La question est alors celle-ci : la vie, intérêt majeur et suprême, la vie des 50 ou 100 mille hommes qui périront probablement dans cette guerre, a-t-elle plus ou moins de valeur que l'avantage pour 30 ou 40 millions d'hommes de ne pas se sentir humiliés par l'arrogante prétention de l'étranger ? Évidemment, ces deux intérêts sont incomparables, et, quoiqu'il m'en coûte, je déclare ce problème aussi insoluble pour ma raison que celui de la quadrature du cercle. La vie et l'honneur n'ont pas de commune mesure. Dans des cas pareils cependant, l'homme d'Etat hésite peu : suivant les temps, suivant les courants de l'opinion, - ces vents dont les politiques sont les moulins, - la solution démocratique ou aristocratique, pacifique ou belliqueuse prévaut. L'accord se fait par le moyen que nous savons, comme s'est fait l'accord de l'homme avec les animaux ou les plantes qu'il subjugue. Un intérêt, momentanément plus fort et plus riche en énergies modificatrices, se soumet l'intérêt rival, sauf à être terrassé à son tour, après avoir joué son rôle.

Les outils, les machines, ces organes additionnels, ces membres facultatifs et échangeables de l'homme, sont seuls indéfiniment et réellement perfectibles : leur résultat au moins partiel, la civilisation, ne comporte qu'un progrès temporaire, souvent douteux, et toujours exclusif. Un mécanisme perfectionné ajoute à ses avantages ceux de l'ancien, souvent sans en rien perdre : mais le genre humain, qui change à chaque siècle la livrée de sa civilisation, n'avance pas sans avoir perdu bien des joyaux sur son chemin, proie irressaisissable de la mort : il ressemble à ce riche pèlerin du moyen âge qui laissait tomber à chaque pas, et ne ramassait jamais, ses manteaux de velours et d'or. L'organisation laborieuse et sanglante de nos sociétés, dont nous sommes témoins, nous instruit peut-être sur les efforts, les proscriptions et les immolations également nécessaires que la formation des organismes vivants, à laquelle nous n'assistions pas, a dû coûter. Quoiqu'il en soit, il est étrange, certes, et il est triste que, dans un siècle où les usines fonctionnent de mieux en mieux, où toutes les machines se perfectionnent, y compris la grande machine administrative, où, les effets du frottement des poulies et des roues d'engrenage s'atténuent de jour en jour grâce à des ingénieurs plus intelligents, on entende crier de plus en plus fort les rouages humains du mécanisme social, les classes, comme les États, d'autant plus froissés que plus rapprochés, les intérêts rivaux et souvent bien réellement antagonistes quoique solidaires, ennemis quoique liés ensemble, dont Bastiat chante, écho de Leibnitz, l'harmonie préétablie !

Au surplus, alors même qu'il s'agit d'un besoin déterminé à satisfaire, soit le besoin de transport, et que les antinomies précédentes ne se dressent pas, la difficulté de choisir, parfois, n'est pas toujours moindre. Quand une commission des principaux intéressés se réunit pour le choix à faire entre plusieurs tracés projetés d'une ligne de chemin de fer, la délibération est toujours assez pénible, parce que, indépendamment des mobiles secrets et inavoués des commissaires, chaque tracé, même le plus mauvais, présente des avantages spéciaux qu'on ne retrouve pas dans les autres, même dans le meilleur, et qu'il faut en arriver toujours à comparer des choses partiellement et dans un certain sens non comparables.

L'hétérogénéité : c'est l'éternelle pierre d'achoppement de l'utilité, de la finalité, de l'harmonie ! Ce n'est jamais la finalité qui fait obstacle à l'hétérogénéité : au contraire. Mais il vient un moment où celle-ci barre le chemin à l'harmonie d'où elle procède, comme pour lui dire qu'elle a fait son oeuvre.

VI

Il ne faut pas chercher ailleurs que dans cette vérité grave et douloureuse la cause de l'affaiblissement ou de l'obcurcissement intermittent de l'idée du devoir. Il est des heures où la passion parle si fort au cœur de l'homme et lui montre en avant un bonheur si grand dans l'Eden interdit, que, s'il faut violer des lois pour l'atteindre, il lui est impossible de considérer le bien individuel ou social (paix domestique, éducation des enfants, joies de la conscience) protégé par ces lois, comme préférable à ce bien d'une autre nature, à cette félicité poignante dont il est obsédé. De quel droit exige-t-on qu'il sacrifie l'un de ces intérêts à l'autre, l'un court et puissant, à l'autre paisible et durable ? La conscience se trouble ici : il est bon que l'honneur, la religion, la volonté la raniment à temps et l'arrachent au bord glissant de ces réflexions.

Ainsi, le devoir lui-même vient échouer contre l'universel écueil ! Et pourtant il a été conçu précisément, en partie du moins, pour trancher ces nœuds gordiens nés du conflit des intérêts ! Il y réussit bien parfois, mais pas toujours : nous allons voir quand et comment.

La nature et la naissance de ce noble principe et du sentiment profond qui l'enveloppe, les causes de sa puissance et les limites de son domaine, mériteraient de nous arrêter un instant. Mais il faut se borner. Aveugle ou conscient, il repose toujours sur un jugement de supériorité indiscutable, pour ne pas dire absolue : celle du maître qui a commandé, dans le premier cas : celle du but aperçu ou montré, dans le second. Aussi participe-t-il à l'évidence ou à l'arbitraire alternatif de ce jugement. Son caractère étrangement ingénieux consiste, en exigeant le sacrifice de l'intérêt ou de la vie individuelle à l'utilité générale, jugée supérieure, à imprimer l'idée de la plus haute valeur possible à l'acte même par lequel l'individu qui s'immole exprime sa propre non-valeur. Écho du passé, legs des générations éteintes et de nos premières années, il s'est formé sous l'empire d'illusions salutaires et nécessaires qui nous faisaient croire à l'infaillibilité, à la toute-puissance, à l'autorité sans limites de nos parents ou de nos maîtres. Chose étrange, en vérité, que le seul être vivant qui ne voie autour de lui que des inférieurs, soit le seul à concevoir des supériorités. Joignez à ce respect superstitieux, à cet aveuglement volontaire de la raison subjuguée, le germe inné de sympathie : joignez à ce besoin de croire en quelqu'un plus qu'en nous-même le besoin d'aimer quelqu'un ou quelque chose plus que la vie. Ce que le devoir ajoute à la foi, c'est l'amour.

Comme tant d'autres sentiments, celui du devoir survit aux croyances qui l'ont fait naître. Il les a remplacées. Loin de l'émousser,

Gabriel Tarde

comme on le dit, la civilisation, en le dépouillant de ses prestiges, affermit ses fondements par la précision et l'importance singulière des buts qu'elle lui propose, et par la disproportion croissante qu'elle établit entre l'intérêt stationnaire de l'individu et l'intérêt général qui gagne chaque jour en majesté. Notre âge mûr, qui le reçoit avec une partie de sa nature et de sa force primordiale, lui prête une nature et une énergie nouvelles, puisées tantôt dans la notion plus précise de l'utilité commune ou de la beauté intérieure à réaliser, tantôt dans l'expérience de l'incertitude des événements et de ce fréquent embarras : la nécessité d'agir opposée à l'impossibilité de se décider rationnellement. L'obéissance au devoir offre deux grands avantages : elle dispense le plus souvent de prévoir et toujours de réussir.

Le devoir se montre toutes les fois que la fin d'un de nos actes, bien que présente au fond de notre esprit, ne s'affirme point, en sorte qu'on ne dit pas : « Il faut faire *ceci* pour *cela* » mais seulement : « il faut faire *ceci* » soit parce que l'idée de *cela* agit sans paraître, par sa prééminence incontestée, et l'accroît sans cesse en se dérobant (telle, l'idée du salut éternel pour les vrais croyants) : soit par l'effet d'un simple calcul utilitaire assez subtil, qui pourrait s'exprimer ainsi : il est utile, dans certains cas, de ne point songer à l'utilité de son action. Par exemple, pour son bien même et pour le bien de l'armée, il est reconnu que le soldat doit se laisser conduire, sans se demander si on le mène à la victoire ou à la défaite, à la vie ou à la mort. Le principe du devoir procède, dit-on, de l'idée de l'utile, mais comme celle-ci dérive elle même du sentiment du plaisir, qu'elle immole ou domine, et de l'énergie du désir qu'elle emploie ou soumet. Remarquables exemples *d'altération* progressive, de métamorphose transfigurante. On peut faire voir les phases graduelles et continues de cette dérivation sans rien prouver contre l'irréductibilité de ces concepts. La continuité des nuances suppose la discontinuité des couleurs. Le devoir n'est que nos désirs *supériorisés* en quelque sorte, à peu près comme la réalité extérieure n'est que nos croyances et nos sensations *extériorisées*. On ne voit point de raison de le nier plutôt qu'elle. Le même élan transcendant qui, par delà et à travers nos sensations, nous force à affirmer l'être indépendant des choses, par delà et à travers nos jouissances, nous force à affirmer les droits d'autrui, et par delà et à travers nos désirs, nos devoirs. Le devoir, en ce sens, est à l'utile ce que le réel est au possible. L'utile nous dit : « si tu veux cela, fais ceci » nécessité purement logique et conditionnelle. Le devoir nous dit : « veuille cela ».

Mais, si grand et si vrai que soit le devoir, les philosophes se sont abusés, qui ont invoqué son témoignage en faveur d'un équilibre final et d'une harmonie universelle.

Il atteste formellement le contraire par ses luttes intérieures et ses combats contre lui-même, par les antinomies nouvelles qu'il crée et par celles-là même qu'il tranche ou résout. Est-il jamais plus clair et plus fort qu'en temps de guerre ? Pourquoi ? Parce que le but à atteindre, la victoire ou le salut, est alors d'une simplicité inaccoutumée. Or, il n'est si puissant sur un champ de bataille qu'en se suicidant. Il délivre, à la vérité, les soldats du souci de se demander ce qu'ils ont à faire, ce qu'ils doivent choisir : mais à quel prix cette difficulté insoluble du choix utilitaire est-elle ainsi résolue ? Au prix d'un conflit bien autrement mystérieux de devoirs qui se heurtent, quand deux armées également vaillantes, également disciplinées, obéissantes à la même voix jugée divine, s'entre-détruisent ! Que dire, après cela ? Ne semble-t-il pas que le principe du devoir organise nos actions de la même manière que le principe de la vie organise les corps : en les divisant et les armant les uns contre les autres ?

Ici, et aussi dans l'inapaisable désaccord, dans le schisme séculaire de la politique et de la morale, l'impuissance de l'harmonie du monde à supprimer certains hiatus autrement qu'en les remplaçant, est manifeste !

D'ailleurs, si le souci de la délibération est épargné au soldat, il n'est que rejeté et accumulé sur le chef. La guerre, dans son cœur, peut se trouver en guerre avec la civilisation : l'amour de la patrie avec l'amour de la vérité, de la science et de l'art. Lequel cèdera ? Encore ici, où se montrera la commune mesure ? L'incendie de la bibliothèque de Strasbourg par les Prussiens, en 1870, fut

Gabriel Tarde

évidemment du vandalisme, parce qu'il n'était pas rigoureusement nécessaire à la prise de la ville, mais j'admets qu'il eût été indispensable, et que le commandant des assiégeants, homme épris du culte des sciences, eût été convaincu que la perte des vieux manuscrits contenus dans ce monument laisserait dans nos connaissances historiques des lacunes irréparables. Qu'aurait-il dû faire ? Omar n'eût pas hésité, ni moi non plus : et je crois bien que l'humanité me donnerait raison. Mais l'insolubilité rationnelle du problème n'est pas moindre.

D'autres fois, il est vrai, le problème est plus simple. Un capitaine n'hésitera pas à sacrifier dix mille hommes au salut de cent mille hommes. Ici les intérêts sont de même nature. Ont-ils cependant une commune mesure ? Non, puisqu'ils ne forment pas une quantité. Pour chaque soldat, la vie est tout. Comment plusieurs *touts* réunis pourraient-ils former un tout plus grand que chacun des *touts* élémentaires, à moins qu'on n'entende l'idée de totalité en deux sens différents, sans rapport entre eux, hétérogènes : et, dans ce cas, l'insolubilité reparaît ? Les vies humaines additionnées ne forment qu'un nombre apparent, qu'une quantité apparente. Toutefois cette apparence est si nécessaire et si acceptée, qu'on est fondé dans la pratique à y puiser une des prémisses du syllogisme moral.

VII

Dans ces deux propositions vulgaires, que l'individu vivant tend à se multiplier, et que la nature s'inquiète de l'espèce et non de l'individu, je trouve, en les combinant, la vérité que je développe,- l'harmonie pour la différence, - implicitement contenue. Qu'est-ce donc que cette espèce à laquelle l'individu est sacrifié ? Un groupe désordonné d'êtres épars, une série irrégulière de génération, de modifications naturelles, ou d'événements historiques, s'il s'agit d'une espèce sociable. Y a-t-il là rien de comparable au groupe harmonieux des cellules qui constituent l'organisme individuel, au déroulement cadencé des phases de son existence, et même à la suite toujours plus ou moins rationnelle de ses actions dirigées vers un but ? Si l'harmonie était le terme et le port des forces du monde, elles s'arrêteraient sans doute à l'individu vivant [1], et n'iraient pas plus loin : elles lui défendraient de se multiplier, en se reproduisant : elles auraient peu de souci de faire servir l'instinct générateur de l'individu à la formation d'un être incohérent, disséminé, informe, qui se nomme *espèce* dans le monde animal et *société* dans la sphère humaine.

Il ne suffisait donc pas d'avoir un beau couple quelque part sur la terre, un homme et une femme s'aimant et cueillant des fruits ! Il fallait des tribus, des nations, des multitudes et des amas de faits, appelés histoire, que ces multitudes accumulent en se déroulant ! Pourquoi cela, si l'univers aime l'ordre avant tout ? Pourquoi l'harmonie individuelle est-elle immolée au désordre social ? Et d'où nous vient à nous-mêmes cette invincible erreur, si contraire à notre intérêt, de nous regarder, nous, avec nos organes équilibrés, notre corps merveilleux, nos sens admirables, comme inférieurs à cet assemblage grossier de rouages administratifs, financiers, judiciaires, d'institutions isolément assez mal construites et encore plus mal ajustées ensemble ! D'où nous vient, - si ce n'est peut-être de la tendance universelle qui s'exprime dans nos goûts, - d'où nous vient ce penchant qui nous porte à contempler d'abord ce que cette terre a de plus bizarre et de plus désordonné, la beauté pittoresque de ses paysages, et à y revenir souvent dans l'intervalle de nos études, et à reposer enfin nos yeux sur cette bizarrerie délicieuse, après avoir passé quelques heures ou quelques jours de notre vie à envisager la nature sous ses aspects réguliers et harmonieux, dans ses lois, dans ses éléments, dans ses plantes et ses formes animées ? Quel est celui qui pourrait passer à regarder la plus belle fleur ou le plus beau corps, ou à étudier la plus belle théorie, le temps qu'il passe à voir, en se promenant, assis ou couché sur l'herbe, se balancer des cimes d'arbres, couler un fleuve, onduler un horizon ? Partout se montre cette prédilection de notre goût pour le pittoresque, moins saisissant et plus attachant que l'organique. Homère nous charme par la demi-justesse de ses images, par ses épisodes, par l'incomplète ordonnance de son plan : nous préférons cette libre allure à la symétrie d'œuvres plus parfaites, c'est-à-dire mieux arrangées. Nous préférons la lecture de l'histoire à l'étude

---

1 Note. - Comparé à l'organe, l'individu est un désaccord : comparé à l'espèce ou à la société, il est une harmonie relative.

Gabriel Tarde

des institutions sociales : les récits des temps mérovingiens eux-mêmes, tout barbares et tout mêlés qu'ils sont, nous charment plus, ou nous lassent moins promptement, que l'explication de notre code civil, même en ses parties les plus achevées, ou le détail des machines et des employés qui composent le système d'éclairage d'une ville (malgré l'intérêt que certains écrivains ont su prêter à des questions de ce genre). Assurément, rien de mieux coordonné que les institutions parisiennes : tout y est chef-d'œuvre, depuis les ramifications des égouts jusqu'à l'organisation intérieure de la Banque de France : cela est intéressant à analyser un moment, à comprendre : mais, quand cela est une fois compris, on n'y songe plus, on rougirait d'avouer qu'on a *contemplé* ces choses. On contemple une émeute dans une rue, et on se croit philosophe. - On l'est, en effet, mais à la condition d'inscrire en tête de sa philosophie *Différence* et non harmonie. Sans quoi on serait en contradiction avec soi-même. Effectivement, nous n'avons point tort d'être plus avide de connaître les événements accidentels et uniques de l'histoire que les mécanismes sociaux. Ceux-ci sont réellement pour ceux-là : les institutions sociales, (administration, justice, clergé, grammaire et dictionnaire de l'idiome national, édilité, etc...) sont subordonnées à ce qui est leur confluent, leur lumière et leur terme : *l'état social* à un moment donné, la *situation historique*. Et nous avons raison de prendre plus de goût à voir dérouler ces situations, dans nos chroniques et nos histoires, qu'à étudier nos codes, - de même que nous avons raison de préférer la vue de la mer et des falaises accidentées qui la brisent à l'examen d'un coquillage ramassé sur le sable, quoique le coquillage soit bien plus régulièrement dessiné que les falaises et la mer.

Ainsi donc, de même que l'individu, tout merveilleusement organisé qu'il est, est subordonné à ce chaos qu'on nomme une société et une histoire : de même, dans la société considérée abstractivement, nous voyons les parties les mieux disposées, les plus régulières, servir simplement à ce qu'il y a de plus étrange, mais aussi de plus varié : la *nouveauté sociale incessante*. Ajoutons enfin que, dans l'individu lui-même, pris à part, nous devrions être frappés d'une subordination analogue. Notre cerveau ne commande-t-il pas à tous nos organes ? Ouvrons ce cerveau : qu'y voyons-nous ? Quel chaos ! Si nos sens sont isolément admirables, y a-t-il rien de plus incohérent que leur résultat et leur but, notre esprit, notre état d'esprit à un instant donné ? Et notre mémoire, quel fouillis ! Si quelque ordre essaie de se mettre parmi nos idées, sous forme de théorie ou de système, n'est-il pas clair que ce système aspire avant tout à être pensé, qu'il n'est rien s'il n'est pensé, qu'il n'y a rien de réel en lui que ce qui est *pensé*, c'est-à-dire ce qui vient prendre place parmi les impressions, volitions, désirs, images et idées de toute provenance qui composent l'état du lecteur au moment où il pense ce système, ou plutôt chacune des parties ou des faces successives de ce système, jamais toutes à la fois ? Un système joue dans un esprit le rôle d'un animal dans un paysage. Le peintre a fait l'animal en vue du paysage, et non le paysage en vue de l'animal. L'animal ne sert qu'à diversifier le paysage : le système ne sert qu'à renouveler l'esprit. Un système ! Mais il n'en *existe* pas, à titre de *réalité* : il n'existe jamais, à un moment donné, que des fragments et des aspects épars de système, pensés par un ou plusieurs esprits : de même que le paysage du peintre nous présente, non l'animal, mais un de ses aspects, une de ses attitudes. - Et c'est à ce *pittoresque mental* - analogue au pittoresque naturel et au pittoresque social - que vont aboutir les fonctions combinées de nos merveilleux organes, les battements cadencés du cœur, le rythme de la respiration, les contractions des muscles, les vibrations de l'admirable réseau nerveux !

La meilleure preuve que l'harmonie et la perfection ne sont point la fin des choses, c'est qu'à peine une chose touche à son état le plus parfait, elle est généralement près de son terme et à la veille d'être remplacée. Cette fleur de politesse et de conversation délicieuses que la monarchie française avait cultivée pendant deux siècles, arrivait à l'heure de son plus bel épanouissement, si l'on en croit les mémoires du temps, au moment où la charrue de la Révolution de 89 passa sur elle et sema un germe nouveau sur ses débris. - La pierre polie, paraît-il, était taillée avec un art merveilleux au moment où l'invention du bronze rejeta dans le néant ce genre d'industrie esthétiquement si belle, mais pratiquement inférieure à la métallurgie. A peine le christianisme a-t-il reçu sa formule la plus complète dans le monument théologique de saint Thomas

Gabriel Tarde

d'Aquin, il commence à être battu en brèche par cette série de grands libres-penseurs qui se continue jusqu'à Luther pour aboutir à Voltaire et au positivisme actuel. - La plupart des animaux, la plupart des plantes dépérissent promptement après leur apogée : souvent leur hymen précède immédiatement leur mort. Il semble que, si l'harmonie était vraiment désirée par le principe intérieur des choses, les êtres devraient se reposer longtemps en elle, la garder, la retenir, au lieu de la traverser si rapidement comme un défilé terrible mais inévitable.

La vérité que j'exprime est proclamée par le firmament. La plus belle incarnation de l'harmonie, n'est-ce pas un système solaire individuellement considéré ? La plus belle incarnation de la différence, n'est-ce pas le groupe désordonné de ces univers ? Le ciel étoilé est un beau désordre produit par la formation des ordres différents qui le composent. Le nom que les anciens donnaient aux astres, *signa*, c'est-à-dire points de repère, distinctions apparentes, est peut-être le plus juste, au fond, qu'on leur puisse donner. Par eux, l'espace immense se différencie : un espace se distingue d'un autre : l'indéfini devient discernable, intelligible, *existant* : et grâce aux rayons de lumière que ces astres envoient et qui remplissent leur intervalle vivifié, chaque point de l'étendue s'individualise en quelque sorte, en devenant le point singulier d'intersection de certains rayons lumineux sous un certain angle. Comparez cet état de l'espace à celui qui résultait de la diffusion uniforme de cette substance primordiale d'où les mondes sont vraisemblablement sortis. Mais ce n'est là que le côté superficiel de la question : n'y a-t-il pas lieu de penser aussi que la multiplicité inharmonique des mondes favorise l'épanouissement exubérant de toutes les variétés imaginables de la matière, de la vie et de l'intelligence ? Ce que je disais des espèces animales et des sociétés humaines, je puis le dire des amas d'étoiles. Il ne suffisait donc pas qu'il existât quelque part dans un coin du ciel un monde parfait, un merveilleux système solaire, formé de toute la matière cosmique ! Il fallait qu'il y eût d'innombrables mondes, un vaste champ ouvert aux combinaisons infinies. Il fallait que le lien de ces harmonies sidérales fût lâche ou nul, leurs relations fortuites et accidentelles, et que cependant la plus grande beauté de l'univers jaillît de là, et que chez tous les peuples et dans toutes les langues, le ciel, c'est-à-dire le chaos fixe et lumineux, fût jugé supérieur à la terre, c'est-à-dire à la régularité, à l'harmonie relative.

VIII

Mais arrêtons-nous : c'est assez de preuves ou d'inductions déterminantes. N'abordons pas même le champ de l'esthétique, où la critique a dès longtemps renoncé à évaluer les oeuvres d'art et s'est résignée à les caractériser, résignation qui l'a élargie, transfigurée et approfondie. Il est certain que plus deux tableaux sont harmonieusement conçus, et par la subordination des détails à l'ensemble, de l'accessoire à l'essentiel, élaborent leur charme distinct, plus il est malaisé de les classer et de les subordonner l'un à l'autre. Concluons maintenant : Nous avons cherché partout la fin suprême, le terme absolu et vraiment *pour soi* d'où dépend ce monde. Nous l'avons demandé à l'idée de la vie, à l'idée du bonheur, à l'idée de l'utile, à l'idée du devoir, à l'idée du beau. Partout, nous avons vu la nature des choses, essentiellement hétérogène, résister à ces harmonies diverses, hétérogènes également, qui la domptent un moment pour aboutir à des hétérogénéités nouvelles et plus radicales qu'elles n'expliquent pas. Partout l'absence d'une mesure commune, hormis le maximum de différence et de changement, nous a révélé l'absence de n'importe quel autre terme final. Toutes les adaptations successivement produites, la santé, le bonheur, l'ordre social et moral, l'accord du produit industriel avec le besoin correspondant, et de l'œuvre d'art avec le goût, ou de l'individu avec son milieu, nous ont paru n'être, comme cet individu lui-même, organisme ou moi, que des points d'intersection, des différences tour à tour convergentes et divergentes, des foyers où des banalités combinées forment un être original, où des qualités, séparément susceptibles de degrés et de mesure, composent une réalité *sui generis*, rayonnante de nouveautés imprévues et merveilleuses.

Nous sommes donc en droit d'affirmer que la différence est la cause et le but, et l'harmonie le moyen et l'effet, que le progrès est en quelque sorte la chrysalide où le changement, arrêté en apparence, renonce à ramper pour apprendre à voler. Pourquoi

Gabriel Tarde

nous en étonner ? Le progrès n'est en somme, qu'une partie du changement, une espèce de changement, la supériorité n'est qu'une espèce de différence, l'ordre n'est qu'une espèce de liberté, comme le plaisir n'est qu'une espèce de sensation. Or, de même que le plaisir est essentiellement un stimulant de l'activité morale, le progrès est essentiellement rénovateur, toute harmonie est perturbatrice ou du moins agitatrice, tout ordre est libérateur, et toute supériorité, beauté ou génie n'est que fécondité. « Le génie, disait Goethe à Eckermann, c'est la fécondité. »

Quelque paradoxal qu'il puisse paraître de prime abord, ce résultat l'est beaucoup moins qu'un résultat analogue, mais plus étroit, ce me semble, qui s'est dégagé en ce siècle des découvertes de la science. La théorie de la transformation des forces et de la conservation immuable de la force se réduit, au fond, à cette explication universelle : *le mouvement pour le mouvement.* Pourquoi pas plutôt le changement pour le changement ? J'ai soin du moins d'ajouter : « et *dans* le changement » ce qui établit entre les deux doctrines un profond intervalle, et nous sauve du gouffre de la substance identique et monotone où M. Herbert Spencer nous plonge et nous abîme.

Chapitre XII : Appendice

(Psychologie des foules)
novembre 1894

Pour compléter les deux études sur la psychologie des foules qui ouvrent le présent volume, nous croyons devoir reproduire un passage d'une réponse récemment faite par nous à une courtoise et intéressante provocation de M. Scipio Sighele, dans la *Critica sociale* de Milan. Je suis heureux de cette discussion, qui m'a permis d'expliquer ma pensée en la rectifiant.

A M. Scipio Sighele.

. . . .

J'ai distingué dans l'esprit des foules le côté intellectuel et le côté moral : et j'ai fait remarquer que, moralement, elles vont aussi loin, plus loin même que l'individu en bien ou en mal, en fait d'héroïsme ou en fait de crime, taudis que, intellectuellement, elles descendent aussi bas ou plus bas que lui dans la sottise et la folie sans jamais s'élever aussi haut dans la génialité. Or, vous tenez cette remarque pour vraie, mais l'explication que j'en donne ne vous satisfait pas, et vous en essayez une autre. Peut-être cependant les deux se complètent-elles plutôt qu'elles ne se contredisent, et je crois que vous apercevrez cela après que j'aurai moi-même un peu rectifié ma pensée. Il y a à distinguer ici, ce me semble, outre la distinction déjà faite, le côté quantitatif et le côté qualitatif des phénomènes psychiques, qu'ils soient intellectuels ou moraux. La croyance, affirmative ou négative, qui passe par tant de degrés sans changer de nature, est une quantité mentale. Le désir aussi, positif ou négatif, pour la même raison, parce qu'il suit une échelle continue depuis la plus légère tendance jusqu'à la passion la plus effrénée dans une même direction donnée. L'intensité des sensations, jusqu'à un certain point, quantité encore. Mais une idée en tant que combinaison particulière de perceptions ou d'images et indépendamment de l'adhésion plus ou moins forte de l'esprit, est quelque chose de qualitatif, qui diffère en nature, et non pas seulement en degré, d'une autre idée. J'en dirai autant d'un *sentiment*, considéré non pas au point de vue de son énergie, mais bien de sa composition et de sa nuance distincte où se fondent mille impressions, mille peines ou plaisirs élémentaires.

Eh bien, il est remarquable que, autant le côté quantitatif de la psychologie individuelle, ainsi défini, se reproduit amplifié et exagéré en psychologie collective, surtout dans celle des foules, autant le côté qualitatif s'y reflète amoindri et appauvri. Les foules, à coup sûr, devant un spectacle émouvant, tel qu'une course de taureaux ou une charge de cavalerie dans une émeute, ont de plus fortes sensations, des joies ou des douleurs plus vives que n'en ressentirait chacun des individus qui les composent. Elles ont une capacité de jouir ou de pâtir, et aussi bien d'affirmer ou de nier, de désirer ou de repousser, supérieure à la capacité analogue de l'individu. Mais, en même temps, ce rassemblement, ce coudoiement effervescent des individus, si propre à fortifier en chacun d'eux leurs sensations *exprimées*, leurs désirs et leurs convictions mutuellement corroborées par le seul fait de leur échange, est absolument impropre à susciter, à accélérer dans l'esprit et le cœur de ces individus, chez ceux-là même qui ont le plus de génie et d'âme, l'éclosion d'une idée vraiment nouvelle et féconde, ou même d'un sentiment vraiment nouveau et fécond aussi, d'une espèce inédite d'enthousiasme ou d'amour. S'il y a des idées géniales, il y a aussi des *sentiments géniaux*. Loin de hâter ou de faciliter leur apparition, l'action de la foule l'entrave ou l'empêche. En d'autres termes, les foules exaltent *l'imitativité* de l'individu mais dépriment son *inventivité*. Lamartine, dans deux vers bien frappés, a dit quelque chose d'analogue :

Il faut se séparer, pour penser, de la foule,
Et s'y confondre pour agir.

Le penseur s'isole, en effet, et de même le poète ou l'artiste. L'un, pour élaborer des conceptions neuves et fortes, l'autre pour extraire de son cœur un arôme tant soit peu supérieur en raffinement et en complexité aux sentiments ordinaires, ont besoin de recueillement et de silence. La germination de leur cerveau est à ce prix. Il y a des exceptions sans doute, mais elles sont apparentes et confirment la règle. Par exemple le *Numa Roumestan* de Daudet, à qui les idées ne venaient qu'en parlant, au milieu d'un vaste auditoire. Malheureusement, les idées qui viennent de la sorte, dans le tapage et la cohue, ont pour caractère distinctif d'être de simples lieux-communs ou tout au plus de ces paradoxes qui sont tout bonnement des lieux-communs renversés.

Quant aux véritables « horizons nouveaux » de l'esprit, ouverts par un Newton ou un Descartes : quant aux nouvelles tonalités du cœur apportées au monde par tous les grands visionnaires mystiques ou patriotes du passé, prophètes hébreux, aèdes grecs, bardes celtiques, par un Orphée ou un Bouddha, par un Virgile ou un saint Paul, ou un saint François d'Assise, ou un Dante, ou un Rousseau, ou un Châteaubriant, c'est toujours au désert, loin des multitudes, que ces germes destinés à une si lointaine dissémination sont enfantés pour la première fois, Puis viennent les grands tribuns, les grands publicistes, les missionnaires qui se livrent à l'apostolat de ces innovations, les sèment partout et les font tomber dans le domaine public. C'est ainsi que tous les sentiments majeurs qui ont mû les peuples, l'honneur de la famille, l'honneur de la cité, la religion de la patrie, la piété, la fidélité féodale, se sont formés : c'est ainsi que, plus manifestement encore, le goût de la tragédie classique, au XVIIe siècle, la passion de l'architecture gothique au moyen âge et le dégoût de cette architecture au XVIIIe siècle, ou, de notre temps, le culte enthousiaste de la liberté ou de l'égalité, sont devenus successivement des sources d'émotions nationales parmi les Français des diverses époques : de telle sorte que, réunies au théâtre, à l'église, au musée, sur la place publique, les foules françaises ont été souvent électrisées par des chefs-d'œuvre qu'elles auraient sifflés à d'autres époques, et ont eu les plus beaux élans d'héroïsme civique ou militaire pour des causes qui, un siècle plus tôt, les auraient laissées indifférentes ou leur auraient fait horreur.

Vous le voyez, le contraste que je vous propose aujourd'hui n'est pas tout à fait celui d'où je suis parti dans l'article cité par vous. A la distinction de l'intellectuel et du moral je superpose plutôt que je ne substitue celle de la quantité et de la qualité, de l'imitatif et de l'inventif, distinction qui est non pas contraire mais *perpendiculaire* pour ainsi dire à la précédente. Or, ne trouvez-vous pas que, présentée sous ce nouveau jour, ma pensée doit paraître plus vraie et en même temps beaucoup moins « décourageante ? » - Maintenant, demandons-nous pourquoi les foules, qui dépassent si fort l'individu par l'énergie de leurs convictions vraies ou fausses, comme par l'intensité de leurs passions bonnes ou mauvaises, et, en conséquence, par l'éclat de leurs actions héroïques ou criminelles, sont impuissantes à faire surgir de leur propre sein ces vérités ou ces erreurs, ces formes du bien ou du mal, dont l'initiative appartient toujours à l'individu ? C'est que l'individu est une *association harmonique*, et non pas seulement un rassemblement incohérent, de cellules cérébrales, et que le travail coordonné, logique et téléologique de celles-ci, qui exige une paix profonde, est naturellement susceptible de produire des fruits de toute autre qualité que les produits d'une fermentation tumultueuse. Le jour

Gabriel Tarde

où l'on aura trouvé une association d'hommes qui fonctionnera aussi harmonieusement que la société cellulaire de notre cerveau, ce jour-là la génialité deviendra l'apanage des corps constitués au lieu d'être le privilège de l'homme solitaire, et l'on verra les éclairs de génie jaillir des délibérations d'une assemblée et non d'une méditation muette.

Jusque-là on verra l'inverse. - On a beau dire que quatre yeux voient mieux que deux, il n'en est pas moins vrai que, dans un parlement, fût-il composé de cinq cents hommes de talent, mille yeux braqués sur une question militaire ou diplomatique à résoudre n'aboutissent jamais à percevoir, sans les lunettes d'un ministre flanqué d'hommes compétents, une idée législative qui se tienne debout. De même, quoique mille cœurs battent plus fort qu'un seul, il n'en est pas moins vrai que, pendant les moments critiques où le besoin d'une certaine réforme des cœurs se fait sentir, quand il s'agit de susciter un sentiment sauveur, une émotion spéciale et régénératrice, c'est dans un cœur solitaire que ce battement caractéristique et salutaire se produit pour la première fois, répercuté ensuite par tous les autres. - Dirai-je avec vous qu'il y a ici une différence essentielle : qu'en effet « tandis que la suggestion des sentiments fait des *égaux*, la suggestion des idées fait des *inférieurs*, » c'est-à-dire des disciples ? Il y a pourtant imitation aussi bien dans le premier cas que dans le second. Malgré tout, la distinction établie par vous a sa vérité, et, du même coup, justifie celle que j'avais établie entre *l'intellectuel* et le *moral* des foules. Car, en fait de sentiments, le difficile et l'important, ce n'est pas habituellement de les découvrir, chose assez facile en somme, mais bien de les porter au degré d'énergie voulue pour les rendre efficaces, féconds en actions, tandis que, en fait d'idées, la difficulté est de les trouver, non de les affirmer avec une grande force : et les idées les plus crues, les plus dogmatisées par le fanatisme des masses, sont loin d'être les plus fécondes. Qu'un sentiment soit nouveau, en général peu importe : l'essentiel et le rare, c'est qu'il soit très fort : mais il ne suffit pas qu'une idée soit très vraie, il faut qu'elle soit neuve, et le plus souvent même sa nouveauté fait partie intégrante de sa vérité, presque toujours relative...

Chapitre XII : Appendice

J'aurais bien d'autres choses à dire là-dessus, mais j'ai déjà à m'excuser d'avoir été si long. Le plaisir de causer avec vous m'a entraîné.. Un mot encore, si vous le permettez. Je n'ai donné qu'à titre d'hypothèse, et j'ai rejeté comme telle au bas d'une page, en note, le passage sur le moi de l'atome, que vous avez bien voulu citer. Quoi qu'on puisse penser à cet égard, cela ne touche en rien au corps de mes idées positives. Celles-ci doivent être distinguées avec grand soin des conjectures que j'y ai mêlées souvent, non sans avertir charitablement le lecteur que, dans ce cas, *hypotheses fingo*.

ISBN : 978-1522921844

Gabriel Tarde